民法改正対応
契約書式の実務 上

監　　修／犬塚　浩（弁護士）
編集代表／永　滋康（弁護士）
編　　集／第二東京弁護士会五月会

創耕舎

発刊によせて

　第二東京弁護士会は、東京で一番若い弁護士会として自由闊達な気風を誇りとし、社会の新しい動きを積極的に取り入れて、従来から「市民にとって身近な司法」の実現を目指し、法律扶助制度の充実、民事・行政・人事・刑事裁判手続の拡充など司法制度改革を掲げて活動を続けて参りました。

　昨今の激動する国際情勢の流れを受けて、来る2020年（令和2年）4月には市民生活のみならず企業活動においても最も馴染み深い民法が大改正されます。今回の改正では、民法が1896年（明治29年）に制定されて以来、実に約120年間にわたり実質的な見直しがほとんど行われてこなかった「債権法」など契約等に関する最も基本的なルールが大きく変わることとなりました。債権法は、契約や取引・債権回収等の取扱いなど契約の詳細を定めるルールで、商品の購入や住居の賃貸など市民生活を営む上での大切な法律であることはもちろん、企業や個人事業主が事業活動を行う上でも基本法ともいうべき法律でもあり、企業法務に携わるものにとっては、きちんと理解しておかなければいけない法律のひとつです。

　これらの民法大改正の内容を解説し、なおかつこれに対応する書式集を発刊するため、第二東京弁護士会の有力な会派のひとつである五月会に所属する中堅及び若手の意欲ある多くの弁護士が集結し、『民法改正対応　契約書式の実務』が出版されることになりました。

　本書は、今回の民法改正に対応する実務解説及び書式集として、概要と改正ポイントを個別の典型契約ごとにまとめ、それを踏まえて実務で使われる書式例を具体的に分かり易く掲載しております。書式例ごとの解説と実務上のポイントも詳細に掲載されており、法務実務に携わる皆さまにとって非常に実用性の高い書籍となっております。

　この度の民法の大改正に対応する実務書式集として、法務業務に携わる皆様の事務処理の効率化と迅速化を手助けする書籍として本書を推薦いたします。

令和元年10月

第二東京弁護士会
会長　関谷　文隆

監修にあたって

　この度、第二東京弁護士会五月会に所属する中堅及び若手の弁護士20名で民法改正に対応する『民法改正対応　契約書式の実務』を発刊することになりました。

　五月会は昭和40年5月に第二東京弁護士会の有志のメンバーが集まって発足したグループ（派閥）であり、「互助・親睦活動を中心としつつ、政策並びに弁護士活動に関わる実習研究」を実施している集団です。

　老・早・青それぞれの年齢の会員が集い、会務並びに業務に関する情報交換をしながら、各会員の弁護士業務の質的向上とともに、家族並びに事務所関係者も含めた親睦を図りつつ、活発に活動をしている組織です。

　この度、本書を発刊するに際しては、20名のメンバーが業務の傍ら自己研鑽により研究・検討を重ね執筆いたしました。

　令和2年4月に施行される民法（債権関係）の改正法は、今後の主要な取引に大きな影響を与えるものであり、約3年の施行準備期間の中で各方面で色々な研究が行われていますが、特に影響を与えるものが契約書関係であります。今回、各弁護士がそれぞれの活動分野を中心として自らの実務経験に基づき改正内容を検討して執筆いたしました。

　その内容は監修者の立場からも極めて秀逸なものであり、特に実務経験に応じて配慮の行き届いた内容となっているものと確信しております。

　もちろん施行後の実務の積み重ねの中で新たな検討事項が生じるものと思われ、この点については各執筆者が自己研鑽を積み上げる中で今後も改訂版を出版してより実務に応じた書式集となるよう研鑽を続けたいものと考えております。

　読者の皆様にとって実用性の高い解説書及び書式集として長きに渡り利用されることを心から願っております。

　令和元年10月

弁護士　犬塚　　浩

編集によせて

　2017年（平成29年）5月に成立した「民法の一部を改正する法律」が2020年（令和2年）4月1日に施行されることに伴い、市民生活のみならず企業活動においても最も関係の深い法律のひとつである民法がおよそ120年ぶりに大改正されます。今回の改正では「債権法」など契約に関する最も基本的かつ重要なルールの変更が行われます。この債権法は1896年（明治29年）に制定されて以来、実質的な見直しが殆どされてきませんでしたが、約120年の期間を経て大きく変遷してきた日本国内及び世界における社会情勢や経済状況の変化に柔軟に対応すべく、実質的にそのルール自体を変更するとともに、現在の裁判や商取引等の実務における基本的な判例や商慣習等を法律の条文上においても明示にすることによって、法律の内容をより理解しやすくする改正が行われました。

　これらの民法改正を踏まえ、社会にて日々膨大に行われている取引における契約書の内容も大きく変更することを余儀なくされるところ、これに応じた各契約類型ごとの契約書式集を発刊するため、第二東京弁護士会の一会派である五月会に所属する中堅及び若手の意欲ある弁護士20名が集結し、各弁護士がそれぞれの活動分野を中心として自らの実務経験に基づいてこの度の『民法改正対応 契約書式の実務』を執筆いたしました。

　本書の特徴としては、冒頭に総論として契約書作成における基本的なルールの説明に加え、今回の改正で変更された部分についての概括的な説明を行いましたので、まず総論部分を一読することによって今回の民法改正のポイントを速やかに把握することができます。各論部分については、売買や賃貸借などの主要な典型契約ごとに当該契約固有の問題点等について民法改正を踏まえたポイント解説を行ったうえで、一般的な取引において使用する頻度の高い場面ごとに具体的な契約書式例を個々の解説と併せて分かりやすく示しております。総論部分を読まなくても、該当する典型契約の個別のケース部分のみをピックアップして読むだけでも、必要な契約書式と契約書作成の際に注意すべきポイントが把握できる構成を心掛けました。

　本書の読者層としては、弁護士等の法律実務家や企業法務部の方を中心に据えてはおりますが、それ以外の市民の皆さまも含めて、日常的な社会生活を送るうえで本書を適宜参照しながら適切かつ安心した取引活動を行うための一助になることができればと祈念しております。

　最後に、本書は企画段階から出版に至るまで株式会社創耕舎の宇野功氏のご尽力に多くを支えられ皆さまのお手元までお届けすることができました。宇野氏をはじめ、本書を完成まで導いてくださいました関係者の皆さまに編集委員・執筆者一同を代表して心から感謝を申し上げます。

令和元年10月

編集委員代表
弁護士　永　　滋康

凡　例

1　法令名略語

本文中の法令の表記については、原則として正式名称を用いて表記したが、本文（　）内の法令名は、次に掲げる略語を用いた。

一般法人	一般社団法人及び一般財団法人に関する法律
印紙税	印紙税法
会　社	会社法
仮登記担保	仮登記担保契約に関する法律
狂犬病	狂犬病予防法
狂犬病則	狂犬病予防法施行規則
区分所有	建物の区分所有等に関する法律
建設業	建設業法
建　基	建築基準法
公認会計士	公認会計士法
小切手	小切手法
小型船舶登録	小型船舶の登録等に関する法律
借地借家	借地借家法
旧借地	借地法（大正10年法律49号）
社債振替	社債、株式等の振替に関する法律
宗教法人	宗教法人法
商	商　法
消　契	消費者契約法
税特措	租税特別措置法
森　林	森林法
税理士	税理士法
船　舶	船舶法
船舶登記令	船舶登記令
宅建業	宅地建物取引業法
宅建業則	宅地建物取引業法施行規則
手　形	手形法
電子契約	電子消費者契約及び電子承諾通知に関する民法の特例に関する法律
電子署名	電子署名及び認証業務に関する法律
動産債権譲渡	動産及び債権の譲渡の対抗要件に関する民法の特例等に関する法律
動物愛護	動物の愛護及び管理に関する法律

動物愛護則	動物の愛護及び管理に関する法律施行規則
独占禁止	私的独占の禁止及び公正取引の確保に関する法律
特定商取引	特定商取引に関する法律
土地区画	土地区画整理法
任意後見	任意後見契約に関する法律
農　地	農地法
不　登	不動産登記法
不登規	不動産登記規則
弁護士	弁護士法
民	民　法
改正民	改正民法（令和2年4月1日から施行される平成29年法律44号をいう）
民　執	民事執行法
民　施	民法施行法
民　訴	民事訴訟法
民　調	民事調停法
利息制限	利息制限法
立　木	立木ニ関スル法律

2　判例の表記方法及び出典略語

ア　裁判所名略語

大	大審院
最	最高裁判所
○○高	高等裁判所
○○地	地方裁判所

イ　出典略語

民　録	大審院民事判決録
民　集	大審院民事判例集
	最高裁判所民事判例集
東高民時	東京高等裁判所民事判決時報
下民集	下級裁判所民事裁判例集
判　時	判例時報
判　タ	判例タイムズ
金　法	金融法務事情

3　文献

文献については、略語を用いずに正式名称で表記した。

執筆者一覧

監　修

犬塚　　浩（いぬづか　ひろし）

慶應義塾大学法学部卒業、平成5年弁護士登録（45期）、京橋法律事務所。
第二東京弁護士会住宅紛争審査会運営委員会副委員長、日弁連住宅紛争審査会運営委員会副委員長、国土交通省住宅局市街地建築課「住宅団地の再生のあり方に関する検討会」委員、同「マンション敷地売却・建替えに関する専門家相談等PT」座長、財団法人ベターリビング評議員。

【主な著書】
『Q&Aマンション建替法』（編著、ぎょうせい、2002年）、『リフォーム工事の法律相談』（編著、青林書院、2015年）、『新マンション建替え法　逐条解説・実務実例』（共著、商事法務2015年）、『Q&A建築瑕疵損害賠償の実務―損害項目と損害額の分析―』（編集、創耕舎、2016年）、『建築紛争判例ハンドブック』（編集、青林書院、2016年）『マンション　判例ハンドブック』（編集、青林書院、2018年）等多数。

編集代表

永　　滋康（えい　しげやす）

慶應義塾大学法学部卒業、平成18年弁護士登録（59期）、永総合法律事務所代表。
元桐蔭横浜大学法科大学院客員教授、日本民事訴訟法学会会員、司法アクセス学会会員、財団法人日本法律家協会会員、日本弁護士連合会代議員、第二東京弁護士会常議員、同綱紀委員会副委員長、同倫理委員会委員、同消費者問題対策委員会副委員長兼医療部会部会長、司法修習委員会委員、仲裁センター仲裁人候補者、新規登録弁護士研修担任、文部科学省再就職等問題調査班調査班員、同省再就職コンプライアンスチームアドバイザリーメンバー、同省幹部職員の事案等に関する調査・検証チームメンバー、中小企業庁認定経営革新等支援機関。

【主な著書】
『Q&A株主総会の法律実務』（共著、新日本法規（加除式追補版執筆））、『上司なら知っておきたい法律知識』（共著、財界研究所、2010年）、『困ったときのくらしの法律知識』（共著、清文社、2011年、改訂増補版2015年）、『Q&A建築瑕疵損害賠償の実務―損害項目と損害額の分析―』（共著、創耕舎、2016年）、経済紙『財界』（財界研究所）に2006年から2012年まで連載。

編集委員

河本　智子（かわもと　ともこ）

慶應義塾大学法学部卒業、平成14年弁護士登録（55期）、東京中央総合法律事務所。
第二東京弁護士会副会長、同常議員、同弁護士業務センター委員長、同綱紀委員会副委員長等、

日本弁護士連合会常務理事。
【主な著書】
『願いを想いをかたちにする　遺言の書き方・相続のしかた』（共著、日本加除出版、2012年）、『困ったときのくらしの法律知識 Q&A』（共著、清文社、2011年、改訂増補版2015年）、『遺言条項例 278& ケース別文例集』（共著、日本加除出版、2017年）、『不祥事を防ぐコンプライアンス　実務コース』（共著、日本経営出版）。

中村　悦朗（なかむら　えつお）
早稲田大学法学部卒業、平成16年弁護士登録（57期）、中村・木原法律事務所。
第二東京弁護士会互助会運営委員会副委員長、同綱紀委員会副委員長、東京家庭裁判所家事調停委員。
【主な著書】
『Q&A民法（債権関係）の改正に関する中間試案』（共著、ぎょうせい、2013年）、『困ったときのくらしの法律知識 Q&A』（共著、清文社、2011年、改訂増補版2015年）。

内藤　勇樹（ないとう　ゆうき）
慶應義塾大学経済学部卒業、平成18年弁護士登録（59期）、笠井総合法律事務所。
日本弁護士連合会民事介入暴力対策委員会事務局次長、第二東京弁護士会民事介入暴力対策委員会副委員長、（公財）暴力団追放運動推進都民センター不当要求防止責任者講習講師。
【主な著書】
『内部統制による企業防衛指針の実践』（共著、青林書院、2008年）、『Q&A民法（債権関係）の改正に関する中間試案」（共著、ぎょうせい、2013年）、『暴力団排除条例と実務対応』（共著、青林書院、2014年）、『困ったときのくらしの法律知識 Q&A』（共著、清文社、2011年、改訂増補版2015年）。

齋藤　洋一（さいとう　よういち）
関西学院大学商学部卒業、平成19年弁護士登録（60期）、齋藤総合法律事務所。
第二東京弁護士会綱紀委員会委員、同司法修習委員会委員。
【主な著書】
『困ったときのくらしの法律知識 Q&A』（共著、清文社、2011年、改訂増補版2015年）。

植木　琢（うえき　たく）
慶應義塾大学法学部卒業、平成20年弁護士登録（61期）、曙綜合法律事務所。
日本弁護士連合会業務改革委員会委員（現職）、第二東京弁護士会常議員、同NIBEN若手フォーラム（初代委員長・現オブザーバー）、同研修センター副委員長、文部科学省再就職等問題調査班調査班員（有識者）、その他、第二東京弁護士会の多数の委員会、ワーキンググループに所属。

【主な著書】

『困ったときのくらしの法律知識Q&A』（共著、清文社、2011年、改訂増補版2015年）。

執筆者

石橋　京士（いしばし　あつし）

宮城大学・明治大学法科大学院卒業、平成23年弁護士登録（64期）、一京綜合法律事務所。
第二東京弁護士会刑事弁護委員会副委員長、同弁護士業務センター委員、同業務支援室嘱託（刑事弁護委員会）。

【主な著書】

『困ったときのくらしの法律知識Q&A（改訂増補版）』（共著、清文社、2015年）、『Q&A建築瑕疵損害賠償の実務―損害項目と賠償額の分析』（共著、創耕舎、2016年）、『建築紛争　判例ハンドブック』（共著、青林書院、2016年）、『マンション判例ハンドブック』（共著、青林書院、2018年）。

田川　慎一（たがわしんいち）

東京大学法学部・中央大学法科大学院卒業、平成24年弁護士登録（64期）、齋藤総合法律事務所。
第二東京弁護士会子どもの権利に関する委員会委員、同綱紀委員会委員。

【主な著書】

『困ったときのくらしの法律知識Q&A（改訂増補版）』（共著、清文社、2015年）。

今井　政介（いまい　せいすけ）

神戸大学・京都大学法科大学院卒業、平成24年弁護士登録（65期）、横木増井法律事務所。
第二東京弁護士会民事介入暴力対策委員会委員、（公財）暴力団追放運動推進都民センター暴力追放相談委員。

【主な著書】

『インサイダー取引規制の実務〔第2版〕』（共著、商事法務、2014年）。

塚本　鳩耶（つかもと　はとか）

大阪大学法学部・大阪大学法科大学院卒業、平成24年弁護士登録（65期）、紀尾井坂テーミス綜合法律事務所。

堀岡　咲子（ほりおか　さきこ）

北海道大学法学部・上智大学法科大学院卒業、平成24年弁護士登録（65期）、第一中央法律事務所。
第二東京弁護士会広報室嘱託、同新規登録弁護士研修副担任、内閣府・厚生労働省東京圏雇用労働センター相談員、文部科学省再就職等問題調査班調査班員（有識者）、同再就職コンプラ

イアンスチームアドバイザリーメンバー、同幹部職員の事案等に関する調査・検証チームにおける作業チーム構成員。
【主な著書】
『困ったときのくらしの法律知識 Q&A（改訂増補版）』（共著、清文社、2015 年）、『Q&A 建築瑕疵損害賠償の実務―損害項目と賠償額の分析―』（共著、創耕舎、2016 年）、『建築紛争判例ハンドブック』（共著、青林書院、2016 年）、『マンション判例ハンドブック』（共著、青林書院、2018 年）。

川上　和也（かわかみ　かずや）
慶應義塾大学商学部・上智大学法科大学院卒業。平成 26 年弁護士登録（66 期）。ファミリー総合法律事務所。

高橋　和弘（たかはし　かずひろ）
早稲田大学法学部・早稲田大学法科大学院卒業、平成 25 年弁護士登録（66 期）、アップル法律事務所。
第二東京弁護士会 NIBEN 若手フォーラム委員、同刑事弁護委員会委員、同互助委員会委員、同常議員、同新規登録弁護士研修副担任、文部科学省再就職等問題調査班調査班員（有識者）同再就職コンプライアンスチームアドバイザリーメンバー、同幹部職員の事案等に関する調査・検証チームにおける作業チーム構成員、日本弁護士連合会代議員。
【主な著書】
『困ったときのくらしの法律知識 Q&A（改訂増補版）』（共著、清文社、2015 年）。

吹屋　響子（ふきや　きょうこ）
一橋大学法学部・一橋大学大学院法学研究科法務専攻卒業。平成 26 年弁護士登録（66 期）。日本工営株式会社。
第二東京弁護士会民事介入暴力対策委員会委員、日本組織内弁護士協会研修委員会委員。
【主な著書】
『法務の技法〈OJT 編〉』（共著、中央経済社、2017 年）。

松本　寿親（まつもと　としもと）
早稲田大学法学部・中央大学法科大学院卒業、平成 25 年弁護士登録（66 期）、齋藤総合法律事務所。
第二東京弁護士会民事介入暴力対策委員会委員、同情報公開個人情報保護委員会幹事。

厚井　久弥（こうい　ひさや）
慶應義塾大学法学部・桐蔭横浜大学法科大学院卒業、平成 26 年弁護士登録（67 期）、山田・尾崎法律事務所。

行政書士、第二東京弁護士会司法修習委員会委員、文部科学省再就職コンプライアンスチームアドバイザリーメンバー。
【主な著書】
『TAX&LAW 非公開会社の実務と対策』（共著、第一法規、加除式）、『困ったときのくらしの法律知識 Q&A（改訂増補版）』（共著、清文社、2015年）、『法務教科書 ビジネス実務法務検定試験® 3級 テキストいらずの問題集 2019年版」（共著、翔泳社、2019年）。

多田　晋作（ただ　しんさく）
神戸大学・神戸大学法科大学院卒業、平成26年弁護士登録（67期）、山越総合法律事務所。
第二東京弁護士会民事介入暴力対策委員会委員、（公財）暴力団追放運動推進都民センター暴力追放相談委員、第二東京弁護士会高齢者・障がい者総合支援センター運営委員会副委員長。
【主な著書】
「IR整備法における反社会的勢力排除」（金融法務事情2100号）（共著、金融財政事情研究会、2018年）、『高齢者の財産管理　モデル契約書式集―ホームロイヤー契約・家族信託・死後事務委任等―』（共著、新日本法規、2019年）、『医療・介護をめぐる労務相談』（共著、新日本法規、2019年）。

宗像　洸（むなかた　こう）
慶應義塾大学・慶應義塾大学法科大学院卒業、平成26年弁護士登録（67期）、東京赤坂法律事務所・外国法共同事業。
第二東京弁護士会刑事法制・刑事被拘禁者の権利に関する委員会副委員長、同国際委員会委員、関東弁護士会連合会外国人の人権救済委員会委員。
【主な著書】
『困ったときのくらしの法律知識 Q&A（改訂増補版）』（共著、清文社、2015年）、『建築紛争判例ハンドブック（共著、青林書院、2016年）、『マンション判例ハンドブック』（共著、青林書院、2018年）。

加藤　裕治（かとう　ゆうじ）
明治大学法科大学院卒業、平成27年弁護士登録（68期）、東京中央総合法律事務所。
富士重工業株式会社、第二東京弁護士会刑事弁護委員会委員、医療問題弁護団正団員、明治大学法務研究所講師。

神田　秀斗（かんだ　ひでと）
京都大学・京都大学法科大学院卒業、平成28年弁護士登録（68期）、小林・弓削田法律事務所。
桐蔭法科大学院非常勤講師（民事法総合Ⅳ担当）。
【主な著書】

『AI・ロボットの法律実務 Q&A』（共著、勁草書房、2019 年）。

堤　　真吾（つつみ　しんご）
創価大学法学部・創価大学法科大学院卒業、平成 27 年弁護士登録（68 期）、東京ジャスティス法律事務所。
第二東京弁護士会住宅紛争審査会運営委員会委員。

山口めぐみ（やまぐち　めぐみ）
早稲田大学政治経済学部・大阪大学法科大学院卒業、平成 27 年弁護士登録（68 期）、弁護士法人大江戸下町法律事務所。
第二東京弁護士会 NIBEN 若手フォーラム委員、同刑事弁護委員会委員、同消費者委員会委員。

田口　皓一（たぐち　こういち）
慶應義塾大学・一橋大学法科大学院卒業、平成 29 年弁護士登録（69 期）、山越総合法律事務所。
第二東京弁護士会高齢者・障がい者総合支援センター運営委員会委員、一橋大学法科大学院学習アドバイザー。
【主な著書】
『医療・介護をめぐる労務相談』（共著、新日本法規、2019 年）。

田中　智隆（たなか　ともたか）
早稲田大学商学部・早稲田大学法科大学院卒業、平成 29 年弁護士登録（69 期）、曙綜合法律事務所。
第二東京弁護士会消費者問題対策委員会委員、同 NIBEN 若手フォーラム委員、国立療養所栗生楽泉園人権擁護委員会外部委員。

本田　陽子（ほんだ　あきこ）
上智大学法学部・早稲田大学法科大学院卒業、平成 29 年弁護士登録（69 期）、津の守坂法律事務所。
第二東京弁護士会互助会運営委員会委員、同 NIBEN 若手フォーラム委員。

河野　元彦（こうの　もとひこ）
早稲田大学法学部・一橋大学法科大学院卒業、平成 30 年弁護士登録（70 期）、笠井総合法律事務所。

税務アドバイザー

金森　勝（かなもり　まさる）

中央大学商学部卒業、平成28年税理士登録。

金森勝税理士事務所代表、株式会社タックスコンサルティング代表、国税庁・東京国税局の主要ポスト、渋谷税務署長を歴任。東京税理士会神田支部綱紀監査委員、東京商工会議所専門相談委員、地方自治体監査委員事務局講師。

法人税を中心に大学・各種セミナー等で講師として活躍。

【主な著書】

「BEPSによる新たな国際課税の潮流」（月刊税理）、「ザ・税務『知って得しま専科』」（月刊経済界に連載）。

三枝　正樹（さえぐさ　まさき）

慶應義塾大学商学部卒業、平成26年公認会計士登録、平成28年税理士登録、三枝秀明税理士事務所、中小企業庁認定経営革新等支援機関。

元監査法人トーマツ（現有限責任監査法人トーマツ）。

【上巻目次】

発刊によせて
監修にあたって
編集によせて
凡例
執筆者一覧
書式ダウンロードサービスの利用方法

第1章 契約総論

第1節 契約書の基本的知識

第1 契約書作成の意義 …………………………………………………………… 1
第2 契約書の構成と盛り込まれる条項 ………………………………………… 1
　1 契約書の構成［1］／2 契約書に盛り込まれる条項［2］
第3 契約書中における用字・用語の使い方 …………………………………… 8
　1 及び／並びに［8］／2 又は／若しくは［9］／3 乃至［9］／4 その他／その他の［9］／5 場合／とき／時［9］
第4 契約書への署名、記名 ……………………………………………………… 9
　1 署名［9］／2 記名［10］
第5 契約書への捺印 ……………………………………………………………… 10
　1 捺印・押印［10］／2 実印・認印［11］
第6 電子契約 ……………………………………………………………………… 13
　1 ペーパーレス化と法［13］／2 電子契約とは［13］／3 電子契約のメリット［13］／4 電子署名［14］
第7 契約作成における公証役場の活用 ………………………………………… 15
第8 契約の費用 …………………………………………………………………… 16
第9 契約書の表題 ………………………………………………………………… 16
第10 契約書の内容の訂正・変更 ………………………………………………… 17
　1 条項の付加［17］／2 条項の削除［17］／3 条項の訂正［17］
第11 英文契約書の基本的知識 …………………………………………………… 17
　1 基本的な構成［18］／2 英文契約書において特徴的な条文［19］

第2節 契約当事者

第1 契約当事者の確定 …………………………………………………………… 21
　1 契約当事者とは［21］／2 適切な契約当事者を選択・表示する必要性［21］／3 本人確認の必要性［21］／4 意思確認の必要性［22］

第2　契約当事者の表示方法 ……………………………………………………………… 22
　1　株式会社その他会社法上の会社の場合［22］／2　会社以外の法人の場合［25］／3　宗教法人の場合［26］／4　清算法人の場合［27］／5　権利能力なき社団の場合［27］／6　組合の場合［28］／7　任意代理人と契約を締結する場合［29］／8　法定代理人と契約を締結する場合［31］

第3節　契約の成立

第1　総論 ………………………………………………………………………………… 35
第2　各論 ………………………………………………………………………………… 35
　1　契約成立前の段階［35］／2　契約成立の要件［37］／3　契約の申込み［38］／4　契約の申込みに対する承諾［39］

第4節　契約の効力

第1　総論 ………………………………………………………………………………… 40
第2　各論 ………………………………………………………………………………… 41
　1　契約の成立と有効要件［41］／2　意思表示の効力［41］／3　無効と取消し［41］／4　契約の効力①―成立上の牽連性　原始的不能［47］／5　契約の効力②―履行上の牽連性　同時履行の抗弁権［47］／6　契約の効力③―存続上の牽連性　危険負担［48］／7　契約の効力④―第三者のためにする契約［49］

第5節　約款

第1　総論 ………………………………………………………………………………… 50
第2　各論 ………………………………………………………………………………… 50
　1　民法改正のポイント［50］／2　定型約款の定義・みなし合意［50］／3　不当条項・不意打ち条項規制［51］／4　定型約款の内容の表示［52］／5　定型約款の変更［53］／6　経過措置（改正民附則33条）［54］／7　定型約款以外の約款取引の規律［54］

第6節　契約の不履行と損害賠償

第1　総論 ………………………………………………………………………………… 55
第2　債務不履行による損害賠償 ………………………………………………………… 55
　1　民法改正のポイント［55］／2　債務不履行の態様［56］／3　債務不履行に基づく損害賠償請求権［57］
第3　金銭債務の不履行の特則 …………………………………………………………… 60
　1　金銭債務の特則［60］／2　賠償額（法定利率）［60］
第4　損害賠償額の算定及び予定 ………………………………………………………… 61
　1　意義［61］／2　帰責事由の要否［62］／3　予定額の制限［62］／4　履行請求、解除権行使の可否［62］／5　違約金の定め［62］／6　金銭以外の内容を定めた損害賠償額の予定［62］／7　改正による変更点・影響［62］
第5　過失相殺・損益相殺 ………………………………………………………………… 63
　1　過失相殺［63］／2　損益相殺［63］

第6　賠償者の代位と代償請求権 63
　　1　賠償者の代位［63］／2　代償請求権［64］
　第7　受領遅滞 64
　　1　民法改正のポイント［64］／2　受領遅滞の効果［64］／3　受領遅滞を理由とする損害賠償、契約解除の可否［64］

第7節　契約の解除

　第1　総論 65
　第2　各論 65
　　1　催告解除における軽微な契約違反の除外［65］／2　無催告解除の範囲拡張［67］／3　債権者に帰責性がある場合の解除制限［68］／4　債務者帰責事由の除外［69］／5　その他改正点［69］／6　条件付契約解除［70］／7　約定解除［70］／8　合意解除［73］／9　クーリング・オフによる申込みの撤回・解除［75］

第8節　保証

　第1　総論 77
　第2　各論 77
　　1　基本的事項に関する規律［77］／2　保証人に対する情報提供義務に関する規律［79］／3　個人根保証契約に関する規律［80］／4　公証人による保証意思の確認手続に関する規律［81］

第9節　消滅時効

　第1　総論 82
　第2　各論 82
　　1　消滅時効の援用権者の明確化［82］／2　時効の中断・停止についての概念と事由の整理［83］／3　短期消滅時効の廃止と起算点及び期間の見直し［84］／4　人の生命・身体侵害による損害賠償請求権の時効期間の伸長［85］／5　不法行為の損害賠償請求権の長期の権利消滅期間を消滅時効期間に統一［85］

第10節　各契約類型における民法改正のポイント

　第1　総論（各典型契約に及ぼす影響）... 85
　第2　各論（主要な契約類型についての民法改正の概要）..................................... 85
　第3　各契約類型における改正事項のポイント 91
　　1　売買契約［91］／2　消費貸借契約［93］／3　賃貸借契約［94］／4　請負契約［97］／5　委任契約［98］

第2章　売　買

　第1　契約の概要 101
　第2　民法改正のポイント 101
　　1　売主・買主の義務［101］／2　危険負担［101］／3　担保責任についての規律の見直

し［102］

第3　書式例 ……………………………………………………………………………… 104

1　土地建物売買契約　104

【書式例】土地売買契約書［105］／土地建物売買契約書［109］

2　建売住宅売買契約　113

【書式例】建売住宅売買契約書［114］

3　土地売買契約（土地の境界が不明な場合）　117

【書式例】土地売買契約書（境界不明の場合）［118］

4　申込証拠金（預り証）　121

【書式例】申込証拠金預り証［122］

5　買付証明・売渡承諾　123

【書式例】買付証明書［123］／売渡承諾書［124］

6　住宅ローン利用の特則　124

【書式例】住宅ローン条項［125］

7　農地売買契約　126

【書式例】農地売買契約書1（農地として売買する場合）［126］／農地売買契約書2（農地を転用して売買する場合）［129］

8　買戻し　132

【書式例】買戻特約付土地売買契約書［133］

9　停止条件付借地権付建物売買契約　136

【書式例】借地権付建物の売買契約書（停止条件付借地権付建物売買契約）［137］

10　買換えを前提とした特約　142

【書式例】買換え特約条項［142］

11　借地権負担付土地売買契約　143

【書式例】借地権負担付土地売買契約書（借地権の負担がついた土地の売買契約書）［143］

12　借家権負担付土地建物売買契約　148

【書式例】土地建物売買契約（借家権の負担のついた建物を土地とともに売却する場合）［148］

13　借地権付建物売買契約　153

【書式例】借地権付建物売買契約（地主が土地上の建物を売り、敷地に買主のために借地権を設定する場合）［153］

14　建物売買契約書（借家人が土地所有者から建物を購入する場合）　157

【書式例】建物売買契約書（借家人が土地所有者から建物を購入する場合）［157］

15　建物売買契約（地主が建物所有者から建物を購入する場合）　161

【書式例】建物売買契約書（地主が建物所有者から建物を購入する場合）［162］

16　不動産（マンション）売買契約　165
　　【書式例】マンション売買契約書［166］
17　抵当権付不動産売買契約　171
　　【書式例】抵当権付不動産売買契約書［172］
18　私道負担付土地売買契約　176
　　【書式例】私道負担付土地売買契約書［177］
19　仮換地指定後の土地売買契約　181
　　【書式例】仮換地指定後の土地売買契約書（仮換地指定後の土地に関する売買契約書）［182］
20　土地売買予約契約　185
　　【書式例】土地売買予約契約書［186］
21　土地再売買の予約契約　189
　　【書式例】土地再売買の予約契約書［190］
22　売買予約完結権行使の催告書、完結権行使の通知書　193
　　【書式例】土地売買予約完結権行使の催告書［193］／土地売買予約完結権通知書［194］
23　不動産割賦販売契約　195
　　【書式例】不動産割賦販売契約書［195］
24　契約不適合の場合の請求書、解除通知書　199
　　【書式例】他人の不動産売買による契約解除通知書兼損害賠償請求通知書［200］／履行追完及び代金減額請求通知書［201］／目的物が用益権によって制限されている場合の解除通知書［202］／売買目的が達成できないことが判明した場合の契約解除通知書［202］
25　手付放棄又は倍返しによる土地売買契約解除　203
　　【書式例】手付放棄による買主側からの土地売買契約解除通知書［204］／手付倍返しによる売主からの土地売買契約解除通知書［204］
26　履行遅滞の場合の催告と契約解除通知　205
　　【書式例】履行遅滞の場合の催告及び契約解除通知書（買主が代金支払い日に支払いをしなかった場合）［206］／履行遅滞の場合の催告及び契約解除通知書（売主が代金決済日において履行をしなかったとき）［207］
27　商品売買契約　208
　　【書式例】商品売買契約書［208］
28　機械売買契約　211
　　【書式例】機械売買契約書［211］
29　中古品売買契約　213
　　【書式例】中古品売買契約書［214］
30　船舶売買契約　216

【書式例】船舶売買契約書［217］
　31　生物の売買契約　219
　　　【書式例】ペット購入契約書［220］／養殖魚売買契約書［223］
　32　立木の売買契約　226
　　　【書式例】立木付土地売買契約書［227］／立木売買契約書［229］
　33　株式譲渡契約　232
　　　【書式例】上場株式譲渡契約書［233］／株式譲渡契約書（未上場株式・株券不発行）［234］／株式譲渡契約書（未上場株式・株券発行）［236］
　34　会員権売買契約　238
　　　【書式例】ゴルフ会員権売買契約書［239］
　35　継続的契約　241
　　　【書式例】継続的取引基本契約書［242］／購買基本契約書［246］

第3章　消費貸借

第1　契約の概要 ……………………………………………………………………… 251
　1　消費貸借契約の意義［251］／2　要物契約としての消費貸借［251］／3　借主の返還義務［251］
第2　民法改正のポイント ………………………………………………………… 252
　1　諾成的消費貸借契約の容認（改正民587条の2）［252］／2　消費貸借契約の予約（改正民で削除）［252］／3　利息（改正民589条）［252］／4　貸主の引渡義務等（改正民590条）［252］／5　返還義務の履行期（改正民591条）［253］
第3　書式例 ………………………………………………………………………… 253
　1　金銭消費貸借契約　253
　　　【書式例】金銭消費貸借契約書―基本形式―［254］／金銭消費貸借契約書―限度貸付―［257］
　2　諾成的消費貸借契約　259
　　　【書式例】諾成的金銭消費貸借契約書［260］
　3　消費貸借の予約　262
　　　【書式例】金銭消費貸借予約契約書［262］
　4　準消費貸借　264
　　　【書式例】準消費貸借契約書［265］
　5　公正証書　267
　　　【書式例】公正証書による金銭消費貸借契約書［268］
　6　保　証　269
　　　【書式例】金銭消費貸借契約書―連帯保証―［270］／保証契約書［272］／金銭消費貸借契約書―抵当権付―［274］

7 契約内容の変更　276

【書式例】弁済期限等変更合意書［276］／和解契約書［277］

第4章　請　負

第1　契約の概要 281

1　請負契約の意義［281］／2　報酬の支払時期［281］／3　下請の利用［281］／4　紛争の類型［281］

第2　民法改正のポイント 281

1　仕事完成前の報酬請求権の明文化［281］／2　担保責任の整理［282］／3　注文者が破産手続開始決定を受けた場合の解除権の明確化［284］

第3　書式例 284

1　建築工事請負契約　284

【書式例】建設工事請負契約書［285］／民間建設工事請負契約書（民間建設工事標準請負契約約款　甲）［287］／民間建設工事請負契約書（民間建設工事標準請負契約約款　乙）［300］／工事請負契約書（民間（旧四会）連合協定工事請負契約約款）［309］／仲裁合意書［330］／宅地造成工事請負契約書［331］／内装工事請負契約書［334］

2　下請関係　335

【書式例】建築工事下請契約書［336］／請書［337］

3　修補及び損害賠償請求　339

【書式例】修補及び損害賠償請求書［340］／契約解除通知書［341］

4　保守契約　342

【書式例】エレベーター保守契約書［342］／空調装置保守契約書［344］

5　製造物供給契約　346

【書式例】製造物供給契約書［347］／書籍製作契約書［349］

6　運送契約　351

【書式例】製品運送契約書［352］

第5章　保　証

第1　契約の概要 355

第2　民法改正のポイント 355

1　個人保証における公正証書による保証債務履行意思の表示［355］／2　根保証契約における極度額の定め［356］／3　情報提供義務［356］

第3　書式例 356

1　保証契約　356

【書式例】保証契約書［357］

2　根保証契約　358

【書式例】根保証契約書［359］
　3　連帯保証契約　361
　　　【書式例】連帯保証契約書［361］
　4　連帯保証契約（根保証・個人）　363
　　　【書式例】連帯保証契約書（根保証・個人）［363］
　5　保証意思確認公正証書（保証意思宣明公正証書）　365
　　　【書式例】保証意思宣明公正証書（連帯保証）［366］
　6　情報提供確認書（保証契約締結時）　367
　　　【書式例】情報提供確認書（保証契約締結時）［368］
　7　物上保証契約　370
　　　【書式例】物上保証契約書［370］
　8　保証人変更契約　372
　　　【書式例】保証人変更契約書［372］
　9　保証委託契約　374
　　　【書式例】保証委託契約書［374］
　10　手形保証契約　376
　　　【書式例】手形保証契約書［377］
　11　連帯保証契約（手形・追加的連帯保証）　378
　　　【書式例】連帯保証契約書（手形・追加的連帯保証）［378］

第6章　債権譲渡

第1　契約の概要　381
第2　民法改正のポイント　381
　1　譲渡禁止特約［381］／2　対抗要件［382］／3　異議をとどめない承諾の制度の廃止［382］／4　債務者の供託［382］／5　債権の差押え［382］／6　預金債権又は貯金債権に係る譲渡制限の意思表示の効力［382］／7　将来債権の譲渡［383］／8　債権の譲渡における相殺権［383］
第3　書式例　383
　1　債権譲渡契約　383
　　　【書式例】債権譲渡契約書［384］
　2　債権譲渡契約（抵当権付）　385
　　　【書式例】債権譲渡契約書（抵当権付）［386］
　3　集合債権譲渡契約　388
　　　【書式例】集合債権譲渡契約書［388］
　4　債権譲渡契約（動産・債権譲渡特例法）　390
　　　【書式例】債権譲渡契約書（動産・債権譲渡特例法）［390］

5　債権譲渡登記通知書　392
【書式例】債権譲渡登記通知書［392］

6　債権譲受通知書　393
【書式例】債権譲受通知書［393］

7　債権譲渡担保契約　394
【書式例】債権譲渡担保契約書［394］

8　債権譲渡通知書　396
【書式例】債権譲渡通知書［396］

9　債権譲渡承諾依頼書　397
【書式例】債権譲渡承諾依頼書［397］

10　債権譲渡承諾書　398
【書式例】債権譲渡承諾書［398］

11　指図証券譲渡の裏書　399
【書式例】指図証券譲渡の裏書［399］

第7章　債務引受

第1　契約の概要　401
第2　民法改正のポイント　401
　1　併存的債務引受［401］／2　免責的債務引受［401］
第3　書式例　402
　1　併存的債務引受契約　402
　　【書式例】併存的債務引受契約書［402］
　2　免責的債務引受契約　404
　　【書式例】免責的債務引受契約書［404］
　3　債務履行引受契約　405
　　【書式例】債務履行引受契約書［406］

第8章　債権の消滅

第1節　代物弁済

第1　契約の概要　409
第2　民法改正のポイント　409
　1　要物契約から諾成契約への変更［409］／2　弁済者［409］
第3　書式例　409
　1　解説　409
　2　実務上のポイント　410
　　【書式例】代物弁済契約書［410］

第2節 相 殺

- 第1 契約の概要 … 411
- 第2 民法改正のポイント … 412
  - 1 相殺制限特約［412］／2 相殺の禁止の範囲の見直し［412］／3 相殺の充当順位［413］
- 第3 書式例 … 413
  - 1 相殺予約契約　413
    - 【書式例】相殺予約契約書［414］
  - 2 相殺契約　415
    - 【書式例】相殺契約書［416］
  - 3 相殺通知書　417
    - 【書式例】相殺通知書［418］

第3節 更 改

- 第1 契約の概要 … 418
- 第2 民法改正のポイント … 419
  - 1 「債務の要素」の明確化［419］／2 契約の当事者［419］／3 更改後の債務への担保の移転［419］
- 第3 書式例 … 420
  - 1 更改契約（給付の内容について重要な変更をする更改）　420
    - 【書式例】更改契約書（給付の内容について重要な変更をする更改）［420］
  - 2 更改契約（債務者の交替による更改）　422
    - 【書式例】更改契約書（債務者の交替による更改）［422］
  - 3 更改契約（債権者の交替による更改）　423
    - 【書式例】更改契約書（債権者の交替による更改）［424］

第4節 免 除

- 第1 契約の概要 … 425
- 第2 民法改正のポイント … 425
- 第3 書式例―免除証書 … 425
  - 【書式例】免除証書［426］

　下記の書式例につきましては、民間（旧四会）連合協定　工事請負契約約款委員会の許可をいただき掲載しています。
① 民間（旧四会）連合協定工事請負契約約款
② 工場請負契約書
③ 民間（旧四会）連合協定工事請負契約約款・契約書使用上の留意事項
④ 仲裁合意書

【下巻目次】

第9章　賃貸借
　第1節　土地賃貸借
　第2節　建物賃貸借
　　第1款　通常の建物賃貸借
　　第2款　期限付建物賃貸借
　第3節　動産賃貸借
　第4節　リース・レンタル
　第5節　その他賃貸借類似契約
第10章　使用貸借
第11章　委　任
第12章　地上権・永小作権・地役権
　第1節　地上権
　第2節　永小作権
　第3節　地役権
第13章　質権・抵当権・根抵当権
　第1節　質　権
　第2節　抵当権
　第3節　根抵当権
第14章　仮登記担保・譲渡担保
　第1節　仮登記担保
　第2節　譲渡担保

改正民法対応　契約書式の実務

書式ダウンロードサービスの利用方法

　弊社ホームページにおいて、本書に収録した書式のワードデータ並びにテキストデータを閲覧・ダウンロードすることができるサービスを行っております。

　ご利用は、以下のURLにアクセスしてください。

http://soko-sha.com/keiyakusyosiki

〈ご利用方法〉
1　必要な環境
　・インターネットに接続したコンピュータ
　・ブラウザ（ホームページ閲覧ソフト）　例：Microsoft Internet Explore など
　・Microsoft Word

2　使い方
　書式名を左クリックすると、ブラウザ内に書式が表示されます。
　右クリックするとメニューが表示されますので、書式をダウンロードする場合は、＜対象をファイルに保存＞を選択してください。

3　ご注意
　ブラウザによっては、書式がブラウザ内に表示されず、別ウインドウまたはWord等が起動して表示される場合があります。

4　著作権について
　弊社ホームページに公開されているこれらの書式は、自由にお使いいただくことができますが、一部のものを除き、著作権は、著者・株式会社創耕舎に属します（他の著作権者が保有する書式につきましては、掲載しておりません）。また、これらのコンテンツをそのまま、あるいは改変して販売することはできません。転載を希望される場合は、奥付に記載されている弊社までご連絡ください。

　・Microsoft Wordは、米国Microsoft Corporationの米国およびその他の国における登録商標または商標です。

第1章　契約総論

第1節　契約書の基本的知識

第1　契約書作成の意義

　我が国では、保証契約（民446条2項）等いくつかの例外を除き、契約は口頭でも成立し、契約書を作成することは必要ではない（このような契約を「諾成契約」という）。改正民法522条2項は、「契約の成立には、法令に特別の定めがある場合を除き、書面の作成その他の方式を具備することを要しない。」として、契約自由の原則の下位原則である方式の自由を明記した（第3「契約の成立」2 (2) 参照）。このように、法律上、契約書の作成は、いくつかの例外を除けば、必須ではないが、現実には、例外に該当しなくとも、多くの取引において契約書が作成されている。

　契約の成立に必要ではないにもかかわらず、契約書を作成する意義は、どこにあるか。それは、どのような内容の合意が成立したのかにつき、後日証明し、紛争を予防することにあるとされる。当事者が合意した内容を書面の形で記録していなければ、紛争に至った場合に、契約時点で意図した法律効果を十分な形で実現することは困難である。また、契約から生じ得る紛争を予防するためには取引過程で発生する可能性のある様々な状況に応じた綿密な条項を定めていく必要があるが、綿密な合意を形成するには書面を作成して、随時記録化していくことが不可欠である。

　このように、契約書を作成するにあたっては、合意内容の証明・紛争の予防といった目的を十分に果たすことのできるものであるかを意識する必要がある。

第2　契約書の構成と盛り込まれる条項

1　契約書の構成

　契約書の構成にルールは存在しないが、実務上、一般的に用いられている契約書を検討すると、次のような構成となっていることが多い。

　　ア　表題

　冒頭に、契約書の内容を示す語句が用いられる。表題をつけるにあたり留意すべき事項については、「第9　契約書の表題」を参照されたい。

　　イ　印紙

　契約書が印紙税法上の課税文書に該当する場合には、契約書の原本の通数に応じ、印紙税に相当する金額の印紙を契約書に貼付し（印紙税8条1項）、消印を押さなければならない（同条2項）。

　もっとも、印紙税の貼付は印紙税法上の義務に過ぎず、契約書の効力や契約の成否とは関係

はない。課税文書に該当する契約書に印紙の貼付がなされていなかったからといって、裁判手続において証拠として価値がなくなるわけではない。

　　ウ　前文

　契約書の冒頭に、誰と誰が、なんのために、何を合意するのかといった契約締結の意図、目的を明確にするために表示する。

　また、契約条項中に当事者の名称をその都度明記する煩雑さを避けるべく、「甲」、「乙」といった表記方法が定義されることが一般的である。もっとも、最近では、契約書作成過程における取り違えの危険や、一読してどちらの当事者のことを指しているかが分からず読みづらいというデメリットのある「甲」、「乙」といった旧来の表記方法を見直し、当事者の名称を短縮した表記や、アルファベットの略語による表記を用いるといったような実務上の工夫も見られる。

　前文の記載の法的効力が意識されることは少ないが、契約当事者や目的物といった、当該契約の基礎的な内容が前文の記載により特定される。

　　エ　契約条項

　具体的な権利義務を定める契約の本体にあたる部分である。個々の契約条項については各書式及び解説に譲るとして、一般的に盛り込まれることの多い契約条項を2において解説する。

　　オ　後文

　契約書の作成通数、原本を誰が所持するのかといった事項を記載する。

　　カ　契約書作成日

　原則として、実際に契約書が作成された日を記載する。

　　キ　当事者の署名捺印又は記名捺印

　我が国では、一般に前文に記載された契約当事者の署名捺印又は記名捺印が行われる。代理人や法人の代表者のように、権限のある者の署名捺印等がされる場合があるが、この場合には、当事者が誰で、どのような立場の者なのかを明確に示すことが必要である。なお、契約当事者による捺印は、契約書が真正に成立したこと（契約当事者によって契約書が作成されたこと）を証明するに当たり重要な効力を有する（「第5　契約書への捺印」参照）。

　　2　契約書に盛り込まれる条項

　契約書にどのような内容の条項が定められるかは、取引の類型や個別の事情によって多種多様である。もっとも、様々な類型の契約書において共通して定められることの多い条項を抽出することは可能である。以下、様々な契約書において盛り込まれることの多い条項を挙げる。

　　ア　目的

　契約の目的、契約書作成の目的を規定する条項である。実務上、第1条として規定することが多い。契約の目的の達成可能性（改正民542条1項3号・4号等）を判断するに当たり解釈の基準として機能する条文であり、できる限り明確に規定しておくことが重要である。

　　イ　定義

　契約書中で多く登場する語句については、その語句が最初に登場する箇所において、「（以下、○○という。）」などといった方法により表記方法を定義することが多い（記載の煩雑さを避ける

ために有用であると同時に、一つの言葉について二義を許さないという観点からも有用である）。そして、このような方法による定義が多数にわたる場合には、契約条項に定義規定を設け、同条項において一括して契約書中の用語を定義することが多い。いずれの方式によるべきかについて決まったルールはなく、読みやすさの観点から使い分けることが望ましい。実務上は、契約書全体の分量との兼ね合いで決めることが多いように思われる。

ウ　契約期間

契約の有効期間を定めるとともに、契約期間満了後の自動更新条項や、契約期間中の中途解約条項を設けることが一般的である。

a　契約の有効期間

契約の有効期間を特定する条項である。例えば、「2018年4月1日から2年間」というように、始期と期間によって特定する場合や、「2018年4月1日から2020年3月31日まで」といったように始期と終期によって特定する場合がある。いずれの規定方法でも民法の期間計算についての定め（民138条以下）を適用することにより期間を一義的に特定することは可能であるが、当事者間の事前の誤解を避けるためには、終期が一見して明白な後者の方法によることが有益である。

b　自動更新条項

契約期間満了後に自動的に契約を更新することを原則とし、契約を終了するためには別途通知を必要とする条項が設けられることがある。主に、継続的な契約において定められることが多い。

実務上、更新拒絶の通知について、「相手方から何らの意思表示がない場合」といった表現が用いられることがあるが、「何らの意思表示」とした場合、何を指しているかが不明確であり、あるやりとりについて事後的に更新拒絶通知に該当するかが争われるといった事態があり得る。かかる事態を回避するという観点からは、「契約を更新しない旨の通知」といったようにできるだけ明確に規定しておくことが望ましい。

> （条項例）
> 　契約の有効期間は、2018年4月1日から2020年3月31日までとする。ただし、期間満了日の3か月前までに、甲及び乙が相手方に対して契約を更新しない旨の通知をしなかった場合、同様の条件でさらに2年間更新されるものとし、その後も同様とする。

c　中途解約条項

契約は、ひとたび成立すると拘束力を持ち、債務不履行による解除などがなされない限りその有効期間が終了するまでは存続するのが原則である。もっとも、このような原則を貫徹すると、突発的な事情によって契約を解消することができないなど、臨機応変かつ機動的な活動に支障が生じることとなり、結果として、むやみに長期間の契約に応じることができなくなるという事態も危惧されるところである。そこで、契約によっては契約期間内であって一方当事者からの意思表示により契約を解約できる条項が設けられることがある。これが、中途解約条項

である。

> （条項例）
> 　甲及び乙は、本契約の有効期間内であっても、相手方に対し3か月前までに、書面をもって通知することにより、本契約を解約することができる。

　もっとも、相手方が一方的な意思表示により契約を中途解約することができるとすると、あまりにも契約の拘束力を弱め、当事者の地位を不安定にしかねない。そこで、中途解約条項が定められる場合、上記の条項例のように一定期間前までに、書面により、相手方に通知することを求めるなど、制限を加えることが多い。その他、残期間の長短に応じた違約金を支払うことによってのみ中途解約を可能にするといった規定も考えられる。

d　期限の利益喪失条項

　期限の利益とは、期限が到来していないことによって当事者が有する有利な地位のことをいう。具体的には、支払期限が到来していない場合には、債務を履行しなくても責任を負わない、といった地位などを指す。

　期限の利益は債務者にあるとされており（民136条1項）、債権者は期限が到来するまでは債務者に履行を求めることはできない。しかし、債務者の信用状況が著しく悪化したことを示すような事情が生じた場合に、上記の原則を貫徹することは必ずしも適当でない。民法はこのような場合に備え、債務者が破産手続開始決定を受けたこと、担保を滅失、損傷又は減少させたこと、及び担保提供義務を履行しないことの3種類の期限の利益喪失事由を規定している（民137条）。もっとも、これだけでは債務者の信用状態の悪化を示す事由としては全く不十分である。そこで、期限の利益喪失事由を拡充・補完すべく、契約書において、どのような場合に、期限の利益を喪失するかを具体的に定めた期限の利益喪失条項が設けられることが一般的である。

> （条項例）
> 　甲又は乙は、相手方が次の各号のいずれかに該当したときは、相手方に対する通知により、期限の利益を喪失させることができる。
> 　一　監督官庁より営業の取消し、営業停止等の処分を受けたとき
> 　二　支払停止又は支払不能の状態に陥ったとき
> 　三　税金の滞納処分を受けたとき、又は第三者より強制執行を受けたとき
> 　四　破産手続、民事再生手続、会社更生手続又は特別清算の各開始の申立てを自らしたとき又は第三者から各開始の申立てを受けたとき
> 　五　事業を停止したとき、又は解散の決議をしたとき

e　解除条項

　相手方が契約の本旨に従った履行をしない場合には、民法上は契約を解除することが可能で

ある。しかし、契約上、一定の事項を新たに解除事由に加えたり、一定の事項が解除事由に当たることを明確にするため、約定解除に関する条項を定めたりすることが多い。併せて、一定の事項について、無催告解除が可能な内容とすることも多い。

f 反社会的勢力排除条項

反社会的勢力排除条項（実務上「反社条項」と略される）とは、暴力団等の反社会的勢力を取引から排除するための条項である。

近年、反社会的勢力との関係を遮断するための取組が推進され、2003年には、全閣僚を構成員とする犯罪対策閣僚会議が設置された。そして、同会議の下に設置された暴力団資金源等総合対策ワーキングチームにおける検討を経て、2007年6月、「企業が反社会的勢力による被害を防止するための指針について」という政府指針が公表された。同指針は、「反社会的勢力による被害を防止するための基本原則」のひとつとして、「取引を含めた一切の関係遮断」を掲げるとともに同原則に基づく平素からの対応として、「反社会的勢力が取引先……となって、不当要求を行う場合の被害を防止するため、契約書や取引約款に暴力団排除条項を導入する」ことを明記した。

上記政府指針を受け、平成23年には、全都道府県において、暴力団の排除に関する特約条項を契約において定めることを努力義務とする暴力団排除条例が施行された。また、都道府県だけでなく、様々な業界団体、自治体、警察等の諸機関が、暴力団排除条項のモデル条項を公表している。以下、警察庁が公表する不動産売買契約書におけるモデル条項を示す。

（反社会的勢力の排除）
第〇条　売主及び買主は、それぞれ相手方に対し、次の各号の事項を確約する。
　① 自らが、暴力団、暴力団関係企業、総会屋若しくはこれらに準ずる者又はその構成員（以下総称して「反社会的勢力」という）ではないこと。
　② 自らの役員（業務を執行する社員、取締役、執行役又はこれらに準ずる者をいう）が反社会的勢力ではないこと。
　③ 反社会的勢力に自己の名義を利用させ、この契約を締結するものでないこと。
　④ 本物件の引き渡し及び売買代金の全額の支払いのいずれもが終了するまでの間に、自ら又は第三者を利用して、この契約に関して次の行為をしないこと。
　　ア　相手方に対する脅迫的な言動又は暴力を用いる行為
　　イ　偽計又は威力を用いて相手方の業務を妨害し、又は信用を毀損する行為
2　売主又は買主の一方について、次のいずれかに該当した場合には、その相手方は、何らの催告を要せずして、この契約を解除することができる。
　ア　前項①又は②の確約に反する申告をしたことが判明した場合
　イ　前項③の確約に反し契約をしたことが判明した場合
　ウ　前項④の確約に反した行為をした場合
3　買主は、売主に対し、自ら又は第三者をして本物件を反社会的勢力の事務所その他の活動の拠点に供しないことを確約する。

> 4 売主は、買主が前項に反した行為をした場合には、何らの催告を要せずして、この契約を解除することができる。
> 5 第2項又は前項の規定によりこの契約が解除された場合には、解除された者は、その相手方に対し、違約金(損害賠償額の予定)として金○○○○円(売買代金の20％相当額)を支払うものとする。
> 6 第2項又は第4項の規定によりこの契約が解除された場合には、解除された者は、解除により生じる損害について、その相手方に対し一切の請求を行わない。
> 7 買主が第3項の規定に違反し、本物件を反社会的勢力の事務所その他の活動の拠点に供したと認められる場合において、売主が第4項の規定によりこの契約を解除するときは、買主は、売主に対し、第5項の違約金に加え、金○○○○円(売買代金の80％相当額)の違約罰を制裁金として支払うものとする。ただし、宅地建物取引業者が自ら売主となり、かつ宅地建物取引業者でない者が買主となる場合は、この限りでない。

　以上のとおり、反社条項の具体的な内容は、反社会的勢力を定義するとともに、双方が反社会的勢力に当たらないことや、利用・協力関係にないこと、名義貸しを行っていないこと、不当な要求行為や、脅迫・業務妨害行為を行わないことといった事項を確約するとともに、一方当事者が、これらの確約に反する場合、他方当事者は、無催告で解除ができ、解除に関して一切の責任を負わないとともに、反社条項に違反した当事者に対し、損害賠償を請求することができる、といったものが一般的である。

g　損害賠償

　契約の一方当事者が契約の履行過程で他方当事者に損害を負わせた場合、契約上特段の定めがなくとも、債務不履行や不法行為として損害賠償を負う。契約上の損害賠償条項としては、これらの民法上の原則を確認するほか、その内容を修正するものを置くことが一般的である。

(1)　債務者の帰責事由に関する条項

　債務不履行に基づく損害賠償は、債務者に故意又は過失があった場合に発生するところ、これを「故意又は重過失」に限定する場合がある。損害賠償を負うべき債務者に極めて有利な規定であり、債権者としては注意が必要である。

(2)　損害賠償の範囲を限定する条項

　民法上、損害賠償は、債務不履行等に該当する行為(不作為を含む)と相当因果関係が認められる範囲内の損害について認められる。具体的には、通常損害(ある債務不履行により通常発生すると考えられる損害)及び予見可能性のある特別損害(通常損害以外の損害)であるところ、これを修正して、損害賠償の範囲を限定する場合がある。具体的には、「相手方に対し、直接かつ現実に生じた通常の損害」といった表現が用いられるほか、通常発生すると考えられる具体的な費目が複数明示される場合もある。

　いずれも、債務者にとって有利な規定である。

(3)　損害賠償の額を予定する条項

　民法上の原則によると、損害賠償を請求する者は、損害が発生したこと及び損害の数額を立

証しなければならない。しかし、特に具体的な金銭の支出を伴わないような消極損害については、その立証は困難であることが多い。そこで、契約書中に損害賠償の額を予定する条項を設けることがある。

なお、民法改正により、現行民法420条1項第2文の「この場合において、裁判所は、その額を増減することができない。」との規定が削除された。しかし、これは従前の裁判実務において、同規定の存在にもかかわらず公序良俗違反（民90条）等を理由に予定された損害賠償を増減する判断がなされていたことから、かかる裁判実務の実態にあわせるための改正であり、裁判実務に影響するような変更が行われたわけではない。

h 不可抗力条項

当事者双方の責めに帰することのできない事由が発生した場合、民法上の過失責任の原則によれば、特に契約書上に不可抗力条項を定めていなくとも当事者は債務不履行による責任を負わない。もっとも、不可抗力は学説上もその外延が明らかにされているとはいい難く、また、不可抗力に当たる事由の発生が見込まれる場合には、必ずしも履行不能とは言えない状況においても解除による契約関係からの離脱を認めることが望ましい。

以上より、不可抗力に該当する具体的事由を列挙した上で、「その他不可抗力」などとして包括的な文言を挿入するといった要件の規定がされるとともに、不可抗力事由が発生した場合に、契約の解除を認める条項を定めることが一般的である。

i 通知に関する条項

継続的な関係を前提とする取引においては、将来の債権を保全するため、相手方の信用状態を契約締結後も把握しておく必要がある。そこで、相手方の組織、事業内容、経営等の重要な事項に変化が生じた場合には、その旨通知するよう義務付ける条項を設けることがある。

実務上通知義務の対象となる事項としては、①合併や会社分割といった組織変更に関する事項、②事業譲渡といった事業内容の変更に関する事項、③資本構成の重大な変更に関する事項、④商号、本店所在地、代表者といった登記事項の変更に関する事項、などがあげられる。

> （条項例）
> 　甲又は乙は，次の各号に定める事項を行う場合，事前に書面をもって相手方に通知しなければならない。
> 一　合併，会社分割，株式交換，株式移転等の組織に関する重大な変更
> 二　事業の全部又は一部の譲渡
> 三　株主を全議決権の3分の1を超えて変動させる等，支配権に実質的な変動を生じさせる行為。
> 四　本店所在地，商号，代表者等の変更

j 管轄条項

契約に関連して紛争が生じ、当事者間の協議によっては解決しない場合には、訴訟手続によって紛争解決を図ることとなる。この時、いずれの裁判所に訴訟を提起することができるのかといった、管轄に関する定めを契約書中に置く場合がある。これを管轄条項という。なお、英文

契約における管轄条項については、「**第11　英文契約書の基本的知識**」を参照。

民事訴訟法上、当事者は第一審に限り、合意により管轄裁判所を定めることができる（民訴11条1項）。合意による管轄裁判所の定めは、「一定の法律関係に基づく訴え」に関し認められるところ、契約書に管轄条項を定めるに当たっては、「本契約に関する一切の紛争」というように、契約との関連性という形で特定をすることとなる（民事訴訟法上要求される特定の程度としてはこれで足りる）。

民事訴訟法上、合意管轄には専属的合意管轄と、付加的合意管轄がある。前者は、民事訴訟法上定まる法定の管轄を排除するものであり、後者はそれらを排除せず、合意した裁判所への管轄権を付加的に生じさせるものである。前者の意味で合意をするのであれば、「〇〇地方裁判所を第一審の専属的合意管轄裁判所とする。」といったように明確に定めるべきである。

　　k　誠実協議条項

契約の内容について当事者間で疑義が生じた場合に備えて、誠実に協議すべきとの条項を設ける場合がある。このような条項は当事者に何らかの具体的な義務を課すわけではなく、具体的な法的効力を持つものではない。契約の定めをめぐる協議は、このような条項の有無にかかわらず当然に可能であるし、現にその存否を特段意識することなく一般的に行っている。したがって、かかる条項は法的な効力という意味では乏しいが、実務上、多くの契約書で慣習的に記載している。

（条項例）
　本契約に定めのない事項及び本契約の内容の解釈につき相違のある事項については，本契約の趣旨に従い，両当事者間で誠実に協議の上，これを解決するものとする。

第3　契約書中における用字・用語の使い方

契約書の記載方法についても、特定のルールがあるわけではないが、法制執務（公務員が法令の条文を起草すること）において用いている用語法は、法令が多義的に解釈されることを可及的に避けるために厳密に定義したものであり、法律家の間で大まかなルールや解釈方法を共有していることから、契約書において用いることにも適している。もっとも、法制執務の様式では縦書きとなっているが、実際には横書きの契約書が大半であることからもわかるとおり、あらゆる事項について法制執務の方法に従っているわけではない。二義を許さないようにする、読みやすくするといった観点から、目的に応じて使用することが重要である。

以下、法制執務の基準であり、契約書の作成方法としても採用されていることが多く、一般的といえるものを紹介する。

　　1　及び／並びに
　①　二つの語句を並列的に接続する場合には、「及び」を用いる（例：「甲及び乙」）。
　②　三つ以上の語句を並列的に接続する場合には、最後の接続のみ「及び」を用い、それ以外は読点を用いる（例：「甲、乙、丙及び丁」）。

③ 複数の語句が接続されたまとまり同士を接続する場合には、小さい接続に「及び」を使用し、大きい接続には「並びに」を用いる（例：「甲及び乙並びにA及びB」）。接続の大小が三段階以上に及び場合は、一番小さな接続のみ「及び」を用い、それ以上はすべて「並びに」を使用する。

2　又は／若しくは

① 二つの語句を選択的に接続する場合には、「又は」を用いる。三つ以上の語句の接続については「及び」の用法と同じ（例：「甲、乙又は丙」）。

② 複数の語句が接続されたまとまり同士を接続する場合には、小さい接続に「若しくは」を使用し、大きい接続には「又は」を用いる（例：「甲若しくは乙又はA若しくはB」）。接続の大小が三段階以上に及び場合は、一番大きな接続のみ「又は」を用い、それ以下はすべて「若しくは」を使用する。

3　乃至

日常用語においては、「又は」といった選択的な接続詞と互換的に用いられる場合があるが、法令用語では、「〜から〜まで」を意味する。例えば、「1号乃至3号」といった場合には、「1号、2号及び3号」のことを指す。

4　その他／その他の

「その他」は、前後の語句を並列に接続する際に用いられ、「その他の」は、前の語句が後に続くより広い意味を有する語句の例示であることを示すために用いられる。不可抗力条項において、「地震、台風、津波<u>その他の</u>天変地異、戦争、暴動、内乱、重大な疾病、法令・規則の制定・改廃、公権力による命令・処分<u>その他の</u>政府による行為、争議行為、輸送機関・通信回線等の事故、<u>その他</u>不可抗力」といったような規定が置かれることがあるが、ここでは、「地震、台風、津波」は「天変地異」の例示、「公権力による命令・処分」は「政府による行為」の例示に当たるのに対し、「不可抗力」は個々の具体的事象とは並列的な語句として用いられている。

5　場合／とき／時

「場合」と「とき」は、いずれも仮定的な条件を表す際に用いられる。単独で使用するときは特に決まりはなく、語感の良い語句が選択されているが、仮定的な条件を重ねて用いる場合には、大きな条件に「場合」が用いられ、より小さな条件には「とき」が用いられる（例：民法456条「数人の保証人がある場合には、それらの保証人が各別の行為により債務を負担した<u>とき</u>であっても、第427条の規定を適用する。」）。

このように「とき」が必ずしも時間的な概念としての意味を含まない用語であったのに対し、「時」は時間の流れにおけるある特定の時点を示す場合に用いられる。

第4　契約書への署名、記名

1　署名

署名とは、契約書を作成する者が契約書に氏名を自ら手書きすることをいう。一般的に、契約書に署名、すなわちサインをすることは、契約書を作成する上で当然に必要な行為と考えら

れており、違和感なく行われているが、その法的な意義を正確に表現すると、以下のとおりとなる。

契約書を、訴訟手続において証拠として用いる際には、契約書の「成立が真正であること」を証明しなければならない（民訴228条1項）。「成立が真正である」とは、契約書が作成者の意思に基づいて作成されたものであることを意味する。そして、契約書中に「本人又はその代理人」（すなわち、契約締結権限のある者）の署名があるときは、成立の真正が推定される（同条4項）。したがって、署名のある契約書が存在する場合には、そのような内容の契約書が当事者間で作成されたものとして扱われる。そして、訴訟手続において契約書は、類型的に信用性の高い文書であるとされており、ある契約書が存在する場合には、そのような内容の合意が当事者間で成立したであろうことが、ひとまずの前提とされる。

以上のとおり、契約書における署名は、契約書を将来証拠として利用する前提となるものであり、重要な契約書には署名（及び押印）を求めることが望ましい。

2　記名

これに対し、記名は、作成名義人の氏名がパソコンで印字されたり、氏名を彫ったゴム印が押されたりするものである。記名自体は何人でも行うことが可能であることから、記名者と契約書の作成名義人の同一性を事後的に検証することができず、記名のみの契約書は証拠としての価値を持たない。したがって、記名の場合は併せて押印を求めることが必要不可欠となる。法律上、署名が必要とされている場合に記名押印をもって署名に代えることができる、という規定があり（商32条、手形82条、小切手67条等）、ここでは「署名」と「記名押印」が対置されているが、これは上記のような考えに基づく。

ただし、署名とするか、記名とするかは、場面に応じた使い分けの問題である。多数の取引を日々行うような企業において、あらゆる契約書に権限のある者が手書きでサインをしなければならないとすると、著しいコストが発生するばかりか、地理的・時間的な制約から不可能であるということもあるかもしれない。このような背景から、実務上記名押印は契約締結過程において広く用いられている。

第5　契約書への捺印

1　捺印・押印

我が国においては、印鑑を押すことが企業活動においても日常生活においても極めて重視されている。特に、契約の局面では、「ハンコを押す」という行為それ自体が契約を締結することと同視されているという実態がある。

契約書を証拠として用いるためには、その成立の真正を証明する必要があることは既に述べたが、契約書中の押印は、その証明において、署名と同様の役割を果たす。すなわち、契約書中に本人又は代理人の押印があるときは、契約書は真正に成立したものと推定される（民訴228条4項）。もっとも、書体や筆跡に特徴を有する署名とは異なり、押印自体は印鑑を所持する者であれば誰でも同一のものを作り出すことができる。この点について、最高裁判例は、我

が国では印鑑は通常厳重に保管され、軽々に他人の手に渡ることはないという経験則が存在することを背景に、文書中に存在する印影が本人又は代理人の印章と一致するときには、その印影は、本人又は代理人の意思に基づいて押印されたものと推定されると判断した（最判昭和39年5月12日民集18巻4号597頁）。これらのルールは、①印章と書面上の印影の一致から、作成者が意思に基づいて押印したことを推定し、②その事実から、書面が真正に成立したことを推定する、という論理構造を辿ることから、「二段の推定」と呼ばれ、裁判所による事実認定において重要な機能を担っている。

2 実印・認印

ア 実印とは

実印とは、印鑑登録又は印鑑届をした印鑑のことを指す。

法人の場合は、「登記の申請書に押印すべき者は、あらかじめ、その印鑑を登記所に提出しなければならない。」との商業登記法20条の規定により、設立登記の申請の際に印鑑の提出が義務づけられており、この印鑑が実印にあたる。したがって、登記されたあらゆる法人は実印を有する。

これに対し、個人の場合は、住民基本台帳のある市区町村に登録された印鑑のことを実印という。各自治体の条例を根拠にする制度であり、法律上の制度ではない（もっとも、条例の内容は、昭和49年2月1日の自治省行政局振興課長発、各都道府県総務部長宛通知「印鑑の登録及び証明に関する事務について」により、ある程度の統一が図られている。）。また、印鑑登録自体は義務ではなく、実印を持たない個人も存在する。各自治体は、住民から印鑑登録の申請を受け、適切な本人確認を経た上で、申請のあった印鑑を登録する。

実印以外の印鑑を、一般に認印という。認印、上記の実印と比較して、印鑑証明書・印鑑登録証明書を利用することができないという相違がある。

イ 印鑑証明書・印鑑登録証明書

印鑑証明書・印鑑登録証明書とは、法務局（法人の場合）や市区町村（個人の場合）によって、実印として登録してある印影を証明する文書である。本人又は代理人の申請によって、これらの機関が発行する。

印鑑の登録は、登録機関による適切な本人確認手続を経た上で行われる。したがって、実印による押印を求めた上で、併せて印鑑証明書の交付を求め、双方の印影が一致することが確認されれば、押印者が本人であることが強く裏付けられるといえる。したがって、厳格な本人確認の必要がある重要な取引では、実印によることが求められることが多い。

なお、これは、契約を締結する局面における契約締結権限の確認の方法であり、契約書の効力自体は実印であるか認印であるかとは関係はない。認印による押印がなされた契約書であっても訴訟手続において二段の推定を受け、重要な証拠として扱われることに変わりはない。なお、上記昭和39年最判は上記判示に当たり実印と認印とを特段区別していなかったが、その後最判昭和50年6月12日判時783号106頁が「（昭和39年最判）にいう当該名義人の印章とは、印鑑登録をされている実印のみをさすものではない」として、二段の推定の適用が実印に限ら

れない旨判示した。いわゆる三文判については、上記最高裁判決の背景となった「通常厳重に保管され、軽々に他人の手に渡ることはないという経験則」が存在しないとも思えるが、現在では三文判であっても一応二段の推定の適用を受けるとされている（もっとも、三文判による契約書の成立の真正が争われた場合、挙証者（契約書を提出した当事者）において、作成者の三文判と書面上の三文判による印影が一致することを証明することは困難であると思われる）。

ウ 契印・割印

契印とは、単一の契約書の紙面が複数枚に及んだ場合に、それら複数枚の紙面が一つの契約書を構成するものであることを示すために押される印のことをいう。契約書が作成された後に紙面が差し替えられていないことを証明する（同時に、差替えによる改ざんを予防する）機能を有する。

具体的には、各紙面の見開きの綴じ目の部分に、両紙面に跨がるように押印する、という方法による。また、契約書が製本される場合には、製本のため使用した製本テープと表紙に跨がるように押される場合もある。一方当事者のみが契印をした場合には、紙面を差し替えた上で再び契印を押すことが可能となってしまう（観念的にそれが可能であること自体により、差替えがないことを証明する機能が著しく減殺される）ことから、できる限り、各当事者が契印を施すことが望ましく、当事者が多数にわたる場合には、対立する利害を代表する者がこれを行うべきである。

これに対し、割印とは、2通の契約書が作成される場合に、それらが同一であること、又は互いに関連するものであることを証明するために押される印のことをいう。慣例として、数通の契約書を少しずつずらして重ねた上で、上部に各契約書に跨がるように各当事者が押印する、という方法によって行われる。

契印と割印は、混同して用いられているが、厳密には区別されるべきである。商業登記規則35条3項は、「申請人又はその代表者若しくは代理人は、申請書が二枚以上であるときは、各用紙のつづり目に契印をしなければならない。」として、上記の意味で契印という言葉を用いている。

エ 訂正印・捨印

契約書の文言を訂正する場合、訂正の事実を明らかにするため訂正箇所に押印がされる。このときに押される印を訂正印という。契約書への押印に用いた印章が用いられる。契約書の訂正については、「10 契約書の内容の訂正・変更」も参照。

将来訂正が生じた場合に備え、あらかじめ書面の空欄部分に押される印のことを捨印という。役所への申請などの場合に用いられることがある（補正に応じ口頭での修正が可能となるため）が、契約内容が変更できることを意味することとなるため、知らない間に契約内容が変更されてしまうという事態を回避する見地からは、契約書で捨印を押すべきではない。

第6　電子契約
1　ペーパーレス化と法

　我が国では、平成12年に政府によりIT基本戦略が策定され、同戦略において重点政策分野として「電子政府の実現」などとともに「電子商取引ルールと新たな環境整備」が掲げられた。それ以降、電子署名及び認証業務に関する法律（以下、「電子署名法」という）の制定など、電子契約の普及に向けた環境整備が進められてきた。また、公的申請の電子化や法律上保存義務が定められた書面について電子データによる保存が認められるなど、様々な領域においてペーパーレス化が進展しているということができる。しかし、今日において電子契約は必ずしも充分に普及しているとは言いがたい。本項では、電子契約によることのメリットと、実務上の留意点について解説する。

2　電子契約とは

　電子契約とは、コンピュータやICTの方法により紙媒体の契約書に代わり電子データ（電子契約書）が作成される契約をいう。電子委任状の普及の促進に関する法律（平成29年法律64号）では、電子契約について「事業者が一方の当事者となる契約であって、電子情報処理組織を使用する方法その他の情報通信の技術を利用する方法により契約書に代わる電磁的記録が作成されるもの」と定義されており、参考になる（同法2条2項）。

3　電子契約のメリット

　電子契約を利用するメリットとして、①コストの削減、②業務の効率化、③コンプライアンスの強化の3点があるとされる。

　まず、①のコストの削減として、従来の紙媒体の契約書において必要とされていた印紙代、郵送代、封筒代、印刷代、人件費、契約書の保管費用といった費用が削減できる。印紙代については、印紙税法2条は、印紙税の課税物件を「文書」と規定しており、類推解釈の禁止される租税法において電子契約書がこれにあたると解することはできない。平成17年に、当時の内閣総理大臣小泉純一郎により、「文書課税である印紙税においては、電磁的記録により作成されたものについて課税されないこととなる」（内閣参質162第9号）との国会答弁がなされており、現行法上電子契約書が印紙税法の課税文書とならないことが、立法者意思として確認されていると評価されている。

　②の業務の効率化とは、次のような意味である。従来、書面による契約締結においては、契約条項が確定した後でも、原本の印刷、一方当事者の押印、取引相手への郵送、取引相手が押印後に原本を返送するといったプロセスが必要であり、契約締結に至るまで2～3週間程度の期間を要する場合もあった。電子契約は遠隔地においてもデータの送受信によって契約締結が可能となり、特に定型的・反復的な契約については、業務を大幅に効率化することができる。

　③のコンプライアンス強化としては、紙媒体の契約書に比べ原本の紛失や劣化のリスクが低いこと、以下に説明する電子署名の方法で電子契約書を作成することにより事後的な改ざんのリスクを低減できることを挙げることができる。

4　電子署名
ア　電子署名とは

電子契約書が紙媒体の契約書に代替するものであるためには、最低限、紙媒体の契約書が有していた証拠としての価値を備えるものである必要がある。紙媒体の契約書においては、契約書を証拠として用いる上で、契約書上の署名押印・記名押印が重要な役割を果たしていた。これに対し、電子契約書は物理的な形を持たない電子データであり、直接に署名押印を施すことはできない。そこで、電子契約書についても、それが本人により作成されたものであることを事後的に証明するための仕組みが必要となり、電子署名がこれを担っている。2000年に電子署名法が制定されたことにより、電子署名が紙媒体の契約書への署名押印に代替する証拠価値を備えるための制度が整備された。

電子署名法は、電子署名を、以下のように定義する。

> 第2条（定義）
> この法律において「電子署名」とは、電磁的記録（電子的方式、磁気的方式その他人の知覚によっては認識することができない方式で作られる記録であって、電子計算機による情報処理の用に供されるものをいう。以下同じ。）に記録することができる情報について行われる措置であって、次の要件のいずれにも該当するものをいう。
> 1　当該情報が当該措置を行った者の作成に係るものであることを示すためのものであること。
> 2　当該情報について改変が行われていないかどうかを確認することができるものであること。

このように、法律上、電子署名とは、「本人性」及び「データの非改ざん性」の2点を証明することのできる措置のことをいう。

現在、公開鍵暗号方式による電子署名が一般に用いられている。この方式は、実印を利用した取引に例えると理解しやすい。実印は、市町村役場という第三者が本人確認を経て印鑑を登録し、その後ある印鑑が実印として登録した印鑑と同一であることを証明するという制度である。電子署名においては、「認証業務」（電子署名2条2項）を行う者（以下、便宜「認証局」という。）に対し、秘密鍵の発行申請を行う。これに対し、認証局は、適切な本人確認を経た上で、秘密鍵を発行する。そして、実際に電子署名を付与するに当たっては、秘密鍵と公開鍵という一対の鍵による暗号化技術を用いて、（いわば署名捺印のない契約書である）電子データに対し電子署名が付与される。まず、電子署名を利用しようとする本人は、署名の対象となる電子データに対し、署名する本人だけが知っている秘密鍵を用いて暗号化処理を実施する方法により電子署名が行われる。この秘密鍵は、本人が管理するものであり、いわば印鑑にあたる。そして、このような暗号化処理が行われた電子契約書は、署名押印のある契約書に対応する。

そして、電子契約書の作成者と電子署名を行った者とが同一であるかを検証するに当たっては、公開鍵が用いられる。公開鍵と対となる秘密鍵が署名者本人に発行されたことは、発行者が作成する電子証明書によって証明される。発行者（電子署名2条2項にいう「認証業務」を行う者）は、適切な本人確認を実施した上で秘密鍵を発行しており、かかる電子証明書により、

発行者が本人に交付した秘密鍵により電子署名がなされたことが証明される。

ここでは、認証局が印鑑登録手続における市区町村、秘密鍵の発行が実印の登録、電子証明書が印鑑証明書にあたる役割を果たすことになる。

イ　電子署名と二段の推定

電子契約書は、「準文書」、すなわち「情報を表すために作成された物件で文書でないもの」に該当し、紙媒体の契約書と同様、成立の真正を立証しなければならない（民訴231条・228条1項）。この点につき、電子署名法3条は、「電磁的記録に記録された情報について本人による電子署名（これを行うために必要な符号及び物件〔筆者注：公開鍵暗号方式における秘密鍵及びこれを格納したICカード等を指す〕を適正に管理することにより、本人だけが行うことができることとなるものに限る。）が行われているときは、真正に成立したものと推定する。」と規定している。

この、「本人による電子署名」という文言は、民事訴訟法228条4項の解釈と同様、本人の「意思に基づく」電子署名を意味すると解される。そして、公開鍵暗号方式のもとでは秘密鍵（を格納したICカード等の物品）は厳重に管理されるものであると考えられ、印鑑と同様の経験則が成り立つと考えられることから、電子証明書により、「発行者が本人に交付した秘密鍵により電子署名がなされたこと」が証明された場合には、「本人の意思に基づき電子署名がなされたこと」を事実上推定することができる。

このように、電子署名の付与された電子契約書においても、二段の推定と同様の法理が働くと考えることは可能であり、紙媒体の契約書と（少なくとも）同様の証拠価値を備えたものと評価することができる。

第7　契約作成における公証役場の活用

契約書の有する証拠としての価値を強化するため、公証役場を活用することができる。具体的な活用方法としては、以下の2つの方法がある。

まず、当事者間で作成した契約書に、公証役場において確定日付印を押してもらう方法がある。確定日付とは、変更のできない確定した日付のことをいい、その日にその契約書が存在していたことを証明する。時効期間の到来が近づいている債権の存在を確認する合意書のように、契約書の中には、その作成日付が重要な意味を持つものがある。この場合、確定日付印を得ることで、作成日について強力な証拠力を付与することができる。

次に、契約書自体を公正証書で作成するという方法がある。公正証書とは、公証人が法律に従って作成した証書のことをいう（公証人1条1項）。契約書は公正証書によって作成することが可能であり、金銭消費貸借契約書や不動産賃貸借契約書において多く利用されている。

契約書を公正証書で作成することの第一のメリットは、契約書に高い証拠力を付与することができる点である。先に見た確定日付印の場合、契約書の作成日について強い証拠価値を有するにすぎなかった。これに対し公正証書は、契約書に記載された内容が公証されることとなり、事後的に契約書の内容を争うことは事実上不可能となる。なお、公正証書中の日付は、法律上

確定日付として扱われ（民施5条1項1号）、契約書の作成日についても強い証明力を付与することができることは、確定日付印による場合と同様である。

また、契約書を公正証書で作成することの第二のメリットは、債務名義として用いることを可能とする点である。通常、契約書で合意された権利を行使するためには、相手方が任意の履行に応じない限り、訴えを提起し、請求認容判決を得た上で、当該確定判決を債務名義として、強制執行を行うこととなる。このように、いかに契約書に詳細かつ明確に権利義務が規定されていたとしても、相手方が履行に応じない以上、権利を実現するためには訴訟手続を経る必要があるのが原則である。これに対し、金銭の支払いや代替物・有価証券の一定数量の給付については、債務者が直ちに強制執行に服する旨の陳述が記載された公正証書（これを、「執行証書」という）については、確定判決と同じく債務名義として利用することができる（民執22条5項）。このように、金銭の支払いを受ける当事者は、契約書を執行証書にしておくことで、裁判を経ずに強制執行を行うことができるというメリットがある。不動産など特定物の引渡しや役務を受ける権利については、執行証書を利用することはできない。

第8　契約の費用

専門家に契約書の作成を依頼する場合に支払う報酬など、契約の締結に当たり費用が発生する場合がある。これらの費用については、民法558条（同559条により、有償契約一般に準用される）の規定により、原則として当事者が等しい割合で負担するものとされる。このほかに契約の締結にかかる費用としては、公正証書による場合の公証人の手数料、契約書に貼付する印紙代などがある。その他、通説は、土地の評価・調査に要する費用、測量費用等も契約に関する費用に当たるとする。

これに対し、運送費、荷造費、代金の振込手数料といった費用は、弁済にかかる費用にあたり、民法485条により、債務者が負担すべきものとされる。

判例は、不動産売買における登記費用を、民法558条にいう売買契約に関する費用にあたるとする（大判大正7年11月1日民録24輯2103頁）が、通説は、売主が負担すべき弁済にかかる費用にあたるとして、判例に反対する。

このように、契約に関する費用には様々なものがあり金額的にも決して軽視することができない上、なにがこれに該当するかも明らかでないところがあることからすると、取引の過程で生じうる費用の負担について、可能な限り契約書において明確にしておくことが望ましいといえる。

第9　契約書の表題

契約書の法的効果は、具体的な条項によって定まり、契約書にどのような表題がつけられたかは影響しない。もっとも、このことは、契約書の表題はどのようなものであってもよいということを意味しない。

この点に関連し、書面の作成が形式的なものであることを相互に確認するためや、相手方の

心理的抵抗を除去すべく契約書としての効力が軽いものであることを強調するためといった目的で「覚書」や「合意書」といった表現が採用されることがある。しかし、このような表現にしたからと言って内容に影響はないばかりか、合意内容が契約締結段階で十分に検討されず、後から争いが生じるといった事態をもたらしかねない。また、担当者に変動があった場合に、新担当者が契約書を検索し、契約内容を把握する上でも非効率的である。

このように、契約書の表題をつけるにあたっては、契約内容を適切かつ端的に表現した語句を用いるべきである。

第10 契約書の内容の訂正・変更

契約書の作成方法に特定の方式がないように、その内容の訂正・変更についても定まった方法があるわけではない。以下では、契約書の訂正・変更方法の一例を紹介する。もっとも、いずれにも共通することであるが、変更箇所が多数にわたる場合、又は変更箇所が重要か事項に及ぶ場合には、契約書を新たに締結し直すということも検討されるべきである。

1 条項の付加

ある条項の間、例えば、第5条と第6条の間に新たな条項を挿入する場合には、「第5条の2」として、別紙に付加する条項を記載し、併せて第5条と第6条の間に挿入されることを明記した上で、当事者双方が署名押印（本体の契約書に押印した印章を使うべきである）し、契約書に契印の上添付する方法によるべきである。

2 条項の削除

ある条項を削除したい場合には、同じく別紙の添付による方法もあるが、欄外のスペースに余裕があり、読みやすさを害しない場合には、1ヶ条を二重線で削除した上で、欄外に「1ヶ条を削除する」と記載し、双方で押印する方法によることもできる。後者の方法による場合、後日契約書を確認した際、一見して削除の事実が把握できるというメリットがある。

3 条項の訂正

条項の訂正については、民法968条2項が、遺言書の訂正の方法について「自筆証書中の加除その他の変更は、遺言者が、その場所を指示し、これを変更した旨を付記して特にこれに署名し、かつ、その変更の場所に印を押さなければ、その効力を生じない。」と規定しており、契約書の訂正に当たっても参考になる。

もっとも、訂正箇所が多数にわたる場合には、読みやすさを害し、また訂正時に訂正漏れが生じ後日の紛争につながりかねないことから、別紙において、訂正前後の条項を明記し、添付するという方法も検討されるべきである。

第11 英文契約書の基本的知識

今日、取引のグローバル化に伴い、企業の規模にかかわらず英文契約書による契約締結が一般的になっており、英文契約書に関する基本的知識が不可欠となっている。そこで本章では、英文契約書の基本的な知識について解説する。

1 基本的な構成

英文契約書についても、邦文契約書と同様特に定まった方式があるわけではない。慣例として多く使用される契約書の構成としては、Title（表題）、Caption、Premises（頭書）、Witnesseth Clause、Whereas Clause（前文）、本文、Closing（後文）に、整理することができる。

（表題）

SALES AGREEMENT

（頭書）

This AGREEMENT, made and entered into this 1st day of September, 201 by and between:

(1) ABC Corporation, a company organized and existing under the laws of the state of California, and having its principal office at xxx California Street, San Francisco, California 94100, U.S.A. (hereinafter called "ABC") , and

(2) XYZ Corporation, a company organized and existing under the laws of Japan, and having its principal office at x-x Nishi-Shimbashi 3-chome, Minato-ku, Tokyo, Japan (hereinafter called "XYZ")

（前文）

WITNESSETH:

WHEREAS, ABC desires to sell to XYZ certain products hereinafter set forth; and
WHEREAS, XYZ is willing to purchase from ABC such products.
NOW, THEREFORE, in consideration of the premises and the mutual agreements contained herein, the parties hereto agree as follows:

（各条項）
Article 1　　（内容省略）

（後文）
IN WITNESS WHEREOF, the parties hereto have executed this Agreement as of the date first above written.

　　(For and on behalf of)　　　　　　　(For and on behalf of)
　　ABC Corporation　　　　　　　　　　XYZ Corporation
　　By＿＿＿＿＿＿　　　　　　　　　　　By＿＿＿＿＿＿

ア　Title（表題）

契約書の表題が記載される。邦文契約書と同様、契約書の効力と表題とは関係なく、Memorandum や Letter of Intent といった表題がつけられていても、それだけで法的拘束力がない覚書となるわけではない。

イ　Caption、Premises（頭書）

ウで解説する前文と併せて邦文契約書における前文に概ね該当する。Parties（当事者）、Signing Date（日付）、Place of Execution（契約締結地）といった事項が記載される。

ウ　Witnesseth Clause、Whereas Clause（前文）

契約に至る経緯や、動機といった事項が記載される。前文自体には法的拘束力はなく、当該契約の全体像の把握や、解釈指針を示すために用いられる。英文契約書においては、本体である契約書はshallやwillといった助動詞が用いられるのに対し、前文においては、現在形や過去形で表現される。

なお、英米契約法に特有の概念として、約因（Consideration）というものがある。約因とは、法的価値（legal value）のあるものの交換取引（bargained-for exchange）をいい、約因が存在することは、契約と法的な拘束力のない単なる約束とを区別する不可欠の要素とされている。例えば、物品の売買契約においては、目的物の所有権と代金（いずれも当然に法的価値を有する）とが交換されており、これが約因にあたる。これに対し、日本では当然に契約に該当すると考えられている贈与契約は、約因が存在せず、英米契約法においては契約（contract）とは認められていない。

英文契約書の前文においては、"in consideration of..."というかたちで、約因の存在及び内容が示されることが多い。もっとも、契約書の内容に法的価値のあるものの交換取引にあたる内容が明記されていれば、このような記載がなかったとしても約因が存在しないと判断されるわけではない。

エ　Closing（後文）

契約当事者が契約締結の証拠として、冒頭記載の日付で本契約を締結した、という内容が記載される。また、各当事者又はその代理人（agent）により、署名がされる。"For and on behalf of"とは、代理を表す文言である。

2　英文契約書において特徴的な条文

ア　準拠法（Governing Law）条項

契約の解釈の基準となる法律を取り決める規定をいう。一方当事者の自国法や第三国の法律が準拠法として規定される。

（条項例）
This Agreement shall be governed by and construed in accordance with the laws of Japan.

イ　紛争解決条項（Settlement of Disputes clause）

契約に関連する紛争を解決するための手続を定める規定として、通常、仲裁条項（Arbitration clause）か、合意管轄裁判所条項（Jurisdiction）が置かれる。

（条項例・仲裁条項）
Any difference or dispute between the parties concerning the interpretation or validity of this

> Agreement or the rights and liabilities of the parties shall be settled by arbitration in Tokyo, Japan in accordance with the Rules of Procedures of the Japan Commercial Arbitration Association.

> (条項例・合意管轄裁判所条項)
> The parties hereto submit to the non-exclusive jurisdiction of the Tokyo District Court of Japan with respect to all controversies arising from the interpretation and performance of this Agreement.

ウ 完全合意条項 (Entire Agreement clause)

交渉の過程で契約書の調印までに作成された文書や、口頭での了解事項について、契約書がそれらを統合した最終的な合意であり、それらすべてに優先する旨確認される。

> (条項例)
> This Agreement, together with the exhibits hereto, constitutes and express the entire agreement between the parties hereto with respect to the subject matter contained herein and supersedes any previous oral or written communications, representations, understandings or agreements with respect thereto. The terms of this Agreement may be modified only in writing signed by authorized representatives of both parties.

エ 表明保証条項 (Representations and Warranties)

M&A取引や不動産の売買契約で、その譲渡の対象である事業・株式や不動産につき、譲渡時現在の状況 (condition) について「表明」し、将来にわたり「保証」を行う旨の条項が設けられる。すでに日本の契約実務にも普及した条項であるが、もともと約束 (promise) の内容を構成しない表示について、そのままでは不実表示 (misrepresentation) があったとしても契約違反 (breach of contract) の効果が生じないという英米契約法上の原則を背景に契約に組み込まれたものである。

> (条項例)
> ABC represents and warrants that it owns and possesses all rights, titles, interest, in all of the Products, and any trademarks, logos, trade secrets and proprietary rights associated with the Products and that exclusive rights grantes herein for the Territory have not previously granted, assigned or in any way encumbered to any parties.

第2節　契約当事者

第1　契約当事者の確定

1　契約当事者とは

　契約当事者となるのは、形式的な観点から言えば、契約書において契約当事者として署名押印等をした者である。ただし、単なる立会人として自らの氏名等を記載したに過ぎない者は、契約当事者とはならない。

　また、実質的な観点から言えば、契約当事者とは、その契約を締結する意思表示をした者であり、申込者と承諾者のことである。

2　適切な契約当事者を選択・表示する必要性

　契約を締結する趣旨・理由は、契約当事者に何らかの法律上の効果を発生・帰属させることにある。したがって、その目的に応じて適切な契約当事者を選択する必要がある。

　また、特に法令に定めがある場合を除き、契約自体は契約書の有無とは無関係に成立する。それにもかかわらず、あえて契約書を作成する意義は、誰との間でどのような内容の合意が成立したのかを記録化することによって、将来的な紛争の発生を予防し、あるいは紛争の拡大を防止する点にある。そのため、実際の合意内容を、契約書上に正確に反映する必要性は極めて高く、また、契約当事者となる者に正確に署名押印等をさせなければならない。

　万が一、不適切な契約当事者を選択して契約書を作成した場合、あるいは契約書に誤った記載をした場合には、その契約書は、当事者が本来意図したような効力を有しないものとなってしまうため、十分に注意する必要がある。

　例えば、契約当事者が会社であるのかその代表取締役個人であるのかを不明確にしたまま交渉が進み、契約が締結に至ることがある。また、同一人の経営している複数の会社のうちのどれが契約当事者となるのかが不明確な場合や、親子や夫婦のどちらが契約当事者なのかが判然としない場合などもある。その結果として、当事者の意図しない者が契約当事者となり、意図しない債務の負担を強いられる結果となることも考えられる。

　このように、契約当事者を明確に選択したうえで、その旨を正確に契約書に表示する必要性は極めて高く、注意深く確認を行う必要がある。

3　本人確認の必要性

　相手方当事者の同一性についても、十分に確認をする必要がある。すなわち、Xを名乗る人物が、X本人であるか、契約の目的となっている財産を処分する権限を有しているのかを見極めなければならない。

　例えば、相手方が素性を偽って権利者を名乗っている場合に、そのことに気づかないまま不動産売買契約を締結してしまえば、その後、権利者から不動産を手に入れることができないばかりか、相手方とは連絡がつかなくなり、交付済みの売買代金や手付金の返還すら受けられな

いという事態も起こりうる。近時の報道でも、地面師等、詐欺師の被害にあった事例は数多くみられる。契約条件が一般的な相場に比してこちら側に有利となっているなどの疑わしい事情が存在する場合には、特に慎重に確認を行う必要があるといえよう。

本人確認の方法としては、実印による押印と印鑑登録証明書の提出を求めることが一般的であるが、さらに慎重を期す場合には、住民票上の住所を訪問する、あるいは関係者への聴取を行うといった調査も検討すべきである。なお、当事者が法人等の場合については、後述する。

4 意思確認の必要性

相手方当事者が真実契約締結の意思を有しているのかについても確認する必要がある。

例えば、実務上、債権者が保証契約を締結する際に、保証人と直接会うことのないままに、主債務者経由で保証契約書を渡されることがあるが、このような場合、債務者が保証人の許可なく署名押印等を行っている可能性は否定できず、保証契約の効力が後で争われ、覆される可能性もあるため、漫然と受け入れることは非常に危険である。債権者としては、できる限り保証人本人と面会をし、直接署名押印等がなされるのを確認することが望ましい。

第2 契約当事者の表示方法

以下では、契約書における当事者の具体的な記載方法について説明を行う。

1 株式会社その他会社法上の会社の場合

ア 商号の記載

契約当事者が会社である場合には、当事者を特定するために、会社の登記簿と一致した正確な商号を記載する必要がある。

会社には、株式会社、合名会社、合資会社、合同会社がある（会社2条1号）が、それぞれの会社は、他の種類の会社であると誤認されるような名称等を用いてはならない（会社8条1項）。

また、会社でない者が、会社であると誤認されるおそれのあるような名称等を用いることも許されない（会社7条）。

なお、いわゆる特例有限会社については、現在は株式会社として存続しているものの、その商号中に、特例有限会社である株式会社以外の株式会社、合名会社、合資会社、合同会社と誤認されるおそれのある文字を用いてはならないとされている（会社整備2条1項、3条1項2項）。契約書においても同様の注意を払う必要がある。

イ 本店所在地の記載

個人が契約を締結する際にその住所を記載するように、会社が当事者となる場合にはその本店所在地（会社4条）を記載する。同一の商号を有する会社は複数存在するため、当事者の特定という観点からも、本店所在地の記載は不可欠である。

本店所在地は登記簿に記載されており、これを契約書に正確に記載する必要がある。また、会社の支店が取引を行う場合には、支店所在地を正確に記載しなければならない。

特に不動産に関する契約書において正確な記載をしなかった場合には、その契約書を登記原

因証明情報（不登61条）として用いることができず、登記を行うことができなくなることもあり得るため、一字一句注意深く確認を行う必要がある。

ウ　代表者の記載

会社を代表して意思表示を行った者が誰であるのか、その者が会社を代表する権限を有するのかを明らかにするために、契約書には代表者の氏名を記載すべきである。代表者の記載は、契約書上必須のものとまではいえないが、紛争を予防する見地から記載を行うべきである。

誰が会社の代表者となりうるかは、それぞれの会社の種類や機関設定の仕方によって異なってくる。

a　株式会社の場合

株式会社においては、取締役各自が会社を代表することができる（会社349条1項2項）が、代表取締役が選定されている場合には、その者が会社を代表することとなる（会社349条3項4項）。

また、取締役会非設置会社においては、定款、定款の定めに基づく取締役の互選又は株主総会の決議によって、代表取締役を選定することができ（会社349条3項）、取締役会設置会社においては、代表取締役を選定しなければならない（会社362条3項）。さらに委員会設置会社においては、取締役会において、執行役の中から代表執行役を選定しなければならず、その者が代表権を有することとなる。なお、平成26年の会社法改正で新設された監査等委員会設置会社についても、取締役会の設置が義務付けられており（会社327条1項3号）、取締役会設置会社の場合と同様に代表取締役を選定しなければならない（会社399条の13第3項）。

代表取締役や代表執行役の氏名・住所及びその会社の機関設定は、登記簿に記載をされている。そして、登記には公示力が認められ、会社が登記すべき事項を登記していなかった場合や故意又は過失をもって不実の登記をした場合には、これをもって善意の第三者には対抗できない（会社908条1項前段・同条2項）のであるから、契約を締結する際は、相手方当事者の代表権の所在について、あらかじめ登記を確認して調査することが望ましい。

また、相手方当事者内部で、当該契約を締結するために法的に必要な手続きが適切に履践されたかどうかについても、慎重に確認する必要がある。例えば取締役と会社との利益相反取引については、取締役会設置会社では取締役会の承認決議を（会社365条1項・356条1項）、取締役会非設置会社では株主総会の承認決議（会社356条1項2号3号）を経る必要があり、承認を得ないでなされた利益相反取引は、原則として無効となるため、確認を行うべき必要性は大きい。ただし、会社が契約の相手方に無効主張するためには、相手方が悪意であること（会社側において承認を得ていなかったと知っていたこと）を立証しなければならず（最大判昭和43年12月25日民集22巻13号3511頁）、その立証には実際には困難が伴う。

b　持分会社の場合

持分会社（合名会社、合資会社、合同会社の総称）においては、業務を執行する社員が会社を代表することができる（会社599条1項2項）。ただし、定款や、定款の定めに基づく社員の互選によって、代表社員が選定されていることもある。そして、法人も代表社員になることが可

能であるが、その場合には当該社員の職務を行うべき者（職務執行者）が選定されることとなる（会社598条1項）。

代表社員の氏名・名称・住所、職務執行者の氏名・住所については、登記簿に記載されており、契約を締結する際に、相手方当事者の登記を確認して調査する必要があることは株式会社の場合と同様である。

c　外国会社の場合

外国の法令に準拠して設立された法人その他の外国の団体であって、会社と同種のもの又は会社に類似するものを、外国会社という（会社2条2号）。

日本において取引を継続しようとする外国会社においては、日本における代表者が定められており、その者が一切の裁判上又は裁判外の行為をする権限を有している（会社817条1項2項）。

日本における代表者の氏名及び住所は、外国会社の商号とともに登記がされているから、外国会社と契約を締結する場合には、相手方当事者の登記を確認することが望ましい。

d　会社代表者以外の者が契約を締結する場合

会社を代表して契約を締結できる者は、会社の代表者に限られない。

例えば、支配人（商21条1項、会社11条1項）や、ある種類又は特定の事項の委任を受けた使用人（会社14条1項）は、会社を代理して契約を締結する権限を有している。後者の例としては、営業部長や総務部長などの職にある者などが挙げられる。

なお、株式会社が、代表取締役以外の取締役に、会社を代表する権限を有するものと認められる名称（例えば社長、専務取締役等）を付した場合には、その者がした行為について会社は責任を負わなければならない（会社354条）。したがって、会社は、取締役に名称の付与を行う際は、上記のリスクを踏まえて慎重に検討しなければならない。委員会設置会社において、代表執行役以外の執行役に名称を付す場合についても同様である（会社421条）。

【書式例】　株式会社の代表取締役による場合

都道府県市町村番地
　売主（甲）　〇〇株式会社
　　　　　　代表取締役　　　　甲野　一郎　㊞

【書式例】　合同会社の代表社員による場合

都道府県市町村番地
　売主（甲）　〇〇合同会社
　　　　　　代表社員　　　　　甲野　一郎　㊞

【書式例】株式会社の営業部長による場合

```
都道府県市町村番地
　売主（甲）　〇〇株式会社
　　　　　　　　営業部長　　　　　　甲野　一郎　㊞
```

2　会社以外の法人の場合
ア　名称

　会社以外の法人としては、一般社団法人及び一般財団法人、並びに公益社団法人及び公益財団法人が代表的であるが、他にもNPO法人や学校法人、宗教法人等の様々な種類の法人が存在する。そのため、それぞれの同一性を示すためにも、契約書では法人の登記を確認したうえで正式な名称を用いる必要がある。

　このうち一般社団法人及び一般財団法人については、その種類に従い、その名称中に一般社団法人又は一般財団法人という文字を用いなければならず（一般法人5条1項）、また、他方と誤認されるおそれのある文字を用いてはならない（一般法人5条2項3項）。

　一方、一般社団法人及び一般財団法人でない者については、一般社団法人及び一般財団法人であると誤認させるような名称等を使用することが禁止されている（一般法人6条）。また、公益社団法人・公益財団法人においても、同様の規制が存在する（公益法人9条3項～5項）ため、正確な名称を確認する必要性は高い。

イ　代表者

　会社以外の法人についても、実際に契約を締結した代表者の氏名を記載することが望ましい。一方、契約の相手方としては、その者が実際に代表権限を有する役職にあるのか、内部的に権限を制限されていないかについて確認する必要があるが、それぞれの法人の種類や機関設定機関構成によって、代表権限を有する者は異なっている。

　まず、理事会を設置しない一般社団法人においては、原則として、各理事がそれぞれの法人を代表するが、代表理事その他の代表者を定めた場合はその者が代表権限を有することとなる（一般法人77条1項）。

　また、理事会が設置されている一般社団法人においては、必ず代表理事が選任されており、代表理事及び理事会の決議で業務執行権限を与えられた理事のみが業務執行権限を有することとなる（一般法人91条1項）。

　これに対し、一般財団法人においては、理事会設置の一般社団法人と同様に必ず代表理事が選任されており、その者のみが業務執行権限を有している（一般法人77条4項）。

　登記簿において、理事についてはその氏名が、代表理事については氏名及び住所が登記されているため、契約の相手方は、登記簿を確認する必要がある。特に一般社団法人及び一般財団法人については、会社の場合と同様に、登記に公示力が認められている（一般法人299条）の

であるから、契約を締結する際は、相手方当事者の代表権の所在について、あらかじめ登記を確認して調査することはおくことが重要である。

また、代表理事の権限には内部的に制限が加えられていることがあるが、制限の有無については定款で確認をすることができる。

さらに、重要な財産の処分及び譲受けや多額の借財については、別途理事会の承認決議（理事会設置一般社団法人・一般財団法人）や社員総会の承認決議（理事会非設置一般社団法人）がなされる必要があるため、これらの法人を相手方当事者とする契約を締結する際には、上記手続が履践されているか否かを確認する必要がある。

以上の説明は、公益社団法人・公益財団法人にも妥当する。

なお、一般社団法人・一般財団法人についても、会社の場合と同様に、法人を代表する権限を有するものと認められる名称を付された者がした行為については、法人自身が責任を負うこととなるから（一般法人82条・197条）、このような名称を付すことには慎重になるべきである。

【書式例】一般財団法人の代表理事による場合

```
都道府県市町村番地
    売主（甲）　一般財団法人○○センター
                    代表理事        甲野　一郎    ㊞
```

3　宗教法人の場合

宗教法人の場合、3人以上の責任役員が置かれ、そのうちの1人が代表役員となって宗教法人を代表することから（宗教法人18条1項・3項）、契約書には宗教法人の代表者として代表役員の氏名を記載することとなる。

なお、宗教法人においては、財産の処分や借り入れ、主要な建物の改築等を行うことが、一般的な法人に比して厳格に制限されている（宗教法人23条・24条）。そのため、宗教法人と契約を締結する際には、相手方当事者の内部規則や法律で定められている手続が実際に履践されているかについて、会社などの一般的な法人と取引を行う場合に比してより注意深く確認を行う必要があるといえる。

【書式例】

```
都道府県市町村番地
    売主（甲）　宗教法人○○神社
                    代表役員        甲野　一郎    ㊞
```

4　清算法人の場合

　会社等が解散した場合であっても、清算が決了するまでは、なお存続するものとみなされ、清算法人として扱われる（会社476条・645条、一般法人207条）。そのため、清算中の法人との間で契約を締結することも起こりうる。

　清算法人においては、清算人ないし代表清算人が法人を代表とすることとなるから（会社483条・655条、一般法人214条）、清算法人との契約は清算人ないし代表清算人と締結することとなる。

　清算人の氏名、代表清算人の氏名等は登記されているため、契約の相手方は登記簿からこれらを確認する必要がある。

【書式例】

```
都道府県市町村番地
　　売主（甲）　〇〇株式会社
　　　　　　　代表者　代表清算人　　　　　甲野　一郎　㊞
```

5　権利能力なき社団の場合

　権利能力なき社団とは、社団としての実質を備えているにもかかわらず、法人格を有していない団体をいう。

　判例上、権利能力なき社団と認められるためには、①団体としての組織を備えていること、②多数決の原則が行われ、③構成員の変更にもかかわらず団体そのものが存続し、④代表の方法、総会の運営、財産の管理その他団体としての主要な点が確定していることが要求されており（最判平成6年5月31日民集48巻4号1065頁）、これらの要件を具備している場合、例えばサークル団体や同窓会などが該当する。

　権利能力なき社団との契約は、その代表者と締結をすることとなる。ただし、権利能力なき社団については、会社やその他法人のように代表者等の登記がされていないので、権利能力なき社団との間で契約を締結する際には、相手方当事者から規約等を受け取り、代表者や代表権の制限等について慎重に確認をする必要がある。

　また、権利能力なき社団との間で契約を締結する際には、債権を回収する段階を見据えて契約内容を決定することが望ましい。すなわち、権利能力なき社団が債務を負う場合であっても、その構成員は直接個人責任を負うわけではないから、相手方としては、あくまで権利能力なき社団自体の財産に対して責任を追及する必要がある。しかし、権利能力なき社団が不動産を有していても、社団名義の登記や肩書付きの代表者名義での登記は認められておらず、その他の財産も個人の財産と区別することが事実上困難なことが多い。そのため、権利能力なき社団との間で契約を締結する際には、契約締結時から、債権の回収を見据えて、代表者を連帯保証人とするなどの措置を講じる必要があるといえよう。

【書式例】

```
都道府県市町村番地
　　売主（甲）　　○○高校同窓会
　　　　　　代表者　組責任者　　　　　　　甲野　一郎　㊞
```

6　組合の場合

　本項において述べる組合とは、民法上の組合契約、すなわち二人以上の者が出資して共同事業を営むことを約する契約によって設立された団体を指す。例えば、会社同士の共同事業体（ジョイントベンチャー）などがこれにあたる。

　一方、「組合」を名乗る団体であっても、例えば農業協同組合などは、特別法上の根拠によって設立されたものであり、民法上の組合にはあたらない。

　組合には法人格がないため、組合自身が契約当事者となることはできない。そのため、組合が契約を締結する場合には、組合員全員の名前を契約書に当事者として記載するか、特定の組合員が自身及びその他全員の組合員の代理人として、あるいは一部の組合員の代理人として、その代理する組合員以外の組合員とともに契約書に当事者として記載する必要がある。組合内部で業務執行者が定められている場合には、その者が契約を締結する権限を有するため、業務執行者としてその者の氏名を記載することとなる。

　他の組合員全員を代理した組合員や業務執行者を代表者として契約を締結する際には、相手方は、委任状、組合の全構成員を示す名簿、又は業務執行者の記載がなされた規約等を確認する必要がある。

　また、組合に対する債権者は、それぞれの組合員に対し、損失分担の割合又は均等の割合で責任を追及できるにすぎず（改正民675条2項）、債権回収には限界がある。そのため、組合と契約を締結する際には、多額の資産を有しているとみられる組合員を連帯保証人とするなどの措置を講じるべきである。

【書式例】組合員全員が署名捺印をする場合

```
都道府県市町村番地
　　売主（甲）　　○○を祝う会
　　　　都道府県市町村番地
　　　　　組合員　　　　　　甲野　一郎　㊞
　　　　都道府県市町村番地
　　　　　組合員　　　　　　乙口　夏希　㊞
　　　　都道府県市町村番地
```

```
        組合員          丙村  詩織    ㊞
```

【書式例】組合代理の場合

```
都道府県市町村番地
  売主（甲）  ○○を祝う会
        組合員          乙口  夏希
        組合員          丙村  詩織
     組合員乙口夏希・組合員丙村詩織代理人
     都道府県市町村番地
        組合員          甲野  一郎    ㊞
```

【書式例】業務執行者による場合

```
都道府県市町村番地
  売主（甲）  ○○を祝う会
        都道府県市町村番地
          代表者  業務執行組合員          甲野  一郎    ㊞
```

7 任意代理人と契約を締結する場合

ア 代理人による契約締結

契約は、本人のみならずその代理人も締結することができる。

そして、代理人のうち、本人の意思に基づき代理権を付与された者を任意代理人、法律上の規定を根拠に代理権を付与された者を法定代理人というが、法定代理人については後述する。

代理人の締結した契約の効果が本人に帰属するためには、民法上は、①あらかじめ代理権を授与されていた代理人が、②本人のためにすることを示して（顕名という）、代理行為を行うことが必要となる（民99条1項）。なお、商行為（商503条1項）については、上記②は不要である（商504条）。会社は商人であり（会社5条、商4条1項）、その行為は商行為となるから、会社の代理人の場合、顕名は法的には不要である（商501～503条）。

イ 代理権の有無・範囲を確認する必要

代理権の授与自体は、口頭で行うことも可能であるものの、実務上は委任状を作成することが多い。そして、その作成には細心の注意を払わなければならない。

そもそも代理権授与がされていない場合や、授与された代理権の範囲を超えている場合には、契約の効果は本人には帰属しないのが原則であるが、相手方が代理人に代理権があると信頼することがやむを得ないような場合については、本人は無権代理人が締結した契約についての責任を免れることができなくなる（民109条・110条・112条）。

そのため、代理人に自身名義の契約（自身にその効果が帰属すべき契約）の締結やその交渉を依頼する際には、委任状を代理人に悪用されることのないように、また、契約の相手方に対し

て委任事項の範囲を誤解させることのないように、慎重に委任状を作成するべきである。

具体的には、委任状において、受任者と委任事項を正確かつ明確に記載したうえで、その有効期限を定めることが望ましい。委任事項については、例えば不動産の売買を委任するのであれば、その所在や地番、家屋番号や種類等についてまで記載するなど、できるかぎり詳細に特定をすることが望ましい。

相手方としても、代理人が代理権を有するかについて、委任状の記載を注意深く観察する必要がある。特に委任状の受任者や委任事項の欄が記載されていない場合（このような委任状を白紙委任状という）には、本人の意思に反した代理がなされる危険性が高いから、本人に対して直接意思確認を行うべきである。

　ウ　表示方法

代理行為が有効となるためには、民法上、代理人が「本人のためにすることを示して」代理行為をすること（すなわち顕名をすること）が必要となる（民99条1項）。具体的には、下記のように本人の代理人であることを記せば足りる。

なお、代理人によって契約がなされる場合には、本人ではなく、代理人が契約書に署名押印をすることとなり、代理人の印鑑を用いれば足りる。以下も同様である。

【書式例】個人の代理人の場合

都道府県市町村番地 　売主（甲）　　　　　甲野　一郎 都道府県市町村番地 　売主（甲）代理人　　乙川　太一　㊞

このように、契約書には、本人の代理人である旨を記載することが通常といえるが、代理人が自らの氏名を記載せず、直接本人の氏名を記載し、本人の押印をして契約書を作成すること（署名代理という）も広く行われている。このような方法であっても、代理意思のあることが明らかであれば、代理行為として有効であり、本人に対して効果が帰属する。もっとも、相手方としては、本人に効果が帰属しないという事態を避けるという観点から、代理権の授与や代理意思が存在するかについて、きちんと確認を行う必要がある。

なお、上記アで述べたとおり、商行為の代理を行う際には、そもそも顕名は不要である（商504条）。

　エ　復代理

代理人がさらに代理人を選任し、その者に本人の代理行為をさせることを復代理といい、選任された代理人を復代理人という。代理人の代理人ではなく、あくまでも本人の代理人であることや（改正民106条1項）、当初の代理人の権限内でしか代理権を有しないことに注意をする必要がある。

任意代理の場合、本人の許諾を得た場合、あるいはやむを得ない事由があるときでなければ復代理を行うことはできない（民104条）。そのため、当初から「復代理人を選任する権限」まで代理人に付与しておくことも、実務上は広く行われている。

【書式例】

都道府県市町村番地 　　売主（甲）　　　　　　　甲野　一郎 都道府県市町村番地 　　売主（甲）代理人　　　　乙川　太一 都道府県市町村番地 　　上記代理人復代理人　　　丙山　光　㊞

8　法定代理人と契約を締結する場合
ア　法定代理人とは

本人からの委任に基づかずに、法律の規定や、裁判所の選任等によって選任された代理人を、法定代理人という。

法定代理人の例としては、未成年者の親権者、未成年後見人、成年後見人、保佐人、補助人、不在者の財産管理人、相続財産管理人などが挙げられる。

イ　未成年者との契約

未成年者の法定代理人となるのは、親権者あるいは未成年後見人である。未成年後見人は、父母が親権を有していないとき、又は親権者が管理権を有しないときに付される（民838条1号）。

未成年者である事実や、その法定代理人の情報は、戸籍謄本に記載されるが、実際には未成年者と疑われる場合、年齢確認のできる書類（身分証明書等）の呈示と親権者や法定代理人の同意書の提出を求めることが多いであろう。

未成年者は、法定代理人の同意を得なければ契約を締結することができず、同意がなされていない場合には事後的に取り消されることがある。そのため、未成年者と契約を締結する場合には、相手方当事者となっている未成年者が法定代理人の同意を得ていることを確認する必要がある。また、親権者の行使は原則として共同して行われなければならないので（民818条3項）、親権者である父母が法定代理人である場合には、両方からの同意を得る必要がある点に注意しなければならない。

法定代理人から同意を得られていることは、契約書に未成年者本人とともに法定代理人にも署名押印をさせる方法や、別途同意書を作成させる方法によって確認することが考えられる。

【書式例】

```
都道府県市町村番地
  売主（甲）    甲野　一郎
同所同番地
  売主（甲）    法定代理人親権者
       父    甲野　三郎    ㊞
       母    甲野　花奈    ㊞
```

ウ　成年被後見人との契約

　精神上の障害により事理を弁識する能力を欠く常況にあることから、家庭裁判所が後見開始の審判を受けた者は、成年被後見人となる。成年被後見人の法定代理人となるのは、成年後見人である。

　後見が開始している事実や成年後見人の情報は登記事項証明書に記載されているため、取引の相手方はこれを確認する必要がある。ただし、取引の相手方はこの証明書の交付を法務局に請求する資格を有しないので、成年後見人に交付請求をしてもらい、それを受領することとなる。

　成年被後見人が単独でした法律行為は、たとえ成年後見人からの同意を得ていても、日常生活に関するものを除き、事後的に取り消すことができる。そのため、契約の相手方としては、法定代理人としての成年後見人との間で契約を締結することが望ましい。

　ただし、成年後見監督人が選任されている場合には、一定の重要な契約については成年後見人単独で行うことができず、成年後見監督人の同意が必要であるということに留意する必要がある（民864条）。このような場合には、契約の締結に関する成年後見監督人の同意書の提出を求めるなどして、確認する必要がある。

【書式例】

```
都道府県市町村番地
  売主（甲）    甲野　一郎
同所同番地
  売主（甲）    法定代理人
    後見人     甲野　太一    ㊞
```

エ　被保佐人との契約

　被保佐人とは、精神上の障害により事理を弁識する能力が著しく不十分であるために、家庭裁判所より保佐開始の審判を受けた者であり、その保護者として保佐人が付される。

　保佐人は、被保佐人が一定の重要な財産上の行為をするにあたって事前に同意を与える権限

（同意権）や、同意を得ずして締結された契約を取り消す権限（取消権）を有する。

　また、保佐人は、家庭裁判所によって特定の法律行為について代理権を付与されていることもあり、この場合には代理人として契約を締結することもできる。

　保佐開始の審判がなされている事実や、被保佐人・保佐人の情報、代理権の有無やその範囲については、登記事項証明書に記載されている。そのため、成年被後見人との間で契約を締結する場合と同様に、被保佐人と契約を締結する際には、被保佐人ないし保佐人から登記事項証明書の交付を受け、その内容を確認する必要がある。

【書式例】保佐人が同意を与える場合

```
都道府県市町村番地
　売主（甲）　　甲野　一郎　㊞
都道府県市町村番地
　買主（乙）　　乙山　大和　㊞

買主（乙）が本契約を締結することにつき同意する。
都道府県市町村番地
　乙保佐人　　　丙川　岳　㊞
```

【書式例】保佐人が代理人として契約を締結する場合

```
都道府県市町村番地
　売主（甲）　　甲野　一郎　㊞
都道府県市町村番地
　買主（乙）　　乙山　大和
都道府県市町村番地
　買主（乙）　法定代理人
　　保佐人　　　丙川　岳　㊞
```

オ　被補助人との契約

　被補助人とは、精神上の障害により事理を弁識する能力が不十分であるために、家庭裁判所より補助開始の審判を受けた者であり、その保護者として補助人が付される。

　補助人は、家庭裁判所の審判により、特定の法律行為をするにあたっての同意権、又は、特定の法律行為をするための代理権、あるいはその両方を付与されている。

　補助開始の審判がなされている事実や、被補助人・補助人の情報、代理権が付与されている場合の範囲については、登記事項証明書に記載されている。そのため、被補助人と契約を締結する際には、被補助人ないし補助人から登記事項証明書の交付を受け、その内容を確認する必

要がある。

【書式例】補助人が同意を与える場合

```
都道府県市町村番地
  売主（甲）　甲野　一郎　㊞
都道府県市町村番地
  買主（乙）　乙山　大和　㊞
買主（乙）が本契約を締結することにつき同意する。
都道府県市町村番地
  乙補助人　　丙川　　岳　㊞
```

【書式例】補助人が代理人として契約を締結する場合

```
都道府県市町村番地
  売主（甲）　甲野　一郎　㊞
都道府県市町村番地
  買主（乙）　乙山　大和
都道府県市町村番地
  買主（乙）法定代理人
    補助人　　丙川　　岳　㊞
```

カ　任意後見人との契約

　任意後見契約とは、本人の事理弁識能力が十分であるうちに、将来の能力低下に備えて結ぶ委任契約であり、これによって選任されるのが任意後見人である。本人の意思を慎重に確認するという観点から、公正証書によって契約書を作成する必要がある（任意後見3条）。この契約により、財産の管理や療養看護を依頼されるのが任意後見人であり、本人が信頼できる人間が選任されることが多い。

　任意後見契約が効力を発するのは、本人の事理弁識能力が不十分となった後に、家庭裁判所によって任意後見監督人が選任されてからであり、その時点で任意後見の事実や任意後見人に付される代理権の範囲が登記される。そのため、相手方としては、登記事項証明書をもって効力発生の有無を確かめることができる。

　任意後見契約の効力が発生した後は、任意後見人との間で契約を締結することが望ましい。本人は制限行為能力者となるわけではないが、裁判所によって事理弁識能力が不十分であるとの判断がなされている以上、本人と契約を締結することは避けるべきである。

【書式例】

```
都道府県市町村番地
  売主（甲）    甲野　一郎
都道府県市町村番地
  買主（乙）    乙山　大和  ㊞
都道府県市町村番地
  買主（乙）法定代理人
  任意後見人    丙川　岳    ㊞
```

第3節　契約の成立

第1　総論

　本章では、契約の成立に関して、契約成立前の段階、契約成立の要件、および契約の申込み・申込みに対する承諾の観点から、実務に関係の深いポイントを取り上げる。

　本章に関する民法改正のポイントとしては、①契約自由の原則の明文化、②契約の成立の基本原則に関する規律の明文化、③契約の成立と方式に関して、隔地者間の契約の成立時期について、承諾の通知の発信時から承諾の通知の到達時に変更された（発信主義から到達主義への変更）ことが挙げられる。また、承諾の通知の延着又は申込みの撤回の通知の延着に関する規定の削除や、申込みの撤回・効力喪失に関する規定の改正、申込者の死亡等に関する規定の改正等がなされている。

　そのほか、本文で取り上げなかったものとして、懸賞広告に関して指定した行為をする期間の定めと広告の撤回等について改正が行われている（改正民529条・529条の2・529条の3・530条）。

第2　各論

1　契約成立前の段階

　契約が成立する際には、締結に先立って当事者間で契約交渉が行われることになる。ここでは、契約交渉段階で生じる諸問題のうち、情報提供義務と契約締結上の過失の論点を取り上げる。

ア　情報提供義務

a　民法改正のポイント

　契約締結過程における情報提供義務については、中間試案の段階では、契約の当事者の一方がある情報を契約締結前に知らずに当該契約を締結したために損害を受けた場合の損害賠償に関する規律が規定されていたが（第27.2）、改正民法において明文化することは見送られるこ

b　概要

　当事者の有する情報の質・量や専門的知識に大きな差がある場合などに、契約の締結過程において、一方当事者から他方当事者に対して、信義則上の情報提供義務が課されることがある。

　この義務が課せられる典型的な場面は、まず、不動産売買で専門業者（宅地建物取引業者）が売主となる場面である。宅地建物取引業者には重要事項の説明義務が課されているが（宅建業35条）、私法上も、重要な事項についての調査・説明の義務が課せられると解されている（東京高判昭和52年3月31日判時858号69頁）。

　他に、経験や知識の乏しい当事者が締結することの多いフランチャイズ契約において、フランチャイザーには客観的かつ正確な情報を提供する義務があるとされている例（京都地判平成3年10月1日判時1413号102頁）や、投資・投機的性格を有する取引に関し、変額保険の勧誘の際の情報提供義務違反を理由に、保険会社の不法行為責任を肯定している例もある（最判平成8年10月28日金法1469号49頁）。

イ　契約締結上の過失

a　民法改正のポイント

　中間試案の段階では、契約交渉の不当破棄による損害賠償の規律が規定されていたが（第27.1）、改正民法において明文化することは見送られることとなった。

b　概要

　契約の準備交渉過程において、交渉当事者の一方の責めに帰すべき行為によって相手方に損害が発生した場合に、信義則に基づき契約責任と同様の法的保護を認める考え方を、契約締結上の過失という。

　例として、契約交渉が行われたものの、それが中途で破棄された場合や、契約は締結されたものの、あとで無効であったことが判明した場合などが挙げられる。前者については、契約準備交渉段階でも、当事者は互いに相手方の人格や財産を侵害しない信義則上の注意義務を負うものであり、当該注意義務に違反して相手方に損害を生じさせた場合には、相手方が、契約が成立するものと信頼して支出した費用（信頼利益）を賠償しなければならないというものである。また、後者については、契約締結時にすでに債務を履行できないことが確定していた場合（原始的不能）については、契約は無効であると考えるのが一般的であった（原始的不能については第4節参照）が、自らの言動により契約が有効であると信じさせた以上、それによって生じた損害（信頼利益）を賠償しなければならないとするものである。

　判例も、取引を開始し契約準備段階に入ったものは、一般市民間における関係と異なり、信義則の支配する緊密な関係に立ち、後に契約が締結されたか否かを問わず、相互に相手方の人格、財産を害しない信義則上の義務を負うべきで、これに違反して相手方に損害を及ぼしたときは、契約締結に至らない場合でも契約責任としての損害賠償義務（信頼利益）を認めるのが相当であるとの高裁判断を維持した（最判昭和59年9月18日判時1137号51頁）。

2　契約成立の要件

ア　民法改正のポイント

従来から認められることに争いのなかった契約自由の原則および契約の成立と方式について、明文規定が設けられることになった。

イ　概要

a　契約自由の原則

契約自由の原則とは、契約は当事者が自由に行うことができるという原則である。これには、契約するかしないかの自由だけでなく、相手方選択の自由、内容の自由や契約方式の自由なども含まれている。契約自由の原則が認められることに争いはないが、現行民法では規定されていなかった。

改正民法では、契約の締結及び内容の自由が明文で規定されることとなった。改正民法521条1項は、「何人も、法令に特別の定めがある場合を除き、契約をするかどうかを自由に決定することができる。」として契約自由の原則のうち契約締結の自由と相手方選択の自由を明文化し、同条2項は、「契約の当事者は、法令の制限内において、契約の内容を自由に決定することができる。」として内容決定の自由や方式の自由を法令の範囲内で認める規定となっている。

実務において契約自由の原則は、「契約しない自由」といういわば消極的な自由として機能する場面も多い。例えば、金融機関における預金口座開設申込みなど新規取引申込の場面において、申込者が反社会的勢力と関わりがあるとの疑いがあれば口座開設申込を謝絶しても問題ない。また、企業にはいわゆる採用の自由があるから、採用候補者と必ず雇用契約を締結しなければならないものではない。これらはいずれも契約自由の原則のうち相手方選択の自由に由来するものである。改正民法において契約自由の原則が明文化されたことは、こうした場面で明文上の根拠が明確になった点で、少なからぬ意義があるといえる。

b　契約の成立と方式

契約とは、相対立する2個以上の意思表示の合致（合意）をいう。契約には少なくとも2人以上の当事者があることが必要であり、この両当事者の意思表示が合致することが必要である。契約の両当事者の意思表示が合致するとは、それが客観的内容において一致し（客観的合致）、かつ、相手方の意思表示と結合して契約を成立させようとするものであること（主観的合致）を意味する。

また、契約の成立をこのような意思表示の合致と解する以上、原則として契約書の作成は必須ではない。このことは、契約締結の自由のうち、契約方式の自由から導かれる。しかしながら、契約書の作成には、契約が成立したこと及びその内容についての証拠を確保する意味があり、取引実務では、多くの場合に契約書が作成されている。したがって、特に法令に定めのない限り契約書の作成は契約成立の要件ではないが、取引実務においては契約書が作成されるべきである。

以上については、現行民法の下でも解釈上争いなく認められていたが、改正民法では、契約

の成立と方式という規定が新たに設けられて明確化された（改正民522条1項）。改正民法522条1項は、「契約は、契約の内容を示してその締結を申し入れる意思表示（以下「申込み」という）に対して相手方が承諾をしたときに成立する。」と定め、さらに、申込みと承諾の合致により契約が成立する旨を規定した。

また、改正民法522条2項は、「契約の成立には、法令に特別の定めがある場合を除き、書面の作成その他の方式を具備することを要しない。」と定め、契約締結の自由のうち契約方式の自由を明文化している。

3　契約の申込み

ア　民法改正のポイント

契約の申込みに関し、改正民法は撤回に関するルール等について変更を行った。

イ　概要

申込みとは、承諾があれば契約を成立させるという意思表示である。改正民法522条1項は、「申込み」を「契約の内容を示してその締結を申し入れる意思表示」と定義した。これは、「申込み」と後述する「申込みの誘因」（商品カタログや求人広告など、相手方の申込みを誘因する行為）とを区別するため、申込みには①契約の成立に十分な確定的な内容であること、及び②契約の締結を申し入れる意思表示であることを要求しているのである。

ここで、申込みと似て非なるものに申込みの誘因がある。申込みの誘因は、それ自体申込みではなく、他人の申込みを誘うものである。例えば、ある取引を受注したい企業が相手方に対して見積書を提出する行為は、それだけでは両者の間に取引契約が成立するわけではない。見積書の提出を受けた企業が内容を了承し見積書を作成した企業に注文書を発行し、見積書を作成した企業が注文請書を提出してはじめて契約が成立する場合には、見積書の提出は申込みの誘因にあたる。

申込みに関して、改正民法523条は、承諾の期間を定めてした申込みについては、撤回することができないことを原則としつつ、申込者が撤回をする権利を留保した場合を例外とした。また、改正民法525条は、承諾の期間の定めのない申込みについて、原則として相当な期間を経過するまでは撤回できないものの、申込者が撤回をする権利を留保した場合や対話者間で対話が継続している場合を例外とした。さらに、申込者の死亡時等の申込みの効力について、申込者がその事実が生じたとすればその申込みは効力を有しない旨の意思を表示していたとき、又はその相手方が承諾の通知を発するまでにその事実が生じたことを知ったときは、その申込みは効力を有しないと規定した（改正民526条）。

次に、申込みの撤回の通知については、現行民法では、申込みの撤回の通知が承諾（4参照）の通知を発したあとに到達した場合であっても、通常の場合にはその前に到達すべき時に発送したものであることを知ることができるときは、承諾者は、遅延なく申込者に対してその延着の通知を発しなければ契約は成立しなかったものとみなされることとされていた（民527条）。これに対し、改正民法では、契約の成立時期が一律に承諾の通知の到達時とされたことから、この問題は、申込みの撤回通知の到達と承諾通知の到達との先後関係により決せられることに

なったため、当該規定は削除された。

4 契約の申込みに対する承諾
ア 民法改正のポイント

契約は、申込みに対する承諾（意思表示）をもって成立する。現行民法は、隔地者に対する意思表示は相手方に到達したときに効力が生じるとしていた一方で（民97条1項）、隔地者間の契約の成立時期に関しては、承諾の通知の発信時に成立するとされていた（民526条1項。発信主義）。改正民法は、これを改め、承諾を含めた意思表示の効力は相手方に到達したときに生ずるとし、現行民法526条1項を削除して契約の成立時期を承諾の通知の到達時とすることとなった（到達主義。改正民97条1項）。

また、承諾期間に遅延して申込者に到達した承諾の取扱いについても改正が行われており、以下詳述する。

イ 概要
a 発信主義から到達主義へ

現行民法526条1項において、発信主義が採用されていたのは、通信に時間がかかり、到達の確実性に疑いがあるような時代と環境を前提とし、契約の成立を簡易かつ迅速にさせる趣旨によるものであった。なお、現行民法下においても、「電子消費者契約及び電子承諾通知に関する民法の特例に関する法律」（電子契約法）においては、承諾の通知を電子計算機・ファクシミリ・電話などにより電気通信回線を通じて送信する場合には、承諾の通知が申込者に到達したときに成立するものとされていた（電子契約4条）。

通信手段が発達した現在においては、到達までの時間が短縮され通信の安定性が確保された以上、このような前提が当てはまらなくなったため、改正民法は、発信主義を改め、承諾を含めた意思表示の効力は相手方に到達したときに生ずるとし（改正民97条1項）、現行民法526条1項を削除することで、契約の成立時期を承諾の通知の到達時と変更した（到達主義）。なお、「電子消費者契約及び電子承諾通知に関する民法の特例に関する法律」は今回の民法改正を受けて「電子消費者契約に関する民法の特例に関する法律」に名称を改め、電子承諾通知に関する規定が削除されることとなった。

これにより、契約の成立時期は、隔地者間であるか否かを問わず、一律に承諾の通知の到達時に統一されることとなった。

次に、承諾の通知は、承諾期間の定めのある申込みがされている場合には、当該期間内に申込者に到達しなければならず、原則として、その期間を過ぎれば、その後に承諾の通知が到達したとしても契約は成立しない。

なお、現行民法は、その期間後に到達したとしても、その期間内に到達すべき時に発送したものであることを知ることができたときは、申込者は、到達前に遅延の通知を発した場合を除き、遅滞なく相手方（承諾者）に対してその延着の通知をしなければならず、それを怠ったときは、承諾の通知は延着しなかったものとみなされることとしていた（民522条）。一方で、改正民法ではこのような延着の処理はされず、単に契約が成立しないことになる。そのため、

改正民法では、承諾の通知が承諾期間内に到達しなかったことのリスクは承諾をした者が負うことになる。

b　その他の論点

申込者は、承諾期間を遅延した承諾を新たな申込みとみなすことができるとの現行民法の規定は維持されることとなったため（改正民524条）、申込者がこれに改めて承諾の意思表示をし、これが相手方に到達すれば、契約を成立させることができる。

また、原則として、申込みの内容と承諾の内容が一致していなければ契約は成立しない。改正民法においてもこの点に変更はないため、承諾者が申込に条件を付し、そのほか変更を加えて申込みを承諾したときは、その申込みを拒絶するとともに、新たな申込みをしたものとみなされる。

第4節　契約の効力

第1　総論

本章では、契約の効力として、主に双務契約の効力（牽連性）と無効・取消しについて解説する。

改正民法では、まず、意思表示と契約の無効・取消しに関して、これまでの判例法理を明文化する形で、意思能力を有しない者が行った法律行為の効力、心裡留保の第三者保護要件、並びに動機の錯誤及び意思表示の到達擬制が規定されるとともに、解釈上問題となっていた心裡留保における無効主張の要件緩和、錯誤の効果の変更、並びに第三者詐欺及び詐欺の第三者の保護要件などが規定された。

次に、牽連性のうち契約成立上の牽連性に関しては、原始的不能について明文の規定が設けられることになった。また、契約存続上の牽連性に関する危険負担に関しては、債権者主義を定める現行民法534条と535条1項・2項が削除された。さらに、現行民法は、危険負担により債権者の反対債務は当然に消滅するとしていたが、改正民法では、当然には消滅せず、債権者はその履行を拒むことができることと規定された。これらの改正により、債権者としては、当事者双方に帰責事由がなく相手方が履行不能となった場合、自己の反対給付債務について、契約の解除により消滅させること（改正民542条1項1号。改正民法における解除については本章第7節参照）も、危険負担により履行を拒むことも可能となった。

最後に、第三者のためにする契約に関しては、契約締結時に受益者が不存在・不特定の場合にも契約が成立することが明記されるとともに、要約者は受益者による受益の意思表示後に債務不履行解除をするためには受益者の承諾を要するものとされた（改正民537条・538条）。

第2　各論
1　契約の成立と有効要件

契約は当事者の合意（意思表示の合致）によって成立し、それぞれの契約の効力として認められる権利義務が当事者に発生することになる。

ここで、合意があったというためには、表意者の意思（内心）と表示の不一致がないことが必要である。また、意思表示に関しては、自然人による意思表示の場合は意思能力・行為能力が存在すること、代理人による意思表示の場合は代理権の範囲内であること、法人については定款その他の基本約款で定められた目的の範囲内（権利能力の存在）であり代表権の範囲内であることが有効要件となる。

2　意思表示の効力

現行民法は、隔地者に対する意思表示は、その通知が到達したときから効力を生ずるとしている（到達主義。民97条1項）。しかしながら、改正民法は、原則として到達主義を採用することとし、隔地者に対する意思表示という限定を削除した（改正民97条1項）。加えて、改正民法は、「相手方が正当な理由なく意思表示の通知が到達することを妨げたときは…到達したものとみなす」として、一定の事実があるときは了知可能な状態にあるものと擬制し、判例法理（最判36年4月20日民集15巻4号774頁など）を明文化した（改正民97条2項）。

3　無効と取消し
ア　民法改正のポイント

意思能力を有しない者がした法律行為の効果や心裡留保の第三者保護要件、動機の錯誤及び意思表示の到達擬制が明文で規定されるとともに、解釈上問題となっていた心裡留保における無効主張の要件緩和、錯誤の効果の変更、第三者詐欺及び詐欺の第三者の保護要件の明確化がなされた。そのほか、これまで明文の規定がなかった無効及び取消しの効果が規定された。

イ　概要
a　無効・取消しとなる場合
(1)　意思能力を有しない者がした法律行為
　(ア)　意思能力とは

人は、原則として、自己の意思に基づいてのみ、権利を取得し、又は義務を負担するのであり、人が契約などの法律行為をするには、行為の結果を判断するに足るだけの精神能力などといわれる意思能力を有していなければならない。例えば、認知症が進行し、高度に認知機能が低下して理解力・判断力が著しく後退した高齢者などは、意思能力を有しないと判断される可能性がある。

　(イ)　改正民法の内容

意思能力を有しない者がした法律行為が無効となることは判例（大判明治38年5月11日民録11輯706頁）上も認められていたが、現行民法には明文の規定がなかった。改正民法3条の2は、意思表示をしたときに意思能力を有しない者がした法律行為は無効とする旨を明文化した。これは、判断能力の著しく低下した高齢者など意思能力を有しない者が不当に不利益を被ること

を防ぎ、これを保護する役割を果たしており、高齢化社会が進む中で、その役割は今後ますます重要となることが予想される。

(2) 公序良俗違反

(ア) 公序良俗とは

現行民法 90 条は「公の秩序又は善良の風俗に反する事項を目的とする法律行為は、無効とする。」としている。これは要件の抽象的な一般条項であり、内容の特定性が低いこと・判断に際して様々な評価を広く取り込むことができることといった理由から、紛争処理のための具体的法規制がない場合や、具体的法規定をそのまま適用すると不当な結論になる場合に用いられ、これによって紛争の適切な解決が図られることも多い。

(イ) 改正民法の内容

改正民法は、現行民法の「事項を目的とする」との文言を削除した。現行民法の文言上は、法律行為の内容が公序良俗に反するもの（人身売買など）が対象とされていたが、判例（最判昭和 47 年 4 月 25 日民集 105 号 855 頁、最判昭和 61 年 9 月 4 日民集 148 号 417 頁）は、例えば、違法賭博の用に供することや違法賭博で負けた債務の弁済に充てるという動機の下で行われた金銭消費貸借契約のように、法律行為の内容自体は公序良俗に反するものではない事案においても、その不法な動機を相手方が知っている場合には法律行為を無効としていた。このように、法律行為の内容だけでなく、法律行為が行われる過程その他の事情も広く考慮して無効とする判断がなされるよう、端的に「公序良俗に反する法律行為」を無効とした（改正民 90 条）。なお、他人の無配慮・窮迫に乗じて不当な利益を得る暴利行為の無効を明文化することは見送られた。

(3) 心裡留保

(ア) 心裡留保とは

心裡留保による意思表示とは、意思表示を行う者（表意者）が自己の真意と表示行為の内容との離齬を自覚しながら意思表示を行うことをいう。例えば、A が所有する建物を売る意思がないにもかかわらず、B に売却する売買契約を締結する場合などが挙げられる。このような場合、原則として、意思表示は表意者（売主 A）がその真意ではないことを知ってしたときであっても、そのためにその効力を妨げられない（民 93 条本文）。心裡留保においては表意者保護の必要性が全くない以上、表意者が表示したとおりの効果を生じることとして意思表示を信頼した相手方さらには第三者の保護を図ろうとする趣旨である。しかしながら、現行民法 93 条ただし書は、例外的に意思表示の相手方（買主 B）が表意者の真意を知り（悪意）又は知ることができたとき（有過失）は、その意思表示は無効となるとしている。この場合は、取引の相手方を保護する必要性がないためである。先に挙げた例においても、買主 B が売主 A に建物を売却する意思がないことを知っていた場合は、契約は無効となる。

(イ) 改正民法の内容① 無効主張の要件緩和

心裡留保の意思表示が例外的に無効となる要件について、現行法の「相手方が真意を知り」という表現から、改正民法では「真意でないことを知り」へと変更された。現行民法上も、相手方は表意者の真意を知る必要はなく、表意者の真意でないことさえ知り、又は知ることがで

きれば無効と解されていたことから、これを文言上も反映した（改正民93条1項ただし書）。

(ウ) 改正民法の内容②　第三者保護要件

現行民法は、心裡留保による意思表示を信頼して取引に入った第三者に対して、表意者が心裡留保による意思表示であることを主張することを制限する規定はなかった。しかし、真意ではないことを知りながら真意と異なる意思表示を行った表意者には、責められるべき事情があるため、善意の第三者は保護されるべきであると解されていた（最判昭和44年11月14日民集23巻11号2023頁参照）。そこで、改正民法は心裡留保による法律行為を基礎にして、新たに独立の法律関係に入った善意の第三者には対抗できないことを明文化した（改正民93条2項）。

(4) 錯誤

(ア) 錯誤とは

錯誤とは、表意者が無意識的に意思表示を誤りその表示に対応する意思が欠けていることをいい、現行民法は、「法律行為の要素に錯誤があったとき」と規定している（民95条）。要素の錯誤とは具体的には錯誤がなければ法律行為をしなかったであろうと考えられる場合で、かつ、通常人であっても錯誤がなければ意思表示をしなかったであろうといえるほどにその錯誤が客観的にも重要な場合と解されていた（大判大正3年12月15日、大判大正7年10月3日）。また、同条ただし書により、表意者が錯誤無効を主張する要件として、表意者に重大な過失がないことも必要となる。

改正民法は、「法律行為の要素に錯誤」があるとの要件をより分かりやすいものとするため、判例を踏まえて要件を改め、錯誤に基づき意思表示がされていたこと（①主観的な因果関係の存在）と、錯誤が法律行為の目的および取引上の社会通念に照らして重要なものであること（②客観的な重要性の存在）を要件とした（改正民95条1項）。

(イ) 民法改正の内容①−錯誤の法律効果の変更

現行民法では、法律行為の要素に錯誤がある意思表示は無効であるとされていた（民95条本文）。

この点、錯誤の効果が無効であるならば、本来であれば誰もが主張しうるはずであるが、従来、錯誤無効は表意者保護を目的とする制度であるから、錯誤無効を主張しうる者は原則として表意者に制限されると解されていた。第三者が錯誤無効を主張しうるのは、例外的に表意者が錯誤を認めており債権保全の必要がある場合に限られていた（最判昭45年3月26日民集24巻3号151頁）。

以上により、改正民法は、必要な範囲で意思無能力者の側からの無効主張のみを認めれば足りるとみて、無効から取り消しうべき行為（有効）へと法律効果を変更している（改正民95条1項）。

このことにより、改正後は、錯誤を主張する場合には、取消権の行使期間の制限（5年。民126条）に留意する必要がある。

(ウ) 改正民法の内容②−動機の錯誤の明文化

錯誤は、表示行為の錯誤（表示の錯誤）と動機の錯誤に分類されることがある。前者の典型

例は、言い間違い・誤表記であり、例えば、10万円で販売するパソコンの売買契約書に10円と記入してしまうような場合がこれにあたる。

一方で、意思表示そのものに間違いはないものの、契約締結に至った動機において、錯誤が生じる（意思表示の内容と真意とは一致しているものの、その基礎となった事実に誤解がある）ことを動機の錯誤という。例えば、近くに鉄道の駅ができるため地価が上がるとの噂を第三者から聞いて不動産を購入した後、そのような事実など存在しないことが判明した場合などが挙げられる。

改正民法では、表示の錯誤と動機の錯誤が区別して規定されることとなった（改正民95条1項柱書・同条1項2号・同条2項）。動機の錯誤は、これまでの判例法理（最判昭和29年11月26日民集8巻11号2087頁参照）を反映して、「当該事情が法律行為の基礎とされていることが表示されていたときに限り」、取り消すことができるようになった（改正民95条2項）。これは、動機に錯誤があるといっても、表意者の動機が相手方には明らかではないケースも少なくないことから、取引を行った者の利益を保護する趣旨である。なお、この表示には、黙示的な表示も含むものと解されている。

　　（エ）　改正民法の内容③－重過失ある錯誤の取消要件

現行民法では、表意者に重大な過失がある場合には、錯誤による意思表示の効力を否定することができないとされていた（民95条ただし書）。しかし、表意者に重大な過失があっても、相手方が表意者に錯誤があることを知っているときや、重大な過失によって知らなかったときには、そのような相手方を保護すべき要請は低い。また、相手方も表意者と同一の錯誤に陥っていた時には、法律行為の当事者が互いに誤解をしていたのであるから、その効力を維持する必要性は低い。

そこで、改正民法では、現行法の規定どおり、錯誤が表意者の重大な過失によるものであった場合には、取消しできないとしつつ、①相手方が悪意又は重過失であった場合、②相手方が表意者と同一の錯誤に陥っていたときには、意思表示の相手方を保護する必要性がないため取り消すことができるとした（改正民95条3項。大阪高判（上告審）平成12年10月3日判タ1069号153頁参照）。

　　（オ）　改正民法の内容④－第三者保護要件

錯誤による意思表示を信頼した第三者がどのような要件の下で保護されるかについては、現行民法では明文規定がなかった。

自ら虚偽の外観を作出して虚偽の意思表示をした場合（民94条）よりは、錯誤による意思表示をした表意者は責められるべき事情が少なく、詐欺（民96条3項）における第三者には善意無過失を要求していることなどとのバランスから、善意無過失の第三者に限り、新たに独立の法律関係に入った第三者には対抗できないこととした（改正民95条4項）。

　(5)　詐欺・強迫

　　（ア）　詐欺・強迫とは

現行民法は、詐欺又は強迫による意思表示は取り消すことができると規定する（民96条1項）。

詐欺とは、欺罔行為により他人を錯誤に陥れ、それによって意思表示させることをいう。また、強迫とは、他人に害意を示すことで恐怖の念を生じさせ、それによって意思表示させることをいう。なお、詐欺による意思表示の取消しは善意の第三者に対抗することができない（民96条3項）のに対して、強迫による意思表示に関しては善意の第三者に対しても対抗できる。

　（イ）　改正民法の内容①－第三者詐欺と第三者

　相手方に対する意思表示について第三者が詐欺を行った場合（第三者詐欺）において、現行民法においては相手方がその事実を知っていた時に限り、その意思表示を取り消すことができるとされていた（民96条2項）。

　一方改正民法は、意思表示の相手方の保護を考えるとき、相手方の信頼が保護に値するものでなければならないという趣旨で、善意のみならず無過失も要求している（改正民96条2項）。

　（ウ）　改正民法の内容②－詐欺による法律行為と第三者

　現行民法は、詐欺による意思表示の取消しは、善意の第三者に対抗することができないと規定するのみで、その文言上はその第三者に過失があったかどうかを問題としていなかった。

　一方改正民法は、詐欺による法律行為を基礎として新たに独立の法律関係に入った第三者の保護の要件についても、表意者保護の要請が強いことから、第三者には善意無過失を求めている（改正民96条3項）。

(6)　通謀虚偽表示

　相手方と通じてした虚偽の意思表示は、無効である（民94条1項）。例えば、Aが所有する土地を、債権者に差し押さえられることを免れるために、Bと協議して、当該土地の登記名義だけを仮にBに移すことにしたような場合である。このような意思表示は外形上のものにすぎず、その意思表示から法律効果を生じないことを合意しているのだから、効果を認める必要がないのである。ただし、通謀虚偽表示による無効は、善意の第三者に対抗することができない（民94条2項）ので、先の例において、BがB名義の登記名義を悪用してAB間の協議を知らない第三者Cに当該土地を売却した場合、AはCに対して本件売買契約の無効を主張することができない。

(7)　制限行為能力者

　制限行為能力者の契約は、取り消すことができる。ここでいう制限行為能力者には、未成年者、成年被後見人、被保佐人および被補助人が含まれる（民4条から21条）。

　まず、未成年者が法定代理人の同意を得ないで契約をしたときは、それが単に利益を得たり、債務を免れたりする法律行為でなければ、取り消すことができる（民5条）。

　次に、成年被後見人がした契約は、取り消すことができるが、日用品の購入その他日常生活に関する行為はこの限りではない（民9条）。これには、食料品の購入や公共料金の支払いなどが含まれる。

　また、被保佐人の場合は、被保佐人の一般財産すべてにわたって処分等を制限し、独立に保護者をつけるのは厳格かつ不必要であるから、原則としてすべての行為を単独で行えるとしつつ、借財・保証や不動産の得喪など特定の行為については保佐人の同意を得なければならない

とし、同意のないものは取り消すことができるとされている（民13条）。

最後に、後見や保佐の制度では保護の対象にならない（心神喪失・耗弱の状態までには至らない）が、通常人に比べ判断能力の不十分である被補助人については、家庭裁判所が審判で定めた特定の財産行為のみについて、補助人の同意を得ないで単独で行ったときは、これを取り消すことできるとされている（民17条）。

(8) 消費者契約法

消費者と事業者との間で締結される契約については、①事業者の損害賠償責任を免除する条項（消契8条）、②消費者の解除権を放棄させる条項（消契8条の2）、③消費者が支払う損害賠償の額を予定する一定の条項等（消契9条）、④消費者の利益を一方的に害する条項（消契10条）を無効としている。

また、同法4条は、消費者が詐欺・強迫を受けたといえない場合でも、一定の類型において消費者に誤認や困惑があったときは、契約を取り消すことができるものとしている。例えば、事業者による不実の告知、断定的判断の提供、故意による不利益事実の不告知、勧誘時の不退去、退去妨害又は監禁があった場合の取消しについて規定されている。

b 無効・取消しの効果

契約が無効である場合、契約は最初から効力を有しない。一方、取り消すことができる行為は、取り消されたときに初めから無効であるとみなされ（民121条）、追認されたときは確定的に有効となる（民122条）。もっとも、現行民法は、法律行為が無効である場合や取り消された場合の効果について明文上の規定を置いていなかった。

そこで、改正民法では、無効および取消しの効果として、当事者が原状回復義務を負うことを明確にしたが（改正民121条の2第1項）、原状回復義務の内容（金銭返還義務における利息、物返還義務における果実の取扱いなど）については引き続き解釈に委ねられることとなった。なお、贈与契約など「無効な行為」が無償行為であった場合には、特に無効の原因を知らない当事者は、不当利得の一般規定が適用される場合と同様に現存利益の限度で返還の義務を負えば足りると考えられる。そこで、「無効な行為」が無償行為であって、給付を受けた者が、給付を受けた当時、その行為が無効であること等を知らなかったときには、例外的に、その返還義務の範囲は現存利益にとどまるものとされた（改正民121条の2第2項）。

c 取り消すことができる行為の追認

現行民法は、文言上は、追認について、取消しの原因となっていた状況が消滅した後にすることのみを要件としていた（民124条1項）。従前は、追認するためには、「取り消しうる行為であることを知っていること」が必要か否かに争いがあったが、判例（大判大正5年12月28日民録22輯2529頁）は必要説に立っていた。そこで、改正民法では、判例に従い、追認は取消権を有することを知った後にしなければその効力を生じない旨を明文化した（改正民124条1項）。なお、取消権者による債務履行や履行請求、担保供与等の行為が追認（法定追認）とみなされることもあるが（改正民125条）、この場合も上記の要件が加わることは同様である。

追認をすることができる時から5年間行使しない時又は行為の時から20年を経過したとき

は、取消権が時効によって消滅することは現行民法と同様である（改正民126条）。

4　契約の効力①－成立上の牽連性　原始的不能

例えば、建物の売買契約においては、売主が買主に建物の引渡しと登記移転の債務を負い、買主は売主に代金の支払債務を負う。このように契約当事者間に対価的な意義を持つ債務が生じる契約を双務契約という。また、売主と買主の債務は、対価的な関係にあるために、両債務の間には特別な関係が生ずる。この関係のことを牽連性という。牽連性については大きく3つに分けて考えることができ、①成立上の牽連性、②履行上の牽連性、③存続上の牽連性となる。①については原始的不能、②については同時履行の抗弁権、③については危険負担として検討する。

ア　民法改正のポイント

改正民法は、契約に基づく債務が原始的不能の場合であっても、債務不履行に基づく損害賠償請求をすることは妨げられないとした（改正民412条の2第2項）。これは、原始的不能である給付を内容とする債権も有効に成立するとの立場からの帰結である。

イ　概要

a　原始的不能とは

成立上の牽連性について、ここでは原始的不能について述べる。上述の売買契約の例において、売買契約の成立前に目的物の建物が滅失していたとすると、売主の建物引渡し債務は契約成立の時点ですでに実現が不可能である。このような場合を原始的不能という。原始的不能により売主がその債務を免れたとき、双務契約である売買契約では両債務が対価的関係にあることを前提に、買主は代金支払債務を免れ、契約自体が無効になる。これを双務契約における成立上の牽連性という。しかしながら、この結論に従うと、原始的不能の場合には、債務不履行となる余地はなく、債権者は債務者に対して債務不履行に基づく損害賠償請求を行使できないという結論になる。

b　改正民法の内容

以上のような結論は、履行不能となったのが契約の成立の前か後かは、単なる偶然やごくわずかな時間差によって左右される事柄であることが多く、契約成立前の原始的不能であったというだけで債務不履行に基づく損害賠償請求をすることができないのは、債務者の救済の在り方としてバランスを欠くと批判されていた。

そこで、改正民法は、契約に基づく債務が原始的不能の場合であっても、債務不履行に基づく損害賠償請求をすることは妨げられないとした（改正民412条の2第2項）。これは、原始的不能である給付を内容とする契約も有効に成立するとの立場からの帰結である。

5　契約の効力②－履行上の牽連性　同時履行の抗弁権

ア　民法改正のポイント

同時履行の抗弁権に関する民法改正の内容は軽微であり、実務に与える影響はないと思われる。

イ 概要
a 同時履行の抗弁権とは

　例えば、売主Aが買主Bとの間で、所有する建物を5000万円で売却する売買契約を締結したとする。このとき、売主Aは、買主Bが5000万円を提供するまで建物の提供を拒むことができる。また、同様に、買主Bは、売主Aが建物を提供するまで5000万円の提供を拒むことができる。これを同時履行の抗弁権という。

b 改正民法の内容

　改正民法は、相手方が提供すべき債務の履行には、債務の履行に代わる損害賠償の債務の履行も含まれることを明示した（改正民533条）。このことは、解釈として従来から認められていたが、これまでは同条の文言上明記されていなかった。したがって、本民法改正が契約実務に与える影響はないと思われる。

6 契約の効力③－存続上の牽連性　危険負担
ア 民法改正のポイント

　危険負担について、現行民法では特定物に関する物権の設定又は移転を目的とする双務契約について債権者主義を採用していたが、改正民法では、この規定が削除され、債務者主義へと変更されることとなった。ここでは、危険負担の債権者主義と債務者主義について事例を踏まえて解説することとする。

イ 概要
a 危険負担とは

　危険負担とは、双務契約の一方の債務が履行不能により消滅した場合に、他方の債務も消滅するかどうかの問題である。例えば、Aが所有する建物を5000万円でBに売却する売買契約が締結され、契約上、建物の引渡しと売買代金の支払いは締結から3か月後とされていたが、締結の2か月後に大地震のため建物が倒壊してしまったとする。この場合、売主であるAは、建物の倒壊を理由として履行不能（物理的不能）を根拠に建物の引渡しを拒絶することができる。これに対し、買主であるBは5000万円の売買代金債務の支払いを免れるか否かが危険負担の問題である。

b 債権者主義と債務者主義

　債権者（目的物引渡し債務の債権者）である買主Bは、目的物（建物）の値上がりや転売による利益を受ける以上、滅失や損傷による損失も負担すべきであるとの考えから、買主Bの売買代金債務は消滅しないという考えが存在する。これを、目的物の滅失・損傷のリスクを債権者が負担することから、債権者主義という。

　一方で、存続上の牽連性を肯定し、売主Aの債務が履行不能である以上、反対債務である売買代金支払債務も消滅するという考え方がある。契約が有効であれば得られた利益を失う点において、目的物の引渡し債務の債務者である売主Aがそのリスクを負担することから、後者を債務者主義という。

　現行民法は、債務者主義を原則とする（民536条1項）一方で、特定物に関する物権の設定

又は移転を目的とする双務契約については債権者主義としている（現行民534条1項）。なお、ここで特定物とは、そのものの種類に着目して取引の対象とされたものを指し、土地・建物といった不動産は通常特定物にあたる。他方で、不特定物とは、同じ種類のものであればその個性を問われない「ボールペン」や「食パン1斤」などをいう。また、不特定物についても、物が特定された後は、特定物と同様の取扱いとなる（民534条2項）。

ここで例に挙げた建物の売買についても、特定物に関する物権の設定又は移転を目的とする双務契約にあたる。したがって、現行民法に文理上素直に従えば、買主Bは売買代金の支払いを免れないこととなる。

c 民法改正の内容

このような現行民法の帰結は、買主Bは建物を取得できないにもかかわらず代金支払債務を免れないとして、公平さに欠けるという批判がなされていた。契約実務としても、契約内容においてこの債権者主義が適用される場面を限定し、公平性を担保できるよう合意されることが多かった。

そこで、改正民法は、目的物が債権者（買主）に引き渡される前に滅失又は損傷した場合は、債務者が危険を負担するルールに改めている（民534条の削除）。

なお、この場合、改正民法では、債務者に帰責事由がなくとも債権者は契約を解除することができる（本章第7参照）。

以上に伴い、従来の債務者主義（民536条1項）は、当事者双方に帰責事由のない履行不能の場合も債権者（買主）の反対給付債務は当然には消滅しないが、債権者（買主）はその履行を拒むことができるとした（改正民536条1項）。

7 契約の効力④－第三者のためにする契約

ア 民法改正のポイント

第三者のためにする契約に関しては、民法改正により、契約締結時点で受益者が存在しない場合や特定していない場合でも契約が有効に成立するという規定、第三者の権利が発生した後の解除の要件が追加された。

イ 概要

a 第三者のためにする契約とは

第三者のためにする契約とは、契約当事者の一方が、第三者に対してある給付をすることを約束するものである。例えば、売主をA、買主をBとするAB間の売買契約において、買主Bが売買代金を売主Aではなく第三者であるCに支払う旨を定める場合などである。この場合のAを要約者、Bを諾約者、Cを受益者という。受益者は、「直接にその給付を請求する権利」を得るため（改正民537条1項）、直接諾約者に対して履行を請求したり、諾約者が履行しない場合は裁判で履行を強制したりすることもできる。

b 民法改正の内容

改正民法では、契約締結時点で受益者が存在しない場合や特定されていない場合でも、契約が有効に成立するという規定が追加された（改正民537条2項）。これは「第三者のためにする

契約において、その第三者はたとい契約の当時に存在していなくても、将来出現するであろうと予期した者をもつて第三者となした場合でも足りるものと解すべきである」という従来の判例法理（最判昭和37年6月26日民集16巻7号1397頁）を明文化したものである。

また、現行民法では、第三者の権利が発生した後に、諾約者が受益者に対する債務を履行しないことを理由に、要約者が契約を解除することができるかどうかは明確ではなかった。そこで改正民法では、発生した権利に対する受益者の期待を保護する趣旨から、このような場合の解除には受益者の承諾を要するとされた（改正民538条2項）。ただし、任意規定であるため、解除のために受益者の承諾を要しないと合意をすることも可能である。

第5節　約款

第1　総論

契約の一方当事者が作成した定型的な契約条項（又は契約書面）のことを一般に約款という。約款による契約は、今日の社会において、大量の取引を迅速かつ安定的に行うために、とりわけ企業の行う取引のあらゆる場面で利用されており、その存在は必要不可欠となっている。

もっとも、約款による契約では、交渉で約款の内容を変更する余地がなく、また約款の個別の条項の内容を知らないままに契約内容に拘束されることもあり、さらに契約締結後に約款の内容を一方的に変更されることもありうる。この場合、なぜ約款中の個別の条項に当事者が拘束されるのか、どのような要件のもとで当事者は拘束されると解すべきかといった問題が生じていた。

そこで改正民法では、約款を用いた取引の法的安定性を確保するため、定型約款に関する規定が新設されている。以下では、新設された規定の概要、定型約款に該当しない約款についての規律について述べる。

第2　各論

1　民法改正のポイント

改正民法では、定型約款の定義・定型約款の適用についてのみなし合意（改正民548条の2第1項）、不当条項・不意打ち条項規制（改正民548条の2第2項）、定型約款の開示義務（改正民548条の3）、定型約款の変更（改正民548条の4）についての規定が新設されている。

なお、改正民法は、約款全体についての規律をしているわけではなく、約款のうち「定型約款」の要件を満たすものについてのみ規律している。そのため、定型約款以外の約款についての取扱いは、従来のとおりとなることに注意が必要である。

2　定型約款の定義・みなし合意

ア　定型約款の定義

定型約款とは、次のすべての要件を満たす「条項の総体」をいう（改正民548条の2第1項）。

① ある特定の者が不特定多数の者を相手方として行う取引であること
② 取引の内容の全部又は一部が画一的であることがその双方にとって合理的なものであること（以上の①と②を満たす取引を定型取引という）
③ 定型取引において、契約の内容とすることを目的としてその特定の者により準備されたものであること

　このような定型約款の定義からすれば、現在の社会に一般的に普及している約款は、そのほとんどが定型約款に該当することになると思われる。例えば、鉄道の旅客運送取引における運送約款、宅配便契約における運送約款、電気供給契約における電気供給約款、普通預金規定、保険取引における保険約款、インターネットを通じた物品売買における購入約款、インターネットサイトの利用取引における利用規約、市販のコンピュータソフトウェアのライセンス規約等は定型約款に該当するといえよう。

　他方、事業者間取引などで自社のひな形を利用してする契約は、結果的にそのひな形どおりの内容において契約することが多いとしても、当事者間での交渉によって内容が修正され得ることが予定されている、いわばたたき台としてのひな形であることから、通常は定型約款には該当しないと考えられる（筒井健夫＝村松秀樹編『一問一答　民法（債権法）改正』（商事法務　初版　2018年）247頁）。

　なお、約款を利用して画一的な契約内容を定める客観的な必要性が乏しい取引については、いくら事業者が約款を作成していたとしても「定型約款」には該当せず、改正民法の適用を受けることはできない。すなわち、約款取引におけるこれまでの解釈により判断されることには注意が必要である。

　イ　定型約款の適用のみなし合意の要件
　以下の①又は②に該当する場合には、定型約款の個別の条項についても合意したものとみなされる（改正民548条の2第1項）。
① 定型約款を契約の内容とする旨の合意をしたとき（1号）
② 定型約款を準備した者（「定型約款準備者」という。）があらかじめその定型約款を契約の内容とする旨を相手方に表示していたとき（2号）

　なお、②にいう表示とは、相手方に対して定型約款を契約の内容とする旨が個別に示されていると評価できるものである必要がある。したがって、定型約款準備者のホームページなどにおいて一般的にその旨を公表するだけでは足りず、インターネット上の取引であれば、契約締結画面までの間に、画面上で定型約款を認識可能な状態に置くことが必要となる（前掲一問一答250頁）。

　3　不当条項・不意打ち条項規制
　定型約款の個別の条項のうち、以下の①及び②を満たす場合には、当該条項について合意しなかったものとみなされる（改正民548条の2第2項）。
① 相手方の権利を制限し、又は相手方の義務を加重する条項であること
② その定型取引の態様及びその実情並びに取引上の社会通念に照らして民法1条2項に規

定する基本原則に反して相手方の利益を一方的に害すると認められること

②については、例えば、想定外の別の商品の購入義務を規定する条項（不当な抱き合わせ販売条項）や、合理的な理由なくユーザからの解約を一切認めない条項など、相手方にとって客観的に予測し難い内容の条項が置かれ、かつ、その条項が相手方に重大な不利益を課すものである場合には、当該条項の内容を相手方が容易に知り得る措置を定型約款準備者が講じておかない限り、当該条項は不意打ち的なものとして信義則に反することになる蓋然性が高いといえる（前掲一問一答252・253頁）。

なお、いわゆる暴力団排除条項は、相手方が反社会的勢力であった場合に、相手方の権利を一方的に制限するものではあるが、平成19年の政府指針、一連の暴力団排除条例などの反社会的勢力排除の流れ、契約書に暴力団排除条項を規定する実務が定着していることに鑑みると、信義則違反とは認められない。

合意しなかったものとみなされた場合の効果については、改正民法は定めておらず、解釈に委ねられているが、契約中の一部の条項が無効になった場合と同様の処理となると解される。

4　定型約款の内容の表示
ア　開示義務の内容等

定型約款準備者に対して、定型取引合意の前又は定型取引合意の後の相当の期間内に相手方から請求があった場合には、定型約款準備者は、相手方からの請求後遅滞なく、相当な方法でその定型約款の内容を示さなければならない（改正民548条の3第1項）。

ここにいう「相当な方法」とは、定型約款を書面又は電子メール等で送付する方法、定型約款を面前で示す方法、ホームページ上にあらかじめ定型約款を掲載し、請求があった場合にはそのホームページを閲覧するように促す方法等が考えられる。もっとも、最後の方法については、請求者がインターネットを閲覧することができないと述べている場合のように、相手方の属性によっては、単にホームページの閲覧を促しただけでは開示義務を履行したことにはならない場合がある（前掲一問一答255頁）。

イ　開示義務を免れる場合

定型約款準備者が既に相手方に対して定型約款を記載した書面を交付していたとき又はこれを記録した電磁的記録を提供していたときには、定型約款準備者は開示請求を拒むことができる（改正民548条の3第1項ただし書）。

電磁的記録の提供は、例えばCDやDVDといった媒体の交付、電子メールでのPDFファイル等の送信などの方法で行うことができるが、顧客が電磁的記録中のデータを管理し、自由にその内容を確認する事が可能な態様で行われる必要がある（前掲一問一答256頁）。

ウ　開示義務違反の効果

定型約款準備者が定型取引合意の前において前項の請求を拒んだときは、前条（改正民548条の2）が適用されないため、定型約款の拘束力は否定される（同条2項）。ただし、一時的な通信障害が発生した場合その他正当な事由がある場合は、この限りでない（同項ただし書）。

明示的に定型約款の開示を拒んだ場合のみならず、開示の請求を受けたにもかかわらず、相

当期間を経過しても何らの回答もしない場合のように、定型約款準備者の対応状況から拒絶していると評価することができる場合も含まれる（前掲一問一答 256 頁）。

なお、改正民法では、定型取引合意後の開示請求に対して開示を拒んだ場合の効果を規定しておらず、これを解釈に委ねているが、定型約款準備者の債務不履行となり、損害賠償の対象となると解するべきであろう（前掲一問一答 256 頁）。

5 定型約款の変更

ア 要件・効果

以下の①又は②に該当する場合には、変更後の定型約款の条項について合意があったものとみなされ、個別に相手方と合意をすることなく契約の内容を変更することができる（改正民 548 条の 4 第 1 項）。

① 定型約款の変更が、相手方の一般の利益に適合するとき（1 号）
② 定型約款の変更が契約をした目的に反せず、かつ、変更の必要性、変更後の内容の相当性、この条の規定により定型約款の変更をすることがある旨の定めの有無及びその内容その他の変更に係る事情に照らして合理的なものであるとき（2 号）

①の場合とは、例えば、相手方の支払うべき対価を減額する場合や、対価を増額することなく定型約款準備者が提供するサービスを拡充する場合が挙げられる。

②については、「この条の規定により定型約款の変更をすることがある旨の定めの有無及びその内容」を考慮するとされているが、これは、定型約款に、改正民法の規定によって定型約款準備者が定型約款を一方的に変更する事がありうる旨を明示した条項が設けられ、当該条項に変更の要件や手続が定められていた場合で、かつ、実際に行われた変更がその定めの内容を充足している場合には、そのことを合理性を肯定する方向に考慮するという趣旨である。したがって、単に定型約款を変更することがある旨を規定しているだけでは、合理性を肯定する方向に考慮することは困難である（前掲一問一答 260 頁）。

また、②の「その他の事情」としては、変更による不利益の程度・性質、当該不利益の軽減措置の有無などが考慮される。例えば、変更後の契約内容への拘束を望まない相手方に対して（無償で）契約の解除権を付与したり、変更の効力発生までに猶予期間を設けたりすることなどは、合理性を肯定する方向で考慮される（前掲一問一答 260 頁）。

イ 定型約款の変更手続

定型約款を変更するためには、以下の①から③の手続を経る必要がある（改正民 548 条の 4 第 2 項・3 項）。

① 効力発生時期を定めること（2 項）
② 定型約款を変更する旨及び変更後の定型約款の内容並びにその効力発生時期をインターネットの利用その他の適切な方法により周知すること（2 項）
③ 1 項 2 号の場合（前記ア②の場合）の変更については、②の周知を効力発生時期到来までに行うこと（3 項）

ウ　改正民法584条の2第2項の規定の不適用

定型約款の変更について、不当条項規制の規定（改正民584条の2第2項）は適用されない（改正民548条の4第4項）。

定型約款の変更の合理性は、専ら本条1項の基準により判断され、この基準よりも緩やかな基準である584条の2第2項は適用されないことを定めたものである。

6　経過措置（改正民附則33条）

施行日前に締結された定型取引に係る契約についても、改正民法施行日からは改正民法の規定が適用される。ただし、現行民法の規定によって生じた効力を妨げない。

また、施行日前に、契約の当事者の一方（契約又は法律の規定により解除権を現に行使することができる者を除く。）により、改正民法施行日から定型約款に係る条項が適用されることにつき書面又は電磁的記録によって反対の意思の表示がされた場合には、改正民法は適用されない。

7　定型約款以外の約款取引の規律

前述のとおり改正民法では、約款のうちの定型約款のみを規律しており、それ以外の約款取引については従前の解釈によるという立場をとっている。そこで、約款取引をめぐるこれまでの解釈を概観する。

ア　拘束力の根拠・要件

定型約款の場合、その内容を適用するみなし合意の制度があるが、それ以外の約款について改正民法は定めておらず、従来の解釈が通用することになる。

具体的内容を認識していなくとも約款に定められた個別条項に拘束され得る理由について、判例は、締結しようとしている契約について約款によらない意思を表示しないで契約したときは、契約締結時に約款の内容を知らなかったとしても、反証のない限り、その約款による意思を持って契約したものと推定することができるとの立場（意思推定論）を採用している（大判大正4年12月24日民集21巻2182頁、最判昭和55年5月8日判タ417号83頁など）。

ただし、このような見解によるとしても、約款による旨を相手方に伝えることに加え、相手方にとって約款の内容が了知可能な状態に置かれていること、すなわち約款の事前開示が重要であることは疑いようがない。約款を用いた取引を行おうとする場合には、きちんと約款の事前開示を行っておくべきである。

イ　約款の具体的条項の解釈

約款の特殊性に鑑み、通常の契約とは異なる解釈手法が展開されている。

まず、客観的統一的に、その取引の顧客圏に属する合理的平均人が当該約款をどのように理解するかを基準とし、個々の契約当事者の意思を考慮せずに解釈される。

そして、約款に不明確な条項があり、複数の解釈が可能な場合には、約款準備者に不利に解釈されるとともに、約款準備者に特に有利な条項は、厳密かつ制限的に解釈される。

また、市販の契約書のように一方当事者が準備したものではないものについては、その条項は例文（慣用文例）であって、当事者はこの内容に拘束される意思がないとされる場合には、その効力が否定される場合もある。

ウ　民法の一般条項の適用による規制

約款の条項の内容の不当性や、契約締結プロセスの不適切性等を理由に、公共の福祉違反（1条1項）、信義則違反（同2項）、権利濫用（同3項）、公序良俗違反（90条）を根拠として、約款が規制される場合がある。

判例や裁判例では、相手方が消費者である事例において、事業者の責任（債務）を軽減・免除する規定に関し、その効力を否定又は制限的に解釈する裁判例が複数存在する（最判平成5年3月30日民集47巻4号3384頁等）。

以上のことからすれば、約款を用いた取引を行おうとする場合には、約款の内容をできるだけ明確かつ平易なものとし、また、相手方に不利な内容の条項については契約時にきちんと説明をしておくべきである。

エ　その他の法令による制限

消費者契約法や借地借家法等の他の法令によっても約款の具体的条項が制限されることがある。この点は、通常の契約と同様である。

第6節　契約の不履行と損害賠償

第1　総論

契約の一方当事者が債務を履行せず、これによって他方に対して損害を負わせた場合には、契約上特段の定めがなくとも、民法等の規定によって損害賠償請求をすることが可能である。契約書においては、民法等が定めるこのような任意規定を確認する条項又はこれを修正する条項を設けることが多い。

契約の不履行に基づく損害賠償を巡る紛争は、訴訟に発展する代表例であるため、契約書において一定の手当をすることで、このような紛争を未然に防ぐ意義は大きい。

契約の不履行と損害賠償に関して、改正民法では、①履行遅滞及び履行不能に関する改正、②受領遅滞に関する改正、③履行の強制に関する改正（新民事執行法171条1項各号に一元化）、④債務不履行による損害賠償に関する改正、⑤代償請求権に関する改正などがされており、これまでの判例・学説の蓄積が明文化された箇所もあるため、契約書作成においてはこれを踏まえることが必要となる。

第2　債務不履行による損害賠償

1　民法改正のポイント

ここでは、前記①および④に係る改正のポイントを概説する。

①履行遅滞及び履行不能に関する改正としては、履行遅滞に陥る時期の明文化（改正民412条2項）、履行不能の場合の債務の履行請求と損害賠償請求の可否に関する規定の新設（改正民412条の2）、履行遅滞後に履行不能となった場合の規律の明文化（改正民413条の2第1項）が

なされている。

また、④債務不履行による損害賠償に関する改正としては、帰責事由がない場合には責任を負わない旨の明確化（改正民415条1項）、填補賠償の要件の明文化（同条2項）、特別損害に関する明確化（改正民416条2項）、過失相殺の内容の明確化（改正民418条）、損害賠償額の予定について文言の変更（改正民420条1項）がなされている。

2 債務不履行の態様

債務不履行とは、債務者が債務の本旨に従った履行をしないことを意味する。

これまでの判例及び通説は、債務不履行を履行遅滞、履行不能、不完全履行の3つに区分し、それぞれについて解釈論を展開してきた。

ア 履行遅滞

履行遅滞とは、履行期を過ぎても債務者が履行しない場合をいう。前提として、履行すべき債務が履行可能であることが必要である（履行が不能の場合には、履行不能の規律による）。

履行期は、①確定期限がある場合、②不確定期限がある場合、③履行期の定めがない場合の3つに分かれる。

①確定期限とは将来の時期が定まっている期限（例えば「3年後」など）のことであり、確定期限がある場合には、当該期限が到来した時から債務者は履行遅滞となる（民412条1項）。

②不確定期限とは、将来必ず到来するが、それがいつかは不確定な期限（例えば「Aが死んだとき」など）のことであり、不確定期限がある場合には、その期限の到来した後に履行の請求を受けた時又はその期限の到来したことを債務者が知った時のいずれか早い時から債務者は履行遅滞となる。なお、現行民法では前者について明記されていなかったが、改正民法ではこれが明記されている（改正民412条2項）。

③期限の定めがない場合には、債務者は履行の請求を受けた時から遅滞に陥る（民412条3項）。

イ 履行不能

履行不能とは、債務の履行が、社会通念に照らして不能である場合をいう。

現行民法下での伝統的な学説によると、不能には、物理的不能だけでなく法律的不能も含まれるとされてきた。すなわち、債務の目的物が滅失した場合等（物理的不能）だけでなく、法律により目的物の取引が禁止された場合等（法律的不能）も履行不能と評価されている。なお、金銭の給付を目的とする債務（金銭債務）は履行不能にはならないと解されている。

改正民法では、履行不能とは「契約その他の債務の発生原因及び取引上の社会通念に照らして不能である」場合としている（改正民412条の2第1項）。物理的不能だけでなく法律的不能も含まれる点は、改正民法においても引き継がれるものと思われる。また、債務者の受ける利益に比して債務の履行に過大の費用を要する場面も「契約その他の債務の発生原因及び取引上の社会通念に照らして不能」と評価されうる。

ただし、改正民法のもとでは、履行不能かどうかにつき「債務の発生原因及び取引上の社会通念に照らして」判断すると明記されたことから、社会通念上の不能の判断枠組みが現行民法

下のものと異なる可能性がある。すなわち、当該契約の内容を離れた一般的な社会通念を基準とするのではなく、当該契約において予定されていたリスク配分などの契約の内容面を基準に判断されることになると思われる。

また、現行民法下では、履行不能を契約締結前の不能（原始的不能）と契約締結後の不能（後発的不能）に峻別して、それぞれ全く異なる帰結、すなわち、原始的不能の場合には契約は無効であり債務不履行の問題とは捉えず、一方で後発的不能の場合には帰責事由の有無に応じて債務不履行又は危険負担の問題となると解されていた。

しかし、改正民法ではこの解釈を変更し、原始的不能の場合には債権者から債務の履行は請求できないが、債務不履行責任は追及し得る（契約は無効ではない）という立場を採用している（改正民412条の2）。

ウ　不完全履行

履行遅滞以外の態様における債務の本旨に従った履行でないものを不完全履行という。

不完全履行となるかどうかは一様に判断することができず、法律、契約の趣旨・内容、取引慣行、信義則などに照らして個別の事案において具体的に判断されることになる。

3　債務不履行に基づく損害賠償請求権

ア　要件としての帰責事由

債務者がその債務の本旨に従った履行をしないとき、又は履行が不能であるときは、債権者は、これによって生じた損害の賠償を請求することができる（民415条）。同条は、債務者が履行遅滞、履行不能、不完全履行に陥った場合の損害賠償請求権を規定している。

現行民法下において、債務者の帰責事由が求められているのは、明文上は履行不能の場合だけであるが、その他の態様での債務不履行による場合にも、損害賠償請求権の発生のためには債務者の帰責事由が必要であると解されている。

改正民法においては、この解釈を明文化するとともに、帰責事由の立証責任が債権者にあることを明確にする趣旨から、「ただし、その債務の不履行が契約その他の債務の発生原因及び取引上の社会通念に照らして債務者の責に帰することができない事由によるものであるときは、この限りではない」と規定している（改正民415条1項ただし書）。

イ　帰責事由の内容・解釈

現行民法下の学説において、債務者の帰責事由とは「債務者の故意・過失又は信義則上これと同視すべき事由」と考えられていた。

一方、改正民法では、帰責事由の判断は「契約その他の債務の発生原因及び取引上の社会通念に照らして」行われる（改正民415条1項ただし書）。これは、帰責事由の解釈につき、改正民法が上記の見解を採用していないものと解される。

なお、これまでの裁判例は必ずしも上記学説と同じ見解に立っていたわけではなく、当該改正の趣旨は、従来の実務運用を踏まえ、帰責事由についての判断枠組みを明確化したにとどまるものであり、実務の在り方が変わることは想定されていない（前掲一問一答　75頁注2）。

ウ　損害
a　損害の種類

　損害とは、諸説あるが、もし加害原因がなかったとしたならばあるべき利益状態と、加害がなされた現在の利益状態との差であると説明されることが多い（於保不二雄『債権総論〔新版〕』（商事法務　昭和47年）135頁など。なお、傍論ではあるが、最判昭和39年1月28日民集18巻1号136頁も同様の表現を用いている。）。

　損害は、大きく財産的損害（財産上の不利益）と精神的損害（精神的苦痛ないし不利益）に区分でき、財産的損害はさらに、積極的損害（現に受けた損失、既存の利益の減少）と消極的損害（得べかりし利益の喪失）に分けられる。

b　賠償の種類

　また以上とは異なる視点から、填補賠償・遅延賠償、履行利益の賠償・信頼利益の賠償という区分けもされている。

(1)　填補賠償・遅延賠償

　填補賠償とは、債務が履行されたのに等しい地位を回復させるに足りるだけの損害賠償を意味し、履行に代わる損害賠償ともいう。遅延賠償とは、履行が遅れたことによる損害の賠償である。

　遅延賠償は履行遅滞の場合に中心となる賠償である。一方で填補賠償はどのようなときに請求できるのか旧法には規定がなかった。そこで改正民法は、填補賠償を請求できる場合として、①債務の履行が不能であるとき（改正民415条2項1号）、②債務者がその債務の履行を拒絶する意思を明確に表示したとき（同項2号）、③債務が契約によって生じたものである場合において、その契約が解除され、又は債務の不履行による契約の解除権が発生したとき（同項3号）のいずれかの場合には填補賠償が請求できることを規定した。これは従来の判例による解釈を引き継ぐものである。

　なお、②については、債務の履行を拒絶する意思の表示は明確にされることが必要であるため、単に履行を拒んだだけでなく、履行拒絶の意思がその後に翻意されないことが見込まれる程度に確定的なものであることが必要となる。また③のうち「債務の不履行による契約の解除権が発生したとき」として想定されているのは、履行遅滞後に債権者が履行の催告をしたにもかかわらず、相当期間を経過してもなお債務者が履行をしなかったような場合である（大判昭和8年6月13日民集12巻1437頁参照）。

(2)　履行利益の賠償・信頼利益の賠償

　履行利益の賠償とは、債務の本旨に従った履行がなされていたら債権者が得られたであろう利益の賠償のことをいい、信頼利益の賠償とは契約が無効又は不成立であるのに、それを有効と信じたことによって債権者が受けた損害の賠償のことをいう。もっとも、信頼利益の概念自体が多義的で曖昧であるとも指摘されている。

c　損害賠償の範囲

　債務不履行によって生じた損害であっても、その全てが賠償されるわけではなく、債務不履

行と損害との間に相当因果関係が認められる範囲においてのみ、債務者は賠償義務を負うと解されている。

この点につき民法は、債務の不履行によって通常生ずべき損害（通常損害）については、当該損害が発生している限り、賠償義務を認めている（民416条1項）。一方で、特別の事情によって生じた損害（特別損害）であっても、当事者がその事情を予見すべきであったとき（予見可能性が認められるとき）は、賠償義務が生じるとされている（民416条2項）。なお、特別損害における予見可能性について、現行民法では「予見することができたとき」と規定されていたが、現行民法下においても改正民法同様に規範的概念として捉えられていたため、この点を明らかにするために、改正民法では「予見すべきであったとき」とされた（改正民416条2項）。

通常損害とは、その種の債務不履行があれば、通常発生するものと社会一般の観念に従って考えられる範囲の損害のことをいい、例えば、目的物を滅失させた場合の当該目的物の価値、目的物を引き渡さなかったために生じた代替物の調達費用などである。

特別損害とは特別の事情によって生じた損害をいうが、その例としては、目的物につき転売契約を締結していた場合の失った転売利益や、転売先に支払った違約金などが挙げられる。

なお、通常損害か特別損害かで、債務者の予見可能性を債権者において立証する必要性の有無が異なるため、この区別は大きな意味を持つが、厳密な区別は難しい。転売利益をとってみれば、不動産の売買において買主が一般消費者であれば特別利益に該当することが多いであろうが、買主が不動産売買を業とする法人であれば通常損害に分類されるものと思われる。このように、通常損害・特別損害の区別にあたっては、当事者の属性・立場・関係、目的物の種類・性質などが考慮されることになる。

特別損害の場合には、特別の事情を予見すべきであったかどうかが問題となるが、予見すべき主体は債務者であり、判断基準時は債務不履行時であると解されている。また、「予見すべき」とあるように規範的な概念であるため、例えば契約後に債権者から特別の事情を通知されたとしても、それだけで直ちに当該特別損害が賠償範囲に含まれるわけではないと解される。

d 中間利息の控除について

将来において取得すべき利益についての損害賠償の額を定める場合や、将来において負担すべき費用についての損害賠償の額を定める場合において、その利益を取得し、又は費用を負担すべき時までの利息相当額（中間利息）を控除することが、交通事故の事案などでは確立した運用となっている。

現行民法では、中間利息の控除についての規定は存在しないが、控除する場合の利率は民事法定利率とするのが判例である（最判平成17年6月14日民集59巻5号983頁）。

改正民法では、中間利息を控除する場合には、その損害賠償の請求権が生じた時点における法定利率により行うと明記された（改正民417条の2）。これは、改正民法において法定利率が固定制から変動制に変わったことにより、基準となる時点を損害賠償請求権の発生時点とすることを定めたものである。なお、改正民法における法定利率については次項において述べる。

第3　金銭債務の不履行の特則

1　金銭債務の特則

　金銭債務は、履行不能にならないという特殊性のほか、（履行遅滞による）損害賠償の場面においても特殊性を有する。すなわち、金銭債務の不履行による損害賠償の額は法定利率によって定まり（民419条1項）、損害の証明は不要であり（同条2項）、債務者は不可抗力を理由としてその責任を免れることができない（同条3項）。したがって、たとえ天災や戦争によって支払が遅れても、債務者は履行遅滞の責任を負うことになる。

2　賠償額（法定利率）

　金銭債務の不履行（履行遅滞）による損害賠償の額は法定利率によって定められ、債権者は損害の立証を要しない（民419条1項・2項）。ただし、約定利率が法定利率を超える場合には、このことを立証すれば、賠償額は約定利率によることになる（同条1項ただし書）。

　債権者は、実際に生じた損害額が法定利率（又は約定利率）により定められる金額よりも多額であることを証明したとしても、その賠償を請求することはできないと解されている。もっとも、損害賠償額の予定や違約金の定めにより、法定利率（又は約定利率）よりも高額の請求をすることは可能である。

ア　改正民法における法定利率

　現行民法において法定利率は年5％の固定制を採用していたが、改正民法では当初は年3％としつつ3年ごとに法定利率の見直しを行う緩やかな変動制を採用している（改正民404条）。これは、現行民法における法定利率が市中金利を大きく上回っており、債務者が支払う遅延損害金等の金額が不当に多額になる一方で、将来の逸失利益に係る中間利息控除の場面では賠償額が抑えられる結果となるなど、当事者間の公平を欠いていたことによる。

　改正民法で採用された緩やかな変動制とは、以下のようなものである。

① 　最初は年3％とする（改正民404条2項）。
② 　3年を1期として、1期ごとに変動する（同条3項）。
③ 　変動は、法定利率に変動があった直近の期（直近変動期）における「基準割合」と当期の「基準割合」の数値の差が±1％以上の場合には、それを直近変動期の法定利率に加算又は減算する算出方法により行われる（同条4項）。
④ 　「基準割合」は、各期の初日に属する年の6年前の年の1月から前々年の12月までの60ヶ月の短期貸付の平均利率の合計を60で除して計算（1％未満切捨て）され、法務大臣が告示する（同条5項）。

　したがって、法定利率は、法務大臣が新たに告示した「基準割合」が、直近変動期の「基準割合」より±1％以上の差を有していたときに、その差の分だけ変動することになる。

　基準割合はある期が始まる1年程度前までには告示されることが予定されているため、法定利率が変動するかどうかは、その期が始まる1年程度前には判明する仕組みとなっている（前掲一問一答84頁）。

イ　いつの時点の法定利率が適用されるか

　法定利率が時期によって変動しうるため、当該金銭債務の利息や遅延損害金、中間利息控除について、いつの時点での法定利率が適用されるかが重要になる。

　この点については、以下のとおり整理される。

① 約定利息を定めなかったときは、利息の利率は、その利息が生じた最初の時点における法定利率が適用される（改正民404条1項）

② 金銭債務の不履行による損害賠償額（遅延損害金の額）は、債務者が遅滞の責任を負った最初の時点における法定利率が適用される（改正民419条1項）

③ 将来において取得すべき利益や将来において負担すべき費用についての損害賠償について、中間利息を控除するときは、当該損害賠償請求権が生じた時点における法定利率が適用される（改正民417条の2）

　①の「利息が生じた最初の時点」とは、利息を生ずべき元本債権について利息が生じた最初の時点をいい、例えば金銭消費貸借契約では借主が貸付金を受け取った日がこれにあたる（改正民589条2項参照）。

　②の「債務者が遅滞の責任を負った最初の時点」については、前記第2－2アを参照されたい。

　③の「損害賠償請求権が生じた時点」については、例えば安全配慮義務違反による損害賠償請求権の場合には事故時がこれにあたると解される。

　以上のことからもわかるとおり、改正民法が採用した法定利率の緩やかな変動制は、時期によって法定利率が異なり得るものの、適用される法定利率が決まった後は固定であり、それが時の経過によって変動するということはない。このように改正民法の法定利率は、いわゆる「変動金利」とは全く異なる。

ウ　商事法定利率の撤廃

　旧法では、民事法定利率は年5％、商取引に適用される商事法定利率は年6％とされ、両者に差が設けられていた（旧商514条）。しかし、このように差を設ける合理性に乏しいため、商事法定利率の規定は撤廃される。よって、今後は、商取引においても、法定利率については民法によって規律されることになる。

第4　損害賠償額の算定及び予定

1　意義

　金銭債務の場合を除き、債権者は、債務者による債務不履行に基づく損害賠償を請求する場合には、損害の発生とその金額を証明しなければならず、実際の裁判では（間違いなくといっていいほど）この点が争われることになる。

　このような場合に備えるために、当事者間において損害賠償額を予定しておくことがあり、民法もこれを認めている（民420条1項）。これにより債権者は、債務不履行の事実さえ証明すれば、当該合意のとおりの金額を請求できることになるし、債務者としても、債務不履行を起

こした際のリスクを明確に把握することができる。

当事者間において取り決めたことであるため、たとえ実際に生じた損害が予定した金額より多い又は少ない場合でも、当事者はこれに異議を唱えることはできない。ただし、後述のとおり、あまりに不公平な場合には制限される余地がある。

2　帰責事由の要否

現行民法下においては、損害賠償額の予定をした場合には、当該債務不履行が債務者の帰責事由によるかどうかは問われないと解されていた。したがって、損害賠償額の予定をしておけば、債務者の帰責事由は不要と解される。これは改正民法においても引き継がれるものと思われる。

3　予定額の制限

損害賠償額の予定も合意で定まるため、原則としてはどのような内容でも構わない。ただし、あまりに高額な賠償額の予定がされていたり、債務者の窮状に乗じて合意された場合などには、公序良俗（民90条）違反として、当該損害賠償額の予定が無効であると裁判所に判断されることがある。また、利息制限法や消費者契約法などの特別法により制限されることもある。

4　履行請求、解除権行使の可否

損害賠償額の予定をしたとしても、債務の履行請求や解除権の行使が妨げられることはない（民420条2項）。ただし、損害賠償額の予定の内容として、債務の履行請求や解除権の行使を放棄することまで含まれていると解釈される場合（例えば、「本来の給付に代えて300万円を支払う」と定めた場合など）にはこれらが制限されることになる。

5　違約金の定め

債務者が債務不履行をした場合に給付することを約した金銭を違約金といい、その中には損害賠償額を予定したものもあれば、違約罰（罰としての違約金）の趣旨のものなどもあるが、民法はこれを損害賠償額の予定と推定するとした（民420条3項）。

推定であるため、これとは異なる趣旨であることを主張する者が証明した場合には、損害賠償額の予定以外の効果を持たせることができる。例えば、実際に生じた損害の賠償に加えて請求できる性質のもの（違約罰）であることを証明した場合には、当該違約罰の金額とは別に実際に生じた損害の賠償も請求できる（ただし、損害賠償額の予定ではないため、実際に生じた損害の額を証明する必要はある）。

6　金銭以外の内容を定めた損害賠償額の予定

民法は金銭による賠償を予定することを前提としているが、例えば物による賠償を予定することも可能である。

また、確定的な金額を明確に定めなくとも、賠償額の算定方法を予定したり、賠償の範囲を予定したりすることも可能であると解される。

7　改正による変更点・影響

改正民法では、現行民法420条1項後段（「この場合において、裁判所は、その額を増減することができない。」）を削除している。これは、現行民法下においても公序良俗（民90条）違反を

理由に損害賠償額の予定が無効とされる場合があると解されていたため、このような解釈の障害とならないように削除したものである。よって、改正民法下の実務に影響を与えるものではない。

第5　過失相殺・損益相殺
1　過失相殺
　債務の不履行に関して債権者に過失があったときは、裁判所は、これを考慮して、損害賠償の責任及びその額を定める（民418条）。これを過失相殺といい、公平の原則及び信義則の現れだといわれる。

　債権者の被用者（従業員）のように債権者と同視すべき者の過失も、債権者の過失として評価される（最判昭和58年4月7日民集37巻3号219頁）。

　なお、債務不履行に関する過失だけでなく、債務不履行による損害の発生若しくは拡大についての過失も過失相殺の対象となることは現行民法下において異論のないところであった。そこで、改正民法では、この点を明文化している（改正民418条）。

2　損益相殺
　債務不履行により、債権者が損害を受けたのと同時に利益も受けた場合、その利益分を損害賠償額から控除することを損益相殺という。条文上には明記されていないが、公平の理念により、解釈上認められている。例えば、医療過誤で死亡した者の遺族は、被害者の損害賠償請求権を相続して請求できるが、その際、生存していれば支払うはずであった生活費の支出が不要となっているため、逸失利益から対応する期間の生活費が控除される。

　何が損益相殺の対象になるかについては議論があるところであるが、不法行為責任について判例は「被害者が不法行為によって損害を被ると同時に、同一の原因によって利益を受ける場合には、損害と利益の間に同質性がある限り、公平の見地から、……損益相殺的な調整を図る」としており、参考になる（最大判平成5年3月24日民集47巻4号3039頁）。

　なお、損益相殺について改正民法では特段の改正がされていない。したがって、従来の解釈があてはまるものと解され、実務への影響はないと思われる。

第6　賠償者の代位と代償請求権
1　賠償者の代位
　債権者が、損害賠償として、その債権の目的である物又は権利の価額の全部の支払いを受けたときは、債務者は、その物又は権利について当然に債権者に代位する（民422条）。損害賠償をした債務者が債権者の地位に代わって入るという意味である。これを損害賠償による代位、賠償者の代位という。

　ここにいう「当然に」とは、何らの意思表示（例えば権利の譲渡）も対抗要件も不要であるという意味である。

　この制度は、債権者の二重の利得を防止し、賠償した債務者の利益を保護するためのもので

あるため、代位した債務者が債権の目的物を現実に入手したときは、債権者は、受領した価額を返還して、物の返還を請求できると解されている。

2 代償請求権

債務者が、その債務の履行が不能となったのと同一の原因により債務の目的物の代償である権利又は利益を取得したときは、債権者は、その受けた損害の額の限度において、債務者に対し、その権利の移転又はその利益の償還を請求することができる（改正民422条2）。これを代償請求権という。現行民法下において解釈上認められていた権利であるが、今般の改正で条文が新設された。

例えば、建物の売買契約において、引渡し前に火災により建物が滅失した場合に、売主がその建物の火災保険金を受領した場合には、買主は売主の得た利益（保険金）の償還を請求することができる。売主は、買主から建物の引渡しを請求されない地位にあるにもかかわらず、さらに建物の代償と考えられる火災保険金まで受領できるとすると、不公平であるからである。

第7 受領遅滞

1 民法改正のポイント

債務の履行について債権者の受領を必要とすることが多いが、このように受領を要する債務について、債務者からの履行の提供があったにもかかわらず債権者が受領しないことを受領遅滞という。例えば、債権者の管理する倉庫内に物品を搬入する債務を負う場合に、債権者が倉庫や敷地の門扉を解錠しないような場合である。

受領遅滞に関して改正民法では、目的物の保存義務の軽減、増加した履行費用の債権者負担、受領遅滞後に当事者双方の責に帰することができない事由により履行が不能となったときはその履行不能は債権者の責に帰すべき事由によるものとみなすことが明文化されている（改正民413条・413条の2第2項）。

2 受領遅滞の効果

受領遅滞により、以下の効果が発生することが明文化された。
① 特定物の引渡債務の債務者は、受領遅滞となった後は、善良な管理者の注意（改正民400条）ではなく、自己の財産に対するのと同一の注意をもって目的物を保存すれば足りる（改正民413条1項）
② 受領遅滞により増加した債務の履行費用は、債権者の負担となる（同条2項）
③ 受領遅滞となった後に当事者双方の責めに帰することができない事由によって債務の履行が不能となったときは、その履行不能は債権者の責めに帰すべき事由によるものとみなされる（改正民413条の2第2項）。

なお、債権者に帰責事由がない場合にも上記の効果が認められるかについては議論があるが、現行民法下の判例はこれを認めている（最判昭和40年12月3日）。

3 受領遅滞を理由とする損害賠償、契約解除の可否

受領遅滞を理由に損害賠償請求や契約の解除ができるかについては議論があるが、現行民法

下の判例は、基本的に受領遅滞のみを理由とした損害賠償請求や契約解除を認めていない（同最判昭和40年12月3日）。ただし、継続的な売買契約の事案において、信義則を根拠に買主の引取義務（受領義務）を認め、売主からの債務不履行に基づく損害賠償請求を認めた判例（最判昭和46年12月16日民集25巻9号1472頁）もあり、個別具体的な事案によっては、信義則を根拠として、受領遅滞について損害賠償請求や契約の解除ができる場合もあろう。

第7節　契約の解除

第1　総論

　契約の「解除」とは、契約の一方当事者の意思表示により契約を解消することをいい、民法に定められる法定解除と、当事者が一定の場合に契約の解除を認める旨を定める約定解除とがある。契約書における解除条項は、法定解除に関する規定を前提として、それを当事者間の合意で修正し設定される。

　改正民法下の法定解除に関する変更点として、①催告解除における軽微な契約違反の除外、②無催告解除の範囲拡張、③債権者（解除をする側の当事者）に帰責事由がある場合の解除制限、④債務者（解除をされる側の当事者）の帰責事由の除外等が挙げられる。これらの変更は、債務者に対する債務不履行責任の追求制度という従前の解除の捉え方から、債権者を契約の拘束力から解放するための仕組みとして捉え直されたことに起因する。

　本章では、法定解除における前述の①から④の改正事項及びその他の改正点について説明を行うとともに、実務上行われる条件付契約解除、約定解除、合意解除、クーリング・オフによる申込みの撤回・解除について、必要に応じて関連する改正民法規定に触れつつ解説を行う。

第2　各論

1　催告解除における軽微な契約違反の除外

ア　改正のポイント

　現行民法541条では、催告による解除について、当事者の一方がその債務を履行しない場合において、相手方が相当の期間を定めてその履行を催告しその期間内に履行がないときは解除をすることができると定められている。

　改正民法541条ではただし書が新設され、催告期間が経過した時点において、当該債務不履行がその契約及び取引上の社会通念に照らして軽微である場合には解除できないことが示された。これは、解除制度が債権者を契約の拘束力から解放させる強力な手段であることに照らし、債務者が契約から得られる利益との調和を図るべく、債務不履行が軽微にとどまる場合には損害賠償等の救済手段によるべきであるとの考えを採用したものである。また、不履行の部分が数量的にわずかな場合、契約の付随義務違反にすぎない場合の催告解除を制限する判例実務とも整合する規定である（土地売買契約において固定資産税の負担を怠った場合の解除を否定した事

例（最判昭和 36 年 11 月 21 日民集 15 巻 10 号 2507 頁）等）。

イ　概要

　改正民法 541 条ただし書にいう債務不履行の軽微性は、主に不履行の態様及び義務違反の軽微性（重大性）の有無から、当該契約の目的達成に与える影響を社会通念に照らして客観的に判断すべきとされている。軽微か否かは個別事案ごとの判断に委ねられるが、一般的に、違反された義務自体が契約全体から見て軽微な場合や義務違反の態様が軽微な場合は、不履行が軽微と言えるものと考えられる（立法担当者は「例えば、数量的に僅かな部分の不履行にすぎない場合であっても、その不履行の部分が当該契約においては極めて重要な役割を果たしている場合があり得る。ある製品を製作するための部品を供給する契約において、債務者が供給しなかった部品が数量的には僅かであるものの当該製品の製作にとっては必要不可欠のものである場合には、その不履行は当該契約及び取引通念に照らして軽微であるとは言えないため、債権者は催告解除をすることができる。」（法制審議会民法（債権関係部会）部会資料 79- 3、第 9、1 説明 13 頁）と言及している。）。また、ただし書で債務不履行が軽微である場合には催告による解除権の発生が否定されたことにより、債務不履行の軽微性の立証責任は、当該解除権の発生を争う債務者側が負うことが明白となった点に注意すべきである。

【書式例】契約履行の催告書

　　　　　　　　　　　　　　　催告書

　貴殿と当方は、令和〇〇年〇月〇日付にて、〇〇契約（以下「本契約」といいます）を締結しました。貴殿は、本契約〇条に基づき、当方に対し、令和〇〇年〇月〇日までに代金〇〇〇〇円を支払うべき債務を負っておりますところ、右期限が過ぎたにもかかわらず、いまだにこの債務が履行されておりません。つきましては、本書面をもって前記代金全額をお支払い頂くよう催告致します。なお、本書面到達後〇〇日以内にお支払いがない場合には、本契約を解除させて頂きますので何卒ご承知おきください。

令和〇〇年〇月〇日

　　　　　　　　　　　　　　　　　　　　　　　　　都道府県市町村番地
　　　　　　　　　　　　　　　　　　　　　　　　　　甲野　一郎　㊞

都道府県市町村番地
　乙山　二郎　殿

　（注 1）不履行が軽微か否かは催告期間経過時に判断されるものとされ、催告自体の要件とはなっておらず、契約目的が達成可能でも不履行が軽微でないときは催告解除が許される点に留意が必要である。

2　無催告解除の範囲拡張

ア　改正のポイント

改正民法では、無催告解除のできる範囲が現行民法に比して大幅に拡張された。現行民法で定める無催告解除は、定期行為の履行遅滞による解除権（民542条）と履行不能による解除権（民543条）のみであるが、改正民法542条では更に、無催告解除ができる場合として、①債務者が債務の全部の履行を拒絶する意思を明確に表示したとき（確定的履行拒絶）（改正民542条1項2号）、②債務者の履行の一部が履行不能である場合又は債務者がその債務の一部の履行を拒絶する意思を明確に表示した場合で、残存する部分のみでは契約の目的が達成できないとき（一部履行不能・一部履行拒絶）（改正民542条1項3号）を追加し、③その他債務者がその債務を履行せず、催告をしても契約目的を達するに足りる履行がされる見込みがないことが明らかであるとき（改正民542条1項5号）との規定を新設した。

また、一部の履行不能又は一部の履行拒絶を理由として契約の一部を無催告解除することができる規定（改正民542条2項）が設けられた。

イ　概要

これまで判例上認められてきた確定的履行拒絶等以外にも、無催告解除ができる要件が明文で規定されたことにより、従来以上に無催告解除の主張が多くなることが予測される。また、無催告解除の範囲が拡張されたことから、解除に際して催告の要否の判断が容易でなくなった点にも留意が必要である。例えば、「目的を達成するのに足りる履行がされる見込みがない」とは言えないため、改正民法542条の無催告解除ができない場合であっても、不履行が軽微と言えない場合であれば、改正民法541条に基づく催告解除は行えるということになる。

また、改正民法542条2項に基づく一部の履行不能又は一部の履行拒絶を理由とする契約の一部の無催告解除は、契約内容のうち解除される部分と存続する部分がある程度可分であることが前提となるが、当該可分性の判断と一部解除の可否は契約解釈によるものと考えられる（例えば、AがBとの間で鉄鉱石100tを代金90万円で購入する契約を締結し、AはBから、50tだけ鉄鋼石を引き渡すがそれを超える鉄鉱石の引渡しには一切応じられないと一方的に告げられた場合、「100tの鉄鋼石の引き渡しを一度に受けなければこれを購入した目的を達成することができないような場合であれば、Bとの間の売買契約をすべて解除することができる一方、50tの鉄鉱石の引渡しでもその目的の達成に支障がないということであれば、Bが履行を拒絶している部分についてのみ売買契約を解除することができる。」（潮見佳男・北居功・高須順一・赫高規・中込一洋・松岡久和『Before/After民法改正』（弘文堂、2017年）141頁）ものとされている。）。

【書式例】債務の一部履行拒絶による目的不達成を理由とする無催告解除通知

契約解除通知書

　貴殿と当方は、令和○○年○月○日付にて、当方が貴殿より、鉄鉱石100tを代金90万円で購入する内容の売買契約（以下「本契約」といいます）を締結しました。そして、本契約○条に基づき、令和○○年○月○日に、当方が代金全額を支払うのと引換えに、貴殿が鉄鉱石を引渡すものとされていました。しかし、令和○○年○月○日、「本契約に基づき鉄鉱石を50tだけ引渡すがそれを超える分の引渡しには一切応じられない」旨記載された貴殿作成書面を受領致しました。当方は、かかる貴殿の履行一部拒絶により、本契約の契約目的を達することができません。
　したがいまして、本書をもって、本契約の全部を解除致します（改正民法542条1項3号）。

令和○○年○月○日

都道府県市町村番地
甲野　一郎　㊞

都道府県市町村番地
乙山　二郎　殿

（注1）本文例は「100tの鉄鉱石の引き渡しを一度に受けなければこればこれを購入した目的を達成することができないような場合」（編著潮見佳男・北居功・高須順一・赫高規・中込一洋・松岡久和『Before/After民法改正』（弘文堂、2017年）141頁）である。

（注2）催告の要否自体について、改正民法は、現行民法のように追完可能性に直結させず、「契約した目的を達成できない」こと（改正民542条1項3号、4号）、「催告をしても契約をした目的を達するのに足りる履行がされる見込みがないこと」（改正民542条1項5号）に示される、「契約目的」達成可能性の有無によって決せられるものとした。

（注3）「債務者がその債務の履行を拒絶する意思を明確に表示したとき」と言えるためには、債務者からの書面等があれば比較的明らかとなる。

3　債権者に帰責性がある場合の解除制限

ア　改正のポイント

改正民法543条が、債権者の責めに帰すべき事由による債務不履行の場合の解除を制限する規定として新設された。同条の趣旨は、債権者に債務不履行に対する帰責事由があるときにまで一方的に契約の拘束から解放することを認めることは適当ではないこととされている。

イ　概要

「債権者の責めに帰すべき事由」の判断基準については明らかでなく、今後の判例の蓄積が待たれるところである。また、債務者と債権者の双方に帰責事由がある場合に債権者は債務不履行による解除を行えるかという問題についても、改正民法下での解釈論が整理されることが期待される。なお、契約類型によっては、債権者の責めに帰すべき事由が生じたにもかかわらず、なお解除が可能とされている場合もある点に留意が必要である（賃貸借契約に関する改正民611条2項参照）。

4　債務者帰責事由の除外
ア　改正のポイント

現行民法では、同法543条ただし書において、債務者の責めに帰すべき事由が解除の要件として定められていた（現行民法543条ただし書は履行不能による解除の要件を定めるものであるが、実務では履行遅滞等による解除においても債務者の責めに帰すべき事由によることが要求されている。）が、改正民法では履行遅滞による催告解除、履行不能等による無催告解除のいずれの場合においてもこれが除外された。

イ　概要

債務者の帰責事由という要件は債務不履行による解除一般に必要とされるという現行民法下での通説から大きく転換し、債務者の帰責事由は解除そのものの要件ではなく、解除に伴う損害賠償を請求するための要件（改正民545条4項）として位置付けられることとなった。

5　その他改正点
ア　契約解除の効果

改正民法545条3項は、金銭以外の物を返還する場合も、金銭を返還する場合の規律を適用させ、現物とともに受領した時以降に生じた果実を返還しなければならない旨を明確にしたが、「金銭以外の物を返還するときの果実返還義務について、直接の根拠条文が与えられたことにすぎず、従来からの解釈に実質上の変更を加えるものではない」（潮見佳男・北居功・高須順一・赫高規・中込一洋・松岡久和『Before/After民法改正』（弘文堂、2017年）151頁）ものとされている。

イ　債権者の故意による目的物の損傷等による解除権の消滅

改正民法548条1項では、「解除権を有する者が故意若しくは過失によって契約の目的物を著しく損傷し、若しくは返還することができなくなったとき、又は加工もしくは改造によってこれを他の種類の物に変えたときは、解除権は、消滅する。」として、現行民法548条の規律を維持しつつ、「ただし、解除権を有するものがその解除権を行使できることを知らなかったときは、この限りでない。」との規定が新設された。

現行民法548条1項の趣旨は、同項所定の場合には解除権者はその解除権を黙示に放棄したと言えること、また、このような場合には解除による原状回復として契約の目的物を従前の状態で返還することができないため、解除を認めると相手方との間の公平を害することの2点とされている。そして、現行民法548条1項は、解除権者が解除権を行使できることを知らない場合であっても同条項は適用されるものと考えられていたが、この帰結は妥当ではないとの指摘がなされていた。なぜならば、「解除権者が解除権を行使できることを知らない場合については、解除権の黙示の放棄があったと評価するのは相当でないと考えられ、」「また、解除権者が契約の目的物を著しく損傷したり、加工した場合であっても、解除による原状回復としてはその価額を償還することになるのであるから、金銭による原状回復では必ずしも十分でない場合があるとはいえ、相手方との間の公平をそれほど害するとまでは言えないと考えられる」（法制審議会民法（債権関係部会）部会資料68A、32頁）からである。

そこで、上記の問題の所在を踏まえて、改正民法548条では本文にただし書が付加され、解除権を有する者がその解除権を行使できることを知らなかったときは、解除権は消滅しないものと規定された。

6　条件付契約解除
ア　概要

催告と同時に、催告期間内に適法な履行のないことを停止条件とする解除の意思表示をすることは有効とされており（大判明治43年12月9日民録16輯910頁）、実務では条件付契約解除として多用されている。

なお、条件付契約解除と似て非なるものとして、いわゆる「失権約款」（「賃料を1ヶ月でも滞納すれば自動的に解除されたものとする」等、催告も解除の意思表示も不要とする特約）に基づく解除が挙げられるが、一般に、失権約款は、一方当事者にあまりに過酷となることから公序良俗違反として無効となる可能性が高いものである。したがって、失権約款に基づく解除を行う場合であっても、債務者に対する催告と同時に停止条件付解除の意思表示も行い、条件付契約解除の要件も充足させておくべきである。

【書式例】条件付契約解除通知書

催告兼条件付解除通知書

　貴殿と当方は、令和○○年○月○日付にて、○○契約（以下「本契約」といいます）を締結しました。貴殿は、本契約に基づき、令和○○年○月○日までに、○○をする債務を負っておりますところ、右期日が過ぎたにもかかわらず、いまだこの債務が履行されておりません。つきましては、令和○○年○月○日までに前記債務を履行してくださるよう催告致します。なお、前記期日までに履行がないときは、改めて通知をせず、本契約を解除致しますので、ご承知おきください。

令和○○年○月○日

　　　　　　　　　　　　　　　　　　　　　　　　　都道府県市町村番地
　　　　　　　　　　　　　　　　　　　　　　　　　　甲野　一郎　㊞

都道府県市町村番地
　乙山　二郎　殿

7　約定解除
ア　改正のポイント

約定解除とは、契約によって当事者に留保された解除権である。約定解除の解除事由は、法定のものによらず、当事者が任意に規定した事由による点が法定解除権と区別される。

改正民法において、解除は、債務者に対する債務不履行責任の追求制度としての役割から、

契約の拘束力から当事者を解放する手段へと制度が転換された。このような改正民法の新たな制度趣旨の下で、現行民法の下での契約書における約定解除規定について検討を要すべき条項として次のものが考えられる。

イ　概要

a　催告解除に関する条項

　改正民法541条ただし書では、催告後相当期間が経過した時点において、債務不履行がその契約及び取引上の社会通念に照らして軽微である場合には解除ができないことが示された。しかし、債務不履行の軽微性は、事案ごとの判断が求められ、かつ、催告期間経過時の判断となるため、予め予測することは困難と思われる。そこで、「本契約○条○項違反は、本契約における重大な債務不履行とみなされる。」「債務不履行の程度にかかわらず本契約を解除できる。」等と規定し、約定解除ができる範囲の予測可能性を確保することが推奨される。

b　無催告解除に関する条項

　企業間取引における契約の約定解除規定では、特に、解除を行いたい当事者にとって法定解除では不十分な点が修正されることが多い。約定解除規定における解除の手続きは、解除を行いたい当事者にとって使い勝手が良いように、無催告解除を基本として作成されることなどがその典型例である。改正民法では無催告解除の範囲が拡張されたが、現行の契約書における約定解除規定が無催告解除を基本として定められている場合には、基本的な規定ぶりを変更せずとも、現行の約定解除と同様の効果が維持されるものと思われる。

　他方、無催告解除をより徹底させたい場合には、契約の目的が達成できるときでも、相手の債務不履行が軽微であるときでも、催告を要せず解除ができるとの内容が明確になるよう、文言の修正を検討すべきである。

c　債権者の帰責性に関する条項

　改正民法543条により、債権者の責めに帰すべき事由による債務不履行の場合の解除が制限されたが、一般的な約定解除規定では、債権者の帰責事由について言及されていないものが多いため、「債務不履行が解除をしようとする者の責めに帰すべき事由によるときでも解除は妨げられない」との規定を新たに設けることも考えられる。

d　債務者の帰責事由に関する条項

　改正民法では、解除における債務者の帰責事由は不要とされた。したがって、現行民法下の契約書における解除規定に、債務者の故意又は過失について何ら言及がなく、債務者の帰責事由がなくとも解除ができる規定となっているようであれば、従前の解除規定をそのまま維持することにより、改正民法と同様の効果を生じさせることになる。

　他方、現行民法下の契約書における解除規定において、「相手方が、故意又は過失により本契約の定めに違反した場合には」等、債務者の帰責事由を要件として定めている場合には、改正民法下の法定要件と相違することとなるため、債務者の帰責事由を約定解除の要件から削除するか否かを検討すべきである。

【書式例】改正民法の法定解除の基本的ルールに従う約定解除規定案

(契約の解除)

第○条　甲及び乙は、相手方が本契約に定める債務を履行しない場合、相当の期間を定めて催告し、その期間内に債務の履行がないときは、本契約を解除することができる。ただし、催告期間経過時における債務の不履行が、本契約及び同種の取引に照らして軽微であるときはこの限りでない。

2　甲及び乙は、相手方が次の各号のいずれか一つに該当したときは、前項の催告を要することなく、ただちに本契約の一部を解除することができる。
 (1) 債務の一部の履行が不能であるとき
 (2) 相手方による債務の一部の履行を拒絶する意思表示を示した書面が到達したとき

3　前項に定めるものの他、甲及び乙は、相手方が次の各号のいずれか一つに該当したとき、第1項の催告を要することなく、ただちに本契約の全部を解除することができる。
 (1) 相手方の債務の全部の履行が不能であるとき
 (2) 相手方による債務の全部の履行を拒絶する意思表示を示した書面が到達したとき
 (3) 債務の一部の履行が不能である場合又は相手方による債務の一部の履行を拒絶する意思表示を示した書面が到達した場合において、残存する部分のみでは契約をした目的を達成できないとき
 (4) 本契約の性質、又は、甲もしくは乙の意思表示により、特定の日時又は一定の期間内に履行をしなければ、契約をした目的を達することができない場合において、相手方が履行をしないでその期間が経過したとき
 (5) 前号の他、相手方がその債務の履行をせず、第1項の催告をしても契約の目的を達するのに足りる履行がされる見込みがないことが明らかであるとき

4　前3項の規定にかかわらず、債務の不履行が解除権者の責めに帰すべき事由によるものであるとき、甲及び乙は、本契約を解除することができない。

(注1) 本文例では、債権者に帰責事由がある場合に解除が制限される改正民法543条の規定をあえて明示している。

【書式例】改正民法を修正し無催告解除を基本とした場合の約定解除規定案

(契約の解除)

第○条　甲及び乙は、相手方が次の各号のいずれか一つに該当したときは、契約目的を達成できるか否かにかかわらず、直ちに本契約を解除することができる。
 (1) 本契約に定める条項の一つに違反したとき
 (2) 差押え、仮差押え、仮処分、公売処分、租税滞納処分、その他公権力の処分を受け、又は競売を申し立てられたとき
 (3) 監督官庁より営業停止、又は営業免許や営業登録の取消し処分を受けたとき
 (4) 自ら振出し、もしくは引受けた手形又は小切手につき不渡りを出したとき
 (5) 破産、民事再生、会社更生、特別清算、その他これに準じる手続きの申し立てがあった

とき
　(6)　資本の著しい減少、営業の廃止もしくは変更、解散又は組織変更の決議をしたとき
　(7)　支払停止又は支払不能の状態に至ったとき
　(8)　財産状態が悪化し、又はその恐れがあると認められる事由があるとき
　(9)　相手方に対して著しくその信用を毀損し、又は損害を与える行為をしたと認められるとき
　(10)　その他、著しい背信行為のあったとき
２　前項に基づく解除は、解除をしようとする当事者に帰責事由があるときであっても、妨げられない。

（注１）本文例は、無催告解除を基本とした解除手続が規定されている。
（注２）本文例は、契約の目的の達成の可否にかかわらず、無催告解除ができる条項とされている。ただし、債務不履行の程度によっては、信義則又は権利濫用の法理（民法１条２項・３項）によって、解除権の行使が制限される場合があり得る。
（注３）本文例は、債権者の帰責事由の有無を問わずに解除できる旨が明示されている。ただし、帰責事由の程度によっては、信義則又は権利濫用の法理（民１条２項・３項）によって、解除権の行使が制限される場合があり得る。
（注４）債務者の帰責事由ではない組織変更等についても解除事由として明示されている。

８　合意解除

ア　概要

　合意解除とは、当事者の合意に基づき既に締結された契約を解除してその契約が存在しなかったのと同一の状態を作出させる新たな契約であり、約定解除事由も法定解除事由も存在しないものの、契約を終了させたい場合等に用いられる。実務においては、法定解除権を行使できる場合でも、当事者双方の話合いにより合意解除という形式をとり、当事者間の良好かつ円満な関係維持を図ることも少なくない。

イ　改正民法との関係

　改正民法では、債務が契約によって生じたものである場合、その契約が解除され、又は債務不履行による契約の解除が発生したとき、債権者は、その要件を充足する限り、履行にかわる損害賠償を請求することができると規定された（改正民415条２項３号）。改正民法415条２項３号では、解除に関して「債務不履行による」という限定が付されておらず、合意解除の場合にも損害賠償の請求が妨げられないことが明確化されたといえる。

　なお、債権者が履行にかわる損害賠償を請求するためには、契約が合意解除されたことだけでは不十分であり、損害賠償の要件を充足させる必要がある。

【書式例】解除合意書

解除合意書

甲野一郎（以下「甲」という）と乙山二郎（以下「乙」という）とは、後記物件を対象とする令和〇〇年〇月〇日付売買契約に関して、以下のとおり合意する。

（合意解除）
第1条　甲と乙とは、後記物件を対象とする令和〇〇年〇月〇日付売買契約を、本日、合意によって解除する。
（原状回復）
第2条　甲は乙に対し、令和〇〇年〇月〇日に引渡しを受けた後記物件を、令和〇〇年〇月〇日限り原状に復して引き渡す。
（費用負担）
第3条　原状回復及び引渡しに要する費用は甲の負担とする。
（原状回復の不履行）
第4条　甲が、第2条に定める原状回復を行わない場合、乙は何らの催告を要さず本合意を解除し、令和〇〇年〇月〇日付売買契約に基づく代金支払を請求できるものとする。
2　前項の規定にかかわらず、甲が甲の責めに帰すべき事由により、第2条に定める原状回復を行わない場合、乙は、甲に対して債務の履行にかわる損害賠償を請求することができるものとする。

対象物件の表示
種類　〇〇〇〇〇〇
形式　〇〇〇〇〇〇
製造番号　〇〇〇〇
数量　1台

令和〇〇年〇月〇日

都道府県市町村番地
　　　甲野　一郎　　㊞
都道府県市町村番地
　　　乙山　二郎　　㊞

（注1）合意解除を行うにあたり、既に履行された部分がある場合には、その原状回復の方法や費用負担を明確に定めることが必要となる。

（注2）実務上、合意解除は、既存の契約を遡求的に消滅させることと、新たな契約の締結が1通の契約書で行われる場合が多いため、新たな契約について不履行があった場合に合意解除の効力を存続されるべきか、合意解除そのものの効力を失効させるべきかについて疑義が生じることのないよう、債務不履行の規定を書き分ける等、かかる場合に備えた規定を作成すべきである。

9　クーリング・オフによる申込みの撤回・解除
ア　概要

　クーリング・オフとは、申込み又は締結した契約を、法定の一定期間内において、無理由かつ無条件で撤回・解除することができる権利である。クーリング・オフの制度趣旨は、消費者に解約に対する熟慮期間を与えるとともに、事業者による不適切な勧誘を抑制することによって消費者被害の救済を容易にすることにあり、消費者保護を目的として多数の法律によって規定がなされている。なお、消費者被害の救済を容易にするという趣旨に鑑みて、契約申込者が営業のために又は営業として締結するなど一定の場合には、クーリング・オフは適用されないので留意が必要である。

取引の分野	期間	法律
訪問販売、電話勧誘販売、特定継続的役務提供、訪問購入	8日間	特定商取引に関する法律
連鎖販売取引、業務提携誘引販売取引	20日間	特定商取引に関する法律
個別信用購入あっせん	8日間	割賦販売法
店舗外の宅地建物取引	8日間	宅地建物取引業法
保険契約	8日間	保険業法
共済契約	8日間	消費生活協同組合法、農業協同組合法、水産業協同組合法、中小企業等協同組合法
ゴルフ会員権	8日間	ゴルフ場等に係る会員契約の適正化に関する法律
預託取引（現物まがい）	14日間	特定商品の預託等取引契約に関する法律
不動産特定共同事業契約	8日間	不動産特定共同事業法
投資顧問契約	10日間	金融商品取引法

（注1）圓山茂夫『詳解　特定商取引法の理論と実務〔第3版〕』（民事法研究会、2014年）201頁より引用。

イ　解説

　クーリング・オフは、申込み撤回権又は契約解除権であるから、消費者の一方的意思表示で成立し、申込みの撤回の場合には契約は成立せずに解消され、契約解除の場合には契約は遡求的に消滅する。

　また、クーリング・オフの行使方法は書面により行うべきことが規定されており、後日の紛争回避のために内容証明郵便によって行うことが望ましい（もっとも、口頭による行使の有効性について肯定した裁判例（福岡高判平成6年8月31日判タ872号289頁等）もある）。また、事業

者が書面の受領を拒否してもクーリング・オフの効果が妨げられないよう、その効力は書面を発信したときに発生するとされる等の配慮がされている。

　例えば、特定商取引に関する法律は、訪問販売により商品等を購入した場合には原則として常にクーリング・オフを行使できるものとした上で、販売訪問業者が法定書面の交付義務を尽くしたときは例外的に権利行使期間が制限されるものとする規定であり（特定商取引9条1項）、その例外的な権利行使期間制限の要件となるべき法定書面の不交付並びに法定記載事項の不備及び虚偽記載を罰則の対象とする厳格な規定を置いている（特定商取引72条1号）。特定商取引に関する法律9条に反する特約で申込者等に不利なものは無効とされるため（特定商取引9条8項。片面的強行規定。）、クーリング・オフ期間の短縮、適用除外商品を拡大する等、法定要件を消費者にとって不利に変更する特約は無効となる。逆に、クーリング・オフを14日間に延長する等の消費者にとって有利になる特約は有効である。

【書式例】クーリング・オフ通知書

クーリング・オフ通知書

　私は、令和○○年○月○日、貴社の従業員○○氏の勧誘により下記の契約をしましたが、クーリング・オフにより解除します。したがって、私の支払った代金○○○○円を直ちに返金してください。商品は速やかにお引き取りください。

〔契約の表示〕
対象商品○○○○
形式　　○○○○
数量　　1個
代金　　○○○○円

令和○○年○月○日

都道府県市町村番地
甲野　一郎　㊞

都道府県市町村番地
　株式会社乙山商店　御中

第8節　保証

第1　総論

　保証は、消費貸借契約や賃貸借契約などに付随して行われることが多く、日常生活に密接にかかわる存在であるから、その制度枠組みを理解する必要性は極めて高い。

　改正法においては、①保証の基本的事項に関する規律、②保証人に対する情報提供義務に関する規律、③個人根保証契約（一定の範囲に属する不特定の債務を主たる債務とする保証契約（改正民465条の2第1項））に関する規律、④公証人による保証意思の確認手続に関する規律について、条文の新設ないし修正がなされている。このうち②から④については、特に個人の保証人の保護を主眼とする改正といえる。

第2　各論

1　基本的事項に関する規律

ア　保証債務の付従性

　改正民法では、保証契約が締結された後に主債務の内容が加重されたとしても、保証人の負担は加重されないことが定められた（改正民448条2項）。

　現行民法においては、この点に関する明文規定は存在しなかったものの、保証人の関与なくして負担が加重されることは相当でないという点に異論はなかったことから、その旨が明文化されたものである。

イ　主たる債務者が債権者に対して抗弁を有する場合の処理

　現行民法では、主債務者が債権者に対して相殺権を有する場合には、それをもって債権者に対抗できる旨が定められていた（民457条2項）。

　その一方で、その余の抗弁については解釈に委ねられていたが、その余の抗弁についても、それをもって債権者に対抗できるというのが一般的な理解となっており、判例においても、主債務者が有していた同時履行の抗弁権を保証人が援用して保証債務の履行を拒絶することが認められていた（最判昭和40年9月21日民集19巻6号1542頁）。改正民法ではこれが明文化された（改正民457条2項）。

　また、現行民法457条2項の解釈をめぐっては、①保証人は相殺によって主債務が消滅する限度で履行を拒絶できるにとどまるとの見解（我妻栄『新訂債権総論（民法講義Ⅳ）』岩波書店）や、②保証人は相殺の意思表示ができ、主たる債務等を消滅させることができるとの見解（於保不二雄『債権総論〈新版〉』有斐閣）が存在したが、保証人が主債務者の債権の処分権限まで有するとするのは妥当でないことから、前者の解釈が一般的となっていた。そこで、改正民法では、前者の見解が明文化された（改正民457条3項）。

ウ　連帯保証人について生じた事由の主債務者に対する効力

　現行民法では、原則として連帯保証人に生じた事由は、主債務者に対してその効力を生じな

いと定められており（民458条）、改正民法においても、その規律は基本的に維持されている。ただし、例外的に主債務者に効力をもたらす事由に関して、二点変更が加えられている。

まず、現行民法では、連帯保証人に対する履行の請求については、例外的に主債務者に効力を生ずると規定されていたものの、改正民法では当該規定は削除された（改正民458条）。これは、主債務者においては、履行の請求があったことを当然には認識できないため、それによって主債務者に効力が生ずるとすれば、不測の損害をもたらすおそれがあるとの懸念があったためである。

他方で、債権者及び主債務者間で、連帯保証人に生じた事由が主債務者に効力を生じるとの合意がなされていた場合には、主債務者が不測の損害を被るおそれはない。そこで、債権者及び主債務者間で合意をしたときには、連帯保証人に生じた事由についてその合意に従った効力が生ずることとされた（改正民458条が準用する改正民441条）。

エ　委託を受けた保証人の求償権
a　求償権の額に関する規律

現行民法では、委託を受けた保証人が自己の財産をもって債務を消滅させた場合に、債務者に対して求償権を有する旨が定められていたが、求償可能となる額については特段の規定が設けられていなかった（民459条1項）。

改正民法においては、現行民法下の一般的な解釈に従い、保証人の支出した財産の額あるいは消滅した主債務の額のうち、いずれか少額である方が求償可能な額となることが明記された（改正民459条1項）。

b　弁済期前に弁済等をした場合の規律

改正民法においては、委託を受けた保証人が、その委託の趣旨に反した弁済等の債務の消滅行為を行った場合に関する規律が複数追加された。

まず、委託を受けた保証人が、主たる債権の弁済期前にその消滅行為をした場合の求償権の範囲を、委託を受けない保証人が債務の消滅行為をした場合と同様に限定している（改正民459条の2第1項前段）。これは、弁済期前に債権の消滅行為をすることが、委託の趣旨に反すると考えられるためである。

また、同様の趣旨から、求償可能な法定利息や費用その他の損害賠償の範囲に限定を付している（改正民459条の2第2項）。

なお、主たる債務者が債務の消滅行為の日以前に相殺の原因を有していたことを主張するときは、保証人は、主債務者に求償することができなくなる代わりに、債権者に対し、その相殺によって消滅すべきであった債務の履行を請求できる（改正民459条の2第1項後段）。主債務者に求償できない保証人を保護するために、債権者から回収をする手段を与えた規定である。

c　事前の求償権に関する規律

現行民法では、「債務の弁済期が不確定で、かつ、その最長期をも確定することができない場合において、保証契約の後十年を経過したとき」に事前求償権が発生する旨が規定されていた（民460条3号）。

しかし、この要件を充足する場合は、そもそも主たる債務の金額すら不明であり、事前求償になじむ場面ではなかったことから、本号はほとんど利用されていなかった。そのため、改正民法においては削除されている。

また、現行民法下においても、「過失なく債権者に弁済をすべき旨の裁判の言渡しを受けたとき」（民459条1項）は、委託を受けた保証人が事前求償権を行使することができる場合の一つであると一般的に理解されていた。そのことを明確にするために、改正民法では、同規律を事前求償権について定める改正民法460条において規定している。

d　通知を怠った場合の規律

現行民法では、委託を受けた保証人が、「履行の請求を受けて」債務の消滅行為をした場合には、主債務者に事前通知をしなければならない旨が定められていた（民463条1項）。改正民法では、事前通知義務を課す場面を拡大させ、履行の請求を受けることなく自発的に消滅行為をする場合等を含め、委託を受けた保証人が債務の消滅行為をする場合全般について、主債務者に対する事前通知を義務付けている（改正民463条1項前段）。

また、現行民法では、委託を受けない保証人に対しても事前通知を義務付け、これを行わない場合には求償権の範囲を制限していた（民463条1項）。もっとも、委託を受けない保証人については、事前通知をしていたとしても、結局求償権の範囲が制限されている（民462条1項・2項）のであるから、事前通知を義務づける意義は乏しい。そこで、改正民法においては、委託を受けない保証人の事前通知義務に関する規定は削除されている。

さらに、改正民法では、主債務者の意思に反して保証をした保証人に対しても、債務の消滅行為を行ったことを主債務者に通知すべき義務を負わせていない（改正民463条3項）。これは、現行民法が全ての保証人に事後通知を要求していた（民463条1項・443条2項）ところからの変更点といえる（改正民463条3項）。

2　保証人に対する情報提供義務に関する規律

以下のとおり、改正民法においては、保証人保護の観点から、債権者及び主債務者に対し、保証人に対する情報提供義務を課している。なお、以下のうちイウについては、保証人が個人である場合にのみ適用される規律となっている。

ア　主たる債務の履行状況に関する情報提供

主たる債務が債務不履行に陥ったことを、保証人が知ることができないまま長期間が経過した結果として、保証人が想定外の多額の履行を強いられることが起こりうる。そのため、主たる債務の履行状況は、保証人にとって極めて重要な情報であるといえる。しかし、現行民法においては、情報提供を義務付ける規定がなかったために、保証人がこれを知ることは困難であった。

そこで、改正民法では、保証人からの請求があった場合に限り、債権者に対して、保証人に主債務の履行状況に関する情報を提供することを義務付ける規定が新設された（改正民458条の2）。もっとも、上記情報は、債務者の財産的信用にかかわる重要な情報であることから、情報提供を受けることのできる対象を、委託を受けた保証人に限定している。

なお、保証人保護という本条の要請は、保証人が個人である場合には限られるものではない。そのため、本規定は、イウの場合とは異なって、保証人が法人である場合にも適用されることに注意する必要がある。

イ 主たる債務者が期限の利益を喪失した場合の情報提供

主たる債務者が期限の利益を喪失すれば、通常、保証をした債務の全額について弁済期が到来するのであり、その場合、遅延損害金の額が、保証人が当初想定していたものを大きく超えてしまう危険性がある。

そこで、改正民法では、主たる債務者が期限の利益を喪失した場合に、債権者に対して、保証人にその旨の通知を行うことを義務付ける規定が新設された（改正民458条の3）。この通知は、債権者が期限の利益の喪失を知った時から2カ月以内に行わなければならない。

もっとも、本条における情報提供義務は、保証人の請求の有無にかかわらず発生するものであり、債権者に大きな負担を課すことから、適用範囲を限定する必要があった。そして、特に保護すべき必要性が高いのは、生活の破綻という問題が生じうる個人であることから、本条は、個人の保証人のみを対象としている。

ウ 事業のために負担する債務を主債務とする保証契約を締結する際の情報提供

改正民法では、主債務者が、事業のために負担する債務を主債務とする保証契約やこれを主債務の範囲に含む根保証契約に関する委託をするときは、保証人になろうとする個人に対して、自己の財産及び収支の状況等に関する情報の提供を義務づける規定が新設された（改正民465条の10）。提供すべき情報として、具体的には、預貯金や売掛金、不動産等の資産に関する情報、直近の決算書や損益計算書等の収支に関する情報、借入金や買掛金等の負債に関する情報、不動産担保や保証人の有無といった担保に関する情報が考えられる。

この規定は、個人の保証人が、保証人となることのリスクを自覚しないまま保証契約を締結し、結果として想定外の債務を負担してその生活を破綻させてしまうことを防止するために、あらかじめ主債務者の財産状況を把握させることを目的として設けられたものである。また、特に事業に係る債務に限定したのは、これらの債務は多額になる傾向にあり、保証人の生活を破綻させる危険性が高いと考えられるためである。主たる債務者が情報提供を怠った場合には、保証人は保証契約を取り消すことができる（改正民465条の10第2項）。

3 個人根保証契約に関する規律

ア 極度額

現行民法では、保証人が個人である貸金等根保証契約（根保証契約であってその債務の範囲に金銭の貸渡し又は手形の割引を受けることによって負担する債務（貸金等債務）が含まれるもの）について、極度額が定められなければその効力を生じないとされていた（民465条の2）。これは、保証債務の範囲が保証人の予測を大きく超え、保証人の生活が破綻することを防ぐためであった。

そして、貸金等根保証契約以外の根保証契約においても、同様の危険は存することから、改正民法では、その適用対象が根保証契約一般に拡大されることとなった（改正民465条の2）。

その結果、不動産の賃貸借契約に関して発生する賃借人の債務（賃料債務、原状回復債務等）や、継続的売買取引に関して発生する売買代金債務等について、個人の保証人が根保証契約を締結しようとする場合において、今後は極度額を定めなければならなくなったことには注意する必要がある。

　　イ　元本確定期日
　現行民法では、個人の保証人を保護する目的から、貸金等根保証契約の元本確定期日を最長でも契約から5年以内とする規律が設けられている（民465条の3）。改正民法においても、同内容の規律が維持されているが、極度額の定めとは異なり、その対象は個人根保証契約一般には拡大されていない（改正民465条の3）。

　これは、貸金等根保証契約以外の個人根保証契約の典型例である、不動産の賃借人の債務を主債務の範囲に含む根保証契約についてまで、最長でも5年以内に元本が確定するとしてしまえば、保証人の存在を前提として賃貸を始めた賃貸人が、賃貸開始5年経過後には、何らの保証もないままに賃貸を継続することを強いられてしまうという不都合が生じることが想定されたからである。

　　ウ　元本確定事由
　現行民法では、一定の事由が生じた場合に、貸金等根保証契約における主債務の元本が確定する旨が定められていた（民465条の4）が、改正民法では、その適用対象となる保証契約の範囲が個人根保証契約一般に拡大された（改正民465条の4）。

　ただし、①主債務者の財産について強制執行等の申立てがあったこと、②主債務者が破産手続開始決定を受けたことについては、現行民法と同様に、貸金等根保証契約に限って確定事由とされている。これは、不動産の賃貸借契約は、賃借人について強制執行手続や破産手続が開始されたとしても、従前のままに継続することが少なくないところ、上記事項が確定事由とされれば、保証契約の存在を前提として賃貸借契約を締結した貸主が、何らの保証もないままに賃貸を継続することを強いられるという不都合が生じることが想定されたからである。

　　エ　求償権についての保証契約
　改正民法では、保証人が法人である根保証契約において極度額の定めがないときは、その法人が主債務者に対して取得する求償権について個人が保証する保証契約の効力が生じないとする規律が新たに設けられている（改正民465条の5）。

　そもそも、個人の根保証契約について、極度額の定めを置くことを要求したのは、個人の保証人に予想を超える過大な責任を負わせることを防止するためである。そして、根保証契約の保証人が法人であっても、その法人が取得する求償権を個人が保証する場合には、結局、個人の保証人が同様のリスクを負うこととなる。そのため、同保証契約についても極度額の定めを必須のものとしている。

　4　公証人による保証意思の確認手続に関する規律
　改正民法では、事業のために負担した貸金等債務を主債務とする保証契約や、これを主債務の範囲に含む根保証契約については、原則として公証人による意思確認のもと、公正証書を作

成しなければ有効とならないとの規定が新設された（改正民465条の6～465条の9）。公正証書遺言の作成方法に関する規律（改正民969条）と類似しているものの、証人の立会いは不要とされている。

　この規定は、個人保証人が、保証人となることのリスクを自覚しないまま保証契約を締結し、結果として想定外の債務を負担してその生活を破綻させてしまうことを防止するために、あらかじめリスクの内容について把握させることを目的として設けられたものである。そのため、保証人となろうとする者が法人である場合には適用されない（改正民465条の6第3項・465条の7第3項・465条の8第3項）。

　また、事業に係る債務に限定したのは、特にこれらの債務については多額になる傾向があるために、保証人の生活が破綻する危険性が高いと考えられるためである。本条における「事業のために負担した」か否かは、当該債務を負担した時点を基準として、当時の事情に基づき判断される。

　なお、例外的に、主たる債務者が法人である場合の取締役等や、主たる債務者と共同して事業を行う者、主たる債務者が行う事業に現に従事している主たる債務者の配偶者等、債務者と一定の関係にある者については、公正証書の作成を必須としていない（改正民465条の9）。これらの者については、主債務者の財産状況を十分に把握することができており、保証をするリスクを十分に自覚していると考えられるからである。

第9節　消滅時効

第1　総論

　時効は、債権の管理側にとって重大な関心事であるとともに、実際に過去の事件が紛争化することを防止する形で機能しているという点で実務上、極めて重要である。

　改正民法は、この時効制度について、①消滅時効の援用権者の明確化、②時効の中断・停止についての概念と事由の整理、③短期消滅時効の廃止と起算点及び期間の見直し、④人の生命・身体侵害による損害賠償請求権の時効期間の伸長、⑤不法行為の損害賠償請求権の長期の権利消滅期間を消滅時効期間に統一することといった改正を加えている。

第2　各論

1　消滅時効の援用権者の明確化

　改正民法は、消滅時効の援用権者の範囲について、判例やこれまでの議論を踏まえて、「権利の消滅について正当な利益を有する者」も「当事者」に該当することを明らかにし、同時に、該当性に争いがない保証人、物上保証人及び第三取得者を例示した（改正民145条）。なお、この文言は、従前の判例の「直接利益を受ける者」とは表現が異なるが、これは判例の趣旨を踏まえて、実質をより適切に表現したものであり、その考え方や結論と異なるわけではないと解

される。「正当な利益を有する者」という表現は、抽象度の高い概念であるため、具体的な内実を判断する際には、更なる解釈が必要で、今後の判例の集積が待たれることになるが、その解釈においても、従前の判例の考え方や結論が参照されることもあり得るものと解される。

2 時効の中断・停止についての概念と事由の整理

改正民法は、時効の中断や停止について、表現から意味内容が理解しがたいことを踏まえて、時効の中断・停止を「完成猶予」（猶予事由が生じても時効期間自体の進行は止まらないが、本来の時効期間の満了期間を過ぎても、所定の時期を経過するまでは時効が完成しないという効果）と「更新」（更新事由の発生によって進行していた時効期間の経過が無意味なものとなり、新たにゼロから進行するという効果）の2つの概念に再構成した。

その上で、改正民法は、以下のように完成猶予事由と更新事由を整理している。

発生事由	完成猶予	更新
裁判上の請求等（①裁判上の請求、②支払督促、③裁判上の和解・調停、④破産手続参加・再生手続参加・更生手続参加）	○ （発生時から、その事由の終了時又は中途で各事由が終了してから6か月を経過するまでの期間） 改正民147条1項	○ （権利確定したときには事由が終了した時から更新） 改正民147条1項2項 × （中途で終了した場合には時効は更新しない）
強制執行等（①強制執行、②担保権の実行、③形式競売、④財産開示）	○ （発生時から、その事由の終了時又は申立ての取下げ又は法律の規定に従わないことによる取消しによる終了時から6か月を経過するまで） 改正民148条1項	○ （終了時に更新） × （申立ての取下げ又は法律の規定に従わないことによる取消しによる終了時）
仮差押え等（①仮差押え、②仮処分）	○ （各事由の発生時から、その事由が終了した時から6か月を経過するまで） 改正民149条	× （現行民法と異なり、時効の更新の効果はない）
催告	○ （催告時から6か月を経過するまで。催告又は協議を行う旨の合意によって完成が猶予している間の再度の催告は時効の完成猶予の効果なし。） 改正民150条1項2項、改正民151条3項後段	×

協議を行う旨の合意	○ (新設。書面又は電磁的記録で、①権利についての協議を行う旨の合意、又は②①の合意による完成猶予をした協議中に再度の合意がなされたときから1年間（上記②は、本来の時効が完成すべき時から通算して5年を超えられない）） 改正民151条	×
承認	×	○ (実質的な改正なし) 改正民152条1項
未成年者等、夫婦間の権利、相続財産、天災等	○ (改正民158条～改正民161条)	×

3 短期消滅時効の廃止と起算点及び期間の見直し

ア 短期消滅時効の廃止

改正民法は、一定の業種や商行為によって生じた債権についての短期消滅時効（民170条～174条、旧商522条）について、前者については、複雑・多様化した現代社会で要件該当性の確認が困難で煩雑であること、後者については、民法の時効と商事消滅時効のいずれが適用されるかの判断が容易でなく、裁判で争われることが多かったことから廃止した。

イ 消滅時効の起算点及び期間の見直し

その代わりに、改正の影響を抑える見地から、債権の発生を認識できる債権については消滅時効の時効期間を5年としつつ、容易に認識することができない債権については10年とする必要があったことから、消滅時効の原則的期間について、①客観的に権利を行使することができる時から10年、②債権者が権利を行使することができることを知った時から5年行使しないときのいずれかとした（改正民166条1項）。上記②については、以下の双方を満たした場合に消滅時効が進行すると解されている。

・権利行使を期待されてもやむを得ない程度に権利の発生原因等を認識して債権者が「権利を行使することができることを知った」といえること
・「権利を行使することができること」

ウ 定期金債権及び定期給付債権の消滅時効

改正民法は、定期金債権（ある期間、定期的に金銭その他の代替物の給付を受けることを目的とする債権）についても、主観・客観の起算点に基づく二重の消滅時効を設け、支分権である定期給付債権を行使することができることを知った時から10年間行使しないとき、又は支分権である定期給付債権を行使することができる時から20年間行使しないときには、時効によっ

て消滅するとしている（改正民168条1項）。

4 人の生命・身体侵害による損害賠償請求権の時効期間の伸長

改正民法は、人の生命・身体侵害による損害賠償請求権について、他の利益と比べて保護すべき度合いが強いため権利行使の機会を確保する必要性が高い一方で、時効完成の阻止に向けた措置を速やかにとることが期待できないことも多いこと等を考慮して、以下の期間で消滅時効期間を定めた（改正民167条・724条の2）。

・債務不履行に基づく場合には権利を行使することができる時から20年
・不法行為に基づく場合には損害及び加害者を知った時から5年

5 不法行為の損害賠償請求権の長期の権利消滅期間を消滅時効期間に統一

改正民法は、不法行為に基づく損害賠償請求権の長期の権利消滅期間を、被害者保護の見地から、除斥期間（中断・停止の規定が適用されず、信義則違反や権利濫用による修正が主張できない）と解していた判例（最判平成元年12月21日民集43巻12号2209頁）の解釈を改め、長期の権利消滅期間を消滅時効期間と同じにしている（改正民724条2号）。

これにより、①時効の更新・完成猶予の規定が適用されるため、被害者において、加害者に対する損害賠償請求権の時効による消滅を防ぐ措置がとることができ、また、②加害者側からの消滅時効の援用の主張について、裁判所が信義則違反や権利濫用であるとの判断が可能になった。

第10節　各契約類型における民法改正のポイント

第1　総論（各典型契約に及ぼす影響）

民法改正は、契約の一般的ルールだけではなく、民法に記載された売買や請負といった個別の契約類型（典型的な契約という意味で、「典型契約」といわれている）についても、改正を加えている。こうした改正の大部分は、これまでの判例実務を明文化したものであり、実務運用に大きな変化が起きるかは、現時点では判然としない。とはいえ、今回の民法改正で、判例実務が明文化されたことにより、契約書の記載ぶりにも一定の影響が生じることが推測される。

第2　各論（主要な契約類型についての民法改正の概要）

以下では、民法の定める典型契約のうち、主要な契約（売買、消費貸借、賃貸借、請負、委任）につき、改正点を示すことにした。ただし、それぞれの契約書の具体的な記載ぶりについては、後記第2章以下を参照されたい（このほか、使用貸借、雇用、寄託、組合契約についても民法改正による改正が行われているが、紙幅の関係で割愛している）。

契約類型	改正事項	改正の概要
売買契約	手付	・売主による手付倍返しによる解除は、倍額を現実に提供する必要があることを明確化（改正民557条1項） ・手付解除は、相手方が契約の履行に着手するまでであることを立証責任の所在を含め明確化（改正民557条1項ただし書）
	基本的義務	売主は買主に対して権利の移転について対抗要件を備えさせる義務を負う旨を明文化（改正民560条）
	担保責任	・他人物売買の場合に売主は権利を取得して買主に移転する義務があることを明文化（改正民561条） ・売買の類型を問うことなく、引き渡された目的物が種類、品質又は数量に関して契約の内容に適合しない場合には、①修補等の履行の追完の請求（改正民562条）、②代金減額の請求（改正民563条）、③改正民415条の規定による損害賠償の請求（改正民564条）、④改正民541条、同542条の規定による契約の解除（改正民564条） ・権利の移転の場合にも、目的物の引渡と同様の救済手段を設定（改正民565条） ・担保責任の1年間の期間制限は、引き渡された目的物が種類又は品質に関して契約の内容に適合しない場合にのみ適用される。権利保存の方法は、契約不適合の通知で足りる（改正民566条） ・売買の目的物が買主に引き渡された以後に、当事者双方の責めに帰することができない事由で目的物が滅失・損傷した場合には、買主は、滅失・損傷を理由に履行の追完の請求等の買主の権利を行使できない（改正民567条） ・競売の目的物の種類又は品質に関する契約不適合については、担保責任が適用されない。それ以外の不適合については、契約の解除、代金減額の請求、損害賠償の請求等が可能（改正民568条）
	代金の支払拒絶	・買戻権を行使する際に、売主が返還すべき金銭の範囲について、当事者の合意で定めた金額及び契約の費用とすることが可能となった（改正民

		579条） ・抵当権等の登記がある場合における買主の代金支払拒絶権は、抵当権等の登記があることを前提として売買契約が締結された場合に適用がないことを明確化（改正民577条）
	買戻し	・買戻権を行使する際に、売主が返還すべき金銭の範囲について、当事者の合意で定めた金額及び契約の費用とすることが可能となった（改正民579条） ・売買契約と同時に登記をした買戻しは、登記後にした第三者に対抗可能（改正民581条1項） ・買戻しの特約から、特別に保護される賃借人について、買戻しの特約が登記された後に、対抗要件を備えた賃借人であることを明記（改正民581条2項）
消費貸借契約	諾成的消費貸借	・諾成的な消費貸借契約の成立を認めつつ、消費貸借の合意に書面等がある場合に限って、成立を肯定（改正民587条の2） ・目的物交付前の借主の解除権等を規定（改正民587条の2第2項） ・目的物交付前に当事者の一方が破産手続開始決定を受けた場合は失効（改正民587条の2第3項）
	準消費貸借	・消費貸借による物の返還債務を目的とする準消費貸借が認められることを明記（改正民588条）
	利息	・特約がある場合に利息を認めることを明記し、かつ、その利息の発生の始期につき、目的物を受け取った日以後から利息の請求が可能とした（改正民589条）。
	貸主の担保責任	・利息付きの消費貸借の貸主の担保責任につき、引き渡された目的物が契約の内容に適合しない場合には、貸主は、借主に対し、代替物の引渡義務等のほか、損害賠償責任等の担保責任を負う（改正民559条・562条等）。 ・無利息の消費貸借の貸主の担保責任につき、貸主は、原則として、契約時など目的物が特定した時の状態で目的物を引き渡せば足りる。ただし、これと異なる内容が合意されていた場合には、そ

		の内容に従って貸主は引渡義務を負い、その内容に応じた履行の追完や損害賠償等の責任を負う（改正民590条1項）。 ・消費貸借において、目的物が契約の内容に適合しない場合には、当該目的物の返還に代えて、その物の価額を返還することができる（改正民590条2項）。
	返還時期	・返還時期の定めの有無にかかわらず、借主は、いつでも目的物を返還可能となり、貸主は、返還時期の前に目的物を返還したことによって、現に損害を受けたときは、借主に対し、その賠償を請求できる（改正民591条2項・3項）
賃貸借契約	賃借権の意義	・契約終了時に賃借物を返還することについての約束が賃貸借契約の合意内容であることを明確化（改正民601条）
	短期賃貸借	・処分の権限を有しない者について、法定の賃貸借期間を超えた期間を定めた場合に、法定の期間を超えた部分が無効になることを明記（改正民602条）
	賃貸借の存続期間	・賃貸借の存続期間の上限は50年（改正民604条）
	賃借物の修繕	・賃借人の責に帰すべき事由で修繕が必要となった場合には、賃貸人は修繕義務を負わない（改正民606条1項ただし書） ・賃借人が賃借物を修繕できる場合の要件を規定（改正民607条の2）
	賃料の減額	・「耕作又は牧畜を目的とする土地」について、賃借人が不可抗力で賃料よりも少ない収益を得た場合の減額請求や解除が認められることを明記（改正民609条・610条） ・賃料減額請求権が認められる場合について、賃借物の一部が滅失した場合に限らず、滅失その他の事由により使用及び収益をすることができなくなった場合には、賃料は、請求しなくとも当然に減額される（改正民611条1項）
	賃借物の滅失等による契約の解除等	・賃借物の一部滅失等によって使用収益をすることができなくなり、契約の目的を達することがで

		きないときには、賃借人の責に帰すべき事由による場合でも、契約の解除をすることができる（改正民611条2項）
	転貸借	・転借人は、原賃貸借に基づく賃借人の債務の範囲を限度として、賃貸人に対して転貸借に基づく債務を直接履行する義務を負う旨を明文化（改正民613条1項） ・賃貸人が適法に賃借物を転貸し場合には、賃貸人は、賃借人の債務不履行による解除権を有していたときを除き、原賃貸借を合意により解除したことをもって転借人に対抗することができないことを規定（改正民613条3項）
	賃借人の原状回復義務及び収去義務等	・賃貸借終了時、賃借物受領後に生じた損傷についての原状回復義務は賃借人が負うこと、賃借人は通常の使用及び収益によって生じた賃借物の損耗や賃借物の経年変化については原状回復義務がないこと、賃借物の損傷が賃借人の責めに帰することができない事由によるときは原状回復義務を負わないことを明記（改正民621条） ・賃借人が賃借物に附属させた物について、賃貸借が終了したときは、賃借人は収去義務を負う旨を明記（改正民622条・599条1項）
	賃借人の用法違反による損害倍書請求権に係る消滅時効	・賃借人の用法違反による損害賠償請求権に係る消滅時効について、賃貸人が賃貸物の返還を受けた時から1年を経過するまでは、時効の完成を猶予（改正民622条・600条2項）
	敷金	・敷金の定義を記載、賃貸借が終了して賃借物が返還されたとき等に敷金返還債務が生じることや、受領した敷金の額からそれまでに賃貸借に基づいて生じた金銭債務の額を控除して残額を支払うことを明記（改正民622条の2）
	不動産賃貸借	・登記をした不動産の賃貸借について、不動産の物権取得者だけではなく、それ以外の対抗関係にある第三者に対しても、賃借権を対抗できることを明文化（改正民605条） ・賃貸借の対象不動産が譲渡された場合における賃貸人たる地位につき、原則として譲渡人から譲

		受人に移転する。例外として、譲渡人及び譲受人の合意により、賃貸人の地位を譲渡人のもとに残すことなどを認めている（改正民605条の2）
・賃貸借の対抗要件を備えていない賃貸不動産が譲渡された場合、賃借人の承諾なしに、不動産の譲渡人（＝賃貸人）と譲受人の合意により、賃貸人の地位を移転できる（改正民605条の3前段）
・不動産の譲渡に伴って、賃貸人の地位を承継した不動産の譲受人が、賃借人に対して、賃貸人たる地位を得たことを対抗するためには、その譲渡に係る所有権の移転の登記をする必要があり、それがなければ、対抗できない（改正民605条の2第3項・605条の3後段）。
・不動産の譲渡に伴って、賃貸人の地位が移転した場合における費用償還債務や敷金返還債務について、判例に従い、譲受人に承継される（改正民605条の2第4項・605条の3後段）。
・対抗要件を備えた不動産の賃借人は、不動産の占有を妨害している第三者に対してては妨害の停止の請求を、不動産を占有している第三者については返還の請求ができることを明文化（改正民605条の4）
請負契約	報酬	・注文者の責めに帰することができない事由によって仕事を完成することができなくなった場合又は請負が仕事の完成前に解除された場合において、請負人は、既にした仕事の結果が一定の要件を満たすときは、注文者が受ける利益の割合に応じて報酬を請求することができる（改正民634条）
	請負人の担保責任	・仕事の目的物が契約の内容に適合しない場合の請負人の担保責任について、売買の担保責任の規定を準用して、売買と同様の規律が及ぶものとしたうえで、売買と重複する規定や合理性の認められない規定を削除し、整理している（改正民559条、改正民636条・637条）
	注文者の破産手続の開始による解除	・仕事の完成後は、請負人は破産手続の開始による解除をすることができない（改正民642条1項

		ただし書)
委任契約	復委任	・復委任をする際の、復受任者の選任要件について、委任者の許諾を得たこと又はやむを得ない事由があることが必要であることを明文化（改正民644条の2第1項） ・代理権を有する受任者が代理権を有する復受任者との関係について、復受任者が委任者に対して、その権限の範囲内において、受任者と同一の権利を有し、義務を負う旨を明文化（改正民644条の2第2項）
	報酬	・委任者の責めに帰することができなくなった場合又は委任が履行の中途で終了した場合には、履行の割合に応じて報酬を請求可能（改正民648条3項） ・成果に対して報酬を支払う旨の合意がされた場合に関する規定を設けてその成果が引渡しを要するものである場合、報酬の支払い時期は引渡しと同時でなければならず、成果が得られる前に委任事務の履行をして成果を得ることができなくなった場合又は成果が得られる前に委任が解除された場合には、一定の要件の下で、受任者は割合報酬を請求可能（改正民648条の2・634条）
	委任の解除に伴う損害賠償	・委任の解除に際して損害賠償請求が可能な場合について、委任者が受任者の利益をも目的とする委任（専ら報酬を得ることによるものを除く）を解除した場合を追加（改正民651条2項）

第3　各契約類型における改正事項のポイント

　以下では、契約類型のうち、売買契約、消費貸借契約、賃貸借契約、請負契約及び委任契約について、改正のポイントを述べる。

1　売買契約

ア　改正のポイント

売買契約の改正点の概要は以下のとおりである。

・瑕疵担保責任は債務不履行責任となり、損害賠償請求で履行利益も請求できる。
・買主の権利として、追完請求権と減額請求権が新設される。
・契約不適合（現行民法における瑕疵を含む）を知ってから1年以内にこれを売主に対して通知する必要がある点は、変わらない。

イ　改正の内容
a　売主の権利

代金請求権（民555条）は、変更なし。一部の種類の売買契約について適用されていた短期消滅時効（民173条1号）は、廃止され、通常の消滅時効期間（改正民166条）が適用される。

b　買主の権利

特定物（代替性のない物）を売買の対象とする売買契約においても、買主は、売主に対し、契約の内容に適合した物の引渡請求権を有することとなる（改正民566条参照）。

c　契約の内容に適合した物が引き渡されない場合の買主の権利

契約の内容に適合した物が引き渡されない場合の買主の権利は、損害賠償請求権（改正民564条・415条）と解除（改正民564条・541条・542条）があるが、これらの要件については、前記第7節のとおりである。

d　売買契約における買主の権利

(1)　追完請求権（改正民562条）

追完請求権は、未履行と評価される債務の部分について、契約に基づき、救済手段として買主に認められたものである。具体的には、修補請求、代替物引渡請求、不足分引渡請求となる。以下の事実を主張・立証する必要がある。

① 売買契約の締結
② ①に基づいて引き渡された目的物が、種類、品質又は数量に関して契約の内容に適合しないこと

これに対し、買主の責めに帰すべき事由により、②が生じたことは、売主側に立証責任が課されることとなる（改正民562条2項）。なお、売主の提案する追完方法が買主に不相当な負担を課さないときは、売主の提案する追完方法によることになる（改正民562条1項ただし書）。これは、義務者である売主に、限定的に、買主の追完請求権の内容を決める権限を与えるものであり、例えば、買主は修補を要求しているが、代替物の引渡しの方が容易であるといった事態等を想定したものである。この場合、売主は代替物の引渡しをすれば足りることとなる。

(2)　減額請求権（改正民563条）

減額請求する額が残代金より少ない場合は代金請求に対する一部拒絶権となり、減額請求する額が残代金より多い場合は代金の返還請求権となる。買主側で以下の事実を主張・立証する必要がある。

① 売買契約の締結
② ①に基づいて引き渡された目的物が、種類、品質又は数量に関して契約の内容に適合しないこと
③ 相当の期間を定めた履行の追完の催告
④ 相当期間内に債務の履行がないこと

なお、上記に対し、以下のいずれかの事情があるときは、上記③④の主張・立証は不要である（改正民563条2項）。

・履行の追完が不能
・売主による履行の追完の明確な拒絶
・期限を過ぎた履行では契約目的を達成できない
・催告をしても履行の追完を受ける見込みがないことが明らかであること

また、こうした買主の主張に対し、売主は、買主の責めに帰すべき事由により、②が生じたことを主張・立証することになる（改正民563条3項）。

####### e　期間制限（改正民566条）

瑕疵担保責任の除斥期間1年の規定は、目的物の種類、品質又は数量が契約の内容に適合しないことを知ってから1年以内に通知をすべき期間であることは変わらない。ただし、当該通知は、瑕疵・数量不足の種類とその大体の範囲を通知すればよく、その細目は通知する必要はない。

2　消費貸借契約

ア　改正のポイント

消費貸借契約の改正点の概要は以下のとおりである。
・いわゆる諾成的消費貸借契約について書面による消費貸借契約として明文化
・準消費貸借の旧債務について「消費貸借によらないで」との文言の削除
・利息に関する規定の新設
・瑕疵担保責任の規定の変更
・期限前弁済に関する規定の整備

イ　改正の内容

(1)　書面による消費貸借契約

今回の民法改正では、消費貸借契約での要物性（物の交付が契約の成立に必要であるということ）を維持しつつ、書面（電磁的記録を含む）による消費貸借については、要物性を不要として、いわゆる諾成的消費貸借契約を認めた（改正民587条の2）。この点、諾成的消費貸借契約が認められたのは、書面による場合に限定されていることに留意されたい。

(2)　目的物交付前の契約解除と損害賠償

要物性を緩和したものの、実際に物が交付されないような事態を防ぎ、軽率な契約の成立を避けるべく、目的物交付前の借主の自由な解除権と損害賠償義務を規定している（改正民587条の2第2項）。

(3)　当事者の破産手続開始決定と契約の効力

改正民法は、書面による消費貸借契約の後、借主の目的物受領前に当事者の一方が破算手続開始決定を受けたときは、諾成的消費貸借契約は効力を失うことを明記している（改正民587条の2第3項）。

(4)　準消費貸借契約に関する規定

現行民法588条は、準消費貸借契約の目的とする債務について、「消費貸借によらないで金銭その他の物を給付する義務」と規定し、消費貸借契約によって成立する債務を除いていたが、

判例は原債権が消費貸借契約である場合であっても準消費貸借契約の成立を認めていた（大判大正2年1月24日民録19輯11頁）。そのため、改正民法では、現行民法の「消費貸借によらないで」との文言を削除し、同判例の趣旨を明確化している（改正民588条）。

(5) 消費貸借に伴う利息に関する規定

消費貸借契約は、現行民法では、原則として無利息であるとの前提で記載されていたが、現実社会において、利息付消費貸借が多数を占めることを踏まえ、利息に関する規定を設けた。すなわち、貸主は、特約がなければ、借主に対して利息を請求することができず（改正民589条1項）、利息を支払う旨の合意（特約）があるときには、貸主は利息を請求できる（改正民589条2項）とされた。

また、利息の発生時期は、元本の受領日からであり（改正民589条2項）、書面による消費貸借においても、利息の発生時期は元本を実際に受領した日から開始すると解される。なお、任意規定であるため、これと異なる規定を置くことは可能である。

(6) 貸主の担保責任

消費貸借契約の瑕疵担保責任についても、瑕疵担保責任が債務不履行責任であると改められたことに伴って各規定の整理が行われている。

(ア) 利息付き消費貸借契約

売買における規定を準用する（改正民590条1項・559条）。また、借主は、目的物が契約に適合しないものであれば、その物の価額を返還することができる（改正民590条2項）。

(イ) 無利息消費貸借契約

贈与における規定を準用する（改正民590条1項・551条）。また、借主は契約に適合しないものについて、貸主の主観面にかかわらずその物の価額返還請求が可能となった（改正民590条2項）。

(7) 期限前弁済に関する規定の整理

改正民法は、目的物の返還時期の定めの有無にかかわらず借主はいつでも目的物を返還できることとし（改正民591条2項）、返還時期を定めた場合の期限前弁済によって貸主に損害が生じた場合には、損害賠償請求を認めるとの規定を設けた（改正591条3項）。

もっとも、「損害」の具体的内容として、どの程度のものが認められるかは不明であるが、繰上げ弁済の場合に、貸主側で、損害を主張・立証しなければ、本来受け取ることができた利息を請求できないことを考えると、債権管理に関しては、負担が生じるものといえる。

3 賃貸借契約

ア 改正のポイント

賃貸借契約の改正の概要は以下のとおりである。なお、不動産賃貸借については、借地借家法により別途規律がなされていることを留意されたい。

・賃貸借契約の存続期間の改正
・賃貸人たる地位の移転に関する移転に関する判例理論の明文化
・不動産賃借人による妨害排除請求権等の明文化

- ・敷金に関する規定の創設
- ・賃貸物の修繕についての規定の創設
- ・賃借物の一部滅失等による賃料の減額及び賃貸借契約の解除についての規定の創設
- ・転貸の効果についての規律の明確化
- ・賃借人の原状回復義務についての明文化
- ・賃貸人の損害賠償請求権に関する時効の規定の創設

イ　改正の内容

a　賃貸借契約の存続期間

改正民法は、民法上の賃貸借契約の存続期間の上限を50年とした（改正民604条1項）。

b　不動産賃貸借の対抗力、賃貸人たる地位の移転等

(1)　不動産賃貸借の対抗力

登記を備えた不動産賃借人は、賃貸目的不動産取得者等の第三者に対して、賃借権を対抗できる（改正民605条）。

(2)　賃貸人たる地位の移転

賃借人の対抗要件具備後に不動産の所有者たる賃貸人が不動産を譲渡した場合、賃貸人たる地位が当然に新所有者へ移転する（改正民605条の2第1項）。不動産の譲渡人と譲受人との間で、賃貸人たる地位を移転させないという別途の合意による修正は可能である。

(3)　賃貸人たる地位の移転と不動産賃借人との関係

賃貸物件の譲渡により、賃貸人たる地位を承継した者が、賃貸人たる地位の移転を賃借人に対抗するには所有権移転登記を要する（改正民605条の2第3項）。賃借権が、対抗要件を備えていない場合には、不動産の譲渡人と譲受人の合意で賃貸人たる地位の移転が可能であり、賃貸人たる地位の移転に賃借人の承諾を要しない（改正民605条の3）。

(4)　賃貸人たる地位の移転と敷金、費用償還請求権との関係

賃貸物件の譲渡により、賃貸人たる地位を承継した者が、敷金返還債務及び費用償還債務を承継する（改正民605条の2第4項）

(5)　賃貸人たる地位の留保

改正民法は、不動産の譲渡当事者間における賃貸人たる地位を留保する合意とともに、不動産譲受人が当該不動産を譲渡人に賃貸する旨の合意をした場合には、賃貸人たる地位の留保を認めた（改正民605条の2第2項）。

そして、改正民法は、賃借人保護の観点から、上記譲渡人・譲受人間の賃貸借が終了した場合、賃貸人たる地位は譲受人又はその承継人に移転するとした（改正民605条の2第2項）。

c　不動産の賃借人による妨害排除請求等

不動産の賃借人が対抗要件を備えた場合、当該不動産を第三者が占有するとき又は不動産賃借人の占有を妨害するとき、賃借人は返還請求、妨害排除請求ができるという判例法理を明文化した（改正民605条の4）。

d　敷金に関する規定の創設

改正民法は、敷金に関する規定を新設した（改正民622条の2）。

(1) 敷金の定義

改正民法は、敷金について、「いかなる名目によるかを問わず、賃料債務その他の賃貸借に基づいて生ずる賃借人の賃貸人に対する金銭債権の給付を目的とする債務を担保する目的で、賃借人が賃貸人に交付する金銭をいう」（改正民622条の2第1項柱書）と定義づけた。

(2) 敷金の返還時期

敷金の返還時期についても明文化し、①賃貸借が終了し、かつ賃貸物の返還を受けたとき（改正民622条の2第1項1号）、又は、②賃借人が適法に賃借権を譲り渡したとき（同項2号）としている。

(3) 賃貸人の弁済充当ほか

賃借人が債務を履行しないとき、賃貸人は敷金をその債務の弁済に充てることができるが、賃借人から賃貸人に対して敷金をその債務の弁済に充てることを請求することはできない（改正民622条の2第2項）。

e　賃貸物の修繕について

改正民法は、従前の賃貸人の修繕義務、賃借物の修繕を要する場合の賃借人の通知義務に加え、一定の要件を満たす場合の賃借人の修繕の権利（改正民607条の2）、賃借人に帰責事由がある場合の修繕は、賃貸人の修繕義務に含まれないことを規定した（改正民606条1項ただし書）。

f　賃借物の一部滅失等による賃料の減額及び賃貸借契約の解除

(1) 賃借物の一部滅失の場合の賃料の減額

改正民法は、賃借物の一部が「滅失」した場合に限らず、一部が「使用収益できなくなった場合」にも減額請求ができることを明記した。また、現行民法が「賃料の減額を請求することができる」と規定していたのに対し、「賃料は、その使用及び収益をすることができなくなった部分の割合に応じて、減額される」と規定しており、減額請求権を行使しなくても、当然に減額されることが明記された（改正民611条1項。民536条1項参照）。もっとも、実際には減額されるべき金額の確定が必要であるから、実務上大きな変更があるわけではないであろう。

(2) 賃借物の一部滅失の場合の契約解除

改正民法は、賃借物の一部が滅失した場合に、賃借人の無過失を要件とせずに解除を認めた（改正民611条2項。同条1項参照）。なお、賃借物の全部滅失の場合（全部使用収益できない場合を含む）、賃貸借契約は（解除することなく）終了する（改正民616条の2）。

g　転貸の効果についての規律

改正民法は、転貸借がされている場合の、賃貸人と賃借人間の合意解除は、転借人に対抗できないが、賃貸人が解除当時に債務不履行を理由とする解除権を有していた場合にだけ例外的に解除できることとして、判例法理を明文化した（改正民613条3項）。

h　賃借人の原状回復義務

改正民法は、賃借人の原状回復義務及び費用償還請求権について、賃借人は賃借物の損傷（通常損耗及び経年変化は除く）について原状回復義務を負うこと、当該損傷が賃借人の帰責事由

によらないものであればこれを負わないことを明確化した（改正民621条）。なお、本条は任意規定であり、これと異なる内容の特約（通常損耗に関する原状回復を借主の負担とする特約）を設けることも可能である。

i 賃貸人の用法違反を理由とする損害賠償請求権に関する時効の規定

改正民法は、賃貸人の賃借人に対する、用法違反を理由とする損害賠償請求権について、長期にわたる賃貸借契約においては、賃貸人が用法違反の事実を知らなかった場合に、返還を受けたときには既に10年の消滅時効が完成しているという不合理な事態が発生し得ることから、目的物の返還時から1年は時効完成を猶予することとした（改正民622条・600条2項）。

4 請負契約

ア 改正のポイント

請負契約の改正のポイントは以下のとおりである。

・仕事が完成していなくても、割合的報酬請求が一定の場合に可能であることを明文化
・注文者の権利が整理された

イ 改正の内容

a 請負人の権利

改正民法の下においても、役務提供が先履行であり、請負報酬は後払いであることは変わらないが、一定の要件を満たした場合には、割合報酬を請求できるようになる（改正民634条1項）。なお、現行民法における報酬請求権の短期消滅時効は廃止され、通常の消滅時効期間（改正民166条）が適用される。

また、請負人は注文者が破産手続開始決定を受けた場合、従前は仕事の完成後でも破産手続の開始に基づく解除が可能とされていたが、改正民法では仕事の完成後は、請負人は破産手続の開始による解除はできないこととされた（改正民642条1項ただし書）。

b 注文者の権利

請負人が約束に従った物を給付しない場合の注文者の権利は、以下のとおりである。

(1) 債務不履行

請負人の債務不履行時、注文者は、請負人に対して以下の請求が可能である。

・損害賠償請求権（改正民564条・415条、民559条）
・解除に基づく原状回復請求権（改正民564条・541条・542条、民559条）

(2) 請負契約特有の権利

また、注文者は、請負人に対して以下の請求が可能である。

・追完請求権（改正民562条、民559条）
・修補請求、代替物引渡請求、不足分引渡請求、減額請求権（改正民563条）

c 担保責任の期間制限と通知

従前は、瑕疵担保責任を問うためには、注文者は、目的物の引渡し又は仕事の終了時から1年以内に瑕疵の修補、契約の解除又は損害賠償の請求をしなければならないとされていたため、引渡しから1年以内に瑕疵を発見した上で、権利の行使まで求められている点で、注文者に過

重な負担となっていた。

そこで、改正民法は、注文者の負担を軽減する観点から、注文者は、目的物の種類又は品質に関して契約内容に適合しないことを知った時から1年以内に、その旨を請負人にしなければならないとした（改正民637条）。この期間制限の改正に伴い、土地の工作物の請負に関する特則（注文者が契約内容に適合しない事実を知らないままに担保責任の存続期間が終了するという事態に備えた規定）は不要となったため、削除されている（民638条参照）。

なお、この期間制限は、請負人が、契約内容に不適合であることについて、悪意・重過失である場合には適用がない（改正民637条2項）。また、この期間制限は、種類又は品質に関する担保責任に限定されており、数量不足に関する担保責任については、期間制限はない。

5 委任契約

ア 改正のポイント

委任契約の改正ポイントは以下のとおりである。
・復委任が可能な場合の要件と、復委任時の権利義務の明確化
・受任者の帰責事由がない場合以外でも割合報酬の請求が可能であることを規定
・委任の任意解除について、受任者の利益をも目的とする委任契約（専ら報酬を得ることによるものを除く）について、損害賠償請求できることを明記

イ 改正の内容

a 復委任

改正民法は、復委任ができる場合の要件と復委任が行われた場合の権利義務を明確化した（改正民644条の2）。

(1) 復委任が可能な場合の要件

改正民法は、復委任が可能な場合の要件として、①委任者の許諾を得た場合、又は②やむを得ない事由がある場合として明確化している（改正民644条の2第1項）。

(2) 復委任時の権利義務関係

また、復委任をした場合の権利義務関係について、判例を踏まえ、代理権を有する委任者が代理権を付与する復受任者を選任した場合に、復受任者が、委任者に対し、その権限の範囲内において、受任者と同一の権利義務を負うと規定した（改正民644条の2第2項）。なお、本項の適用範囲は、代理権を付与する委任の場合で、かつ、受任者が復受任者に代理権を付与している場合に限られるため、委任契約の内容として、受任者又は復受任者が代理権を有しない場合は、委任者と復受任者の間には権利義務は生じないことに留意する必要があろう。

b 割合的報酬の請求

(1) 原則的な場合

改正民法は、現行民法が受任者に、委任契約の終了についての帰責事由がない場合にのみ割合的報酬を認めていた。しかし、改正民法は受任者に帰責事由があったとしても、委任事務の一部が履行されていたのであれば、その履行の割合に応じて報酬を請求できるとすることが合理的であるとの理解に基づき、委任者の責めに帰することができない事由によって委任事務の

履行をすることができなくなった場合又は委任が履行の中途で終了した場合に、既にした履行の割合に応じて報酬を請求することができるとしている（改正民648条3項）。

(2) 成果に対して報酬を支払う旨の合意がなされた場合

また、改正民法は、委任契約の中で、成果に対して報酬を支払う旨の合意がなされた場合については、任意規定として、①委任事務の履行により得られる成果が引渡しを要するものである場合は、成果の引渡債務と報酬支払債務とが同時履行の関係に立ち、報酬は成果の引渡しと同時に支払う（改正民648条の2第1項）、②成果が得られる前に委任者の責めに帰することができない事由によって委任事務の履行ができなくなった場合又は成果が得られる前に委任が解除された場合には既履行の委任事務の結果が可分でその部分によって委任者が利益を受けるときは、受任者は、その利益の割合に応じて報酬を請求ができるとの内容を定めている（改正民648条の2第2項・634条）。

c 任意解除権行使時の損害賠償請求

改正民法は、任意解除時の損害賠償について、判例を踏まえ、相手方に不利な時期に解除した場合以外にも、専ら報酬を得ることによるものを除いて、受任者の利益をも目的とする契約について、任意解除権を行使した場合には、損害賠償をしなければならないとしている（改正民651条2項2号）。

第2章　売　買

第1　契約の概要

　売買契約は、売主がある財産権を買主に移転することを約し、買主がこれに対して代金を支払うことを約することによって成立する、有償、双務、諾成契約であり（民555条。改正民法も同じである。）、今日の経済活動において、その中心となる契約形態であるとともに、有償契約の基本的な形態であるといえ、実際にも民法上売買の規定が有償契約一般に準用されている（民559条。改正民法も同じである。）。もっとも、売主が移転する財産権には原則として制限はなく（有体物に限られない。）、多種多様なものが対象となるので、同じ売買契約といっても、契約書の作成に当たっては、その財産権の特殊性に応じた注意を払うことが必要である。

　売買契約における売主・買主の義務として、まず、売主には、当然の義務というべき財産権移転義務があるが、そのほかに、給付した物、権利に瑕疵（改正民法では、「契約不適合」という表現になる。）がある場合に、その過失の有無を問わずに負担される担保責任が法定されていた（買主の救済手段でもある。）。この点について、民法改正で大幅な規律の見直しが行われており、特に注意を要する。これに対して、買主が負担する義務は、基本的には代金を支払う義務となる。

第2　民法改正のポイント

1　売主・買主の義務

　改正前は、売主・買主の義務として、売主は財産権移転義務、買主は代金支払義務について規定されているが（改正前555条）、それに加えて、改正民法では、売主が対抗要件具備義務を負うことが明文化された（改正民560条）。また、権利の全部だけではなく、一部が他人に属する場合にも、売主の権利取得移転義務が認められることが明文化された（改正民561条）。

2　危険負担

　改正前は、危険負担、すなわち、双務契約から生じる債務の一方が債務者の責めに帰することのできない理由により履行不能となった場合、反対債務がどのように取り扱われるかの問題につき、原則として反対債務も消滅するという債務消滅の制度として構成していた。これに対して、改正民法においては、危険負担制度を、こうした債務の消滅の制度ではなく、債権者に反対給付の履行拒絶を認める制度へと大きく変更した（改正民536条1項）。このため、改正法の下では、債権者が債務の履行不能を理由として反対債務を消滅させるには、解除の意思表示をしなければならない（改正法では、債務者の帰責事由を問うことなく、契約を解除することができる（改正民541条以下））。

　さらに、この改正を機に、従来から立法論的に問題があるとされていた、特定物に関する物権の設定又は移転を双務契約の目的とした場合の債権者主義（この場合、債務の履行が不能となっ

ても、反対債務はなお消滅しない。）に関する規定（改正前534条、535条1項）は削除された。

また、危険の移転時期に関し、目的物の引き渡しがあった時点以後に目的物が滅失・損傷した場合、債権者（買主）が危険を負担する旨の規定が、危険の移転が典型的に問題となる売買契約に関する規定として新設された（改正民567条1項）。これにより、危険の移転時以後、買主は、履行の追完請求、代金減額請求、損害賠償の請求、契約の解除ができないこととなる。また、買主の受領遅滞中において、目的物が滅失・損傷した場合、その滅失・損傷の危険が買主に属する旨の規定も新設された（改正民567条2項）。なお、買主への危険の移転により権利行使が否定されるのは、目的物の滅失・損傷の場合であり、引渡し以前に生じていた契約不適合を理由とした債務不履行責任の追及は妨げられない。

3 担保責任についての規律の見直し

ア 契約不適合を理由とする債務不履行責任への統合

改正前民法では、債務不履行責任の一般規定とは別に、担保責任の規定が置かれていた。これらは、物の瑕疵と権利の瑕疵を区分しつつ、権利の全部又は一部が他人に属する場合、目的物に用益物権や抵当権など他人の権利が付着している場合、目的物に隠れた瑕疵がある場合など、場面に応じて売主が負うべき責任が個別的に定められていた（民561条以下）。

この中でも、物の瑕疵に関する瑕疵担保責任（民570条）については、その法的性質について争いがあり、伝統的な見解は、特定物売買（不動産売買のほとんどや中古車売買などがこれに相当する。）においては目的物の品質・性能等が問題とならないため、売主の義務は当該特定物を現状のまま引き渡すことで尽くされるが、これだけでは、目的物にいかに重大な瑕疵があっても買主が救済されず買主に酷であるから、契約当事者間の衡平を図るため、法が特定物の売主に対し特別に認めた責任であると捉えていた（法定責任説）。この説によれば、瑕疵担保責任は、特定物売買に限り適用され、また、目的物の瑕疵があっても、代金減額請求権と履行追完請求権は認められないという結論になる（なお、判例（最判昭和36年12月15日民集15巻11号2852頁）は、①債権者は、瑕疵の存在を認識した上で、これを履行として認容した場合は、瑕疵担保責任を問うこともでき、②それ以外の場合には、債権者は受領後もなお完全履行請求権や債務不履行に基づく損害賠償請求権及び解除権を有する、と判示しており、必ずしも不特定物売買には瑕疵担保責任の規定が適用されないとの立場には立っていなかった。）。

これに対し、改正民法では、担保責任について、契約の内容に適合した権利の移転・目的物の引渡しをなすべき義務を承認することを前提に、債務不履行責任として統合する方向で抜本的な改正が図られた。

イ 物・権利に関する契約不適合に対する買主の救済手段

上記の見直しの結果、特定物、不特定物を問わず、物の種類、品質または数量に関して契約不適合があった場合には、買主の救済手段として、代金減額請求権、履行追完請求権が認められ、これらの規定が新設された（改正民562条・563条）。損害賠償請求権及び解除権については、特則が置かれず、債務不履行の一般規定に従うこととされた（改正民564条、なお、このため、損害賠償請求については、債務不履行責任は過失責任、担保責任は無過失責任という区別はなくなっ

た。）そのうえで、これら物に関する諸規定が、権利の契約不適合についても、そのまま準用されることになった（改正民565条）。

なお、改正前の民法570条では、買主側の善意無過失を意味する「隠れた」という要件が規定されていたが、改正民法では契約不適合について、買主の善意・悪意などの主観的要件を定める規律が排除されており、「隠れた」という要件は外されている（改正民562条等。民561条・565条・566条における買主側の善意・悪意等を要件とした規律も同様に改正民法では設けられていない。）。

この点について、従来、特に既存建物や中古自動車などの売買契約において、物の引渡しに関する条文で、「現状有姿で」引き渡すという文言が入れられることが多く、引渡し後、目的物に不具合が発見された場合、この規定により瑕疵担保責任の免責されるのかについて疑義があった。裁判例の傾向としては、現状有姿の特約のみの場合、経年変化に伴うものは売買代金に反映されており、その部分の責任は問えないが、それ以外の部分は免責されないというものが多かった。しかし、上記のように、改正民法では従来の瑕疵担保責任について、「隠れた」という要件が外され、契約の内容に適合しない場合の責任という形に統一されたため、「現状有姿」を、目的物の状態を一切問わずに、まったく現状で引き渡すということが契約の内容とされていると考えれば、現状のまま引渡しさえすれば契約の内容に適合した物を引き渡したことになり、後に何らかの不具合が見つかった場合に責任は問えない、と解する余地が出てくる。「現状有姿」が、もともとあいまいな概念であったことを併せ考えると、改正民法の下では、売主免責を契約内容としたいなら、免責特約を結んでおくことが必要であり、買主側からすると、免責特約を認めない意図であれば、かかるあいまいな概念は用いない方が無難であるといえる。

ウ　契約不適合を理由とする買主の権利についての期間制限

物の種類・品質における契約不適合（瑕疵）を理由とする買主の権利の行使について、改正前の民法は、買主が事実を知ってから1年という期間制限を加えていた（民570条・566条3項）。これに対し、改正民法は、かかる契約不適合を知った買主に対して、1年以内に不適合の事実を売主に対して通知する義務を課し、この義務を怠った買主が契約不適合を理由とする権利を失う（失権）という効果を定めている（改正民566条（なお、改正前民法566条3項は削除される。））。ただし、商人間の売買について、目的物の検査においてただちに発見できない瑕疵について、6か月以内であれば責任追及が可能とする規定（商526条2項）は残されている。

以上の短期の失権期間の定めは、任意規定であり、契約で、期間や起算点（「契約不適合を知った時から」ではなく、「引渡しの時から」とするなど）を変更することができる。

なお、以上の短期期間制限に関する規律は、消滅時効の一般原則の適用を排除するものではなく、上記の権利行使により保存された権利は、債権に関する消滅時効の一般原則に従うことになる（物の種類・品質における契約不適合を理由とする買主の権利は、引渡時から10年又は契約不適合を知った時から5年（改正民166条1項））。ただし、新築住宅の売買契約については、住宅の品質確保の促進等に関する法律（品確法）に瑕疵担保責任に対する特例として、売主が買

主に引き渡した時から10年間責任を負う旨が定められている（品確法の規定は強行法規である。なお、品確法は民法改正後、「瑕疵」の定義等、改正民法の規定に合わせた読み替えがされている。）。

以上に対し、物の「数量」又は「権利」にかかる契約不適合については、上記の期間制限（失権）の適用がない。したがって、買主が事実を知ってから1年以内に契約不適合の事実を売主に通知しなくても、消滅時効が完成するまでは、その権利の行使は可能である。

第3　書式例

1　土地建物売買契約

ア　解説

売買契約は、諾成契約であって、売主と買主が何を（目的物）いくらで（価格）売買するか合意さえすれば契約書を作成しなくても契約は成立する。もっとも、不動産の場合、価格が高額であること、通常は、契約成立後、一定期間にわたって、売買代金の支払、所有権移転登記手続、引渡し等の手続が予定されているから、ほぼすべての取引において契約書が作成される。契約書に記載すべき重要な契約の内容としては、目的物の特定と価格である。

不動産自体を取り違えることは稀であろうが、私道部分や付属建物など売買の対象となる範囲はどこまでか、また、価格の算定根拠は実測面積によるのか登記面積によるのか、実測面積と登記面積に差があっても価格は変動しないのか、確認する必要がある。

不動産売買契約を締結する際には、買主が手付金を交付することが多い。手付金の取扱いについて、手付金額はいくらか、売買代金に充当されるのか、契約を解消する場合に返金されるか否かについても、明確にしておくことが望まれる。

目的物が契約内容に適合しない場合の処理についても、確認しなければならない。かつては、担保責任の問題として物の瑕疵と権利の瑕疵を区分しつつ個別の場面に応じて細分化されていたが、民法改正により、契約不適合として一元的に論じられる。不動産の場合、使用収益を妨げる権利の制限が付されていないか、第三者の担保に供されていないか、仮に使用収益が妨げられる場合には、どのような処理をするかなどを検討する必要がある。

公租公課について、固定資産税は、毎年年初の登記名義人に賦課されるため、どの時点を基準として清算するかについても取り決める必要がある。

土地とともに土地上の建物を含めて売買する場合、土地と建物は別々の不動産であるから、法律上、取引の客体は複数ということになる。もっとも、実務上、土地と建物に分けて売買契約書を作成することはせず、一体として作成することが通例である。これは、土地と建物が同一人の所有である場合、一般的には、土地と建物を一体として取引するためであり、また、建物だけ売却しようとしても、土地の利用権と切り離された建物には取引価値はないためである。逆に土地と建物の所有権が別人に帰属する場合には、売買契約書を別に作成すべきである。

イ　実務上のポイント

不動産売買においては、買主が確実に所有権移転登記を経由できることが重要である。登記は、権利関係を公示するものであって、登記を取得していなければ、権利を相争う第三者に対

して、所有権を主張できない場合もある。不動産取引実務上は、買主の指定する司法書士が、買主の費用で所有権移転登記申請を行うことが多い。登記申請に際しては、売買契約書とは別に登記原因証明情報とよばれる証書を別途作成する必要がある。

また、土地と建物を一体として取引する場合、土地と建物の価格をそれぞれ明記しておくことが望ましい。個人間の売買であれば、土地には消費税がかからないが、建物に消費税がかかるためである。

【書式例】 土地売買契約書

```
収 入
印 紙
注1
```

土地売買契約書

注1　印紙税法別表第一課税物件表の第1号の1文書（不動産の譲渡に関する契約書）に該当し、契約金額（土地の売買代金）に応じた印紙税が課税される。なお、不動産の譲渡契約書には、軽減税率の適用がある（税特措91条）。

売主○○○○（以下「甲」という。）と買主○○○○（以下「乙」という。）は、次のとおり土地売買契約（以下「本契約」という。）を締結する。

（売買の目的物）注2
第1条　甲は、乙に対し、後記物件目録記載の土地（以下「本件土地」という。）を売り渡し、乙はこれを買い受けるものとする。

注2　登記事項証明書または不動産登記情報に記載されている所在、地番、地積等により特定する。地番は、通常、住所として使用されている住居表示とは異なる。

（売買代金）
第2条　本件土地の売買代金は、金○○円とする。
2　乙は、甲に対し、前項に定める代金を次の各号に定めるとおり支払うものとする。
　(1)　令和○○年○○月○○日限り、中間金として金○○円
　(2)　令和○○年○○月○○日限り、第8条に定める所有権移転登記手続と引換えに、売買残代金として○○円

（売買対象面積）注3
第3条　本件土地の面積は物件目録記載面積によるものとし、実測された面積が記載面積と相違する場合であっても、甲及び乙は相互に相手方に対し売買代金の増減等、一切異議を申し出ず、何ら請求を行わない。

注3　ここでは、公簿面積と実測面積に差が生じても精算しない条項としたが、平法メートルあたりの単価を明示し、精算義務を課す場合もある。

（手付金）注4
第4条 乙は、甲に対し、本日、手付金として金○○円を支払い、甲はこれを受領した。
2 　手付金は無利息とし、第2条第2項第2号に定める残代金支払時に、売買代金の一部に充当するものとする。
3 　甲及び乙は、相手方が本契約の履行に着手するまでの間、甲は乙に受領済みの手付金の倍額を支払い、また乙は甲に支払済みの手付金を放棄して、それぞれ本契約を解除することができる。
4 　前項による解約の場合、違約と解してはならない 注5 。

> 注4 　手付金について条項を定めない場合でも、民法上、手付は解約手付と推定されるから、問題はない。一方で、手付金相当額を売買代金から控除する場合、その旨明確にしておく必要がある。
>
> 注5 　手付けの放棄又は倍返しによる解除は債務不履行による解除ではなく、損害賠償の問題は生じないが（民557条2項（改正後も同じ））、注意的に規定したものである。

（公租公課の分担）
第5条 本件土地に対して賦課される公租公課は、本件土地の引渡日の前日までの分を甲が、引渡日以降の分を乙が、それぞれ負担する。
2 　公租公課の分担の起算日は、1月1日とする。
3 　公租公課の分担金の精算は、第2条第2項第2号に定める残代金支払時に行う。

（引渡し）注6
第6条 甲は、乙に対し、第2条第2項第2号に定める売買残代金の受領と引き替えに、本件土地を引き渡す。
2 　乙は、甲に引渡確認書を交付して、前項の引渡しの確認を行う。

> 注6 　土地の引渡しといっても外形上不明確であることから、引渡確認書を作成して引渡が行われたことを明確にすることができる。

（所有権移転の時期）注7
第7条 本件土地の所有権は、乙が第2条第2項第2号に定める売買残代金を含む売買代金全額を支払い、甲がこれを受領した時に、甲から乙に移転する。

> 注7 　所有権移転時期を明確にしておかなければ、契約成立時に所有権移転があったこととなる。

（所有権移転登記）
第8条 甲は、乙に対し、第2条第2項第2号に定める売買残代金の受領と引換えに、本件土地について所有権移転登記の申請手続を行う。
2 　所有権移転登記手続に要する費用は、乙の負担とする。

（担保権等の抹消）
第9条 甲は、本件土地の所有権移転の時までに、抵当権等の担保権、賃借権等の用益権その他乙の完全な所有権の行使を阻害する一切の負担を甲の責任と費用において消除する。

（貼用印紙代の負担）
第10条 本契約書に貼付する収入印紙は、甲乙折半し負担するものとする。

（履行請求と解除）
第11条 甲又は乙は、相手方が本契約の各条項に違反した場合、相当の期間を定め、その履行ないし是正を催告することができる。

2　甲又は乙は、前項の定めによる履行又は是正の請求にかかわらず、相手方が催告に従った履行又は是正をしないときは、本契約を解除できる。
3　前項による解除は、次条に基づく損害賠償請求を妨げない。

（損害賠償）注8
第12条　甲又は乙は、相手方が本契約の各条項に違反した場合、それによって生じた損害の賠償を請求することができる。ただし、その不履行が、相手方の責に帰すことのできない事由による場合はこの限りではない。

> 注8　民法改正により、債務不履行に基づく損害賠償責任について、債務者の帰責事由の不存在が免責事由であることが明確化された。また、免責の可否については、「契約その他の債務の発生原因及び取引上の社会通念に照らして」判断されるものとされた（改正民415条1項ただし書）。以上のとおり改正法でも過失責任主義を否定したわけではないので、注意すべきである。

（契約不適合）注9
第13条　本件土地が、本契約の内容に適合しないものであった場合、乙は甲に対し、相当の期間を定めて、本件土地の修補等履行の追完を請求することでき、その期間内に履行できないときは、代金の減額を請求することができる。
2　前項に定める不適合により乙において本契約を締結した目的が達せられない場合、乙は本契約を解除することができる。
3　前各項に基づく請求は、前条に基づく乙による損害賠償請求を妨げない。
4　前各項に基づく請求は、本件土地の引渡後〇か月を経過したときはできないものとする。ただし、数量不足の場合はこの限りではない。注10

> 注9　民法改正により、これまで「瑕疵担保責任」とよばれていた売主の責任が、契約不適合による責任に改められた。改正後も、契約不適合の場合、損害賠償請求は可能であるが、改正民で、債務不履行の一般原則が適用されることが明記されたため（改正民564条）、従前の瑕疵担保責任と異なり、無過失責任ではなくなった（注8参照）。なお、土地に関する契約不適合としては、地盤沈下や軟弱地盤による地質における障害、地中埋設物、土壌汚染等が考えられる。

> 注10　改正民法566条によれば、追完を請求するためには不適合を知った日から1年以内に通知すれば足りるが、契約で定める場合には、起算点を明確にするため、「知った日」ではなく「引渡し後」とし、期間もこれよりも短い期間として定められることが多い（任意規定）。数量不足に関しては、同条項の期間制限は適用されないが、本契約の場合、対象は目録記載の面積によっていることから、実際上は数量不足による責任追及は考えにくい。

（反社会勢力の排除）注11
第14条　甲及び乙は、それぞれ相手方に対し、次の各号の事項を確約する。
（1）　自らが、暴力団、暴力団関係企業、総会屋若しくはこれらに準ずる者又はその構成員（以下総称して「反社会的勢力」という）ではないこと。
（2）　反社会的勢力に自己の名義を利用させ、本契約を締結するものでないこと。
（3）　本件土地の引渡し及び売買代金の全額の支払いのいずれもが終了するまでの間に、自ら又は第三者を利用して、本契約に関して相手方に対する脅迫的な言動又は暴力を用いる行為をしないこと。
2　甲又は乙の一方について、次の各号のいずれかに該当した場合には、その相手方は、何らの

催告を要せずして、本契約を解除することができる。
(1) 前項第1号の確約に反する申告をしたことが判明した場合
(2) 前項第2号の確約に反し契約をしたことが判明した場合
(3) 前項第3号の確約に反した行為をした場合
3 乙は、甲に対し、自ら又は第三者をして本件土地を反社会的勢力の事務所その他の活動の拠点に供しないことを確約する。
4 甲は、乙が前項に反した行為をした場合には、何らの催告を要せずして、本契約を解除することができる。
5 第2項又は前項の規定により本契約が解除された場合には、解除された者は、その相手方に対し、違約金(損害賠償額の予定)として金○○○○円(売買代金の20%相当額)を支払うものとする。
6 第2項又は第4項の規定により本契約が解除された場合には、解除された者は、解除により生じる損害について、その相手方に対し一切の請求を行わない。
7 乙が第3項の規定に違反し、本件土地を反社会的勢力の事務所その他の活動の拠点に供したと認められる場合において、甲が第4項の規定により本契約を解除するときは、乙は、甲に対し、第5項の違約金に加え、金○○○○円(売買代金の80%相当額)の違約罰を制裁金として支払うものとする。

注11 本契約においても、反社会勢力排除条項を設けることが望ましい(第1章第1節第2-2ウ「f 反社会的勢力排除条項」参照)。

(誠実協議)
第15条 本契約に定めのない事項については、甲乙双方誠実に協議の上、解決するものとする。
(裁判管轄)
第16条 本契約に関する紛争について、○○地方裁判所を第一審の専属的合意管轄裁判所とする。

甲と乙は以上のとおり合意し、その成立の証として、本契約書2通を作成し、各自、署名又は記名捺印の上、各1通宛所持するものとする。

令和○年○月○日

甲(売主)
 住所 × × × ×
 氏名 ○ ○ ○ ○ ㊞
乙(買主)
 住所 × × × ×
 氏名 ○ ○ ○ ○ ㊞

物件目録

所在 ○○県○○市○○町○○丁目

```
地番  ○○番
地目  宅地
地積  ○○．○○平方メートル
```

【書式例】 土地建物売買契約書

```
収　入
印　紙
 注1
```

土地建物売買契約書

注1　印紙税法別表第一課税物件表の第1号の1文書（不動産の譲渡に関する契約書）に該当し、契約金額（消費税を除いた土地及び建物の売買代金の合計額）に応じた印紙税が課税される。なお、不動産の譲渡契約書には、軽減税率の適用がある（税特措91条）。

　売主○○○○（以下「甲」という。）と買主○○○○（以下「乙」という。）は、末尾に表示する土地及び建物（以下、同土地を「本件土地」、同建物を「本件建物」といい、あわせて「本物件」という。）の売買契約を締結する。

（売買の目的）注2
第1条　甲は、乙に対し、本物件を、金○○円（本件土地価格金○○円、本件建物価格金○○円（うち消費税等○○円））で売り渡し、乙はこれを買い受けるものとする。

　　注2　土地と建物の価格がそれぞれ明示されていない場合でも、消費税の金額から建物価格を算定できる場合がある。

（代金の支払）
第2条　乙は、甲に対し、令和○○年○○月○○日までの甲乙別途協議のうえ定める期日に、第11条に定める本物件の所有権移転登記手続と引換えに、前条に定める売買代金を支払うものとする。

（手付金）
第3条　乙は、甲に対し、本日、手付金として金○○円を支払い、甲はこれを受領した。
2　手付金は無利息とし、前条に定める売買代金支払時に、売買代金の一部に充当する。
3　甲及び乙は、相手方が本契約の履行に着手するまでの間、甲は乙に受領済みの手付金の倍額を支払い、また乙は甲に支払済みの手付金を放棄して、それぞれ本契約を解除することができる。
4　前項による解約の場合、違約と解してはならない。

（境界の明示及び実測図の作成）
第4条　甲は、本件土地を引き渡すまでに、乙に対し、現地において本件土地と隣地との境界を

明示する。

2　甲は、その費用において、本件土地を実測して土地測量図（以下、「本件土地測図」という。）を作成し、本件土地引渡しまでに乙に交付する。

（本件土地売買対象面積）

第5条　本件土地の売買対象面積は、本件土地測量図に基づく実測面積によるものとし、実測面積が後記記載の登記簿上の面積と異なる場合、1平方メートル当たり金〇〇円を実測面積で乗じて計算した金額と第1条の本件土地の価格との差額について、売買代金支払時に精算する。

（本件建物売買対象面積）

第6条　本件建物の売買対象面積は、後記「建物の表示」に記載の登記簿上の面積によるものとし、これが実測面積と相違する場合であっても、甲及び乙は相互に相手方に対し売買代金の増減等、一切異議を申し出ず、何ら請求を行わない。

（第三者の権利の消除）

第7条　甲は、第2条に定める売買代金の支払時までに、抵当権等の担保権、賃借権等の用益権、その他本物件の所有権行使を阻害する一切の負担を消除する。

（公租公課の負担）

第8条　本物件に対して賦課される公租公課は、本契約成立日の属する年の1月1日を基準とし、本物件の引渡しの日の前日までを甲の負担とし、引渡しの日以降を乙の負担とする。

2　公租公課の分担金の精算は、第2条に定める売買代金の支払時に行う。

（本物件の引渡し）

第9条　甲は、乙に対し、第2条に定める売買代金の受領と引換えに、本物件を引き渡す。

（所有権の移転）

第10条　本物件の所有権は、本件土地、本件建物のいずれも、甲が乙から第2条に定める売買代金を受領した時に、甲から乙に移転する。

（所有権移転登記）

第11条　甲は、乙に対し、第2条に定める売買代金の受領と引換えに、本物件の所有権移転登記手続を行う。

2　前項に定める所有権移転登記手続の費用は、乙の負担とする。

（危険負担）

第12条　本契約締結後、本物件の引渡しまでの間に、天災地変その他甲乙いずれの責めにも帰すことができない事由により本物件の一部又は全部が損傷又は滅失したときは、その損傷又は滅失については、甲の負担とする。

2　前項の損傷又は滅失により本物件の引渡しができないときは、乙は本契約を解除することができる。

（履行請求と解除）

第13条　甲又は乙は、相手方が本契約の各条項に違反した場合、相当の期間を定め、その履行ないし是正を催告することができる。

2　甲又は乙は、前項の定めによる履行又は是正の請求にかかわらず、相手方が催告に従った履行又は是正をしないときは、本契約を解除できる。

3　前項による解除は、次条に基づく損害賠償請求を妨げない。

（損害賠償）
第14条　甲又は乙は、相手方が本契約の各条項に違反した場合、それによって生じた損害の賠償を請求することができる。ただし、その不履行が、相手方の責めに帰すことのできない事由によって生じた場合はこの限りではない。

（契約不適合）注3
第15条　本物件が、本契約の内容に適合しないものであった場合、乙は甲に対し、相当の期間を定めて、本物件の修補等履行の追完を請求することでき、その期間内に履行できないときは、代金の減額を請求することができる。
2　前項に定める不適合により乙において本契約を締結した目的が達せられない場合、乙は本契約を解除することができる。
3　前各項に基づく請求は、前条に基づく乙による損害賠償請求を妨げない。
4　前各項に基づく請求は、本物件の引渡後〇か月を経過したときはできないものとする。ただし、数量不足の場合はこの限りではない。注3

> 注3　数量不足の場合、契約不適合責任の期間制限の規定が適用されないが、本契約では、第5条で土地については実測面積との補正を、建物については登記簿上の面積によることを規定していることから、実際上契約不適合が問題となることは考えにくい。

（反社会勢力の排除）注4
第16条　甲及び乙は、それぞれ相手方に対し、次の各号の事項を確約する。
　(1)　自らが、暴力団、暴力団関係企業、総会屋若しくはこれらに準ずる者又はその構成員（以下総称して「反社会的勢力」という）ではないこと。
　(2)　反社会的勢力に自己の名義を利用させ、本契約を締結するものでないこと。
　(3)　本物件の引渡し及び売買代金の全額の支払いのいずれもが終了するまでの間に、自ら又は第三者を利用して、本契約に関して相手方に対する脅迫的な言動又は暴力を用いる行為をしないこと。
2　甲又は乙の一方について、次の各号のいずれかに該当した場合には、その相手方は、何らの催告を要せずして、本契約を解除することができる。
　(1)　前項第1号の確約に反する申告をしたことが判明した場合
　(2)　前項第2号の確約に反し契約をしたことが判明した場合
　(3)　前項第3号の確約に反した行為をした場合
3　乙は、甲に対し、自ら又は第三者をして本物件を反社会的勢力の事務所その他の活動の拠点に供しないことを確約する。
4　甲は、乙が前項に反した行為をした場合には、何らの催告を要せずして、本契約を解除することができる。
5　第2項又は前項の規定により本契約が解除された場合には、解除された者は、その相手方に対し、違約金（損害賠償額の予定）として金〇〇〇〇円（売買代金の20％相当額）を支払うものとする。
6　第2項又は第4項の規定により本契約が解除された場合には、解除された者は、解除により生じる損害について、その相手方に対し一切の請求を行わない。
7　乙が第3項の規定に違反し、本物件を反社会的勢力の事務所その他の活動の拠点に供したと

認められる場合において、甲が第4項の規定により本契約を解除するときは、乙は、甲に対し、第5項の違約金に加え、金〇〇〇〇円（売買代金の80％相当額）の違約罰を制裁金として支払うものとする。

> [注4] **本契約においても、反社会勢力排除条項を設けることが望ましい**（第1章第1節第2第2項「f 反社会的勢力排除条項」参照）。

（貼用印紙代の負担）
第17条 本契約締結に要する印紙代は、甲乙の折半とする。

（裁判管轄）
第18条 本契約に関し、紛争が生じたときは、本物件の所在地を管轄する裁判所をもって第一審の専属的合意管轄裁判所とする。

甲と乙は以上のとおり合意し、その成立の証として、本契約書2通を作成し、各自、署名又は記名捺印の上、各1通宛所持するものとする。

令和〇年〇月〇日

甲（売主）
　住所　× × × ×
　氏名　〇 〇 〇 〇　㊞
乙（買主）
　住所　× × × ×
　氏名　〇 〇 〇 〇　㊞

土地の表示
所在　〇〇県〇〇市〇〇町〇〇丁目
地番　〇〇番
地目　宅地
地積　〇〇．〇〇平方メートル

建物の表示
所在　〇〇県〇〇市〇〇町〇〇丁目〇〇番地
家屋番号　〇〇番
種類　〇〇〇〇
構造　〇〇〇〇
床面積　〇〇．〇〇平方メートル

関連法令：民法555条

2　建売住宅売買契約

ア　解説

　建売住宅とは、既に建築された住宅を販売する場合をいう。これから建築する住宅を販売する場合もあるが、いずれにせよ売主が建てた住宅を販売する場合である。住宅の建築に際し買主の希望や設計を反映させることはできないが、取得コストを抑えられる場合が多い。

　建売住宅は、住宅の建築に際し買主が関与していないことから、買主が引渡しを受けてから思わぬ住宅の不具合に気が付くこともある。不具合を発見した場合に、それが契約に適合しない場合であれば、契約に基づいて売主に対応を求めることとなる。

　もっとも、売主が対応するといっても、売主は費用を負担するものか、売主自ら修繕工事を実施するものか、住宅を建築した第三者が対応するものか、対応方法の違いによりコストが異なることから契約の内容をよく確認しておくことが重要である。

イ　実務上のポイント

　販売価格を抑えるため、建売住宅の売買契約において、契約不適合が生じた場合の売主の責任を予め免れる規定や、引渡し後売主が責任を負う期間を限定する条項が設けられることがある。

　コストを抑えるためとはいえ、売主が責任を負わないことを認めると、住宅の枢要な構造部に不具合が生じてしまうと、新築住宅を購入したにもかかわらず住むことができないという事態が生じかねない。そこで、住宅品確法は、新築住宅に係る契約不適合責任の特例を規定している。その概要は以下のとおりである。

　住宅の基礎、壁、土台等の構造耐力上主要な部分、又は住宅の屋根又は外壁等の雨水の侵入を防止する部分に不具合が生じた場合、買主は、修補請求、損害賠償請求、解除をすることができ、その期間は、完成引渡しから10年間と定められている。売買契約において、これらに反し住宅取得者に不利な特約を締結しても無効となる（本章第2の3項ウ参照）。

第2章 売　買

【書式例】　建売住宅売買契約書

```
┌─────────┐
│ 収　　入 │
│ 印　　紙 │
│   注1    │
└─────────┘
```
　　　　　　　　　　　　　　建売住宅売買契約書

> 注1　印紙税法別表第一課税物件表の第1号の1文書（不動産の譲渡に関する契約書）に該当し、契約金額（消費税を除いた土地及び建物の売買代金総額）に応じた印紙税が課税される。なお、不動産の譲渡契約書には、軽減税率の適用がある（税特措91条）。

　売主○○○○（以下「甲」という。）と買主○○○○（以下「乙」という。）とは、後記「土地の表示」「建物の表示」に記載の不動産（以下「本件不動産」という。）について、次のとおり売買契約を締結する。

（売買の合意）注2
第1条　甲は、乙に対し、本日本件不動産を金○○○○万円にて売り渡し、乙はこれを買い受ける。
　　内訳　土地代金　　○○○○万円
　　　　　建物代金　　○○○○万円（うち消費税○○万円）
> 注2　個人間の売買の場合、土地代金には消費税は課税されないが、建物代金には消費税が課税される。

（代金の支払）
第2条　乙は、甲に対し、前条に定める代金を次の各号に定めるとおり支払う。
　(1)　令和○○年○○月○○日限り、中間金として金○○円
　(2)　令和○○年○○月○○日限り、第5条第1項に定める所有権移転登記手続と引換えに、売買残代金として金○○円

（公租公課の負担）
第3条　本件不動産に対して賦課される公租公課は、本件不動産の引渡日の前日までの分を甲が、引渡日以降の分を乙が、それぞれ負担する。
2　公租公課の分担の起算日は、1月1日とする。
3　公租公課の分担金の精算は、第2条第2号に定める売買残代金支払時に行う。

（所有権移転）
第4条　本件不動産の所有権は、乙が第2条第2号に定める売買残代金を含む売買代金全額を支払い、甲がこれを受領した時に、甲から乙に移転する。

（所有権移転登記）注3
第5条　甲は、乙に対し、第2条第2号に定める売買残代金の受領と引換えに、本件不動産を引き渡し、本件不動産の所有権移転登記手続を行う。
2　前項に定める所有権移転登記手続の費用は、乙の負担とする。ただし、同移転登記を行うためにあらかじめ甲が行うべき手続費用については甲の負担とする。
> 注3　建売住宅の場合、建物の保存登記をしてから所有権移転登記をすることになるが、ここでは売主があ

らかじめ建物の所有権保存登記をしたうえで、買主に対し所有権移転登記をすることを想定している。

（境界の明示及び実測図の作成）

第6条　甲は、本件不動産を引き渡すまでに、乙に対し、現地において本件土地と隣地との境界を明示する。

2　甲は、第2条第2号に定める売買残代金の受領と引換えに、乙に対し、甲が作成し又は保有する次の各号に定める書類等を交付する。

(1)　本件不動産に関する測量図・隣地との境界確認に関する書類

(2)　本件不動産の建築確認申請及び同確認済みであること並びに完了検査済みであることに関する書類の全部

（危険負担）

第7条　本契約締結後、本件不動産の引渡しまでの間に、天災地変その他甲乙いずれの責めにも帰すことができない事由により本件不動産の一部又は全部が損傷又は滅失したときは、その損傷又は滅失については、甲が負担する。

2　前項の損傷又は滅失により本件不動産の引渡しができないときは、乙は本契約を解除することができる。

（保証と契約不適合）注4

第8条　甲は乙に対し、本件不動産の引渡後1年間保証をし、引渡し後自然に発生した損傷等については、甲が無償で修理をする。

2　本件不動産が、本契約の内容に適合しないものであった場合、乙は甲に対し、相当の期間を定めて、本件土地の修補等履行の追完を請求することでき、その期間内に履行できないときは、代金の減額を請求することができる。

3　前項に定める不適合により、乙において本契約を締結した目的が達せられない場合、乙は本契約を解除することができる。

4　前2項に基づく請求は、乙による損害賠償請求を妨げない。ただし、当該不適合が乙の責めに帰することのできない事由により生じた場合は、この限りではない。注5

5　前3項に基づく請求は、数量不足の場合を除き、本件不動産の引渡し後○年を経過したときはできないものとする。ただし、建物について「住宅の品質確保の促進等に関する法律」の対象となる基本構造部分（住宅の基礎、壁、土台等の構造耐力上主要な部分、又は住宅の屋根又は外壁等の雨水の侵入を防止する部分）に不具合が生じた場合については、引渡し後10年を経過するまでとする。注6

注4　建売住宅の売買においては、引渡し（入居）後一定期間、売主が建物の品質について無償で保証することがある。

注5　改正民法564条により、契約不適合の場合の損害賠償責任は、債務不履行の一般原則によると明記され、従来のように、一般の債務不履行責任は過失責任、瑕疵担保責任は無過失責任という区別はなくなった。

注6　ただし書は住宅の品質確保の促進等に関する法律に基づくものであり、責任期間を引渡しから10年となる。

（反社会勢力の排除）注7

第9条　甲及び乙は、それぞれ相手方に対し、次の各号の事項を確約する。

第2章　売　買

 (1) 自らが、暴力団、暴力団関係企業、総会屋若しくはこれらに準ずる者又はその構成員（以下総称して「反社会的勢力」という）ではないこと。
 (2) 反社会的勢力に自己の名義を利用させ、本契約を締結するものでないこと。
 (3) 本件不動産の引渡し及び売買代金の全額の支払いのいずれもが終了するまでの間に、自ら又は第三者を利用して、本契約に関して相手方に対する脅迫的な言動又は暴力を用いる行為をしないこと。
2 甲又は乙の一方について、次の各号のいずれかに該当した場合には、その相手方は、何らの催告を要せずして、本契約を解除することができる。
 (1) 前項第1号の確約に反する申告をしたことが判明した場合
 (2) 前項第2号の確約に反し契約をしたことが判明した場合
 (3) 前項第3号の確約に反した行為をした場合
3 乙は、甲に対し、自ら又は第三者をして本件不動産を反社会的勢力の事務所その他の活動の拠点に供しないことを確約する。
4 甲は、乙が前項に反した行為をした場合には、何らの催告を要せずして、本契約を解除することができる。
5 第2項又は前項の規定により本契約が解除された場合には、解除された者は、その相手方に対し、違約金（損害賠償額の予定）として金〇〇〇〇円（売買代金の20％相当額）を支払うものとする。
6 第2項又は第4項の規定により本契約が解除された場合には、解除された者は、解除により生じる損害について、その相手方に対し一切の請求を行わない。
7 乙が第3項の規定に違反し、本件不動産を反社会的勢力の事務所その他の活動の拠点に供したと認められる場合において、甲が第4項の規定により本契約を解除するときは、乙は、甲に対し、第5項の違約金に加え、金〇〇〇〇円（売買代金の80％相当額）の違約罰を制裁金として支払うものとする。

> 注7　**本契約においても、反社会勢力排除条項を設けることが望ましい**（第1章第1節第2-2ウ「f　反社会的勢力排除条項」参照）。

（貼用印紙代の負担）
第10条　甲及び乙は、本契約の締結に要する印紙代を、甲乙折半し負担するものとする。
（裁判管轄）
第11条　甲乙は、本契約に関する紛争については〇〇地方裁判所を第一審の専属的合意管轄裁判所とする。

 甲と乙は以上のとおり合意し、その成立の証として、本契約書2通を作成し、各自、署名又は記名捺印の上、各1通宛所持するものとする。

 令和〇年〇月〇日

               甲（売主）
               住所　×　×　×　×

　　　　　　　　　　　　　　　　　　氏名　○　○　○　○　㊞
　　　　　　　　　　　　　　　　乙（買主）
　　　　　　　　　　　　　　　　　　住所　×　×　×　×
　　　　　　　　　　　　　　　　　　氏名　○　○　○　○　㊞

　土地の表示
　所在　○○県○○市○○町○○丁目
　地番　○○番
　地目　宅地
　地積　○○.○○平方メートル
　建物の表示
　所在　○○県○○市○○町○○丁目○○番地
　家屋番号　○○番
　種類　○○○○
　構造　○○○○
　床面積　○○.○○平方メートル

関連法令：住宅の品質確保の促進等に関する法律

3　土地売買契約（土地の境界が不明な場合）

ア　解説

　土地の売買にあたり、売買の対象となる土地の範囲を確認することは重要である。特に買主の場合、売買対象となる土地の範囲を見誤ると、売買された土地の範囲を超えた部分を敷地として建物を建築してしまい、知らないうちに他人の土地所有権を侵害するといった事態も生じ得る。

　しかし、すべての売買契約において必ずしも隣地境界が明示されるとは限らず、隣地との境界が明示されないまま契約に至ることもある。この点、不動産登記には、公図と呼ばれる図面が作成されているが、公図は、不動産登記法上定められている「地図」と異なり、詳細に作成されているわけではなく、公図が境界を明示しているとはいえない。また、売買の対象とされる区画が不動産登記の一筆の土地と対応していないこともある。

　所有する土地の範囲について隣地と紛争になった場合、筆界特定制度により、一筆の土地の範囲を明確化することもできるが筆界特定は一筆の土地の範囲を登記上明確にするための手続であって、所有権の範囲を確定させるためには、所有権確認請求訴訟など訴訟を通じて対応せざるを得ない。

イ　実務上のポイント

　隣地とのトラブルを回避するためには、売買契約時に隣地との境界を明確にしておくことが有用である。具体的には、境界確認書を作成することが考えられる。境界確認の方法としては、

第2章　売　買

隣地境界を明確にしたうえで測量し、測量に誤りがないことを、隣地所有者との間で確認することが考えられる。

売買当事者間では、売買契約書又は登記事項証明書の記載と、実測面積との間に差が生じた場合の代金の精算方法を予め定めておくことが考えられる。また、契約不適合の場合の対処を具体的に定め、予定していた建築ができない、用途に制限が生じてしまった場合の対処方法を明確化する対応をとることもある。さらには、売主が隣地との境界の確認が十分になされていないことを開示したうえで、売買契約書記載面積と実測面積に差が生じた場合、又は売買契約後に隣地と境界をめぐりトラブルが生じた場合でも、責任を負担しないことを予め規定しておく場合もある。

【書式例】　土地売買契約書（境界不明の場合）

　　収　入
　　印　紙
　　注1

土地売買契約書

注1　印紙税法別表第一課税物件表の第1号の1文書（不動産の譲渡に関する契約書）に該当し、契約金額（土地の売買代金）に応じた印紙税が課税される。なお、不動産の譲渡契約書には、軽減税率の適用がある（税特措91条）。

　売主○○○○（以下「甲」という。）と買主○○○○（以下「乙」という。）は、本日以下のとおり土地売買契約を締結する。

（売買）
第1条　甲は乙に対し、別紙物件目録記載の土地（以下「本件土地」という。）を代金金○○○○万円として売り渡し、乙はこれを買い受ける。
　　（境界の明示及び実測による売買代金の修正）注2
第2条　甲は、乙に対して本件土地引渡しの時までに現地において隣地との境界を明示する。
2　甲は、前項の境界明示後直ちに本件土地を実測する。測量費用は甲の負担とする。
3　甲は、第4条に定める売買代金の受領と引換えに、乙に対し、本件土地に関する測量図・隣地との境界確認に関する書類を交付する。
4　本件土地の面積は実測によるものとし、実測された面積が登記簿上の面積と異なるときは、1平方メートル当たり金○○円を実測面積で乗じて計算した金額と第1条の本件土地の価格との差額について、売買代金支払時に精算する。
　　注2　隣地との境界が不明であることを前提に、売主が境界確認並びに測量を実施し、その成果物を買主に交付することにより、境界を確認する手続を規定した。

（手付）

第3条　乙は甲に対し、本契約締結と同時に手付金として、金○○円を支払い、甲はこれを受領した。
2　手付金は次条に定める売買代金の支払の際、無利息にて売買代金の一部に充当される。
3　甲及び乙は、相手方が本契約の履行に着手するまでの間、甲は乙に受領済みの手付金の倍額を支払い、また乙は甲に支払済みの手付金を放棄して、それぞれ本契約を解除することができる。
4　前項に基づく解除は違約と解さず、甲及び乙はお互いに相手方に対し損害賠償請求をしない。
（代金の支払）
第4条　乙は、甲に対し、令和○○年○○月○○日までの甲乙別途協議のうえ定める期日に、第7条に定める本件土地の所有権移転登記手続と引換えに、第1条に定める売買代金を支払う。
（公租公課の分担）
第5条　本件土地に対して賦課される公租公課は、本件土地の引渡日の前日までの分を甲が、引渡日以降の分を乙が、それぞれ負担する。
2　公租公課の分担の起算日は、1月1日とする。
3　公租公課の分担金の精算は、売買代金支払時に行う。
（引渡し）
第6条　甲は、乙に対し、第4条に定める売買代金の支払と引き替えに、本件土地を引き渡す。
2　乙は、甲に引渡確認書を交付して、前項に定める引渡しの確認を行う。
（所有権移転登記）
第7条　甲は乙に対し、第4条に定める売買代金の支払と引換えに、本件土地につき所有権移転登記手続を行う。
2　前項に定める所有権移転登記手続に要する登記費用は、乙の負担とする。
（担保権等の抹消）
第8条　甲は乙に対し、前条に定める所有権移転登記手続を行うまでに、本件土地について抵当権、質権、先取特権等の乙の完全な所有権の行使を阻害する一切の負担を甲の責任と費用において消除する。
（境界を明示できない場合の措置）　注3
第9条　令和○○年○○月○○日までに第2条第1項で定めた境界の明示ができないときは、甲又は乙は、相手方に対する意思表示により、本契約を解除することができる。
2　前項の場合、甲は乙に対し、受領している手付金を無利息にて返還する。
3　本条による解除の場合、違約と解さず、甲及び乙はお互いに相手方に対し損害賠償請求をしない。

> 注3　境界の明示ができない場合、契約違反とはいえないが、境界を明示することが前提となっている契約であることから、その場合、当事者双方が契約関係を解消できるよう、解除権を留保する条項とした。

（履行請求と解除）
第10条　甲又は乙は、相手方が本契約の各条項に違反した場合、相当の期間を定め、その履行ないし是正を催告することができる。
2　甲又は乙は、前項の定めによる履行又は是正の請求にかかわらず、相手方が催告に従った履行又は是正をしないときは、本契約を解除できる。

3 前項による解除があった場合、次条に基づく損害賠償請求を妨げない。
（損害賠償）
第11条 甲又は乙は、相手方が本契約の各条項に違反した場合、それによって生じた損害の賠償を請求することができる。ただし、当該不履行が相手方の責に帰すことのできない事由による場合はこの限りではない。
（反社会勢力の排除） 注4
第12条 甲及び乙は、それぞれ相手方に対し、次の各号の事項を確約する。
  (1) 自らが、暴力団、暴力団関係企業、総会屋若しくはこれらに準ずる者又はその構成員（以下総称して「反社会的勢力」という）ではないこと。
  (2) 反社会的勢力に自己の名義を利用させ、本契約を締結するものでないこと。
  (3) 本件土地の引渡し及び売買代金の全額の支払いのいずれもが終了するまでの間に、自ら又は第三者を利用して、本契約に関して相手方に対する脅迫的な言動又は暴力を用いる行為をしないこと。
2 甲又は乙の一方について、次の各号のいずれかに該当した場合には、その相手方は、何らの催告を要せずして、本契約を解除することができる。
  (1) 前項第1号の確約に反する申告をしたことが判明した場合
  (2) 前項第2号の確約に反し契約をしたことが判明した場合
  (3) 前項第3号の確約に反した行為をした場合
3 乙は、甲に対し、自ら又は第三者をして本件土地を反社会的勢力の事務所その他の活動の拠点に供しないことを確約する。
4 甲は、乙が前項に反した行為をした場合には、何らの催告を要せずして、本契約を解除することができる。
5 第2項又は前項の規定により本契約が解除された場合には、解除された者は、その相手方に対し、違約金（損害賠償額の予定）として金○○○○円（売買代金の20％相当額）を支払うものとする。
6 第2項又は第4項の規定により本契約が解除された場合には、解除された者は、解除により生じる損害について、その相手方に対し一切の請求を行わない。
7 乙が第3項の規定に違反し、本件土地を反社会的勢力の事務所その他の活動の拠点に供したと認められる場合において、甲が第4項の規定により本契約を解除するときは、乙は、甲に対し、第5項の違約金に加え、金○○○○円（売買代金の80％相当額）の違約罰を制裁金として支払うものとする。
    注4 本契約においても、反社会勢力排除条項を設けることが望ましい（第1章第1節第2－2ウ「カ　反社会的勢力排除条項」参照）。
（契約締結費用の負担）
第13条 本契約締結に要する費用は、甲乙折半とする。
（管轄）
第14条 本契約に関する紛争について、○○地方裁判所を第一審の専属的合意管轄裁判所とする。

甲と乙は以上のとおり合意し、その成立の証として、本契約書2通を作成し、各自、署名又は記名捺印の上、各1通宛所持するものとする。

　令和○年○月○日

　　　　　　　　　　　　　　　　　　　　　甲（売主）
　　　　　　　　　　　　　　　　　　　　　　住所　××××
　　　　　　　　　　　　　　　　　　　　　　氏名　○○○○　㊞
　　　　　　　　　　　　　　　　　　　　　乙（買主）
　　　　　　　　　　　　　　　　　　　　　　住所　××××
　　　　　　　　　　　　　　　　　　　　　　氏名　○○○○　㊞

（別紙）

　　　　　　　　　　　　　　　物件目録

　物件の表示
　所在　○○県○○市○○町○○丁目
　地番　○○番
　地目　宅地
　地積　○○．○○平方メートル

関連法令：筆界特定制度

4　申込証拠金（預り証）
ア　解説
　申込証拠金とは、売買契約締結前に、購入希望者が購入の意思を明確にする趣旨で、売主に交付する金員であり、金額は、10万円以内である場合が多い。

　法律上の位置づけは必ずしも明確ではないが、実務上、購入希望者は売主に申込証拠金を預託し購入希望を明確にする一方、不動産会社は、当該購入希望者に優先権を付与し、以後、別の顧客への案内を停止する。

　契約を締結した場合、申込証拠金は手付金や契約費用の一部に充当され、契約締結に至らなかった場合には、全額返還される場合が多いが、申込証拠金の取扱いは当事者の合意によることになる。

イ　実務上のポイント
　トラブルになりやすいのは、申込証拠金を支払ったものの契約締結に至らず、申込証拠金の返還を求める場合である。

申込証拠金の法的性質が明らかでないことから、契約締結に至らなかった場合の取扱いを明確にしておかなければ、返還の要否をめぐってトラブルになることがある。例えば、領収証のただし書として「申込証拠金として」といった記載だけでは不十分であって、契約締結に至った場合と至らなかった場合の取扱いを明確にしておくべきといえる。

なお、宅地建物取引業者の場合、相手方等が契約の申込みの撤回を行うに際し、既に受領した預り金を返還することを拒むことは禁止されている（宅建業47条の2第3項、宅建業則16条の12第2号）。

【書式例】申込証拠金預り証

収入印紙　注1

預り証

注1　印紙税法別表第一課税物件表の第17号の2文書（売上代金以外の金銭の受取書）に該当し、1通につき200円の印紙税が課税される。なお、受領金額が5万円未満の場合は、非課税である。

○○○○殿

金○○○○○円

本日、下記不動産購入の申込証拠金として、上記金員をお預かりしました。
お預かりした申込証拠金は、利息を付さず、売買契約締結時の手付金に充当します。注2
万一、売買契約締結に至らなかったときは、利息を付さず全額返金致します。

　　注2　契約約締結に至った場合、又は至らなかった場合の申込証拠金の取扱いを定めておくことが重要である。

令和○○年○○月○○日

　　　　　　　　　　　　　　　　甲（売主）
　　　　　　　　　　　　　　　　住所　××××
　　　　　　　　　　　　　　　　株式会社　○○○○　㊞

【不動産の表示】
所在　○○県○○市○○町○○丁目○○番地
建物の名称　○○○マンション○○○号室

5　買付証明・売渡承諾
ア　解説

　買付証明は、当該不動産の購入希望者が、売却予定者に、購入の意思、購入予定価格などの意向を示す書類である。一方、売渡承諾は、売却予定者が、購入希望者に対し、売却の意思を表明する書類である。

　買付証明が提出されたのち、売却予定者が売却の意思を固めれば、通常は、売買契約を締結することになるから、必ずしも買付証明に呼応するかたちで売渡承諾が出るものではない。

イ　実務上のポイント

　買付証明、売渡承諾ともに法的拘束力はないと解されている。したがって、買付証明を発行した後に、売買契約を締結しなかったとしても法的ペナルティーが生じるわけではない。もっとも、売主と買主の間の信頼関係を毀損しないためにも、有効期間の表示は必要である。

【書式例】買付証明書

```
　　令和○○年○○月○○日

　注　印紙税法別表第一課税物件表の課税文書には該当せず、印紙税は課税されない。

                                                              ○○株式会社御中
                              買付証明書
　東京都○○区○○町○○
　○○株式会社

　弊社は、下記記載の不動産を買い受けたく、下記の条件にて本書を差し入れます。

　１．売買価格
　　　○○○○万円
　２．取引条件
　　　別途ご相談
　３．有効期限
　　　令和○○年○○月○○日

                            【物件の表示】
　所在　　○○県○○市○○町○○丁目
　地番　　○○番
　地目　　宅地
　地積　　○○．○○平方メートル
```

【書式例】売渡承諾書

```
┌─────────┐
│ 収　入　 │                   売渡承諾書
│ 印　紙　 │
│  注1　　 │
└─────────┘
```

注　印紙税法別表第一課税物件表の第1号の1文書（不動産の譲渡に関する契約書）に該当し、契約金額（土地の売買価格）に応じた印紙税が課税される。なお、不動産の譲渡契約書には、軽減税率の適用がある（税特措91条）。

令和〇〇年〇〇月〇〇日〇

〇〇〇〇殿

東京都〇〇区〇〇町〇〇
売主　〇〇〇〇

下記記載の不動産につき、下記条件にて売り渡すことを承諾いたします。

1．売買価格
　　〇〇〇〇万円
2．取引条件
　　手付金別途ご相談
3．有効期限
　　令和〇〇年〇〇月〇〇日
4．金融機関の融資承認が出なかった場合、この売渡承諾は無効といたします。

【物件の表示】
所在　〇〇県〇〇市〇〇町〇〇丁目
地番　〇〇番
地目　宅地
地積　〇〇．〇〇平方メートル

6　住宅ローン利用の特則

ア　解説

　不動産は価値が高く、売買価格は高額となるため、個人が住宅として不動産を購入する場合には、金融機関の融資（住宅ローン）を利用することが多い。
　売買契約締結後に住宅ローンの融資の実行を受ける場合、融資が実行されなければ、買主は売買代金を支払えず契約の履行が困難となるばかりか、売主としても売買代金を受領できない

以上、契約を解消したいと考えるのが通常である。そこで、不動産の売買契約に際し、売買契約の特則として、売買代金支払いのため、金融機関に融資申込みをすることを記載するとともに、融資が実行されないことを解除条件とする、住宅ローン条項を定める場合がある。

イ 実務上のポイント

住宅ローンの性質上、買主が融資を申し込んでから金融機関の審査には一定の期間を要することから、売主が不測の損害を被らないよう、融資実行の期限を設定することが重要である。また、融資が実行されないことによる契約の解消は、買主の債務不履行を構成しないことにも注意を要する。

【書式例】住宅ローン条項

注1　この特約条項のみを契約として取り交わす場合には、印紙税法別表第一課税物件表の課税文書には該当せず、印紙税は課税されない。なお、本契約書にこの特約条項が付される場合は、本契約書自体は、第1号の1文書（不動産の譲渡に関する契約書）に該当し、印紙税が課税される。

特約条項

1．乙は、本契約締結後すみやかに、下記融資の申込手続をしなければならない。
　融資申込先金融機関　○○○○銀行　○○支店
　融資承認予定日　　　令和　　年　　月　　日 注2
　融資金額　　　　　　　　　　　　　　　円 注3

注2　融資承認予定日を過ぎて、融資可否の判断がされない場合、契約が当然に解消されるため、融資審査に必要な合理的な期間を設定する必要がある。

注3　全額について融資実行されたのか、一部にとどまるかの紛争を回避するためにも、融資予定金額を明示すべきである。

2．乙が、前項に定める融資の全部又は一部について承認を得られないとき、又は、融資承認予定日までに、融資可否の判断が得られないときは、本契約は当然に解除となる。

3．前項の定めにより本契約が解除されたときは、甲は、既に収受した金員を無利息で乙に返還する。 注4

注4　解除条件の成就により、契約関係が消滅することの帰結である。

4．甲及び乙は、第2項による解除の場合、本契約違反による解除でないことを相互に確認する。 注5

注5　相互に損害賠償請求権が発生しないことを確認するものである。

5．乙が、第1項に定める融資の申し込みをせず、又は融資審査に必要な事実の申告に際し、故意に虚偽の事実を申告した結果、融資の承認が得られなかったときは、第2項の規定は適用されない。 注6

注6　買主が、違約を生じさせることなく契約解消するために、ローン審査を妨害することを防止するための規定である。

7 農地売買契約

ア 解説

農地は生活に必要な食料の大切な生産基盤であり、食料自給率の低いわが国では、農地が減少すると、やがてわが国の食糧供給に深刻な影響を生じさせてしまう。そこで、農地法は、農地の売買・転用等について原則として許可制としている。

農地を農地として売買する場合は、原則として、農業委員会の、農地を転用し又は転用のために権利移転するには、都道府県知事の許可が必要であるが（農地3条〜5条）、後者についても、実際の手続としては許可権者の許可を求めて農業委員会に申し出ることが多い。許可権者は、当該農地の立地や申請目的から許可するか否かを判断する。なお、市街化区域内農地については、農業委員会への届出により転用することができる。

イ 実務上のポイント

売買契約を締結したとしても、農地法の許可を取得しない限り権利移転の効力は生ぜず、所有権は移転しない。また、農地法の許可を取得せずに農地の転用を行うと、工事の中止や原状回復等の命令が出されることがあるほか、罰則が適用される場合もあるので注意を要する。

なお、農地の権利移転方法として、農業経営基盤強化促進法に基づく農用地利用集積計画による方法がある。この場合、農地法の適用除外となるため、農地法の規定する許可は不要である。

【書式例】農地売買契約書1（農地として売買する場合）

収入印紙 注1

農地売買契約書

注1　印紙税法別表第一課税物件表の第1号の1文書（不動産の譲渡に関する契約書）に該当し、契約金額（土地の売買代金）に応じた印紙税が課税される。なお、不動産の譲渡契約書には、軽減税率の適用がある（税特措91条）。

売主○○○○（以下「甲」という。）と買主○○○○（以下「乙」という。）は、次のとおり農地売買契約（以下「本契約」という。）を締結する。

（売買の目的物）注2
第1条　甲は、乙に対し、後記の土地（以下「本件土地」という。）を乙が農地として利用するために売り渡し、乙はこれを買い受ける。

注2　本件売買契約が、農地を引き続き農地として利用することを目的とするものであることを明らかにするために、乙の土地利用目的を明記した。

（売買代金）
第2条　本件土地の売買代金は、金〇〇〇〇万円とする。
（売買対象面積）
第3条　本件土地の面積は後記記載面積によるものとし、実測された面積が後記記載面積と相違する場合であっても、甲及び乙は相互に相手方に対し売買代金の増減等、一切異議を申し出ず、何ら請求を行わない。
（手付金）
第4条　乙は、甲に対し、本日、手付金として金〇〇円を支払い、甲はこれを受領した。
2　手付金は無利息とし、第6条第2項に定める売買残代金支払時に、売買代金の一部に充当する。
3　甲及び乙は、相手方が本契約の履行に着手するまでの間、甲は乙に受領済みの手付金の倍額を支払い、また乙は甲に支払済みの手付金を放棄して、それぞれ本契約を解除することができる。
4　前項による解除の場合、違約と解してはならない。
（公租公課の分担）
第5条　本件土地に対して賦課される公租公課は、本件土地の引渡日の前日までの分を甲が、引渡日以降の分を乙が、それぞれ負担する。
2　公租公課の分担の起算日は、1月1日とする。
3　公租公課の分担金の精算は、残代金支払時に行う。
（売買代金の支払）
第6条　乙は甲に対し、令和〇年〇月〇日限り、次条に定める仮登記手続と引換えに、中間金として金〇〇〇万円を支払う。
2　乙は甲に対し、第8条に定める許可取得の日から1か月以内の日として甲乙別途協議のうえ定める日限り、第10条に定める所有権移転登記手続と引換えに残代金を支払う。
（仮登記）
第7条　甲は乙に対し、令和〇年〇月〇日限り、前条第1項に定める中間金の支払と引換えに、本件土地につき所有権移転登記仮登記手続を行う。
2　仮登記手続に要する費用は、乙の負担とする。
（許可申請）　注3
第8条　甲は、本契約締結後直ちに〇〇市農業委員会に対し、農地法第3条の許可の申請手続を行う。
2　農地法第3条の許可の申請手続に要する費用は、甲の負担とする。

　注3　許可権者は、**都道府県知事又は市町村長**であるが、許可申請自体は農業委員会にあてて行うこととなる。

（引渡し）　注4
第9条　甲は、乙に対し、第6条第2項に定める売買残代金の受領と引替えに、本件土地を引き渡す。
2　乙は、甲に引渡確認書を交付して、前項の引渡しの確認を行う。

　注4　引渡しが行われたことを外形上明らかにするために、**引渡確認書**を交付することが考えられる。

（所有権移転登記）

第2章 売 買

第10条 甲は、乙に対し、第6条第2項に定める売買残代金の受領と引替えに、本件土地について所有権移転登記の申請手続を行う。

2 所有権移転登記手続に要する費用は、乙の負担とする。

（担保権等の抹消）

第11条 甲は、本件土地の所有権移転の時までに、抵当権等の担保権、賃借権等の用益権その他乙の完全な所有権の行使を阻害する一切の負担を甲の責任と費用において消除する。

（解約） 注5

第12条 本契約は、売買契約締結から6か月以内に農地法第3条の許可が得られることを条件とする。ただし、甲乙協議の上、同期間を延長することができる。

2 前項の条件の不成就が確定した場合、本契約は当然に解除されるものとし、甲は、乙に対し、速やかに手付金及び中間金を含む既に乙から受領している金員を無利息にて返還する。

3 前2項に基づき本契約が解除された場合、乙は甲に対し、前項に定める支払と引換えに、第7条第1項に基づく仮登記の抹消登記手続を行う。

4 前項に定める仮登記抹消登記手続に要する費用は甲の負担とする。

5 本条による解約の場合、違約と解してはならず、甲又は乙は相互に損害賠償請求権を有しない。

> 注5 農地法に定める許可が得られない場合、所有権移転の効力が生じないことから、本契約の効力を維持することは当事者の意思に反すると考えられる。そこで、一定の期間内に農地法の許可が得られないことを停止条件として、当然解約の特約を付した。

甲と乙は以上のとおり合意し、その成立の証として、本契約書2通を作成し、各自、署名又は記名捺印の上、各1通宛所持するものとする。

令和〇年〇月〇日

　　　　　　　　　　　　　　　　　　　　甲（売主）
　　　　　　　　　　　　　　　　　　　　住所　×　×　×　×
　　　　　　　　　　　　　　　　　　　　氏名　〇　〇　〇　〇　㊞
　　　　　　　　　　　　　　　　　　　　乙（買主）
　　　　　　　　　　　　　　　　　　　　住所　×　×　×　×
　　　　　　　　　　　　　　　　　　　　氏名　〇　〇　〇　〇　㊞

物件の表示
　所在　〇〇県〇〇群〇〇町大字〇〇
　地番　〇〇番
　地目　農地
　地積　〇〇．〇〇平方メートル

【書式例】農地売買契約書2（農地を転用して売買する場合）

```
┌─────┐
│収 入│
│印 紙│            農地売買契約書
│注1 │
└─────┘
```

注1　印紙税法別表第一課税物件表の第1号の1文書（不動産の譲渡に関する契約書）に該当し、契約金額（土地の売買代金）に応じた印紙税が課税される。なお、不動産の譲渡契約書には、軽減税率の適用がある（税特措91条）。

売主〇〇〇〇（以下「甲」という。）と買主〇〇〇〇（以下「乙」という。）は、次のとおり農地売買契約（以下「本契約」という。）を締結する。

（売買の目的物）注2
第1条　甲は、乙に対し、後記の土地（以下「本件土地」という。）を乙において宅地として使用するために売り渡し、乙はこれを買い受ける。

注2　本件売買契約が、農地を宅地に転用するための権利移転を目的とすることを明らかにするために、乙の土地利用目的を明記した。

（売買代金）
第2条　本件土地の売買代金は、金〇〇〇〇万円とする。

（売買対象面積）
第3条　本件土地の面積は後記記載面積によるものとし、実測された面積が後記記載面積と相違する場合であっても、甲及び乙は相互に相手方に対し売買代金の増減等、一切異議を申し出ず、何ら請求を行わない。

（手付金）
第4条　乙は、甲に対し、本日、手付金として金〇〇円を支払い、甲はこれを受領した。
2　手付金は無利息とし、第8条第2項に定める売買残代金支払時に、売買代金の一部に充当する。
3　甲及び乙は、相手方が本契約の履行に着手するまでの間、甲は乙に受領済みの手付金の倍額を支払い、また乙は甲に支払済みの手付金を放棄して、それぞれ本契約を解除することができる。
4　前項による解約の場合、違約と解してはならない。

（公租公課の分担）
第5条　本件土地に対して賦課される公租公課は、本件土地の引渡日の前日までの分を甲が、引渡日以降の分を乙が、それぞれ負担する。
2　公租公課の分担の起算日は、1月1日とする。
3　公租公課の分担金の精算は、残代金支払時に行う。

（許可申請）

第6条　甲及び乙は、本契約締結後直ちに○○市農業委員会に対し、農地法第5条第1項の許可の申請手続を行う。
2　農地法第5条第1項の許可の申請手続に要する費用は、乙の負担とする。
（申請協力義務）
第7条　甲及び乙は、前条第1項に定める許可申請手続に際し相互に協力するものとする。
2　甲又は乙は、相手方に対し相当な期間を定め許可申請協力を要請したにもかかわらず、相手方がこれに応じないときは、本契約を解除することができる。
（売買代金の支払）
第8条　乙は甲に対し、令和○年○月○日限り、次条に定める仮登記手続と引換えに、中間金として金○○○万円を支払う。
2　乙は甲に対し、第6条第1項に定める許可取得の日から1か月以内の日として甲乙別途協議のうえ定める日限り、第12条第1項に定める所有権移転登記手続と引換えに残代金を支払う。
（仮登記）
第9条　甲は乙に対し、令和○年○月○日限り、前条第1項に定める中間金の支払と引換えに、本件土地につき所有権移転登記仮登記手続を行う。
2　仮登記手続に要する費用は、乙の負担とする。
（引渡し）
第10条　甲は、乙に対し、第8条第2項に定める売買残代金の受領と引替えに、本件土地を引き渡す。
2　乙は、甲に引渡確認書を交付して、前項の引渡しの確認を行う。
（所有権の移転）
第11条　本件土地の所有権は、甲が第8条第2項に定める売買残代金を受領したときに、甲から乙に移転する。
（所有権移転登記）
第12条　甲は、乙に対し、第8条第2項に定める売買残代金の受領と引替えに、本件土地について所有権移転登記の申請手続を行う。
2　所有権移転登記手続に要する費用は、乙の負担とする。
（担保権等の抹消）
第13条　甲は、本件土地の所有権移転の時までに、抵当権等の担保権、賃借権等の用益権その他乙の完全な所有権の行使を阻害する一切の負担を甲の責任と費用において消除する。
（解約）
第14条　本契約は、売買契約締結から6か月以内に農地法第5条第1項の許可が得られることを条件とする。ただし、甲乙協議の上、同期間を延長することができる。
2　前項の条件の不成就が確定した場合、本契約は当然に解除されるものとし、甲は、乙に対し、速やかに手付金及び中間金を含む既に乙から受領している金員を無利息にて返還する。
3　前2項に基づき本契約が解除された場合、乙は甲に対し、前項に定める支払と引換えに、第9条第1項に基づく仮登記の抹消登記手続を行う。
4　前項に定める仮登記抹消登記手続に要する費用は甲の負担とする。
5　本条による解約の場合、違約と解してはならず、甲又は乙は相互に損害賠償請求権を有しな

い。

(反社会勢力の排除) 注3
第15条 甲及び乙は、それぞれ相手方に対し、次の各号の事項を確約する。
  (1) 自らが、暴力団、暴力団関係企業、総会屋若しくはこれらに準ずる者又はその構成員（以下総称して「反社会的勢力」という）ではないこと。
  (2) 反社会的勢力に自己の名義を利用させ、本契約を締結するものでないこと。
  (3) 本件土地の引渡し及び売買代金の全額の支払いのいずれもが終了するまでの間に、自ら又は第三者を利用して、本契約に関して相手方に対する脅迫的な言動又は暴力を用いる行為をしないこと。
2　甲又は乙の一方について、次の各号のいずれかに該当した場合には、その相手方は、何らの催告を要せずして、本契約を解除することができる。
  (1) 前項第1号の確約に反する申告をしたことが判明した場合
  (2) 前項第2号の確約に反し契約をしたことが判明した場合
  (3) 前項第3号の確約に反した行為をした場合
3　乙は、甲に対し、自ら又は第三者をして本件土地を反社会的勢力の事務所その他の活動の拠点に供しないことを確約する。
4　甲は、乙が前項に反した行為をした場合には、何らの催告を要せずして、本契約を解除することができる。
5　第2項又は前項の規定により本契約が解除された場合には、解除された者は、その相手方に対し、違約金（損害賠償額の予定）として金○○○○円（売買代金の20％相当額）を支払うものとする。
6　第2項又は第4項の規定により本契約が解除された場合には、解除された者は、解除により生じる損害について、その相手方に対し一切の請求を行わない。
7　乙が第3項の規定に違反し、本件土地を反社会的勢力の事務所その他の活動の拠点に供したと認められる場合において、甲が第4項の規定により本契約を解除するときは、乙は、甲に対し、第5項の違約金に加え、金○○○○円（売買代金の80％相当額）の違約罰を制裁金として支払うものとする。

  注3　本契約においても、反社会勢力排除条項を設けることが望ましい（第1章第1節第2-2ウ「f　反社会的勢力排除条項」参照）。

(誠実協議)
第16条 本契約に定めのない事項又は本契約の各条項について疑義が生じたときは、甲乙双方誠実に協議し解決するものとする。

甲と乙は以上のとおり合意し、その成立の証として、本契約書2通を作成し、各自、署名又は記名捺印の上、各1通宛所持するものとする。

令和○年○月○日

　　　　　　　　　　　　　　　　　　　　　　　　　　　　甲（売主）

```
                                    住所　×　×　×　×
                                    氏名　○　○　○　○　㊞
                                 乙（買主）
                                    住所　×　×　×　×
                                    氏名　○　○　○　○　㊞

                    物件の表示
    所在　○○県○○市○○町○○丁目
    地番　○○番
    地目　農地
    地積　○○．○○平方メートル
```

関連法令：農地法3条～5条

8　買戻し
ア　解説

　買戻特約は、不動産売買契約において売主の解約権を留保する特約である。例えば、住宅用地として分譲された土地を買主が宅地以外の目的で使用・転売した場合に備えて、売主が分譲の趣旨を貫徹すべく当該土地を買い戻すための買戻特約を付しておくことがある。

　買戻特約が付された売買契約であっても、売買契約締結後、売主が売買代金を取得する段階までは、通常の売買契約と同じである。もっとも、後に、売主が買戻権を行使して、買主に買戻代金を払うことにより、売買契約を解約し不動産を取り戻すことができる。

　売主が一旦取得した金員を買戻権行使の際に買主に支払うという金員の流れに着目し、かつては金融のために買戻特約が利用されることが多くあった。しかし、安易な買戻特約により、売主が安価で不動産を手放す事態が問題となった。すなわち、買戻特約の場合、譲渡担保と異なり買主に精算義務が課されていないため、売主が買戻権を行使しない場合、買主は不動産価値と売買代金の差額を精算することなく、不動産を取得することになる。

　そこで、判例（最判平成18年2月7日民集60巻2号480頁）は、「買戻特約付売買契約の形式が採られていても、目的不動産の占有の移転を伴わない契約は、特段の事情のない限り、債権担保の目的で締結されたものと推認され、その性質は譲渡担保契約と解するのが相当」とし、占有の移転を伴わない売買契約に買戻し特約が付された場合、譲渡担保契約として精算義務が課されることとなった。

イ　実務上のポイント

　買戻特約は、条文上不動産についてのみ付することができるとされている。もっとも、動産について買戻特約を付することが禁止されるわけではない。

　売買契約と同時に買戻特約を設定し、同時に登記することにより、買戻特約を第三者に対抗

することができる。このことから、買戻特約付売買契約を締結した後、買戻しまでの間に、例えば、当該不動産に抵当権などの担保権が設定された場合でも、買戻権の行使によって、担保権は消滅する。

もっとも、買戻しの登記された後であっても、借地借家法所定の対抗力を備えた賃借人は、原則として、賃借権の残存期間中1年を超えない期間に限り、賃借権を対抗することができる。

買戻権の行使期間は契約時から10年を超えることができず、買戻期間を定めなかったときは、契約時から5年間とされる。

買戻代金について、改正前民法は、売買代金と契約費用を超えることができないとされていたが、民法改正により、当事者が別段の合意をした場合には、その合意により定めた金額によるとされ、売主が提供すべき金額に関するルールが任意法規であることが明文化された（改正民579条前段カッコ書）。

【書式例】 買戻特約付土地売買契約書

買戻特約付土地売買契約書

収入印紙 注1

注1　印紙税法別表第一課税物件表の第1号の1文書（不動産の譲渡に関する契約書）に該当し、契約金額（土地の売買代金）に応じた印紙税が課税される。なお、不動産の譲渡契約書には、軽減税率の適用がある（税特措91条）。
※買戻しか再売買の予約の方法によるものである場合は、不動産の売買代金と、再売買の予約による契約金額（再売買金額）との合計額が、記載された契約金額となる。

売主○○○○（以下「甲」という。）と買主○○○○（以下「乙」という。）は、次のとおり買戻特約付土地売買契約（以下「本契約」という。）を締結する。

（売買の合意と土地利用目的）注2
第1条　甲は、乙に対し、後記の土地（以下「本件土地」という。）を乙が宅地として利用するために売り渡し、乙はこれを買い受ける。
　注2　債権担保のため（譲渡担保）として扱われないために、土地利用目的を明記した。
（売買代金）
第2条　本件土地の売買代金は、金○○円とする。
2　乙は甲に対し、令和○○年○○月○○日限り、第5条第1項に定める所有権移転登記手続と引換えに、前項に定める売買代金を支払う。
（売買対象面積）
第3条　本件土地の売買対象面積は後記記載面積によるものとし、実測された面積が後記記載面

積と相違する場合であっても、甲及び乙は相互に相手方に対し売買代金の増減等、一切異議を申し出ず、何ら請求を行わない。
（公租公課の分担）
第4条 本件土地に対して賦課される公租公課は、本件土地の引渡日の前日までの分を甲が、引渡日以降の分を乙が、それぞれ負担する。
2 　公租公課の分担の起算日は、1月1日とする。
3 　公租公課の分担金の精算は、売買代金支払時に行う。
（所有権移転登記等）
第5条 甲は、第2条第2項に定める代金全額の支払を受けるのと引換えに、乙に対して、本件土地を引き渡し、所有権移転登記手続をする。
2 　前項に定める所有権移転登記の費用は乙の負担とする。
（買戻特約） 注3・4
第6条 甲は乙に対し、令和○○年○月○日を期限として、第2条第1項に定める売買代金○○円、本契約書に貼付する印紙代○○円及び前条第2項に定める登記費用の合計（以下「買戻代金」という。）を提供して、本件土地を買い戻すことができる。
2 　乙は、前条第1項に定める所有権移転登記を受けるのと同時に、前項に定める買戻特約の登記をする。
3 　前項に定める買戻特約登記の費用は、甲の負担とする。

> 注3 　当事者が合意により買戻代金を定めた場合、買戻代金は当事者の定めた金額によることとされたことから、買戻代金の金額を明示しておくことが望ましい。
> 注4 　改正民法579条の条文上、当事者が別段の意思表示をしないときは、不動産の果実と代金の利息は相殺されたものとみなされるから、買戻代金に利息を付する場合には別途明記する必要がある。

（買戻権の行使） 注5
第7条 甲が前条第1項に基づく買戻権を行使し、買戻代金全額の支払の提供をしたときは、本件土地所有権は、乙から甲に移転する。
2 　乙は甲に対し、買戻代金全額の支払を受けるのと引換えに、本件土地を引渡し、所有権移転登記手続をする。
3 　前項に定める所有権移転登記の費用は、甲の負担とする。

> 注5 　買戻特約は売買契約の解約であるが、買戻権を行使した場合の登記は、抹消登記ではなく所有権移転登記である。

（反社会勢力の排除） 注6
第8条 甲及び乙は、それぞれ相手方に対し、次の各号の事項を確約する。
(1) 　自らが、暴力団、暴力団関係企業、総会屋若しくはこれらに準ずる者又はその構成員（以下総称して「反社会的勢力」という）ではないこと。
(2) 　反社会的勢力に自己の名義を利用させ、本契約を締結するものでないこと。
(3) 　本件土地の引渡し及び売買代金の全額の支払いのいずれもが終了するまでの間に、自ら又は第三者を利用して、本契約に関して相手方に対する脅迫的な言動又は暴力を用いる行為をしないこと。
2 　甲又は乙の一方について、次の各号のいずれかに該当した場合には、その相手方は、何らの

催告を要せずして、本契約を解除することができる。
(1) 前項第1号の確約に反する申告をしたことが判明した場合
(2) 前項第2号の確約に反し契約をしたことが判明した場合
(3) 前項第3号の確約に反した行為をした場合
3 乙は、甲に対し、自ら又は第三者をして本件土地を反社会的勢力の事務所その他の活動の拠点に供しないことを確約する。
4 甲は、乙が前項に反した行為をした場合には、何らの催告を要せずして、本契約を解除することができる。
5 第2項又は前項の規定により本契約が解除された場合には、解除された者は、その相手方に対し、違約金（損害賠償額の予定）として金〇〇〇〇円（売買代金の20％相当額）を支払うものとする。
6 第2項又は第4項の規定により本契約が解除された場合には、解除された者は、解除により生じる損害について、その相手方に対し一切の請求を行わない。
7 乙が第3項の規定に違反し、本件土地を反社会的勢力の事務所その他の活動の拠点に供したと認められる場合において、甲が第4項の規定により本契約を解除するときは、乙は、甲に対し、第5項の違約金に加え、金〇〇〇〇円（売買代金の80％相当額）の違約罰を制裁金として支払うものとする。

注6 本契約においても、反社会勢力排除条項を設けることが望ましい（第1章第1節第2-2ウ「f 反社会的勢力排除条項」参照）。

（裁判管轄）
第9条 甲乙は、本契約に関する紛争については〇〇地方裁判所を専属的合意管轄裁判所に指定する。

（誠実協議）
第10条 本契約に定めのない事項又は本契約の各条項について疑義が生じたときは、甲乙双方誠実に協議し解決するものとする。

甲と乙は以上のとおり合意し、その成立の証として、本契約書2通を作成し、各自、署名又は記名捺印の上、各1通宛所持するものとする。

令和〇年〇月〇日

甲（売主）
　住所　×　×　×　×
　氏名　〇　〇　〇　〇　㊞
乙（買主）
　住所　×　×　×　×
　氏名　〇　〇　〇　〇　㊞

物件の表示

```
        所在　〇〇県〇〇市〇〇町〇〇丁目
        地番　〇〇番
        地目　宅地
        地積　〇〇.〇〇平方メートル
```

関連法令：民法 579 条以下

9　停止条件付借地権付建物売買契約

ア　解説

本契約は、借入人が、地主から、建物所有の目的で土地を賃借し、借地上に借地人所有の建物が存在するところ、第三者たる買主が、この借地人（売主）との間で、借地権付建物を売買する場合の契約である。

借地人が、借地上の建物を処分する際、従たる権利として借地権も買主に移転するところに本契約の特殊性がある（民 87 条 2 項）。そこで、借地権の譲渡につき、借地権の無断譲渡による借地契約の解除を防ぐために（民 612 条 2 項参照）、本契約では、地主の承諾が得られることを停止条件（民 127 条 1 項）とすることが必要である。また、借地権譲渡について、地主に不利となるおそれがないにもかかわらず、地主の承諾が得られない場合、買主は、裁判所に対し、地主の承諾に代わる許可を求める裁判を求めることができる（借地借家 19 条 1 項）ので、その許可の決定が得られたことを停止条件にしてもよい。なお、停止条件とは、契約の効力発生を不確実な事実にかからせる付款のことをいう。

イ　実務上のポイント

まず、借地権の無断譲渡により借地契約が解除され、売買の目的が達せられない場合に備えて、地主の承諾を得られること、又は、地主の承諾に代わる許可の決定の確定を停止条件とする必要がある。次に、かかる停止条件が成就した場合、買主は、借地権付建物売買によって借地人（売主）の地位を承継するので、借地契約の内容を確認する必要がある。これに加えて、借地人に借地契約についての債務不履行がある場合、これによる解除も考えられるため、これを防ぐために、契約に、売主が建物所有権の移転時までに債務不履行がないことの保証する条項を定めることも必要である（下記書式例第 8 条第 2 項参照）。

【書式例】借地権付建物の売買契約書（停止条件付借地権付建物売買契約）

収　入
印　紙
注1

借地権付建物売買契約書

注1　印紙税法別表第一課税物件表の第1号の1文書（不動産の譲渡に関する契約書）及び同第1号の文書（土地の賃借権の譲渡に関する契約書）に該当し、契約金額（消費税を控除した後の売買代金総額）に応じた印紙税が課税される。なお、不動産の譲渡契約書には、軽減税率の適用がある（税特措91条）。
※第1号の1及び第1号の2文書により、全体が第1号文書となる契約書であるため、軽減税率は契約金額（売買代金総額から消費税を控除した後の金額）に対して適用される。

売主○○○○を甲とし、買主○○○○を乙とし、本日、甲乙間において、次のとおり、売買契約（以下「本契約」という。）を締結する。

（売買）注2
第1条　甲は、乙に対し、第5条第1項に定める地主の承諾が得られたこと又は同第2項に定める地主の承諾に代わる裁判が確定したことを停止条件として、後記物件目録1載の建物（以下「本件建物」という。）を、同目録2記載の土地についての同目録3記載の借地権（以下「本件借地権」という。）とともに、下記の価格にて売り渡し、乙は、これを買い受けた。注3
記
(1)　建物代金　　　金○○○○万円（内消費税○○万円）
(2)　借地権代金　　金○○○○万円
(3)　売買代金総額　金○○○○万円（内消費税○○万円）

注2　借地権譲渡の効力の発生を、地主の承諾又は地主の承諾に代わる許可の裁判の確定とする停止条件を明示した。

注3　借地権譲渡に際し、旧賃借人（売主）と賃貸人との敷金に関する権利義務関係は、旧賃借人（売主）と賃貸人との間で敷金を新賃借人（買主）の債務不履行の担保とすることを合意した場合や、旧賃借人（売主）が新賃借人（買主）に敷金返還請求権を譲渡したなど特段の事情がある場合を除き、原則として、新賃借人と賃貸人との関係には承継されない（最判昭和53年12月22日民集32巻9号1768頁）。したがって、こうした特段の事情がない限り、新賃借人（買主）の債務の担保としての敷金については、新賃借人（買主）と賃貸人との間で新たに取り決める必要がある。

（手付金）注4
第2条　乙は、甲に対し、本契約締結と同時に、手付金○○○万円を支払い、甲は、これを受領した。
2　手付金は、第3条に定める売買残代金の支払いのとき、売買代金の一部に充当する。ただし、手付金の充当にあたっては、利息を付さない。

3　手付金は、解約手付とし、甲は、手付金の倍額を現実に提供し、乙は、手付金を放棄して、本契約を解除することができる。ただし、その相手方が、本契約の履行に着手した後は、この限りではない。

> 注4　売買契約において手付は解約手付と推定されるが（民557条1項参照）、本条はこれを明確にした。また、改正民法557条1項では、売主の解約の場合、手付の倍額の現実の提供が要件となることが明示されたので、本条でもそれにならった。さらに、改正民法557条1項では、相手方が履行に着手した後は解除できないことが明示されたので、本条でもそれにならった。

（支払方法）注5

第3条　乙は、甲に対し、残代金〇〇〇〇万円を、第6条に定める本件建物の引渡し及び第7条に定める所有権移転登記手続と引換えに支払う。

2　前項の支払に要する費用は、乙の負担とする。

3　本件建物の所有権及び本件借地権は、第1項の残代金の支払のときに甲から乙に移転する。

> 注5　売買残代金支払時期を停止条件成就から1か月以内と定めた（第6条参照）。また、代金支払いと土地明渡し・登記とを引換条件とした。

（対象面積）

第4条　本契約の売買対象面積は、借地権については後記物件目録3記載の借地面積、建物については同目録1記載の床面積によるものとし、実測面積と差異が生じたとしても、甲及び乙は相互に相手方に対し売買代金の増減等、一切異議を申し出ず、何ら請求を行わない。

（借地権譲渡の承諾）注6

第5条　甲は、令和〇〇年〇〇月〇〇日までに、本件借地権譲渡についての地主の承諾（以下「本件承諾」という。）を書面にて得るものとする。

2　前項の期限までに本件承諾が得られない場合、翌日から2週間以内に、甲は、借地借家法第19条第1項に定める地主の借地権譲渡の承諾に代わる許可の裁判（以下「本件裁判」という。）を申し立てる。

3　交渉費用、申立費用、承諾料その他前2項に係る必要な費用は、名目の如何を問わずにすべて甲の負担とする。

> 注6　地主の承諾を得る期限及び申立ての期限を設けた。また、地主の承諾については、便宜上、地主と借地契約関係にある売主の義務とした。地主の承諾に関する費用については、地主の承諾に代わる許可の決定の際に条件が付けられる可能性があるので、衡平上、売主の負担とした。

（引渡し）

第6条　甲は、乙に対し、本件承諾が得られた時又は本件裁判の確定の時から1か月以内に、第3条第1項に定める残代金の支払と引換えに、本件建物を引き渡す。

（所有権移転登記）

第7条　甲は、本件承諾が得られた時又は本件裁判の確定の時から1か月以内に、第3条第1項に定める残代金の支払と引換えに、本件建物につき所有権移転登記手続を行う。

2　前項に定める所有権移転登記にかかる費用は、乙の負担とする。

3　第1項に定める登記手続については、甲が、乙に対し、その登記手続に必要な書類一式を交付することをもってこれに代えることができる。

（担保権等消滅等）

第8条　甲は、前条に定める所有権移転登記手続の申請の時までに、本件建物についての抵当権、先取特権、賃借権（本件借地権を除く。）、地上権その他乙の所有権等の行使を阻害する一切の負担を消滅させ、完全な所有権を移転しなければならない。

2　甲は、乙に対し、前条の定める移転時までに本件借地権につき債務不履行がないことを保証する。

（公租公課等の負担）

第9条　本件建物の公租公課は、契約締結の年の1月1日を基準とし、第7条に定める所有権移転登記の日までに対応する分を甲の負担とし、その翌日以降に対応する分を乙の負担とする。

2　本件借地権にかかる地代は、日割計算により、第7条に定める所有権移転登記の日までに対応する分を甲の負担とし、その翌日以降に対応する分を乙の負担とする。

（停止条件の不成就等）　注7

第10条　本件裁判において申立ての許可が得られず、又はその申立てが却下された場合、本契約は当然に解除されたものとみなし、甲は、乙に対し、第2条第1項により受領した手付金を無利息にて返還する。

2　前項の場合、甲及び乙は、本契約に関して各々が支出した費用の返還及び損害賠償の請求を行なわないものとする。ただし、甲の故意又は重過失によって、申立の許可が得られず又は申立てが却下された場合、甲は、乙に対し、第2条第1項により受領した手付金の倍額を支払う。

3　本件裁判に関し、地主が借地借家法第19条第3項の申立てをし、地主が譲受人になった場合は、第1項の規定を準用する。

> 注7　地主の承諾に代わる許可が得られない場合及び申立てが却下された場合、停止条件が成就しないので、本契約は当然解除されるものとした。地主が、借地権を借地上の建物と一緒に優先的に買い取った場合も（介入権の行使（借地借家19条3項））、本契約は目的を達成することができず、同様に本契約は当然解除されるものとみなした。

（危険負担）　注8

第11条　第6条に定める本件建物の引渡し前に、甲乙いずれの責にも帰すことができない事由により、本件建物が滅失又は損傷した場合は、その滅失又は損傷は、甲の負担とする。

2　前項の滅失又は損傷により、本件建物の引渡しができなくなった場合、乙は、本契約を解除することができる。

> 注8　本件建物が引渡し以前に当事者双方の責めに帰さない事由により滅失等した場合、危険負担の問題となる。改正民法536条では、特定物売買についても債務者主義がとられるようになったものの、旧法とは異なり、反対債務の消滅までは規定していないため、本契約では、解除を可能とする条項を付加した。

（契約不適合）　注9

第12条　本件建物が、本契約の内容に適合しないものであった場合、乙は、甲に対し、相当の期間を定めて催告し、本件建物の修補による履行の追完を請求することができ、期間内に履行できないときは、代金の減額を請求することができる。

2　前項の不適合により、乙において本契約を締結した目的を達せられない場合、乙は、本契約を解除することができる。

3　前2項の規定は、乙による第14条に基づく損害賠償請求を妨げない。

4　前3項による請求は、本件建物引渡の後、〇か月を経過したときはできないものとする。だ

だし、数量不足についてはこの限りではない。

> 注9　改正民法566条では、買主が契約不適合を知った時から1年以内にその旨の通知をしなければ、履行追完請求権等の買主の権利が失権することを定めているが、実務においては、失権までの期間をより短期間に定めることが多いと考えられるので、本契約でもその例によっている。数量不足の場合、566条の期間制限は適用されないため、第4項ただし書にその旨を規定しているが、第4条により対象面積は目録記載の面積とされ、実測面積との差異があっても補正はしないことになっており、実質上この責任追及は想定しづらい。

（解除）

第13条　甲又は乙は、相手方が本契約の各条項に違反した場合、催告をすることなく、本契約を解除することができる。

2　前項による解除は、次条に基づく損害賠償請求を妨げない。

（損害賠償）

第14条　甲又は乙は、相手方が本契約の各条項に違反した場合、それによって生じた損害の賠償を請求することができる。ただし、その不履行が、相手方の責めに帰すことのできない事由による場合はこの限りではない。

（反社会勢力の排除）　注10

第15条　甲及び乙は、それぞれ相手方に対し、次の各号の事項を確約する。
　(1)　自らが、暴力団、暴力団関係企業、総会屋若しくはこれらに準ずる者又はその構成員（以下総称して「反社会的勢力」という）ではないこと。
　(2)　反社会的勢力に自己の名義を利用させ、本契約を締結するものでないこと。
　(3)　本件建物の引渡し及び売買代金の全額の支払いのいずれもが終了するまでの間に、自ら又は第三者を利用して、本契約に関して相手方に対する脅迫的な言動又は暴力を用いる行為をしないこと。

2　甲又は乙の一方について、次の各号のいずれかに該当した場合には、その相手方は、何らの催告を要せずして、本契約を解除することができる。
　(1)　前項第1号の確約に反する申告をしたことが判明した場合
　(2)　前項第2号の確約に反し契約をしたことが判明した場合
　(3)　前項第3号の確約に反した行為をした場合

3　乙は、甲に対し、自ら又は第三者をして本件建物を反社会的勢力の事務所その他の活動の拠点に供しないことを確約する。

4　甲は、乙が前項に反した行為をした場合には、何らの催告を要せずして、本契約を解除することができる。

5　第2項又は前項の規定により本契約が解除された場合には、解除された者は、その相手方に対し、違約金（損害賠償額の予定）として金〇〇〇〇円（売買代金の20％相当額）を支払うものとする。

6　第2項又は第4項の規定により本契約が解除された場合には、解除された者は、解除により生じる損害について、その相手方に対し一切の請求を行わない。

7　乙が第3項の規定に違反し、本件建物を反社会的勢力の事務所その他の活動の拠点に供したと認められる場合において、甲が第4項の規定により本契約を解除するときは、乙は、甲に対し、

第5項の違約金に加え、金〇〇〇〇円（売買代金の80％相当額）の違約罰を制裁金として支払うものとする。

注10　本契約においても、反社会勢力排除条項を設けることが望ましい（第1章第1節第2-2項ウ「f　反社会的勢力排除条項」参照）。

（契約締結費用の負担）
第16条　本契約作成に要する費用は、甲乙が等しい割合で負担する。

（専属的合意管轄）
第17条　本契約に関する一切の紛争については、〇〇地方裁判所をもって第一審の専属的合意管轄裁判所とする。

以上のとおり契約が成立したので、その証として本書2通を作成し、甲乙記名押印の上、甲乙各1通を保有する。

甲と乙は以上のとおり合意し、その成立の証として、本契約書2通を作成し、各自、署名又は記名捺印の上、各1通宛所持するものとする。

令和〇年〇月〇日

甲
　住所　×　×　×　×
　氏名　〇　〇　〇　〇　㊞
乙
　住所　×　×　×　×
　氏名　〇　〇　〇　〇　㊞

物件目録

1　建　　物
　　所　　在　　〇県〇市〇町〇丁目〇番地
　　家屋番号　　〇〇番〇
　　種　　類　　居宅
　　構　　造　　木造瓦葺2階建
　　床面積　　　1階　〇〇.〇〇平方メートル
　　　　　　　　2階　〇〇.〇〇平方メートル
2　土　　地
　　所　　在　　〇県〇市〇町〇丁目
　　地　　番　　〇〇番〇
　　地　　目　　宅地

第2章 売　買

```
              地　積　　　〇〇〇．〇〇平方メートル

  3  借　地　権
     契約日　　　令和〇〇年〇〇月〇〇日付借地契約
     地主　　　　丙川太郎
     借地人　　　甲
     期間　　　　令和〇年〇月〇日まで
     借地面積　　〇〇．〇〇平方メートル
     借地目的　　建物所有目的
     地代　　　　月額金〇〇万円（毎月末日、当月分を地主方持参払い）
     敷金　　　　金〇〇万円
     特約　　　　借地権の無断譲渡又は転貸の禁止及び無断増改築の禁止
```

関連法令：民法87条・127条・557条・612条、借地借家法19条

10　買換えを前提とした特約

　不動産の購入に際し、買主が不動産の購入代金の一部として、既に所有している不動産の売却代金を充てることを予定していることがある。この場合、当該不動産が売却できないと、支払期日までに売買代金を支払うことができなくなることから、売却できない場合に買換え予定の不動産売買契約を解除することを可能とする条項を、不動産売買契約の特約条項として定める必要がある。

【書式例】買換え特約条項

```
  注  この特約条項のみを契約として取り交わす場合には、印紙税法別表第一課税物件表の課税文書には該当
     せず、印紙税は課税されない。なお、この特約条項が付された本契約書は、第1号の1文書（不動産の譲
     渡に関する契約書）に該当印紙税が課税される。

                             特約条項

1  買主は、令和〇年〇月〇日までに売買価格〇〇〇円以上で下記所有不動産を売却できない場
  合、本契約を解除することができる。
                               記
              所　在　　　〇県〇市〇町〇丁目
              地　番　　　〇〇番〇
              地　目　　　宅地
              地　積　　　〇〇〇．〇〇平方メートル
2  前項の場合、売主は、買主に対し、前項に定める解除時より2週間以内に受領済みの金員を
```

無利息にて返還する。
3 　前項の返還に要する費用は、買主の負担とする。
4 　売主は、買主に対し、第1項の解除により生じた損害の賠償を請求することはできない。

11　借地権負担付土地売買契約

ア　解説

　本契約は、土地に借地権の負担がついていることを前提に、その土地（底地）を売買する際の契約である。

　借地人が土地上に登記された建物を所有している場合、当該借地権について対抗要件を備えたことになるので（民177条、借地借家10条1項）、土地の買主は、これを排除することはできず、土地所有権とともに借地契約における賃貸人の地位も承継して、借地権者と直接の貸借関係に入ることになる。

イ　実務上のポイント

　まず、買主は、賃貸人の地位を承継するので、自己の所有権を制約することになる借地権の内容（借地人、地代、有効期間、借地上の建物の種類など）について、契約締結にあたり、借地契約書をチェックするなどして、内容を把握しておくことが重要である。次に、買主は、借地人に対し、賃料請求につき、底地の登記で借地人に対抗することができるが（最判昭和49年3月19日民集28巻2号325頁参照）、地代の支払先の混乱、地代の二重払いの危険などを回避するために、売主に借地人に対する事前の通知義務を負担させておくことが望ましい。また、売買当事者間において、地代、公租公課の帰属について取り決めをしておくと便宜である。

【書式例】借地権負担付土地売買契約書（借地権の負担がついた土地の売買契約書）

　　収　入
　　印　紙
　　注1

　　　　　　　　　　　土地売買契約書（借地権負担付）

注1　印紙税法別表第一課税物件表の第1号の1文書（不動産の譲渡に関する契約書）に該当し、契約金額（土地の売買代金）に応じた印紙税が課税される。なお、不動産の譲渡契約書には、軽減税率の適用がある（税特措91条）。

※敷金の交付条項は、第15号文書（債務引受けに関する契約書）に該当するが、課税物件表の適用に関する通則3のイの規定により、第1号の1文書に所属が決定される。

　売主〇〇〇〇（以下「甲」という。）と買主〇〇〇〇（以下「乙」という。）は、本日、次のとおり、土地売買契約（以下「本契約」という。）を締結する。

第2章 売買

（売買）注2・3

第1条 甲は、乙に対し、借地権負担付きの後記物件目録記載の土地（以下「本件土地」という。）を代金総額金〇〇〇〇万円にて、売り渡し、乙は、これを買い受ける。

2　本件土地は、下記のとおり賃貸中であり、乙は、第6条に定める所有権移転登記の日をもって、下記借地契約における甲の賃貸人の地位を承継する。

記

　　平成〇年〇月〇日付借地契約
　　借地人　　〇県〇市〇町〇丁目〇番〇号
　　　　　　　丙川太郎（以下「丙」という。）
　　契約期間　30年間
　　目的　　　居住用建物所有目的
　　借地面積　本件土地全部
　　地代　　　月額〇〇万円（毎月〇日限り翌月分払い、地主持参払）
　　敷金　　　〇万円

3　甲は、第5条に定める引渡しの日に、借地契約書及び預かり保管中の敷金を乙に交付する。

注2　借地権の負担の付いた土地売買であることを明確にした。代金総額は、通常、更地価格から借地権価格を控除した金額となろう。

注3　買主が賃貸人の地位を承継する以上、土地の引渡までに借地契約書を売主から買主に交付することとした（ただし、事前の確認が必要なのは、解説で述べたとおりである。）。それと同時に、敷金返還債務の承継についても明らかにした。

（土地面積）注4

第2条　本契約の売買対象面積は、登記簿に記載された面積によるものとし、実測面積と差異が生じたとしても、甲及び乙は相互に相手方に対し売買代金の増減等、一切異議を申し出ず、何ら請求を行わない。

注4　本契約が登記簿面積によるものであり、たとえ実測面積が登記簿面積と違ったとしても、売買代金の増減を行わないことを明確にした。

（手付金）注5

第3条　乙は、甲に対し、本契約締結と同時に、手付金として金〇〇〇万円を支払い、乙は、これを受領した。

2　手付金は、第4条に定める売買残代金の支払いのときに売買代金の一部に充当する。ただし、手付金の充当に当たっては利息を付さないものとする。

3　手付金は、解約手付とし、甲は、手付金の倍額を現実に提供し、乙は、手付金を放棄して、本契約を解除することができる。ただし、その相手方が、本契約の履行に着手した後は、この限りではない。

注5　売買契約において手付は解約手付と推定されるが（民557条1項参照）、本条はこれを明確にした。また、改正民法557条1項では、売主の解約の場合、手付の倍額の現実に提供が要件となることが明示されたので、本条でもそれにならった。さらに、改正民法557条1項では、相手方が履行に着手した後は解除できないことが明示されたので、本条でもそれにならった。

（代金の支払）

第4条 乙は、甲に対し、令和○年○月○日までに、次条に定める引渡し及び第6条に定める所有権移転登記手続と引換えに売買残代金として金○○○円を振込み支払う。振込手数料は、乙の負担とする。

（引渡し）

第5条 甲は、乙に対し、前条に定める売買代金の支払いと同時に、本件土地を引き渡す。

（所有権移転登記） 注6

第6条 甲は、令和○年○月○日までに、第4条に定める売買残代金の支払いと引換えに、本件土地の所有権移転登記申請手続を行う。

2　前項の所有権移転登記手続に要する登録免許税その他の費用は、乙の負担とする。

3　甲は、乙に対し、その登記手続に必要な書類一式を交付することにより、第1項に定める登記申請手続に代えることができる。

> 注6　本来、登記申請は、売主と買主が、共同で行うべきところ、本条3項により、便宜的に、単に登記手続に必要な書類（個人の売買においては、権利証又は登記識別情報通知、印鑑証明書及び委任状など）を買主に対して交付することで、売主が、法務局に赴かなくて済むようにしたものである。

（借地人への通知） 注7

第7条 甲は、丙に対し、前条に定める所有権移転登記の日までに、書面にて、乙が賃貸人の地位を承継したこと、同登記日に属する月の翌月分以降の地代については、乙に支払うべきことを書面にて通知する。

> 注7　地代の支払い先の混乱、地代の二重払いの危険等を回避するために、売主の借地人への通知義務を課した。

（地代の取得） 注8

第8条 本件土地の地代については、第5条に定める本件土地の引渡し日までの地代を甲が取得し、その翌日以降の分の地代を乙が取得する。

2　前項の規定にかかわらず、借地人に対する関係においては、甲が、第6条に定める所有権移転登記の日に属する地代を取得し、売買残代金支払いともに精算する。

> 注8　売主と買主間の地代に関する精算規定である。

（担保権等の消除）

第9条 甲は、乙に対し、第6条に定める所有権移転登記手続を行うまでに、本件土地の抵当権、質権、先取特権、賃借権（ただし、第1条に記載する借地権を除く。）その他一切の権利を消除しなければならない。

（危険負担） 注9

第10条 第5条に定める本件土地の引渡しの前に、甲乙いずれの責めにも帰すことができない事由により、本件土地が滅失又は損傷した場合、その滅失又は損傷は、甲の負担とする。

2　前項の滅失又は損傷により、本件土地の引渡しができなくなった場合、乙は、本契約を解除することができる。

> 注9　本件土地が引渡し前に当事者双方の責めに帰さない事由により滅失等した場合、危険負担の問題となる。改正民法536条では、特定物件売買についても債務者主義がとられるようになったが、改正前とは異なり、反対債務の消滅までは規定していないため、本契約では、解除を可能とする条項を付加した。

（契約不適合）注10
第11条　本件土地が、本契約の内容に適合しないものであった場合、乙は、甲に対し、相当の期間を定めて催告し、本件土地の修補による履行の追完を請求することができ、期間内に履行できないときは、代金の減額を請求することができる。

2　前項の不適合により、乙において本契約を締結した目的を達せられない場合、乙は、本契約を解除することができる。

3　前2項の規定は、乙による第14条に基づく損害賠償請求を妨げない。

4　前3項による請求は、本件土地引渡しの後、〇か月を経過したときはできないものとする。ただし、数量不足の場合はこの限りではない。

> 注10　改正民法566条では、買主が契約不適合を知った時から1年以内にその旨の通知をしなければ、履行追完請求権等の買主の権利が失権することを定めているが、実務においては、失権までの期間をより短期間に定めることが多いと考えられるので、本契約でもその例によっている。数量不足の場合、566条の期間制限は適用されないため、第4項ただし書にその旨を規定しているが、実際には、第2条により対象面積は登記簿記載の面積とされ、実測面積との差異があっても補正はしないことになっており、この責任追及は想定しづらい。

（公租公課の負担）
第12条　本件土地の固定資産税及び都市計画税等の公租公課については、本契約を締結した年の1月1日を基準として、第6条に定める所有権移転登記の日の前日までに対応する分を甲が負担し、その翌日以降に対応する分を乙が負担する。

2　前項の金員は、第6条に定める所有権移転登記の日において売買残代金支払いともに精算する。

（解除）
第13条　甲又は乙は、相手方が本契約の各条項に違反した場合、相当の期間を定め、その履行ないし是正を催告することができる。

2　甲又は乙は、前項の定めによる履行又は是正の請求にかかわらず、相手方が催告に従った履行又は是正をしないときは、本契約を解除できる。

3　前項による解除は、次条に基づく損害賠償請求を妨げない。

（損害賠償）
第14条　甲又は乙は、相手方が本契約の各条項に違反した場合、それによって生じた損害の賠償を請求することができる。ただし、その不履行が、相手方の責に帰すことのできない事由による場合はこの限りではない。

（反社会勢力の排除）注11
第15条　甲及び乙は、それぞれ相手方に対し、次の各号の事項を確約する。
　(1)　自らが、暴力団、暴力団関係企業、総会屋若しくはこれらに準ずる者又はその構成員（以下総称して「反社会的勢力」という）ではないこと。
　(2)　反社会的勢力に自己の名義を利用させ、本契約を締結するものでないこと。
　(3)　本件土地の引渡し及び売買代金の全額の支払いのいずれもが終了するまでの間に、自ら又は第三者を利用して、本契約に関して相手方に対する脅迫的な言動又は暴力を用いる行為をしないこと。

2　甲又は乙の一方について、次の各号のいずれかに該当した場合には、その相手方は、何らの催告を要せずして、本契約を解除することができる。
　(1)　前項第1号の確約に反する申告をしたことが判明した場合
　(2)　前項第2号の確約に反し契約をしたことが判明した場合
　(3)　前項第3号の確約に反した行為をした場合
3　乙は、甲に対し、自ら又は第三者をして本件土地を反社会的勢力の事務所その他の活動の拠点に供しないことを確約する。
4　甲は、乙が前項に反した行為をした場合には、何らの催告を要せずして、本契約を解除することができる。
5　第2項又は前項の規定により本契約が解除された場合には、解除された者は、その相手方に対し、違約金（損害賠償額の予定）として金〇〇〇〇円（売買代金の20％相当額）を支払うものとする。
6　第2項又は第4項の規定により本契約が解除された場合には、解除された者は、解除により生じる損害について、その相手方に対し一切の請求を行わない。
7　乙が第3項の規定に違反し、本件土地を反社会的勢力の事務所その他の活動の拠点に供したと認められる場合において、甲が第4項の規定により本契約を解除するときは、乙は、甲に対し、第5項の違約金に加え、金〇〇〇〇円（売買代金の80％相当額）の違約罰を制裁金として支払うものとする。

> 注11　本契約においても、**反社会勢力排除条項を設けることが望ましい**（第1章第1節第2-2ウ「f　反社会的勢力排除条項」参照）。

（契約締結費用の負担）
第16条　本契約の締結に要する費用は、甲乙均分にて負担する。

（専属的合意管轄）
第17条　本契約に関する一切の紛争については、〇〇地方裁判所をもって第一審の専属的合意管轄裁判所とする。

　甲と乙は以上のとおり合意し、その成立の証として、本契約書2通を作成し、各自、署名又は記名捺印の上、各1通宛所持するものとする。

　令和〇年〇月〇日

　　　　　　　　　　　　　　　　　　　　　　　　甲
　　　　　　　　　　　　　　　　　　　　　　　　　住所　×　×　×　×
　　　　　　　　　　　　　　　　　　　　　　　　　氏名　〇　〇　〇　〇　㊞
　　　　　　　　　　　　　　　　　　　　　　　　乙
　　　　　　　　　　　　　　　　　　　　　　　　　住所　×　×　×　×
　　　　　　　　　　　　　　　　　　　　　　　　　氏名　〇　〇　〇　〇　㊞

　　　　　　　　　　　　　　　　物件目録

```
土地
所　　在　　○県○市○町○丁目○番地
地　　番　　○○番○
種　　類　　宅地
地　　積　　○○．○○平方メートル
```

関連法令：民法177条・555条・557条、借地借家法10条

12　借家権負担付土地建物売買契約
ア　解説

　本契約は、売主が、土地建物を所有しており、第三者に対してその建物を賃貸しているところ、売主・買主間で、これを前提として、賃借権の負担のついた建物を土地とともに売買する場合の契約である。

　売主買主と借家人の法律関係は、借地権負担付土地の売買契約に類似するが、借地ではなく借家関係になる。買主は、売主から土地建物を購入しても、借家人が売主（家主）から建物の引渡しを受けていれば、借家人に対抗できないので（民177条、借地借家31条1項）、買主はこれを排除できず、建物の賃貸人としての地位を承継して、借家権者と直接の貸借関係に入ることになる。

イ　実務上のポイント

　実務上のポイントも、第11節の借地権負担付土地売買契約に準じる。すなわち、契約に際し、自己の所有権を制約する借家契約の内容（借家人の名義、家賃金額、期間、建物使用目的など）を確認し、借家人が、売主への家賃の支払い、二重払いの危険などを回避するために、売主が、借家人に対し、家主の変更等の通知を課す規定を設けておくことが望ましい。また、売買当事者間で、家賃、公租公課、火災保険等の帰属について取り決めをしておくと便宜である。

【書式例】土地建物売買契約（借家権の負担のついた建物を土地とともに売却する場合）

```
┌──────┐
│ 収　入 │
│ 印　紙 │　　　　　　借家権負担付土地建物売買契約
│ 注1   │
└──────┘
```

注1　印紙税法別表第一課税物件表の第1号の1文書（不動産の譲渡に関する契約書）に該当し、契約金額（土地の売買代金）に応じた印紙税が課税される。なお、不動産の譲渡契約書には、軽減税率の適用がある（租税特別措置法第91条）。

※敷金の交付条項は、第15号文書（債務引受けに関する契約書）に該当するが、課税物件表の適用に関

する通則3のイの規定により、第1号の1文書に所属が決定される。

　売主〇〇〇〇（以下「甲」という。）と買主〇〇〇〇（以下「乙」という。）は、本日、次のとおり、土地建物売買契約（以下「本契約」という。）を締結する。

（売買）注2
第1条　甲は、乙に対し、後記物件目録2記載の土地（以下「本件土地」という。）及び下記借家権の負担のついた後記物件目録1記載の建物（以下「本件建物」といい、両者を合わせて「本件不動産」という。）を、土地代金〇〇円及び建物代金〇〇円（内消費税〇〇円）の合計金額〇〇円にて売り渡し、乙は、これを買い受ける。

記

　　　令和〇年〇月〇日付借家契約
　　　借家人　　　丙川太郎（以下「丙」という。）
　　　契約期間　　令和〇年〇月〇日ないし令和〇年〇月〇日
　　　賃料　　　　月額〇万円（毎月末日限り当月分支払い）
　　　管理費　　　月額〇円（毎月末日限り当月分支払い）
　　　敷金　　　　〇万円

注2　借家権負担付であることを明示した。また、消費税については、土地の譲渡は非課税取引、建物の譲渡は課税取引となる。

（土地面積）注3
第2条　本契約の売買対象面積は、登記簿に記載された面積によるものとし、実測面積がこれと相違しても、代金額の精算は行わない。

注3　本契約が登記簿面積によるものであり、たとえ実測の面積が登記簿面積と違ったとしても、代金の精算を行わないことを明確にした。

（賃貸人の地位の契約の承継等）注4
第3条　乙は、本件不動産の所有権移転に伴い、第1条の借家契約における賃貸人の地位を承継する。

2　甲は、第6条に定める本件不動産の引き渡しの時に、甲丙間の借地契約書及び預かり保管中の敷金を乙に交付する。

3　甲は、第6条に定める引渡しの日までに、丙に対し、書面にて、賃貸人が乙に変更する旨及び通知を発した日の属する月の翌月以降、乙に対して賃料を支払うべき旨の通知をする。

4　甲は、乙に対し、第6条に定める引渡しの時に、本件建物に付している〇〇火災保険契約に関する権利を無償にて譲渡し、保険証券等その他名義変更に必要な書類を交付する。

注4　借家契約の承継に関し、賃貸人の地位の承継時点、借地契約書の引継ぎ、二重払いの危険などを回避するための通知などを定めた。

（賃料の帰属）注5
第4条　本件建物の賃料及び管理費については、第6条に定める引渡しの日までの分を甲が取得し、その翌日以降の分を乙が取得するものとし、残代金支払い時において精算する。

2　前項の規定にかかわらず、丙に対する関係においては、第3条第3項の通知を発した日に属

する月の賃料を甲が請求し、その翌月以降の分は乙が請求する。

|注5| 売買当事者間では、賃料の取得は土地建物の引渡し時ないし登記時を基準とすることが公平であると考えられるが、賃借人に対する請求の関係では、請求の煩わしさ、二重払いの危険などを考慮し、請求自体は売主（旧賃貸人）が行うこととした。

（代金の支払）

第5条　乙は、甲に対し、本契約締結と同時に、内金として金○○円を支払い、次条に定める引渡し及び第7条に定める所有権移転登記申請手続と引換えに売買残代金○○円を振込み支払う。振込手数料は、乙の負担とする。

（引渡し）

第6条　甲は、乙に対し、令和○年○月○日までに、前条に定める売買残代金の支払いと引換えに、本件不動産を引き渡す。

2　甲は、乙に対し、前項の引渡の際、本件土地につき、境界線を明示するものとする。

（所有権移転登記）|注6|

第7条　甲は、乙に対し、第5条に定める売買残代金の支払いと引換えに、本件不動産の所有権移転登記申請手続を行うものとする。ただし、甲は、乙に対し、その登記手続に必要な書類一式を交付することで登記手続に代えることができる。

2　所有権移転登記手続に要する登記費用は、乙の負担とする。

|注6| 売買において、売主は、所有権移転登記義務を負うが、本契約では、便宜的に、売主が、買主に対し、単に登記手続に必要な書類（個人の売買に居於いては、権利証又は登記識別情報通知、印鑑証明書及び委任状など）を交付することで、法務局に行かなくて済むようにしたものである。

（所有権移転）

第8条　本件不動産の所有権は、第6条第1項の引渡しの時に甲から乙に移転する。

（担保権等の消除）

第9条　甲は、第7条に定める所有権移転登記手続を行うまでに、本件不動産について抵当権、質権、先取特権、賃借権（第1条に記載する借家権を除く）等の乙の完全なる所有権の行使を妨げる一切の負担を消除しなければならない。

（危険負担）|注7|

第10条　第6条第1項の本件不動産の引渡し前に、甲乙のいずれの責めにも帰すことができない事由により、本件不動産が滅失又は損傷した場合、その滅失又は損傷は、甲の負担とする。

2　前項の滅失又は損傷により、本件不動産の引渡しができなくなった場合、乙は、本契約を解除することができる。

|注7| 本件不動産が当事者双方の責めに帰さない事由により滅失等した場合、危険負担の問題となる。改正民法536条では、特定物売買についても債務者主義がとられるようになったが、旧法とは異なり、反対債務の消滅までは規定していないため、本契約では、解除を可能とする条項を付加した。

（契約不適合）|注8|

第11条　本件不動産が、本契約の内容に適合しないものであった場合、乙は、甲に対し、相当の期間を定めて催告し、本件不動産の修補による履行の追完を請求することができ、期間内に履行できないときは、代金の減額を請求することができる。

2　前項の不適合により、乙において本契約を締結した目的を達せられない場合、乙は、本契約

を解除することができる。
3　前2項の規定は、乙による第14条に基づく損害賠償請求を妨げない。
4　前3項による請求は、本件不動産引渡の後、○か月を経過したときはできないものとする。ただし、数量不足の場合は、この限りではない。

> 注8　改正民法566条では、買主が契約不適合を知った時から1年以内にその旨の通知をしなければ、履行追完請求権等の買主の権利が失権することを定めているが、実務においては、失権までの期間をより短期間に定めることが多いと考えられるので、本契約でもその例によっている。数量不足の場合、566条の期間制限は適用されないので、第4項ただし書の規定を置いているが、第2条により対象面積は登記簿記載の面積とされ、実測面積との差異があっても補正はしないことになっており、実際上この責任追及が追及されることは想定しづらい。

（公租公課の負担）
第12条　本件不動産の公租公課については、甲が、本契約の成立する日の属する年の1月1日を基準とし、第6条に定める引渡日までに対応する分を負担し、乙が、その翌日以降に対応する分を負担とする。

（解除）
第13条　甲又は乙は、相手方が本契約の各条項に違反した場合、催告をすることなく、本契約を解除することができる。
2　前項による解除は、次条に基づく損害賠償請求を妨げない。

（損害賠償）
第14条　甲又は乙は、相手方が本契約の各条項に違反した場合、それによって生じた損害の賠償を請求することができる。ただし、その不履行が、相手方の責に帰すことのできない事由による場合はこの限りではない。

（反社会勢力の排除）　注10
第15条　甲及び乙は、それぞれ相手方に対し、次の各号の事項を確約する。
　(1)　自らが、暴力団、暴力団関係企業、総会屋若しくはこれらに準ずる者又はその構成員（以下総称して「反社会的勢力」という）ではないこと。
　(2)　反社会的勢力に自己の名義を利用させ、本契約を締結するものでないこと。
　(3)　本件不動産の引渡し及び売買代金の全額の支払いのいずれもが終了するまでの間に、自ら又は第三者を利用して、本契約に関して相手方に対する脅迫的な言動又は暴力を用いる行為をしないこと。
2　甲又は乙の一方について、次の各号のいずれかに該当した場合には、その相手方は、何らの催告を要せずして、本契約を解除することができる。
　(1)　前項第1号の確約に反する申告をしたことが判明した場合
　(2)　前項第2号の確約に反し契約をしたことが判明した場合
　(3)　前項第3号の確約に反した行為をした場合
3　乙は、甲に対し、自ら又は第三者をして本件不動産を反社会的勢力の事務所その他の活動の拠点に供しないことを確約する。
4　甲は、乙が前項に反した行為をした場合には、何らの催告を要せずして、本契約を解除することができる。

5　第2項又は前項の規定により本契約が解除された場合には、解除された者は、その相手方に対し、違約金（損害賠償額の予定）として金○○○○円（売買代金の20％相当額）を支払うものとする。

6　第2項又は第4項の規定により本契約が解除された場合には、解除された者は、解除により生じる損害について、その相手方に対し一切の請求を行わない。

7　乙が第3項の規定に違反し、本件不動産を反社会的勢力の事務所その他の活動の拠点に供したと認められる場合において、甲が第4項の規定により本契約を解除するときは、乙は、甲に対し、第5項の違約金に加え、金○○○○円（売買代金の80％相当額）の違約罰を制裁金として支払うものとする。

> 注9　本契約においても、反社会勢力排除条項を設けることが望ましい（第1章第1節第2-2ウ「f　反社会的勢力排除条項」参照）。

（契約締結費用の負担）
第16条　本契約の締結に要する費用は、甲乙均分にて負担する。

（専属的合意管轄）
第17条　本契約に関する一切の紛争は、○○地方裁判所を第一審の専属的合意管轄裁判所とする。

（協議事項）
第18条　本契約に定めのない事項及び解釈に疑義が生じる事項は、甲乙協議の上、これを決定する。

甲と乙は以上のとおり合意し、その成立の証として、本契約書2通を作成し、各自、署名又は記名捺印の上、各1通宛所持するものとする。

令和○年○月○日

　　　　　　　　　　　　　　　　　　　　甲
　　　　　　　　　　　　　　　　　　　　　住所　××××
　　　　　　　　　　　　　　　　　　　　　氏名　○○○○　㊞
　　　　　　　　　　　　　　　　　　　　乙
　　　　　　　　　　　　　　　　　　　　　住所　××××
　　　　　　　　　　　　　　　　　　　　　氏名　○○○○　㊞

物件目録

1　建　物
　　所　在　　○県○市○町○丁目○番地
　　家屋番号　○番
　　種　類　　居宅
　　構　造　　木造瓦葺2階建
　　床面積　　1階　　○○.○○平方メートル
　　　　　　　2階　　○○.○○平方メートル

```
2  土　　地
　　所　　在　　○県○市○町○丁目
　　地　　番　　○番○
　　種　　類　　宅地
　　地　　積　　○○○．○○平方メートル
```

関連法令：民法 177 条・555 条、借地借家法 31 条

13　借地権付建物売買契約
ア　解説

　本契約は、売主が土地建物を所有しているところ、売主が、買主に対し、建物のみを売却する場合の契約である。

　建物のみを買い取っても、土地利用権がなければ価値がないので、建物は、当然借地権を設定した上で売買されることになり、売主買主間で、新たに借地関係が発生することになる。

イ　実務上のポイント

　建物売買契約と借地契約とは、別個の契約であり、後者は譲渡後の関係に係るものであるから、建物売買契約締結と同時に、新たに借地契約書を作成して締結するべきである。

【書式例】借地権付建物売買契約（地主が土地上の建物を売り、敷地に買主のために借地権を設定する場合

```
┌─────────────────────────────────────────────┐
│  ┌─────┐                                      │
│  │収　入│                                      │
│  │印　紙│           借地権付建物売買契約          │
│  │ 注1 │                                       │
│  └─────┘                                      │
│                                                │
│  注1  印紙税法別表第一課税物件表の第１号の１文書（不動産の譲渡に関する契約書）及び同第１号の２文書（土 │
│      地の賃借権の設定に関する契約書）に該当し、契約金額（借地権込みの売買金額）に応じた印紙税が課税 │
│      される。なお、不動産の譲渡契約書には、軽減税率の適用がある（税特措 91 条）。 │
│     ※第１号の１及び第１号の２文書により、全体が第１号文書となる契約書であるため、軽減税率も契約金 │
│      額（借地権込みの売買金額）に対して適用される。 │
│                                                │
│  売主○○○○（以下「甲」という。）と買主○○○○（以下「乙」という。）は、本日、次のと │
│ おり、借地権付建物売買契約（以下「本契約」という。）を締結する。 │
│                                                │
│  （売買） 注2                                    │
│  第１条　甲は、乙に対し、後記物件目録２記載の敷地上の、同目録１記載の建物（以下「本件建物」 │
└─────────────────────────────────────────────┘
```

という。）を、乙のために本件建物の所有を目的とする借地権を設定したうえ、○円（内消費税○円）にて売り渡し、乙は、これを買い受ける。

|注2| **借地権付きで本件建物を売買したことも明確にした。**

（建物の面積）

第2条 本件建物の売買対象面積は、登記簿に記載された面積によるものとし、実測面積がこれと相違しても、甲及び乙は、前条の代金額の増減等一切の異議を申し立てないものとする。

（手付金）

第3条 乙は、甲に対し、本契約締結と同時に、手付金として金○○円を支払い、乙は、これを受領した。

2　手付金は、解約手付とし、甲は、手付金の倍額を現実に提供し、乙は、これを放棄して、本契約の解除をすることができる。ただし、その相手方が、本契約の履行に着手した後は、この限りではない。

（売買残代金の支払）

第4条 乙は、甲に対し、令和○年○月○日限り、第5条に定める本件建物の引渡し及び第6条に定める所有権移転登記手続及びを受けるのと引き換えに、売買残代金○○円を支払う。

2　前条に定める手付金は、前項に定める売買残代金の支払いの時に売買代金の一部に充当する。ただし、手付金の充当に当たっては利息を付さないものとする。

3　売買残代金支払いに要する費用は、乙の負担とする。

（引渡し）

第5条 甲は、乙に対し、前条に定める売買残代金の支払いと引き換えに、残置物を撤去して、本件建物を空き家にして引渡す。

（所有権移転登記）

第6条 甲は、乙に対し、第4条に定める売買残代金の支払と引き換えに、本件建物の所有権移転登記申請手続を行う。ただし、甲は、乙に対し、その登記手続に必要な書類一式を交付することで登記手続に代えることができる。

2　所有権移転登記手続に要する登記費用は、乙の負担とする。

（所有権の移転）

第7条 本件建物の所有権は、第5条の引渡しの時に甲から乙に移転する。

（担保権等の消除）

第8条 甲は、第6条に定める所有権移転登記手続を行うまでに、本件建物について、抵当権、質権、先取特権、賃借権その他乙の所有権行使を妨げる一切の権利を消除しなければならない。

（危険負担）　|注3|

第9条 第5条に定める本件建物引渡しの前に、甲乙いずれの責にも帰すことができない事由により、本件建物が滅失又は損傷した場合は、その滅失又は損傷は甲の負担とする。

2　前項の滅失又は損傷により、本件建物の引渡しができなくなった場合、乙は、本契約を解除することができる。

|注3|　**本件建物が当事者双方の責めに帰さない事由により滅失等した場合、危険負担の問題となる。改正民法536条では、特定物売買についても債務者主義がとられるようになったものの、旧法とは異なり、反対債務の消滅までは規定していないため、本契約では、解除を可能とする条項を付加した。**

（契約不適合）注4
第10条　本件建物が、本契約の内容に適合しないものであった場合、乙は、甲に対し、相当の期間を定めて催告し、本件建物の修補による履行の追完を請求することができ、期間内に履行できないときは、代金の減額を請求することができる。
2　前項の不適合により、乙において本契約を締結した目的を達せられない場合、乙は、本契約を解除することができる。
3　前2項の規定は、乙による第13条に基づく損害賠償請求を妨げない。
4　前3項による請求は、本件建物引渡の後、〇か月を経過したときはできないものとする。ただし、数量不足の場合はこの限りではない。

> 注4　改正民法566条では、買主が契約不適合を知った時から1年以内にその旨の通知をしなければ、履行追完請求権等の買主の権利が失権することを定めているが、実務においては、失権までの期間をより短期間に定めることが多いと考えられるので、本契約でもその例によっている。数量不足の場合、566条の期間制限は適用されないため、第4項ただし書の規定を置いているが、第2条により対象面積は登記簿記載の面積とされ、実測面積との差異があっても補正はしないことになっており、実質上この責任追及は想定しづらい。

（公租公課の負担）
第11条　本件建物の公租公課は、第5条に定める引渡しの前日までに対応する分を甲の負担とし、その翌日以降に対応する分を乙の負担とし、第4条に定める代金支払時に精算する。

（解除）
第12条　甲又は乙は、相手方が本契約の各条項に違反した場合、相当の期間を定め、その履行ないし是正を催告することができる。
2　甲又は乙は、前項の定めによる履行又は是正の請求にかかわらず、相手方が催告に従った履行又は是正をしないときは、本契約を解除できる。
3　前項による解除は、次条に基づく損害賠償請求を妨げない。

（損害賠償）
第13条　甲又は乙は、相手方が本契約の各条項に違反した場合、それによって生じた損害の賠償を請求することができる。ただし、その不履行が、相手方の責に帰すことのできない事由による場合はこの限りではない。

（借地契約の締結）注5
第14条　第1条に定める借地権の内容については、甲乙間で別途締結する借地契約に定めるものとする。

> 注5　借地権付で本件建物を売買したことが明確になるように記載した。詳細については、別途借地契約書を締結することになる。

（反社会勢力の排除）注6
第15条　甲及び乙は、それぞれ相手方に対し、次の各号の事項を確約する。
(1)　自らが、暴力団、暴力団関係企業、総会屋若しくはこれらに準ずる者又はその構成員（以下総称して「反社会的勢力」という）ではないこと。
(2)　反社会的勢力に自己の名義を利用させ、本契約を締結するものでないこと。
(3)　本件建物の引渡し及び売買代金の全額の支払いのいずれもが終了するまでの間に、自ら

又は第三者を利用して、本契約に関して相手方に対する脅迫的な言動又は暴力を用いる行為をしないこと。
2 　甲又は乙の一方について、次の各号のいずれかに該当した場合には、その相手方は、何らの催告を要せずして、本契約を解除することができる。
　(1)　前項第1号の確約に反する申告をしたことが判明した場合
　(2)　前項第2号の確約に反し契約をしたことが判明した場合
　(3)　前項第3号の確約に反した行為をした場合
3 　乙は、甲に対し、自ら又は第三者をして本件建物を反社会的勢力の事務所その他の活動の拠点に供しないことを確約する。
4 　甲は、乙が前項に反した行為をした場合には、何らの催告を要せずして、本契約を解除することができる。
5 　第2項又は前項の規定により本契約が解除された場合には、解除された者は、その相手方に対し、違約金（損害賠償額の予定）として金○○○○円（売買代金の20％相当額）を支払うものとする。
6 　第2項又は第4項の規定により本契約が解除された場合には、解除された者は、解除により生じる損害について、その相手方に対し一切の請求を行わない。
7 　乙が第3項の規定に違反し、本件建物を反社会的勢力の事務所その他の活動の拠点に供したと認められる場合において、甲が第4項の規定により本契約を解除するときは、乙は、甲に対し、第5項の違約金に加え、金○○○○円（売買代金の80％相当額）の違約罰を制裁金として支払うものとする。

> 注6　本契約においても、反社会勢力排除条項を設けることが望ましい（第1章第1節第2-2ウ「f　反社会的勢力排除条項」参照）。

（契約締結費用の負担）
第16条　本契約の締結に要する費用は、甲乙均分にて負担する。
（専属的合意管轄）
第17条　本契約に関する一切の訴訟は、○○地方裁判所を第一審の管轄裁判所とする。

甲と乙は以上のとおり合意し、その成立の証として、本契約書2通を作成し、各自、署名又は記名捺印の上、各1通宛所持するものとする。

令和○年○月○日

　　　　　　　　　　　　　　　　　　　　　　　　甲
　　　　　　　　　　　　　　　　　　　　　　　　　住所　×　×　×　×
　　　　　　　　　　　　　　　　　　　　　　　　　氏名　○　○　○　○　㊞
　　　　　　　　　　　　　　　　　　　　　　　　乙
　　　　　　　　　　　　　　　　　　　　　　　　　住所　×　×　×　×
　　　　　　　　　　　　　　　　　　　　　　　　　氏名　○　○　○　○　㊞

物件目録

1　建　　物
　　所　　在　　○県○市○町○丁目○番地
　　家屋番号　　○○番○
　　種　　類　　居宅
　　構　　造　　木造瓦葺２階建
　　床面積　　　１階　○○．○○平方メートル
　　　　　　　　２階　○○．○○平方メートル

2　建物の敷地
　　所　　在　　○県○市○町○丁目
　　地　　番　　○○番○
　　種　　類　　宅地
　　地　　積　　○○．○○平方メートル

関連法令：民法 555 条・557 条・601 条

14　建物売買契約（借家人が土地所有者から建物を購入する場合）

ア　解説

本契約は、借家人が、敷地及び建物の所有者（賃貸人）から、建物のみを買い取る場合の契約である。

借家人が建物を買い取ると、借家権は混同により消滅し（民 520 条）、借家人の敷地利用権限がなくなるので、建物の買主と土地の所有者との間で、建物所有目的の借地契約を新たに設定する必要がある。

イ　実務上のポイント

建物売買契約と借地契約とは、別個の契約なので、両契約が矛盾しないように、別途建物所有目的の借地契約書を作成する必要がある。また、解説で述べたとおり、従来の借家契約は消滅するが、借家料の帰属などの問題もあるので、借家料の精算条項を入れた方がよい。

【書式例】建物売買契約書（借家人が土地所有者から建物を購入する場合）

収入印紙　注1

建物売買契約

注1　印紙税法別表第一課税物件表の第１号の１文書（不動産の譲渡に関する契約書）及び同第１号の２文書（土地の賃借権の設定に関する契約書）に該当し、契約金額（消費税を除く代金総額）に応じた印紙税が課税

される。なお、不動産の譲渡契約書には、軽減税率の適用がある（税特措91条）。

※第1号の1及び第1号の2文書により、全体が第1号文書となる契約書であるため、軽減税率も契約金額（消費税を除く代金総額）に対して適用される。

　売主〇〇〇〇（以下「甲」という。）と買主〇〇〇〇（以下「乙」という。）は、本日、次のとおり、借地権付建物売買契約（以下「本契約」という。）を締結する。

（売買）注2
第1条　甲は、乙に対し、甲が所有し、乙に賃貸している後記物件目録1記載の建物（以下「本件建物」という。）を同目録2記載の敷地に本件建物所有を目的とした借地権（以下「本件借地権」という。）を設定することを条件として、代金総額金〇〇円（内消費税〇円）にて売り渡し、乙は、これを買い受ける。

> 注2　借地権付きで本件建物を売買したことを明確にする。売買代金は、発生する借地権と消滅する借家権の価格を考慮して決定されるべきであろう。

（本件建物の面積）
第2条　本件建物の売買対象面積は、登記簿に記載された面積によるものとし、実測面積がこれと相違しても、甲及び乙は、前条の代金額の増減等一切の異議を申し立てないものとする。

（手付金）
第3条　乙は、甲に対し、本契約締結と同時に、手付金として金〇〇円を支払う。
2　手付金は、第4条に定める売買残代金の支払いの際、売買代金の一部に充当し、手付金の充当に当たっては利息を付さないものとする。
3　手付金は、解約手付とし、甲は、手付金の倍額を現実に提供し、乙は、これを放棄して、本契約の解除をすることができる。ただし、その相手方が、本契約の履行に着手した後は、この限りではない。

（代金の支払）
第4条　乙は、甲に対し、次条に定める所有権移転登記申請手続と引換えに売買残代金〇〇円を振込み支払う。振込手数料は、乙の負担とする。

（所有権移転登記）
第5条　甲は、令和〇年〇月〇日限り、前条に定める売買残代金の支払いと引き換えに、乙の名義にするために、本件建物の所有権移転登記申請手続きを行う。
2　所有権移転登記手続に要する登記費用は、乙の負担とする。
3　第1項に定める登記手続については、甲は、乙に対し、その登記手続に必要な書類一式を交付することをもってこれに代えることができる。

（担保権等の消除）
第6条　甲は、前条に定める所有権移転登記手続を行うまでに、乙の所有権の行使を妨げる本件建物の抵当権、質権、先取特権等の一切の権利を消除しなければならない。

（危険負担）注3
第7条　第5条の所有権移転手続を行う前に、甲乙いずれの責にも帰すことができない事由により、本件建物が滅失又は損傷した場合、その滅失又は損傷は、甲の負担とする。

2　前項の滅失又は損傷により、本契約の目的を達することができなくなった場合、乙は、本契約を解除することができる。

> 注3　本件建物が所有権移転登記の前に当事者双方の責めに帰さない事由により滅失等した場合、危険負担の問題となる。改正民法536条では、特定物売買についても債務者主義がとられるようになったものの、旧法とは異なり、反対債務の消滅までは規定していないため、本契約では、解除を可能とする条項を付加した。なお、所有権登記の前後を危険の移転時期としたのは、本件建物にすでに買主が居住していることに基づく。

（契約不適合）注4

第8条　甲は、本件建物に関し、第6条に反する場合を除き、契約不適合を理由とする追完、代金減額、契約解除、損害賠償等の責任を負わない。

> 注4　本契約では、建物がすでに買主に引き渡され、使用収益されていたことに鑑み、担保責任を負わない旨の特約を定めた。ただし、売主が契約不適合のあることを知っていた場合、売主が第三者のために権利を設定したり第三者に目的物を譲渡したりした場合において、このことが契約不適合をもたらしたときは、売主は契約不適合の責任を免れることはできない（改正民572条参照）。

（公租公課の負担）

第9条　本件建物の公租公課は、第4条に定める売買残代金授受の日までに対応する分を甲の負担とし、その翌日以降に対応する分を乙の負担とし、売買残代金支払い時に日割り計算によって精算する。

（解除）

第10条　甲又は乙の一方が本契約に違反した場合、その相手方は相当の期間を定めてその催告をしなければならない。

2　前項の場合、本契約に違反した当事者が催告に従った履行をしないときは、相手方は、本契約を解除し、その相手方に対し、損害賠償を請求することができる。ただし、当該不履行が相手方の責に帰すことのできない事由による場合は、相手方は損害賠償責任を負わない。

（借地契約の締結）注5

第11条　乙が、第4条に定める売買残代金の授受を条件として、甲は、乙に対し、本件建物の所有を目的とする本件借地権を設定し、借地条件については甲乙間で別途締結する借地契約に定める。

> 注5　借地権については、別途借地契約書を締結する合意である。

（借家契約の終了）

第12条　下記借家契約は、第4条に定める売買残代金の授受によって終了する。ただし、敷金については、前条の借地契約に定める敷金に充当する。

記

　　　　令和○年○月○日付借家契約
　　　　借家人　　　○○○○（乙）
　　　　契約期間　　令和○年○月○日ないし令和○年○月○日
　　　　賃料　　　　月額○万円（毎月末日限り当月分支払い）
　　　　管理費　　　月額○円（毎月末日限り当月分支払い）
　　　　敷金　　　　○万円

2　前項の借家契約の終了の日が月の途中である場合、日割計算によって借家料を精算する。

（反社会勢力の排除）注6

第13条　甲及び乙は、それぞれ相手方に対し、次の各号の事項を確約する。

(1)　自らが、暴力団、暴力団関係企業、総会屋若しくはこれらに準ずる者又はその構成員（以下総称して「反社会的勢力」という）ではないこと。

(2)　反社会的勢力に自己の名義を利用させ、本契約を締結するものでないこと。

(3)　本件建物の引渡し及び売買代金の全額の支払いのいずれもが終了するまでの間に、自ら又は第三者を利用して、本契約に関して相手方に対する脅迫的な言動又は暴力を用いる行為をしないこと。

2　甲又は乙の一方について、次の各号のいずれかに該当した場合には、その相手方は、何らの催告を要せずして、本契約を解除することができる。

(1)　前項第1号の確約に反する申告をしたことが判明した場合

(2)　前項第2号の確約に反し契約をしたことが判明した場合

(3)　前項第3号の確約に反した行為をした場合

3　乙は、甲に対し、自ら又は第三者をして本件建物を反社会的勢力の事務所その他の活動の拠点に供しないことを確約する。

4　甲は、乙が前項に反した行為をした場合には、何らの催告を要せずして、本契約を解除することができる。

5　第2項又は前項の規定により本契約が解除された場合には、解除された者は、その相手方に対し、違約金（損害賠償額の予定）として金〇〇〇〇円（売買代金の20％相当額）を支払うものとする。

6　第2項又は第4項の規定により本契約が解除された場合には、解除された者は、解除により生じる損害について、その相手方に対し一切の請求を行わない。

7　乙が第3項の規定に違反し、本件建物を反社会的勢力の事務所その他の活動の拠点に供したと認められる場合において、甲が第4項の規定により本契約を解除するときは、乙は、甲に対し、第5項の違約金に加え、金〇〇〇〇円（売買代金の80％相当額）の違約罰を制裁金として支払うものとする。

注6　本契約においても、反社会勢力排除条項を設けることが望ましい（第1章第1節第2－2ウ「f　反社会的勢力排除条項」参照）。

（契約締結費用の負担）

第14条　本契約の締結に要する費用は、甲乙均分にて負担する。

（専属的合意管轄）

第15条　本契約に関する一切の紛争は、〇〇地方裁判所を第一審の専属的合意管轄裁判所とする。

甲と乙は以上のとおり合意し、その成立の証として、本契約書2通を作成し、各自、署名又は記名捺印の上、各1通宛所持するものとする。

令和〇年〇月〇日

　　　　　　　　　　　　　　　　　　　　　　甲
　　　　　　　　　　　　　　　　　　　　　　　住　所　××××
　　　　　　　　　　　　　　　　　　　　　　　氏　名　○○○○　㊞
　　　　　　　　　　　　　　　　　　　　　　乙
　　　　　　　　　　　　　　　　　　　　　　　住　所　××××
　　　　　　　　　　　　　　　　　　　　　　　氏　名　○○○○　㊞

　　　　　　　　　　　　　　物件目録
　　1　建　　物
　　　　所　在　　○県○市○町○丁目○番地
　　　　家屋番号　　○○番○
　　　　種　類　　居宅
　　　　構　造　　木造瓦葺2階建
　　　　床面積　　1階　○○.○○平方メートル
　　　　　　　　　2階　○○.○○平方メートル

　　2　建物の敷地
　　　　所　在　　○県○市○町○丁目
　　　　地　番　　○○番○
　　　　種　類　　宅地
　　　　地　積　　○○.○○平方メートル

関連法令：民法520条・555条・557条・601条

15　建物売買契約（地主が建物所有者から建物を購入する場合）

ア　解説

　本契約は、土地所有者（買主）が、自己の所有する土地上にある借地権付建物を借地権者（売主）から購入する場合の契約である。借地権者から、借地権譲渡の承諾を求められた土地所有者が、許可をしない代わりに、自ら借地権付き建物を買い取る場合などにこうした契約を締結することが考えられる。なお、借地非訟事件（土地の賃借権の譲渡又は転貸の許可申立事件、建物競売等の場合における土地の賃借権の譲渡の許可申立事件）においては、土地所有者には自ら土地の賃借権を借地上の建物と一緒に優先的に買い取ることができる権利（介入権）が与えられている（借地借家19条3項・20条2項）。

イ　実務上のポイント

　建物売買の結果、借地権は混同（民520条）により消滅するが、敷金の返還等、借地契約終了に伴う処理の規定を入れることが望ましい。

第2章　売　買

【書式例】建物売買契約書（地主が建物所有者から建物を購入する場合）

```
┌─────────┐
│  収　入  │
│  印　紙  │
│         │
│  注1    │
└─────────┘
```
　　　　　　　　　　　　　　　建物売買契約

注1　印紙税法別表第一課税物件表の第1号の1文書（不動産の譲渡に関する契約書）に該当し、契約金額（消費税を除く代金総額）に応じた印紙税が課税される。なお、不動産の譲渡契約書には、軽減税率の適用がある（税特措91条）。

　売主〇〇〇〇（以下「甲」という。）と買主〇〇〇〇（以下「乙」という。）は、本日、次のとおり、借地権付建物売買契約（以下「本契約」という。）を締結する。

（売買）
第1条　甲は、乙に対し、甲が所有する後記物件目録記載の建物（以下「本件建物」という。）を代金総額金〇〇円（内消費税〇円）で売り渡し、乙は、これを買い受ける。
（不動産の面積）
第2条　本契約の売買対象面積は、登記簿に記載された面積によるものとし、実測面積がこれと相違しても、甲及び乙は、前条の代金額の増減等一切の異議を申し立てないものとする。
（手付金）
第3条　乙は、甲に対し、本契約締結と同時に、手付金として金〇〇円を支払い、甲は、これを本日受領した。
2　手付金は、第4条に定める売買残代金の支払いの際、売買代金の一部に充当し、手付金の充当に当たっては利息を付さないものとする。
3　手付金は、解約手付とし、甲は、手付金の倍額を現実に提供し、乙は、これを放棄して、本契約の解除をすることができる。ただし、その相手方が、本契約の履行に着手した後は、この限りではない。
（売買残代金の支払）
第4条　乙は、甲に対し、令和〇年〇月〇日限り、第6条に定める所有権移転登記手続と引き換えに、売買残代金として金〇〇円を、甲の指定する口座宛振込み支払う。振込手数料は、乙の負担とする。
（引渡し）
第5条　甲は、前条に定める売買残代金の支払いと引き換えに、本件建物から退去し、これを乙に引き渡す。
（所有権移転登記）
第6条　甲は、乙に対し、第4条に定める売買残代金の支払と引き換えに、本件建物の所有権移転登記申請手続を行う。ただし、甲は、乙に対し、その登記手続に必要な書類一式を交付することで登記手続に代えることができる。

2　所有権移転登記手続に要する登記費用は、乙の負担とする。
　（担保権等の消除）
第7条　甲は、前条に定める所有権移転登記手続を行うまでに、乙の所有権の行使を妨げる本件建物の抵当権、質権、先取特権等一切の権利を消除しなければならない。
　（危険負担）注2
第8条　第5条に定める本件建物引渡しの前に、甲乙いずれの責にも帰すことができない事由により、本件建物が滅失又は損傷した場合は、その滅失又は損傷は、甲の負担とする。
2　前項の滅失又は損傷により、本件建物の引渡しができなくなった場合、乙は、本契約を解除することができる。

> 注2　本件建物が当事者双方の責めに帰さない事由により滅失等した場合、危険負担の問題となる。改正民法536条では、特定物売買についても債務者主義がとられるようになったものの、旧法とは異なり、反対債務の消滅までは規定していないため、本契約では、解除を可能とする条項を付加した。

　（契約不適合）注3
第9条　本件建物が、本契約の内容に適合しないものであった場合、乙は、甲に対し、相当の期間を定めて催告し、本件建物の修補による履行の追完を請求することができ、期間内に履行できないときは、代金の減額を請求することができる。
2　前項の不適合により、乙において本契約を締結した目的を達せられない場合、乙は、本契約を解除することができる。
3　前2項の規定は、乙による第1項の契約不適合による損害賠償請求を妨げない。ただし、契約不適合が甲の責めに帰すことのできない事由により生じた場合はこの限りではない。
4　前3項による請求は、本件建物引渡の後、○か月を経過したときはできないものとする。ただし、数量不足の場合はこの限りではない。

> 注3　改正民法566条では、買主が契約不適合を知った時から1年以内にその旨の通知をしなければ、履行追完請求権等の買主の権利が失権することを定めているが、実務においては、失権までの期間をより短期間に定めることが多いと考えられるので、本契約でもその例によっている。数量不足の場合、566条の期間制限は適用されないが、第2条により対象面積は登記簿目録記載の面積とされ、実測面積との差異があっても補正はしないことになっており、実質上この責任追及は想定しづらい。

　（公租公課の負担）
第10条　本件建物の公租公課は、第4条に定める売買残代金授受の日までに対応する分を甲の負担とし、その翌日以降に対応する分を乙の負担とし、売買残代金支払い時に日割り計算によって精算する。
　（解除）
第11条　甲又は乙は、相手方が本契約の各条項に違反した場合、相当の期間を定め、その履行ないし是正を催告することができる。
2　甲又は乙は、前項の定めによる履行又は是正の請求にかかわらず、相手方が催告に従った履行又は是正をしないときは、本契約を解除し、相手方に対し、損害賠償を請求することができる。ただし、損害賠償請求は、当該不履行が、相手方の責に帰すことのできない事由により生じた場合は、できないものとする。
　（借地契約の終了）注4

第2章　売　買

第12条　甲乙間の下記借地契約は、第4条に定める売買残代金の授受によって終了するものとし、甲乙間で、別途未払賃料の精算、敷金の返還等の手続を行う。

記

　　　　令和○年○月○日付借地契約
　　　　借地人　　　○○○○（乙）
　　　　契約期間　　令和○年○月○日ないし令和○年○月○日
　　　　賃料　　　　月額○万円（毎月末日限り当月分支払い）
　　　　敷金　　　　○万円

注4　混同（民520条）の結果、賃貸借契約の終了が終了することを確認した上で、精算条項を定めたものである。

（反社会勢力の排除）注5

第13条　甲及び乙は、それぞれ相手方に対し、次の各号の事項を確約する。
　(1)　自らが、暴力団、暴力団関係企業、総会屋若しくはこれらに準ずる者又はその構成員（以下総称して「反社会的勢力」という）ではないこと。
　(2)　反社会的勢力に自己の名義を利用させ、本契約を締結するものでないこと。
　(3)　本件建物の引渡し及び売買代金の全額の支払いのいずれもが終了するまでの間に、自ら又は第三者を利用して、本契約に関して相手方に対する脅迫的な言動又は暴力を用いる行為をしないこと。
2　甲又は乙の一方について、次の各号のいずれかに該当した場合には、その相手方は、何らの催告を要せずして、本契約を解除することができる。
　(1)　前項第1号の確約に反する申告をしたことが判明した場合
　(2)　前項第2号の確約に反し契約をしたことが判明した場合
　(3)　前項第3号の確約に反した行為をした場合
3　乙は、甲に対し、自ら又は第三者をして本件建物を反社会的勢力の事務所その他の活動の拠点に供しないことを確約する。
4　甲は、乙が前項に反した行為をした場合には、何らの催告を要せずして、本契約を解除することができる。
5　第2項又は前項の規定により本契約が解除された場合には、解除された者は、その相手方に対し、違約金（損害賠償額の予定）として金○○○○円（売買代金の20％相当額）を支払うものとする。
6　第2項又は第4項の規定により本契約が解除された場合には、解除された者は、解除により生じる損害について、その相手方に対し一切の請求を行わない。
7　乙が第3項の規定に違反し、本件建物を反社会的勢力の事務所その他の活動の拠点に供したと認められる場合において、甲が第4項の規定により本契約を解除するときは、乙は、甲に対し、第5項の違約金に加え、金○○○○円（売買代金の80％相当額）の違約罰を制裁金として支払うものとする。

注5　本契約においても、反社会勢力排除条項を設けることが望ましい（第1章第1節第2-2ウ「f　反社会的勢力排除条項」参照）。

（契約締結費用の負担）

第14条 本契約の締結に要する費用は、甲乙均分にて負担する。

（専属的合意管轄）

第15条 本契約に関する一切の紛争は、○○地方裁判所を第一審の専属的合意管轄裁判所とする。

甲と乙は以上のとおり合意し、その成立の証として、本契約書2通を作成し、各自、署名又は記名捺印の上、各1通宛所持するものとする。

令和○年○月○日

　　　　　　　　　　　　　　　　　　　　　　　　　　　　甲
　　　　　　　　　　　　　　　　　　　　　　　　　　　　　住所　×　×　×　×
　　　　　　　　　　　　　　　　　　　　　　　　　　　　　氏名　○　○　○　○　㊞
　　　　　　　　　　　　　　　　　　　　　　　　　　　　乙
　　　　　　　　　　　　　　　　　　　　　　　　　　　　　住所　×　×　×　×
　　　　　　　　　　　　　　　　　　　　　　　　　　　　　氏名　○　○　○　○　㊞

　　　　　　　　　　　　　　　　　物件目録

　　建　　物
　　所　　在　　○県○市○町○丁目○番地
　　家屋番号　　○○番○
　　種　　類　　居宅
　　構　　造　　木造瓦葺2階建
　　床面積　　　1階　○○．○○平方メートル
　　　　　　　　2階　○○．○○平方メートル

関連法令：民法520条・612条、借地借家法14条

16　不動産（マンション）売買契約

ア　解説

本契約は、売主が、買主に対し、売主が所有するマンションの一室（住戸）を売却する場合の契約である。

マンションに関する権利関係を規律する建物区分所有法においては、1棟の建物のうち、構造上区分された数個の部分で独立して住居、店舗、事務所又は倉庫その他建物としての用途に供することができる部分（マンションの場合、各住戸に相当する部分）を専有部分といい（区分所有1条参照）、専有部分以外の建物の部分、専有部分に属しない建物の附属物及び規約により共用部分とされた附属の建物を共用部分という（区分所有2条3項・4項）。専有部分は、単独

の所有権(区分所有権)の対象となるが、共用部分は、区分所有者の共有に属する(区分所有11条1項)。もっとも、区分所有者の共有は、民法の共有と異なり、分割請求はできず、共有者の持分は専有部分の処分に従う特殊性がある(区分所有15条)。また、区分所有者は、専有部分を所有するため建物の敷地に関する所有権、借地権等の権利(敷地利用権)を有するが(区分所有2条5項・6項)、原則として、専有部分と切り離して処分することはできない(区分所有22条)。

イ 実務上のポイント

まず、買主は、金融機関から購入資金の全部又は一部につきローンを組んで当該住戸を購入することが想定されるが、ローンの審査が通らなかった場合、購入が事実上困難になるので、ローンの審査が通らなかった場合に備えて解除の特約を定める必要がある(本章第7節「住宅ローン利用の特則」参照)。次に、登記関係であるが、住戸について、専有部分については、区分所有権の移転登記をしなければ、区分所有権を第三者に対抗することはできないのは当然であるが、共有部分については、専有部分の処分に従うことになっているので(区分所有15条1項)、専有部分の移転登記があれば、共用部分の共有持分についても第三者に対抗しうるものと解されている。また、住戸の引渡し時期であるが、建物未完成のうちに売買契約が締結されることも多いので、引渡し時期を確認する必要がある。さらに、各住戸には付帯設備がある場合も多いが、当該住戸とその付帯設備は別個の物であることから、付帯設備固有の引渡し時期、所有権移転時期も定めておけば便宜である。最後に、マンションにつき管理組合が置かれ管理規約が定められている場合が多く(区分所有30条)、買主は、管理規約に関する書面の確認が必要であることから、同書の買主への交付について定めるとよい。

【書式例】マンション売買契約書

```
┌─────┐
│ 収　入 │
│ 印　紙 │              マンション売買契約書
│ 注1　 │
└─────┘
```

注1　印紙税法別表第一課税物件表の第1号の1文書(不動産の譲渡に関する契約書)に該当し、契約金額(消費税を除く代金総額)に応じた印紙税が課税される。なお、不動産の譲渡契約書には、軽減税率の適用がある(税特措91条)。

売主〇〇〇〇(以下「甲」という。)と買主〇〇〇〇(以下「乙」という。)は、本日、次のとおり、後記不動産(〇〇マンション〇号室)の売買契約(以下「本契約」という。)を締結する。

(売買)　注2
第1条　甲は、乙に対し、後記「不動産の表示」記載の区分所有建物(以下「本件建物」という。)

及びその敷地である土地（以下「本件土地」といい、本件建物と本件土地をあわせて以下「本件不動産」という。）を建物価格〇〇〇〇円（内消費税〇〇円）、土地価格金〇〇〇〇円の売買代金総額金〇〇〇〇円（内消費税〇〇円）にて売り渡し、乙は、これを買い受ける。

> 注2　本契約の目的物が建物（住戸）及びその敷地（共有持分）であることを明示する。

（本件不動産の面積）

第2条　本件不動産の売買対象面積は、登記簿の面積によるものであり、実測面積がこれと相違しても、甲及び乙は、前条の代金額につき一切の異議を申し立てないものとする。

（手付金）

第3条　乙は、甲に対し、本契約締結と同時に、手付金として金〇〇円を支払う。

2　手付金は、第4条に定める支払いの際、売買代金の一部に充当する。ただし、手付金の充当に当たっては利息を付さないものとする。

3　手付金は、解約手付とし、甲は、手付金の倍額を現実に提供し、乙は、これを放棄して、本契約の解除をすることができる。ただし、その相手方が、本契約の履行に着手した後は、この限りではない。

（売買代金）

第4条　乙は、甲に対し、令和〇年〇月〇日限り、売買残代金を甲の指定口座に振り込み支払う。ただし、振込手数料は乙の負担とする。

（引渡し）　注3

第5条　甲は、乙に対し、前条に定める売買残代金の支払いと引き換えに、本件不動産を引き渡す。

2　甲は、前項の本件不動産の引渡しと同時に、乙に対し、別紙「設備一覧表」に「有」と記載した付帯設備（以下「本件付帯設備」という）を引き渡す。

> 注3　本件不動産に付帯設備がある場合、付帯設備の引渡しも問題になるので、その引渡し時期を明確にする。一般的には、本件不動産の引渡しと同時であると便宜であろう。

（所有権の移転時期）　注4

第6条　本件不動産の所有権及び本件付帯設備の所有権は、乙が第4条に定める売買残代金を受領した時に、甲から乙に移転する。

> 注4　本件不動産の引渡し時期だけでなく、所有権移転時期も明確にした。

（管理規約等）　注5

第7条　甲は、乙に対し、マンションの管理規約を記載した書面を、第5条の引渡日までに交付する。

2　甲は、引渡完了日における前項の管理規約等で定められた義務の全てを乙に承継させ、乙は承継するものとする。

> 注5　マンションには管理組合が置かれ、マンションやその敷地、付属施設の管理又は使用に関し、区分所有者相互の関係について、管理規約で決められていることが多いので、売買に当たり、管理規約に関する書面の交付を受けた方がよい。

（物件状況等報告書）

第8条　甲は、乙に対し、本契約締結時における本件不動産の状況等を書面により報告する。

（担保権等の消除）

第9条　甲は、乙に対し、第5条に定める引渡し時までに、本件不動産についての抵当権等の担

第2章　売　買

保権、賃貸借等の用益権その他乙の所有権の行使を妨げる一切の権利を消除する。
(所有権移転登記)
第10条　甲は、乙に対し、売買残代金の支払いと引き換えに、本件不動産について、乙又は乙の指名する第三者の名義への所有権移転登記申請手続きを行う。
2　前項の所有権移転登記手続に要する費用は、乙の負担とする。
3　第1項に定める登記手続については、甲は、乙に対し、その登記手続に必要な書類一式を交付することをもってこれに代えることができる。
(危険負担)　注6
第11条　第5条に定める本件不動産の引き渡しの前に、甲乙いずれの責にも帰すことができない事由により、本件不動産が滅失又は損傷した場合は、その滅失又は損傷は、甲の負担とする。
2　前項の滅失又は損傷により、本件不動産の引渡しができなくなった場合、乙は、本契約を解除することができる。

> **注6**　本件不動産が当事者双方の責めに帰さない事由により滅失等した場合、危険負担の問題となる。改正民法536条では、特定物売買でも債務者主義がとられるようになったものの、旧法とは異なり、反対債務の消滅までは規定していないため、本契約では、解除を可能とする条項を付加した。

(契約不適合)　注7
第12条　本件不動産が、本契約の内容に適合しないものであった場合、乙は、甲に対し、相当の期間を定めて催告し、本件不動産の修補による履行の追完を請求することができ、期間内に履行できないときは、代金の減額を請求することができる。
2　前項の不適合により、乙において本契約を締結した目的を達せられない場合、乙は、本契約を解除することができる。
3　前2項の規定は、乙による第15条に基づく損害賠償請求を妨げない。
4　前3項による請求は、本件不動産の引渡しの後、○か月を経過したときはできないものとする。ただし、数量不足の場合はこの限りではない。

> **注7**　改正民法566条では、買主が契約不適合を知った時から1年以内にその旨の通知をしなければ、履行追完請求権等の買主の権利が失権することを定めているが、実務においては、失権までの期間をより短期間に定めることが多いと考えられるので、本契約でもその例によっている。数量不足の場合、改正民法566条の期間制限は適用されないが、第2条により対象面積は登記簿記載の面積とされ、実測面積との差異があっても補正はしないことになっており、実質上この責任追及は想定しがたい。なお、本契約は、中古区分建物の売買を想定しているが、新築区分建物の場合、住宅の品質促進の促進等に関する法律（品確法）に基づき、平成12年4月1日以降に締結された新築住宅の取得契約（請負契約、売買契約）には、基本構造部分（柱や梁など住宅の構造耐力上主要な部分、雨水の浸入を防止する部分）について、10年間契約不適合責任（修補請求権等）を負うことが義務づけられている。

(公租公課等)
第13条　本件不動産の公租公課については、本契約を締結した年の年1月1日を基準とし、第5条第1項に定める引渡し日までに対応する分を甲の負担とし、その翌日以降に対応する分を乙の負担とする。
2　本件不動産の管理費、ガス、水道、電気料金及びその他の負担金は、第5条第1項に定める引渡し日までに対応する分を甲の負担とし、その翌日以降に対応する分を乙の負担とする。

3　本件不動産から生じる収益は、第5条第1項に定める引渡日までに対応する分を甲が取得し、その翌日以降に対応する分を乙が取得する。

（解除）

第14条　甲又は乙は、相手方が本契約の各条項に違反した場合、相当の期間を定め、その履行ないし是正を催告することができる。

2　甲又は乙は、前項の定めによる履行又は是正の請求にかかわらず、相手方が催告に従った履行又は是正をしないときは、本契約を解除できる。

3　前項による解除は、次条に基づく損害賠償請求を妨げない。

（損害賠償）

第15条　甲又は乙は、相手方が本契約の各条項に違反した場合、それによって生じた損害の賠償を請求することができる。ただし、その不履行が、相手方の責に帰すことのできない事由による場合はこの限りではない。

（ローン条項）注8

第16条　乙は、売買代金について融資を利用するとき、本契約締結後、速やかに後記「融資の表示」記載の融資（以下「本件融資」という。）の申込み手続をしなければならない。

2　本件融資の承認取得予定日までに、本件融資の全部又は一部の金額について金融機関の融資承認が得られない場合、乙は、甲に対し、後記「融資の表示」に記載の契約解除期日（以下「本件解除期日」という。）までであれば、本契約を解除することができる。ただし、乙が故意に上記承認を妨げるような行為をしたことによって、承認が得られなかった場合はこの限りではない。

3　本件解除期日までに前項の承認が得られないことが判明した場合、乙は、甲に対して、その事実をただちに書面にて通知する。

4　第2項本文により本契約が解除された場合、甲は、乙に対し、速やかに受領済みの金員を無利息にて返還する。

> 注8　ローンの審査が通らなかった場合に備えて解除の特約を定めた。本契約書では、売主は、ペナルティーなしで契約を解除することができるというものにした。もっとも、その間、売主は、契約がいつ解除されるかわからないという不安定な立場に立つので、一定の期限を区切り、以後はローン条項による一方的な解除はできないことにした。

（反社会勢力の排除）注9

第17条　甲及び乙は、それぞれ相手方に対し、次の各号の事項を確約する。

(1)　自らが、暴力団、暴力団関係企業、総会屋若しくはこれらに準ずる者又はその構成員（以下総称して「反社会的勢力」という）ではないこと。

(2)　反社会的勢力に自己の名義を利用させ、本契約を締結するものでないこと。

(3)　本件不動産の引渡し及び売買代金の全額の支払いのいずれもが終了するまでの間に、自ら又は第三者を利用して、本契約に関して相手方に対する脅迫的な言動又は暴力を用いる行為をしないこと。

2　甲又は乙の一方について、次の各号のいずれかに該当した場合には、その相手方は、何らの催告を要せずして、本契約を解除することができる。

(1)　前項第1号の確約に反する申告をしたことが判明した場合

(2) 前項第2号の確約に反し契約をしたことが判明した場合
(3) 前項第3号の確約に反した行為をした場合

3　乙は、甲に対し、自ら又は第三者をして本件不動産を反社会的勢力の事務所その他の活動の拠点に供しないことを確約する。

4　甲は、乙が前項に反した行為をした場合には、何らの催告を要せずして、本契約を解除することができる。

5　第2項又は前項の規定により本契約が解除された場合には、解除された者は、その相手方に対し、違約金（損害賠償額の予定）として金〇〇〇〇円（売買代金の20％相当額）を支払うものとする。

6　第2項又は第4項の規定により本契約が解除された場合には、解除された者は、解除により生じる損害について、その相手方に対し一切の請求を行わない。

7　乙が第3項の規定に違反し、本件不動産を反社会的勢力の事務所その他の活動の拠点に供したと認められる場合において、甲が第4項の規定により本契約を解除するときは、乙は、甲に対し、第5項の違約金に加え、金〇〇〇〇円（売買代金の80％相当額）の違約罰を制裁金として支払うものとする。

注9　本契約においても、反社会勢力排除条項を設けることが望ましい（第1章第1節第2-2ウ「f　反社会的勢力排除条項」参照）。

（専属的合意管轄）
第18条　本契約に関する一切の紛争は、〇〇地方裁判所を第一審の専属的合意管轄裁判所とする。

（協議義務）
第19条　本契約書に定めのない事項及び解釈につき疑義が生じた事項については、甲及び乙は、互いに誠意をもって協議し、円満解決することとする。

甲と乙は以上のとおり合意し、その成立の証として、本契約書2通を作成し、各自、署名又は記名捺印の上、各1通宛所持するものとする。

令和〇年〇月〇日

甲
　住所　××××
　氏名　〇〇〇〇　㊞
乙
　住所　××××
　氏名　〇〇〇〇　㊞

不動産の表示
第1　1棟の建物
　　所　在　〇県〇市〇町〇丁目〇番地

　　　　建物の名称　　○○マンション
　　　　構　　造　　鉄骨鉄筋コンクリート造陸屋根地下○階付○階建
　　　　床面積　　　○○○○平方メートル
　第2　建物の専有部分
　　　　家屋番号　　○丁目○番
　　　　建物の名称　　○○○号室
　　　　種　　類　　居宅
　　　　構　　造　　鉄骨鉄筋コンクリート造1階建
　　　　床面積　　　○○○．○○平方メートル
　　　　　別紙「設備表」に「有」と記載された設備を含む。
　第3　土地
　　　　所　　在　　○県○市○町○丁目
　　　　地　　番　　○○番○
　　　　種　　類　　宅地
　　　　地　　積　　○○○○○．○○平方メートル
　　　　共有持分　　○○○分の○
　　　　権利の種類　　所有権

　　　　　　　　　　　　融資の表示
　第1　申込　　　　　有
　第2　申込金額　　　金○○○○万円
　第3　金融機関　　　○○銀行○支店
　第4　第16条に定める契約解除期限　　令和○年○月○日限り

設備表 注10
省略
注10　「設備表」は省略したが、重要な設備を記載しておくものである。

関連法令：民法555条、建物の区分所有等に関する法律1条・2条・11条・15条・22条・30条

17　抵当権付不動産売買契約
ア　解説

　本契約は、売主が、債権者に対し、売主所有の不動産に抵当権を設定していたところ、事前に、その債権者の承諾を得て、買主が、被担保債務につき免責的債務の引受けをして、売主と買主間でその不動産を売買する場合の契約である。

　売買対象不動産に抵当権が設定されている場合、抵当権付きの不動産の取得は所有権を失うリスクがあるため、決済時に売却代金で借入金を返済し、抵当権設定登記の抹消と所有権移転登記を同時に行うという方法が一般的であるといえるが、買主が債務を引き受け、売主の負担

を免れさせる（免責的債務引受）ことで、抵当権を存続させたまま、売買対象不動産の価値から抵当権の被担保債権額を控除した額で不動産を取得する場合、すなわち、返済が滞ることにより所有権を失うリスクを負う代わりに、安価で不動産を買い取るという方法もあり、本契約書は、この方法による場合のものである。

免責的債務引受については、従来明文の規定がなかったが、改正民法において引受人による新たな債務負担と債権者による債務者の免除を組み合わせたものとして構成・整備され（改正民472条～472条の4）、債権者と引受人（本契約では買主）との契約によるか、債務者（本契約では売主）と引受人（本契約では買主）との契約をし、債権者が承諾することによって行うことができることが明記された（改正民472条2項・3項）。また、改正民法では、債権者の意思表示により、債務者の債務の担保として設定された担保権を、引受人の債務に移転することができるとされた（改正民472条の4第1項本文）。以上についての詳細は、第1章第8「保証」を参照されたい。

　イ　実務上のポイント

債務者の変更につき買主と債権者で契約をするか、債権者の承諾がなければ、免責的債務引受ができないが、本契約のように三者契約としない場合、売主が債権者の承諾を得たことを明らかにするために、売主に承諾書の写しを交付させるようにするとよい。他方、被担保債務につき売主に債務不履行がある場合、買主は、不測の損害を受ける可能性があるので、債務額、支払時期、抵当物件の処分が期限の利益を喪失させないか等、被担保債務の内容について十分把握する必要がある。

【書式例】　抵当権付不動産売買契約書

　　収　入
　　印　紙
　　注1

抵当権付土地売買契約書

注1　印紙税法別表第一課税物件表の第1号の1文書（不動産の譲渡に関する契約書）に該当し、契約金額（土地の売買代金）に応じた印紙税が課税される。なお、不動産の譲渡契約書には、軽減税率の適用がある（税特措91条）。

※債務引受けの約定は、第15号文書（債務引受けに関する契約書）に該当するが、課税物件表の適用に関する通則3のイの規定により、第1号の1文書に所属が決定される。

売主〇〇〇〇（以下「甲」という。）と買主〇〇〇〇（以下「乙」という。）は、本日、次のとおり、土地売買契約（以下「本契約」という。）を締結する。

（売買）　注2

第1条 甲は、乙に対し、第3条に記載する抵当権の負担のついた後記物件目録記載の土地（以下「本件土地」という。）を代金総額金〇〇円にて売り渡し、乙は、これを買い受ける。

> 注2 抵当権の負担の付いた土地売買であることを明確にした。

（土地面積） 注3

第2条 本件土地の面積は実測によるものとし、実測された面積が登記簿上の面積と異なるときは、1平方メートル当たり金〇〇円を実測面積で乗じて計算した金額と前条の本件土地の価格との差額について、売買代金支払時に精算する。

> 注3 本契約が実測面積によるものであり、実測面積が登記簿面積と違った場合には、代金の修正を行うことを明確にしている。

（債務引受及び担保移転） 注4

第3条 乙は、本件土地に設定されている下記抵当権の被担保債務について、債権者〇〇〇〇（以下「丙」という。）の承諾を得て、甲を免責させて同一の債務を負担する。

記

　　〇〇地方法務局〇支局管轄　受付日令和〇年〇月〇日　受付番号第〇号
　　原因　　　　令和〇年〇月〇日金銭消費貸借同日設定
　　債権額　　　〇〇〇〇万円
　　利息　　　　年〇.〇パーセント
　　損害金　　　年〇.〇パーセント
　　債務者　　　甲
　　債権者　　　丙

2　甲は、乙に対し、前項に定める債務につき、本日において一切遅滞はなく、残元本債務額が金〇〇〇万円であることを保証する。

3　乙は、第1項に定める債務引受につき丙の承諾を、担保移転について丙の意思表示を、それぞれ書面により得た上で、当該書面の写しを甲に交付するものとする。

> 注4 被担保債務及び抵当権の内容を明確にした。また、被担保債務の内容につき売主に保証させ、他方、債務者変更についての債権者の承諾及び担保移転について債権者の意思表示を書面により得た上でその写しを買主に交付することで、後日の紛争を避けることを意図した。

（代金の支払）

第4条 乙は、甲に対し、第1条に定める売買代金を次のとおり支払う。
（1）　本契約成立のとき金〇〇〇万円
（2）　令和〇年〇月〇日限り中間金〇〇〇万円
（3）　次条に定める本件土地の引き渡し及び第6条に定める所有権移転登記の時残売買残代金〇〇〇万円

（引渡し）

第5条 甲は、乙に対し、前条第3号に定める売買残代金の支払いと引換えに、本件土地を引き渡す。

2　甲は、前条による引渡日までに、本件土地の境界を確定する。

（所有権移転登記）

第6条 甲は、第4条第3号に定める売買残代金の支払いと引き換えに、本件土地の所有権移転

登記申請手続を行う。
2　所有権移転登記手続に要する登記費用は、乙の負担とする。
3　第1項に定める登記手続については、甲は、乙に対し、その登記手続に必要な書類一式を交付することをもってこれに代えることができる。

（担保権等の消除）
第7条　甲は、前条に定める所有権移転登記手続を行うまでに、乙の完全な所有権の行使を妨げる本件土地の抵当権（第3条に記載した抵当権を除く。）、質権、先取特権、賃借権等の一切の権利を消除しなければならない。

（危険負担）注5
第8条　第5条に定める本件土地の引渡し前に、甲乙いずれの責にも帰すことができない事由により、本件土地が滅失又は損傷した場合、その滅失又は損傷は、甲の負担とする。
2　前項の滅失又は損傷により、本件土地の引渡しができなくなった場合、乙は、本契約を解除することができる。

> 注5　本件土地が当事者双方の責めに帰さない事由により滅失等した場合、危険負担の問題となる。改正民法536条では、特定物売買にも債務者主義が適用されるようになったものの、旧法とは異なり、反対債務の消滅までは規定していないため、本契約では、解除を可能とする条項を付加した。

（契約不適合）注6
第9条　本件土地が、本契約の内容に適合しないものであった場合、乙は、甲に対し、相当の期間を定めて催告し、本件土地の修補による履行の追完を請求することができ、期間内に履行できないときは、代金の減額を請求することができる。
2　前項の不適合により、乙において本契約を締結した目的を達せられない場合、乙は、本契約を解除することができる。
3　前2項の規定は、乙による第12条による損害賠償請求を妨げない。
4　前3項による請求は、本件土地引渡の後、○か月を経過したときはできないものとする。ただし、数量不足の場合はこの限りではない。

> 注6　改正民法566条では、買主が契約不適合を知った時から1年以内にその旨の通知をしなければ、履行追完請求権等の買主の権利が失権することを定めているが、実務においては、失権までの期間をより短期間に定めることが多いと考えられるので、本契約でもその例によっている。数量不足の場合、566条の期間制限は適用されないが、第2条に実測面積との差異がある場合の補正について規定されていることから、実質上この責任追及は想定しづらい。

（公租公課の負担）
第10条　本件土地の公租公課は、第5条に定める引渡日をもって区分し、引渡日までに対応する分を甲の負担とし、その翌日以降に対応する分を乙の負担とし、売買残代金支払時に日割り計算によって精算する。

（解除）
第11条　甲又は乙は、相手方が本契約の各条項に違反した場合、相当の期間を定め、その履行ないし是正を催告することができる。
2　甲又は乙は、前項の定めによる履行又は是正の請求にかかわらず、相手方が催告に従った履行又は是正をしないときは、本契約を解除できる。

3　前項による解除は、次条に基づく損害賠償請求を妨げない。
（損害賠償）
第12条　甲又は乙は、相手方が本契約の各条項に違反した場合、それによって生じた損害の賠償を請求することができる。ただし、その不履行が、相手方の責に帰すことのできない事由による場合はこの限りではない。

（反社会勢力の排除）　注7
第13条　甲及び乙は、それぞれ相手方に対し、次の各号の事項を確約する。
（1）　自らが、暴力団、暴力団関係企業、総会屋若しくはこれらに準ずる者又はその構成員（以下総称して「反社会的勢力」という）ではないこと。
（2）　反社会的勢力に自己の名義を利用させ、本契約を締結するものでないこと。
（3）　本件土地の引渡し及び売買代金の全額の支払いのいずれもが終了するまでの間に、自ら又は第三者を利用して、本契約に関して相手方に対する脅迫的な言動又は暴力を用いる行為をしないこと。
2　甲又は乙の一方について、次の各号のいずれかに該当した場合には、その相手方は、何らの催告を要せずして、本契約を解除することができる。
（1）　前項第1号の確約に反する申告をしたことが判明した場合
（2）　前項第2号の確約に反し契約をしたことが判明した場合
（3）　前項第3号の確約に反した行為をした場合
3　乙は、甲に対し、自ら又は第三者をして本件土地を反社会的勢力の事務所その他の活動の拠点に供しないことを確約する。
4　甲は、乙が前項に反した行為をした場合には、何らの催告を要せずして、本契約を解除することができる。
5　第2項又は前項の規定により本契約が解除された場合には、解除された者は、その相手方に対し、違約金（損害賠償額の予定）として金〇〇〇〇円（売買代金の20％相当額）を支払うものとする。
6　第2項又は第4項の規定により本契約が解除された場合には、解除された者は、解除により生じる損害について、その相手方に対し一切の請求を行わない。
7　乙が第3項の規定に違反し、本件土地を反社会的勢力の事務所その他の活動の拠点に供したと認められる場合において、甲が第4項の規定により本契約を解除するときは、乙は、甲に対し、第5項の違約金に加え、金〇〇〇〇円（売買代金の80％相当額）の違約罰を制裁金として支払うものとする。

注7　**本契約においても、反社会勢力排除条項を設けることが望ましい**（第1章第1節第2-2ウ「f　反社会的勢力排除条項」参照）。

（契約締結費用の負担）
第14条　本契約の締結に要する費用は、甲乙折半にて負担する。
（専属的合意管轄）
第15条　本契約に関する一切の紛争は、〇〇地方裁判所を第一審の専属的合意管轄裁判所とする。

甲と乙は以上のとおり合意し、その成立の証として、本契約書2通を作成し、各自、署名又は記名捺印の上、各1通宛所持するものとする。

　　令和〇年〇月〇日

　　　　　　　　　　　　　　　　　　　　　　　甲
　　　　　　　　　　　　　　　　　　　　　　　　住所　××××
　　　　　　　　　　　　　　　　　　　　　　　　氏名　〇〇〇〇　㊞
　　　　　　　　　　　　　　　　　　　　　　　乙
　　　　　　　　　　　　　　　　　　　　　　　　住所　××××
　　　　　　　　　　　　　　　　　　　　　　　　氏名　〇〇〇〇　㊞

　　　　　　　　　　　　　物件目録
　土地
　　所　　在　　〇県〇市〇町〇丁目
　　地　　番　　〇〇番〇
　　種　　類　　宅地
　　地　　積　　〇〇.〇〇平方メートル

関連法令：民法472条〜472条の4

18　私道負担付土地売買契約

ア　解説

　土地の分譲が行われる場合、私道を設置して、分譲地の所有者相互に使用させるという例が多く見受けられる。こうした場合、私道について、その使用に関する土地の所有者相互間の法律関係のほか、分譲地又は私道部分の所有者が変更された場合の私道の利用関係などをどうするかという問題を検討し、整理しておくことが必要である。

　私道は道路位置指定を受けると（建基42条1項5号）、その廃止や変更が行政上の制約を受けることになり、分譲地が譲渡されたとしても、他の分譲地の所有者は、道路を安定利用できることになるが、道路位置指定を受けるためには、道路幅や長さなどについて法律に定める一定の要件を充足しなければならない。

　しかし、道路位置指定の要件を満たさなくても、分譲地の全所有者が、私道部分について地役権を設定さえすれば、道路として安定使用ができる。ただし、地役権は、登記しておかないと、第三者に対抗できないので（民177条）、分譲地を売却した場合、新しい所有者に私道の負担を主張できないことになる。最高裁平成10年2月13日判決（民集52巻1号65頁）は、地役権の設定登記がなくとも、承役地の譲渡の時、承役地が、要役地の所有者によって継続的に通路として利用されていることが客観的に明らかであり、かつ、承役地の譲受人が、そのこ

とを認識又は認識可能であったときは、その譲受人は、通行地役権が設定されていることを知らなかったとしても、特段の事情がない限り、地役権設定登記の欠缺を主張する正当な利益を有する第三者にあたらないとしているものの、安定的な権利関係を維持するという意味では、分譲地の所有者が、地役権の登記をしておくことが望ましい。

　もっとも、分譲地の所有者が、売却の際に、買主にその旨の承諾を得ていれば、買主が登記の欠缺を主張しても権利濫用と判断される可能性があるから、登記がない場合には、土地の一部が私道負担付であることの承諾を得ておく必要があろう。本契約は、このような場合、すなわち、分譲地の所有者が、徐々に自己の土地を提供して私道を形成し、分譲地の所有者相互の道路使用目的の地役権の設定をしているが、その旨の登記のない場合、分譲地の売買に当たり、その買主に対し、私道の負担を承諾させて、売買契約を締結する場合の契約である。

　　イ　実務上のポイント

　私道の負担がある場合、買主は、売買に先立ち、その部分の図面を確認したり、現地に赴いて実地検分をしたりしておくべきであろう。

【書式例】　私道負担付土地売買契約書

```
┌─────────┐
│ 収　入　 │
│ 印　紙　 │
│  注1    │
└─────────┘
```

　　　　　　　　　　　　　私道負担付土地売買契約書

|注1|　印紙税法別表第一課税物件表の第1号の1文書（不動産の譲渡に関する契約書）に該当し、契約金額（土地の売買代金）に応じた印紙税が課税される。なお、不動産の譲渡契約書には、軽減税率の適用がある（税特措91条）。

　売主〇〇〇〇（以下「甲」という。）と買主〇〇〇〇（以下「乙」という。）は、本日、次のとおり、土地売買契約（以下「本契約」という。）を締結する。

　（売買）|注2|
第1条　甲は、乙に対し、第2条に定める私道負担付の後記物件目録記載の土地（以下1の土地を「宅地部分」、2の土地を「私道部分」、両者を合わせて「本件土地」という。）を代金総額金〇〇円にて売り渡し、乙は、これを買い受ける。
　|注2|　私道負担付であること明らかにしている。
　（私道負担）|注3|
第2条　乙は、後記図面記載の分譲地全体を要役地とし、私道部分を承役地として、私道部分につき道路使用を目的とする地役権が設定されていることを承認する。
　2　前項に定める地役権は無償とし、乙は、地役権の理由のいかんを問わず、その対価を請求することができない。

3　乙は、私道部分について、別途定める規約に従い、第1項に定める目的のみに使用しなければならず、これに工作物を設置するなどして通行を妨害してはならない。

4　乙は、私道部分のみを第三者に譲渡する等の処分することはできない。

5　乙は、本件土地を第三者に譲渡する等の処分をするときは、その第三者をして、前各項の義務を遵守するよう約束させなければならない。

> 注3　道路としての使用されるべき土地であることを明確にしている。このような私道負担付売買契約により土地を購入したことにより、地役権等の登記がないことにかこつけて宅地の一部として使用したとしても、権利の濫用と認定される可能性がある。

（売買面積）

第3条　本契約の売買対象面積は、登記簿に記載された面積によるものとし、実測面積がこれと相違しても、甲及び乙は、前条の代金額の増減等一切の異議を申し立てないものとする。

（手付金）

第4条　乙は、甲に対し、本契約締結と同時に、手付金として金〇〇円を支払うものとする。

2　手付金は、次条に定める売買残代金の支払いのときに売買代金の一部に充当し、手付金の充当に当たっては利息を付さないものとする。

3　手付金は、解約手付とし、甲は、手付金の倍額を現実に提供し、乙は、これを放棄して、本契約を解除することができる。ただし、その相手方が、本契約の履行に着手した後は、この限りではない。

（代金の支払）

第5条　乙は、甲に対し、次条に定める本件土地の引渡し及び第7条に定める所有権移転登記手続を受けるのと引換えに、売買残代金として金〇〇〇〇万円を振込み支払う。振込手数料は乙の負担とする。

（引渡し）

第6条　甲は、乙に対し、前条に定める売買残代金の支払いと引換えに、本件土地を引き渡す。

（所有権移転登記）

第7条　甲は、乙に対し、第5条に定める売買代金の支払と引き換えに、本件土地の所有権移転登記申請手続を行う。ただし、甲は、乙に対し、その登記手続に必要な書類一式を交付することで登記手続に代えることができる。

2　所有権移転登記手続に要する登記費用は、乙の負担とする。

（担保権等の消除）

第8条　甲は、前条に定める所有権移転登記手続を行うまでに、第2条の記載の私道部分に関する道路としての使用に関する負担を除き、本件土地の抵当権、質権、先取特権、賃借権等の乙の完全なる所有権の行使を妨げる一切の権利を消除しなければならない。

（危険負担）（注4）

第9条　第6条に定める本件土地の引渡し前に、甲乙いずれの責にも帰すことができない事由により、本件土地が滅失又は損傷した場合、その滅失又は損傷は、甲の負担とする。

2　前項の滅失又は損傷により、本件土地の引渡しができなくなった場合、乙は、本契約を解除することができる。

> 注4　本件土地が当事者双方の責めに帰さない事由により滅失等した場合、危険負担の問題となる。改正民法

536条では、特定物売買においても債務者主義が適用されることになったものの、旧法とは異なり、反対債務の消滅までは規定していないため、本契約では、解除を可能とする条項を付加した。

(契約不適合) 注5

第10条　本件土地が、本契約の内容に適合しないものであった場合、乙は、甲に対し、相当の期間を定めて催告し、本件土地の修補による履行の追完を請求することができ、期間内に履行できないときは、代金の減額を請求することができる。

2　前項の不適合により、乙において本契約を締結した目的を達せられない場合、乙は、本契約を解除することができる。

3　前2項の規定は、乙による第13条による損害賠償請求を妨げない。

4　前3項による請求は、本件土地引渡の後、○か月を経過したときはできないものとする。ただし、数量不足の場合はこの限りではない。

注5　改正民法566条では、買主が契約不適合を知った時から1年以内にその旨の通知をしなければ、履行追完請求権等の買主の権利が失権することを定めているが、実務においては、失権までの期間をより短期間に定めることが多いと考えられるので、本契約でもその例によっている。数量不足の場合、566条の期間制限は適用されないが、第3条により対象面積は登記簿記載の面積とされ、実測面積との差異があっても補正はしないことになっており、実質上この責任追及は想定しがたい。

(公租公課の負担)

第11条　本件土地の公租公課は、第6条に定める引渡日をもって区分し、引渡日までに対応する分を甲の負担とし、その翌日以降に対応する分を乙の負担とし、売買残代金支払い時に日割り計算によって精算する。

(解除)

第12条　甲又は乙は、相手方が本契約の各条項に違反した場合、相当の期間を定め、その履行ないし是正を催告することができる。

2　甲又は乙は、前項の定めによる履行又は是正の請求にかかわらず、相手方が催告に従った履行又は是正をしないときは、本契約を解除できる。

3　前項による解除は、次条に基づく損害賠償請求を妨げない。

(損害賠償)

第13条　甲又は乙は、相手方が本契約の各条項に違反した場合、それによって生じた損害の賠償を請求することができる。ただし、その不履行が、相手方の責に帰すことのできない事由による場合はこの限りではない。

(反社会勢力の排除) 注6

第14条　甲及び乙は、それぞれ相手方に対し、次の各号の事項を確約する。

(1)　自らが、暴力団、暴力団関係企業、総会屋若しくはこれらに準ずる者又はその構成員（以下総称して「反社会的勢力」という）ではないこと。

(2)　反社会的勢力に自己の名義を利用させ、本契約を締結するものでないこと。

(3)　本件土地の引渡し及び売買代金の全額の支払いのいずれもが終了するまでの間に、自ら又は第三者を利用して、本契約に関して相手方に対する脅迫的な言動又は暴力を用いる行為をしないこと。

2　甲又は乙の一方について、次の各号のいずれかに該当した場合には、その相手方は、何らの

催告を要せずして、本契約を解除することができる。
  (1)　前項第1号の確約に反する申告をしたことが判明した場合
  (2)　前項第2号の確約に反し契約をしたことが判明した場合
  (3)　前項第3号の確約に反した行為をした場合
3　乙は、甲に対し、自ら又は第三者をして本件土地を反社会的勢力の事務所その他の活動の拠点に供しないことを確約する。
4　甲は、乙が前項に反した行為をした場合には、何らの催告を要せずして、本契約を解除することができる。
5　第2項又は前項の規定により本契約が解除された場合には、解除された者は、その相手方に対し、違約金（損害賠償額の予定）として金○○○○円（売買代金の20％相当額）を支払うものとする。
6　第2項又は第4項の規定により本契約が解除された場合には、解除された者は、解除により生じる損害について、その相手方に対し一切の請求を行わない。
7　乙が第3項の規定に違反し、本件土地を反社会的勢力の事務所その他の活動の拠点に供したと認められる場合において、甲が第4項の規定により本契約を解除するときは、乙は、甲に対し、第5項の違約金に加え、金○○○○円（売買代金の80％相当額）の違約罰を制裁金として支払うものとする。

> **注6**　**本契約においても、反社会勢力排除条項を設けることが望ましい**（第1章第1節第2-2ウ「f　反社会的勢力排除条項」参照）。

（契約締結費用の負担）
第15条　本契約の締結に要する費用は、甲乙折半にて負担する。

（専属的合意管轄）
第16条　本契約に関する一切の紛争は、○○地方裁判所を第一審の専属的合意管轄裁判所とする。

甲と乙は以上のとおり合意し、その成立の証として、本契約書2通を作成し、各自、署名又は記名捺印の上、各1通宛所持するものとする。

令和○年○月○日

　　　　　　　　　　　　　　　　　　　　　　　　　甲
　　　　　　　　　　　　　　　　　　　　　　　　　住所　×　×　×　×
　　　　　　　　　　　　　　　　　　　　　　　　　氏名　○　○　○　○　㊞
　　　　　　　　　　　　　　　　　　　　　　　　　乙
　　　　　　　　　　　　　　　　　　　　　　　　　住所　×　×　×　×
　　　　　　　　　　　　　　　　　　　　　　　　　氏名　○　○　○　○　㊞

物件目録

1　土地（宅地部分）

```
         所     在    ○県○市○町○丁目○番地
         地     番    ○○番○
         種     類    宅地
         地     積    ○○.○○平方メートル
  2  土地（私道部分）
         所     在    ○県○市○町○丁目○番地
         地     番    ○○番○
         種     類    宅地
         地     積    ○○.○○平方メートル
  別紙図面（省略）
```

関連法令：民法 177 条・256 条・280 条、建築基準法 42 条・45 条

19 仮換地指定後の土地売買契約

ア 解説

　本契約は、土地区画整理法の定める土地区画整理事業計画に基づく換地計画に従った仮換地の指定のあった土地（土地改良法の定める土地改良事業計画に基づく仮換地の指定のあった場合も同じ）についての売買契約である。

　土地区画整理法が定める土地区画整理事業計画等によって仮換地の指定（土地区画 99 条）があると、従前の土地使用者は、仮換地について、従前の土地におけるのと同一内容の使用収益をすることができることになるが、他方、従前の土地についての使用収益はできなくなる（土地区画 98 条）。したがって、仮換地の指定がなされても、従前の土地については使用収益できないだけであり、従前の土地の所有権を失うわけではなく、他方、仮換地については使用収益できても、仮換地の所有権を有するわけではないので、仮換地の指定のなされた後に締結する売買契約の目的物は従前の土地とすることになる。もっとも、従前の土地については仮換地の指定を受けているのであるから、実質的には、売買契約の目的物は使用収益の対象である仮換地となるところに本契約の特殊性がある。

　なお、仮換地が将来の換地処分により換地になるという関係にあるわけではないが、実際上は、仮換地がそのまま換地となる場合が多いようである。

イ 実務上のポイント

　まず、法律上は、売買契約の目的物は従前の土地なので、移転登記は従前の土地についてなされる。次に、実質上は、売買契約の目的物は仮換地なので、仮換地の場所、地積などを確認しておく必要があり、売買代金は売買契約の実質的な目的物である仮換地を対象にして判断することになる。さらに、将来の換地処分が確定した後において、区画整理施行者より清算金を徴収され、又は清算金並びに減価補償金が交付される場合があるので、この清算金等の帰属を定めておくと便宜である。この場合、買主は、清算金等の価値を考慮せずに仮換地の価値に着目して従前の土地を購入していることになるから、これらの清算金等は、売主に帰属すると考

えるのが合理的であろう（最判昭和37年12月26日判民集16巻12号2544頁参照）。

【書式例】 仮換地指定後の土地売買契約書（仮換地指定後の土地に関する売買契約書）

```
┌─────────┐
│ 収　入　 │
│ 印　紙　 │
│　  注1   │
└─────────┘
```

土地売買契約書

注1　印紙税法別表第一課税物件表の第1号の1文書（不動産の譲渡に関する契約書）に該当し、契約金額（土地の売買代金）に応じた印紙税が課税される。なお、不動産の譲渡契約書には、軽減税率の適用がある（税特措91条）。

売主〇〇〇〇（以下「甲」という。）と買主〇〇〇〇（以下「乙」という。）は、本日、次のとおり、土地売買契約（以下「本契約」という。）を締結する。

（売買）
第1条　甲は、乙に対し、後記表示の土地（以下「本件土地」という。）を売買代金総額〇円にて売り渡し、乙は、これを買い受ける。
（仮換地）注2
第2条　甲及び乙は、本日、本件土地について、土地区画整理法第98条に定める〇〇土地区画整理事業に基づく後記表示の本件土地の仮換地（以下「本件仮換地」という。）が指定されていること、甲がすでに本件仮換地の使用収益をしていることを確認する。
2　甲は、乙に対し、本件土地に関する仮換地の指定書の写しを交付する。
　　注2　仮換地の指定があることを明確にすることで、契約締結上の契約不適合責任などの問題を発生させないようにする。売買代金は、実際の目的物である仮換地を基に定めることになろう。
（土地面積）
第3条　本契約の売買対象面積は、本件仮換地の登記簿記載の地積によるものとし、実測面積がこれと相違しても、甲及び乙は、第1条の代金額の増減等一切の異議を申し立てないものとする。
2　換地処分により確定した登記簿記載の地積と本件仮換地の登記簿記載の地積に相違が生じた場合についても、前項を準用する。
（代金の支払）
第4条　乙は、甲に対し、第5条に定める本件仮換地の引渡し及び第6条に定める所有権移転登記手続を受けるのと引き換えに第1条に定める売買代金を振込み支払う。
2　代金支払いに要する振込費用は、乙の負担とする。
（引渡し）注3
第5条　甲は、乙に対し、前条に定める売買代金の支払いと引き換えに、本件仮換地を引渡す。
　　注3　売主が使用収益をしている土地は、従前の土地ではなく、仮換地になるので、現実には、仮換地を引き渡

すことになることに注意すべきである。
（所有権移転登記）
第6条　甲は、乙に対し、第4条に定める売買代金の支払と引き換えに、本件土地の所有権移転登記申請手続を行う。ただし、甲は、乙に対し、その登記手続に必要な書類一式を交付することで登記手続に代えることができる。
2　所有権移転登記手続に要する登記費用は、乙の負担とする。
（所有権の移転）
第7条　本件土地の所有権は、第4条に定める売買代金受領時に、甲から乙に移転する。
（担保権等の消除）
第8条　甲は、第6条に定める所有権移転登記手続を行うまでに、本件土地を別の仮換地の指定に基づき使用している第三者の使用収益権を除き、本件土地の抵当権、質権、先取特権、賃借権などの甲の完全なる所有権の行使を妨げる一切の権利を消除しなければならない。
2　甲は、乙に対し、第6条に定める所有権移転登記手続を行うまでに、本件仮換地につき使用収益をする借地権者などの乙の使用収益を妨げる一切の権利を消除しなければならない。
（公租公課の負担）
第9条　本件土地の公租公課については、第5条に定める引渡をもって区分し、第5条に定める引渡日までに対応する分を甲の負担とし、その翌日以降に対応する分を甲の負担とする。
（解除）
第10条　甲又は乙は、相手方が本契約の各条項に違反した場合、相当の期間を定め、その履行ないし是正を催告することができる。
2　甲又は乙は、前項の定めによる履行又は是正の請求にかかわらず、相手方が催告に従った履行又は是正をしないときは、本契約を解除できる。
（違約金）（注4）
第11条　前条の規定により本契約が解除された場合、契約に違反した当事者は、解除した当事者に対し、第1条に定める売買代金の2割相当額を、違約金として支払わなければならない。

> 注4　違約金は、損害賠償の予定と推定されるが（民420条3項（改正前も同じ））、裁判所が賠償額の予定を増減できないと定めた改正前民法420条1項後段の規定は削除されている。

（清算金等の帰属）注5
第12条　本件土地に関する換地処分につき発生した清算金又は減価補償金は、甲に帰属するものとし、第6条に基づく所有権移転登記の後、乙が清算金等の交付を受けたときは、乙は甲に対しただちにこれを支払い、清算金を徴収された場合は、甲が乙に対しただちにその金額を支払うものとする。
2　換地計画の変更により、本件仮換地の面積が増減したことにより発生する清算金等は、乙に帰属する。

> 注5　清算金等の帰属とその処理を定めた規定である。

（反社会勢力の排除）注6
第13条　甲及び乙は、それぞれ相手方に対し、次の各号の事項を確約する。
(1)　自らが、暴力団、暴力団関係企業、総会屋若しくはこれらに準ずる者又はその構成員（以下総称して「反社会的勢力」という）ではないこと。

(2) 反社会的勢力に自己の名義を利用させ、本契約を締結するものでないこと。
(3) 本件土地の引渡し及び売買代金の全額の支払いのいずれもが終了するまでの間に、自ら又は第三者を利用して、本契約に関して相手方に対する脅迫的な言動又は暴力を用いる行為をしないこと。

2 甲又は乙の一方について、次の各号のいずれかに該当した場合には、その相手方は、何らの催告を要せずして、本契約を解除することができる。
(1) 前項第1号の確約に反する申告をしたことが判明した場合
(2) 前項第2号の確約に反し契約をしたことが判明した場合
(3) 前項第3号の確約に反した行為をした場合

3 乙は、甲に対し、自ら又は第三者をして本件土地を反社会的勢力の事務所その他の活動の拠点に供しないことを確約する。

4 甲は、乙が前項に反した行為をした場合には、何らの催告を要せずして、本契約を解除することができる。

5 第2項又は前項の規定により本契約が解除された場合には、解除された者は、その相手方に対し、違約金（損害賠償額の予定）として金〇〇〇〇円（売買代金の20％相当額）を支払うものとする。

6 第2項又は第4項の規定により本契約が解除された場合には、解除された者は、解除により生じる損害について、その相手方に対し一切の請求を行わない。

7 乙が第3項の規定に違反し、本件土地を反社会的勢力の事務所その他の活動の拠点に供したと認められる場合において、甲が第4項の規定により本契約を解除するときは、乙は、甲に対し、第5項の違約金に加え、金〇〇〇〇円（売買代金の80％相当額）の違約罰を制裁金として支払うものとする。

注6 本契約においても、反社会勢力排除条項を設けることが望ましい（第1章第1節第2-2ウ「f 反社会的勢力排除条項」参照）。

（契約締結費用の負担）
第14条 本契約の締結に要する費用は、甲乙均分に負担する。

（専属的合意管轄）
第15条 本契約に関する一切の紛争は、〇〇地方裁判所を第一審の専属的合意管轄裁判所とする。

甲と乙は以上のとおり合意し、その成立の証として、本契約書2通を作成し、各自、署名又は記名捺印の上、各1通宛所持するものとする。

令和〇年〇月〇日

甲
住所　××××
氏名　〇〇〇〇　㊞
乙

```
                                          住所　×　×　×　×
                                          氏名　○　○　○　○　㊞

    土　　　地
    所　　在　　○県○市○町○丁目
    地　　番　　○○番○
    種　　類　　宅地
    地　　積　　○○．○○平方メートル

    仮　換　地
    所　　在　　○県○市○町○丁目○番地
    地　　番　　○○番○
    種　　類　　宅地
    地　　積　　○○．○○平方メートル
```

関連法令：土地区画整理法 98 条・99 条・103 条・129 条

20　土地売買予約契約

ア　解説

　売買契約の予約とは、当事者の一方が契約を成立させる意思表示（予約完結権）をすることにより、他方当事者の承諾の意思表示なしに、売買契約を成立させることをいう。理論上は双方が予約完結権を持つことも可能だが、はじめから売買契約が成立していることと大差がないため、契約として意味を持つのは一方当事者のみが予約完結権をもつ予約であり（売買の一方の予約）、民法が定めているのもこれである（民556条1項）。

　一方で、予約完結権の意思表示がいつまでになされるかわからない場合、予約完結権を持たない他方当事者は、契約がいつ成立するかわからず不安定な状態が継続する。そのため、実務上は、予約完結権の存続期間を制限することが多いが、期間を定めない場合にでも、民法556条2項において、相手方に対して相当の期間を定めてその期間内に予約完結権を行使するかどうかを催告でき、その期間内に行使されない場合、予約完結権は失効すると定められている（改正による変更はない）。

イ　実務上のポイント

　予約完結権の行使によって、その時点で契約が成立することになるため、契約書においては、契約内容を網羅的に記載しておく必要がある。

　また、いずれの当事者が予約完結権を有するか、予約完結権の存続期間を制限する場合はいつまでに予約完結権を行使するのかについても明確にしておくことが望ましい。

第2章 売　買

【書式】土地売買予約契約書

```
┌─────────┐
│ 収　入  │
│ 印　紙  │              土地売買予約契約書
│  注1    │
└─────────┘
```

注1　印紙税法別表第一課税物件表の第1号の1文書（不動産の譲渡に関する契約書）に該当し、契約金額（土地の売買代金）に応じた印紙税が課税される。なお、不動産の譲渡契約書には、軽減税率の適用がある（税特措91条）。

　売主○○（以下「甲」という。）と、買主○○（以下「乙」という。）は、後記物件目録記載の土地の売買に関し、以下のとおり土地売買予約契約（以下「本契約」という。）を締結する。

（目的）

第1条　甲と乙は、後記物件目録記載の土地（以下「本件土地」という。）について、以下に定める売買条件にて本契約を締結する。

（予約完結権）注2

第2条　予約完結権は乙が有するものとし、乙の予約完結権の意思表示があったときは、甲による意思表示無しに売買契約が成立する。

2　予約完結権の行使は、令和○年○月○日までにしなければならないものとし、同日までにその行使がされないときは、予約完結権は消滅し、本契約は失効する。

3　予約完結権の行使は書面によって行わなければならない。注3

　　注2　予約完結権の行使により、他方の承諾の意思表示なしに当然に売買契約が成立することを規定したものである。

　　注3　予約完結権を行使する場合は、その行使時期を明確にするため、配達証明付内容証明によることが望ましい。

（売買代金）

第3条　売買代金は、金○○万円とし、乙は本件土地の所有権移転登記と引き換えにこれを甲に支払う。

2　本件土地の面積は登記簿によるものとし、実測された面積と相違しても代金の修正は行わないものとする。

（引渡し及び所有権の移転）

第4条　甲は乙に対して、前条の売買代金の支払いと引き換えに、本件土地を引き渡し、本件土地の所有権移転登記手続を行う。

2　所有権移転登記に関する登記費用は乙の負担とする。

（負担の除去）

第5条　甲は、前条第1項に定める所有権登記手続を行う前に、本件土地につき、抵当権等の担保権、賃借権等の用益権その他乙の権利行使を阻害する一切の負担を抹消する。

（危険負担）注4

第6条　第4条に定める本件土地の引渡し前に、甲乙いずれの責にも帰すことができない事由により、本件土地が滅失又は損傷した場合、その滅失又は損傷は、甲の負担とする。
2　前項の滅失又は損傷により、本件土地の引渡しができなくなった場合、乙は、本契約を解除することができる。

> 注4　本件土地が当事者双方の責めに帰さない事由により滅失等した場合、危険負担の問題となる。改正民法536条では、特定物売買についても債務者主義が適用されるようになったものの、旧法とは異なり、反対債務の消滅までは規定していないため、本契約では、解除を可能とする条項を付加した。

（契約不適合）注5
第7条　本件土地が、本契約の内容に適合しないものであった場合、乙は、甲に対し、相当の期間を定めて催告し、本件土地の修補による履行の追完を請求することができ、期間内に履行できないときは、代金の減額を請求することができる。
2　前項の不適合により、乙において本契約を締結した目的を達せられない場合、乙は、本契約を解除することができる。
3　前2項の規定は、乙による第10条による損害賠償請求を妨げない。
4　前3項による請求は、本件土地引渡の後、○か月を経過したときはできないものとする。ただし、数量不足の場合はこの限りではない。

> 注5　改正民法566条では、買主が契約不適合を知った時から1年以内にその旨の通知をしなければ、履行追完請求権等の買主の権利が失権することを定めているが、実務においては、失権までの期間をより短期間に定めることが多いと考えられるので、本契約でもその例によっている。数量不足の場合、566条の期間制限は適用されないが、第3条により対象面積は登記簿記載の面積とされ、実測面積との差異があっても補正はしないことになっており、実質上この責任追及は想定しがたい。

（公租公課の負担）
第8条　本件土地の公租公課は、第4条に定める引渡日をもって区分し、引渡日までに対応する分を甲の負担とし、その翌日以降に対応する分を乙の負担とし、売買代金支払い時に日割り計算によって精算する。

（解除）
第9条　第11条　甲又は乙は、相手方が本契約の各条項に違反した場合、相当の期間を定め、その履行ないし是正を催告することができる。
2　甲又は乙は、前項の定めによる履行又は是正の請求にかかわらず、相手方が催告に従った履行又は是正をしないときは、本契約を解除できる。
3　前項による解除は、次条に基づく損害賠償請求を妨げない。

（損害賠償）
第10条　甲又は乙は、相手方が本契約の各条項に違反した場合、それによって生じた損害の賠償を請求することができる。ただし、その不履行が、相手方の責に帰すことのできない事由による場合はこの限りではない。

（反社会勢力の排除）注6
第11条　甲及び乙は、それぞれ相手方に対し、次の各号の事項を確約する。
(1)　自らが、暴力団、暴力団関係企業、総会屋若しくはこれらに準ずる者又はその構成員（以下総称して「反社会的勢力」という）ではないこと。

(2) 反社会的勢力に自己の名義を利用させ、本契約を締結するものでないこと。
(3) 本件土地の引渡し及び売買代金の全額の支払いのいずれもが終了するまでの間に、自ら又は第三者を利用して、本契約に関して相手方に対する脅迫的な言動又は暴力を用いる行為をしないこと。
2　甲又は乙の一方について、次の各号のいずれかに該当した場合には、その相手方は、何らの催告を要せずして、本契約を解除することができる。
(1) 前項第1号の確約に反する申告をしたことが判明した場合
(2) 前項第2号の確約に反し契約をしたことが判明した場合
(3) 前項第3号の確約に反した行為をした場合
3　乙は、甲に対し、自ら又は第三者をして本件土地を反社会的勢力の事務所その他の活動の拠点に供しないことを確約する。
4　甲は、乙が前項に反した行為をした場合には、何らの催告を要せずして、本契約を解除することができる。
5　第2項又は前項の規定により本契約が解除された場合には、解除された者は、その相手方に対し、違約金（損害賠償額の予定）として金○○○○円（売買代金の20％相当額）を支払うものとする。
6　第2項又は第4項の規定により本契約が解除された場合には、解除された者は、解除により生じる損害について、その相手方に対し一切の請求を行わない。
7　乙が第3項の規定に違反し、本件土地を反社会的勢力の事務所その他の活動の拠点に供したと認められる場合において、甲が第4項の規定により本契約を解除するときは、乙は、甲に対し、第5項の違約金に加え、金○○○○円（売買代金の80％相当額）の違約罰を制裁金として支払うものとする。

注6　本契約においても、反社会勢力排除条項を設けることが望ましい（第1章第1節第2-2ウ「f　反社会的勢力排除条項」参照）。

（契約締結費用の負担）
第12条　本契約の締結に要する費用は、甲乙折半にて負担する。

（協議事項）
第13条　本契約に定めなき事項又は本契約の解釈につき疑義が生じた場合は、甲乙協議の上、解決するものとする。

（管轄）
第14条　本契約に関する紛争の管轄裁判所は、甲の本店所在地を管轄する地方裁判所とする。

甲と乙は以上のとおり合意し、その成立の証として、本契約書2通を作成し、各自、署名又は記名捺印の上、各1通宛所持するものとする。

令和○年○月○日

甲
住所　×　×　×　×

```
                                    氏名  ○ ○ ○ ○  ㊞
                                  乙
                                    住所  × × × ×
                                    氏名  ○ ○ ○ ○  ㊞

              物 件 目 録

      所在  ○○市○○町○丁目
      地番  ○○○○番
      地目  宅地
      地積  ○○.○○平方メートル
```

関連法令：民法 556 条

21 土地再売買の予約契約

ア 解説

再売買の予約とは、売買予約契約（一方の予約）の応用で、売主が買主に売り渡した物について、再度、買主から買い受ける旨を予約する契約である。売買契約であるものの、その機能としては、1 回目の売買契約時に予約契約を締結することによって、当該売買契約に対し、売渡担保における債務の返還及び担保物の返還合意を意味することが多い。つまり、売主側は売買代金という形で融資を受け、売買対象物が担保としての意味を持ち、その一方で再売買時の代金支払いが債務の弁済という意味を持つのである。

イ 実務上のポイント

再売買の予約は、債務の担保という点で、買戻しと実質的に同じ機能を果たすものであるが、買戻しが売買契約の解除という形式をとるのに対して、再売買の予約は新たな売買契約の予約という法的構成をとる点で異なっている。また買戻しについては民法上の制限が様々課されている点で使いにくく、実務上は再売買の予約が用いられることが多い（本章第 9 節参照）。

なお、再売買の予約については、買戻しと同様に仮登記を得ることで第三者に対する対抗要件となる（民 581 条参照）。

【書式例】土地再売買の予約契約書

収入印紙 注1

土地再売買予約契約書

> 注1　印紙税法別表第一課税物件表の第1号の1文書（不動産の譲渡に関する契約書）に該当し、契約金額（土地の売買代金）に応じた印紙税が課税される。なお、不動産の譲渡契約書には、軽減税率の適用がある（税特措91条）。

売主○○（以下「甲」という）と、買主○○（以下「乙」という）は、以下のとおり土地再売買予約契約を締結する。

（目的）注2

第1条　甲と乙は、乙を売主とし、甲を買主とする後記物件目録記載の土地（以下「本件土地」という）に関する令和○年○月○日付売買契約について、以下に定める売買条件にて、甲を売主とし、乙を買主とする再売買予約契約（以下「本予約契約」という）を締結する。

> 注2　再売買予約の基本合意条項である。原売買契約を特定し、本予約契約の内容を明確にしている。

（予約完結権）注3

第2条　予約完結権は乙が有するものとし、乙の予約完結権の意思表示があったときは甲による意思表示無しに売買契約（以下「売買本契約」という）が成立する。

2　予約完結権の行使は、令和○年○月○日までにしなければならないものとし、同日までにその行使がされないときは、予約完結権は消滅し、本予約契約は失効する。

3　予約完結権の行使は書面によって行わなければならない。

> 注3　上述のとおり、本予約契約は実質的に債務の返済と担保物の返還を合意するものであるため、予約完結権は本予約契約の買主（原売買契約の売主）のみが有することとした。

（仮登記）注4

第3条　甲は乙に対し、本予約契約締結後、直ちに本予約契約に基づく仮登記を行う。なお、登記手続費用は乙の負担とする。

> 注4　仮登記手続により、順位保全の効力を得ることができる。実務上は、原売買契約に基づく所有権移転登記手続を行う際に仮登記手続を行うことで、原売買契約に基づく所有権移転登記と再売買予約契約に基づく仮登記との間に利害関係を有する第三者が出現しないようにする。

（売買代金）

第4条　売買本契約における本件土地の売買代金は、金○○万円とし、乙は第5条に定める本件土地の所有権移転登記と引換えにこれを甲に支払う。

2　前項の売買代金は登記簿の面積に基づくものとし、登記簿の面積と実測された面積とが相違しても代金の修正は行わないものとする。

（引渡し及び所有権の移転）

第5条　甲は乙に対して、前条の売買代金の支払いと引き換えに、本件土地を引き渡し、本件土地の所有権移転登記手続を行う。
2　所有権移転登記に関する登記費用は、乙の負担とする。
（負担の除去）
第6条　甲は、前条第1項に定める所有権登記手続を行う前に、本件土地につき、抵当権等の担保権、賃借権等の用益権その他乙の権利行使を阻害する一切の負担を抹消する。
（危険負担）注5
第7条　第5条に定める本件土地の引渡し前に、甲乙いずれの責にも帰すことができない事由により、本件土地が滅失又は損傷した場合、その滅失又は損傷は、甲の負担とする。
2　前項の滅失又は損傷により、本件土地の引渡しができなくなった場合、乙は、売買本契約を解除することができる。

> 注5　本件土地が当事者双方の責めに帰さない事由により滅失等した場合、危険負担の問題となる。改正民法536条では、特定物売買についても債務者主義が適用されるようになったものの、旧法とは異なり、反対債務の消滅までは規定していないため、本契約では、解除を可能とする条項を付加した。

（公租公課の負担）
第8条　本件土地の公租公課は、第5条に定める引渡日をもって区分し、引渡日までに対応する分を甲の負担とし、その翌日以降に対応する分を乙の負担とし、売買残代金支払い時に日割り計算によって精算する。
（解除）
第9条　甲又は乙は、相手方が本予約契約の各条項に違反した場合、相当の期間を定め、その履行ないし是正を催告することができる。
2　甲又は乙は、前項の定めによる履行又は是正の請求にかかわらず、相手方が催告に従った履行又は是正をしないときは、本予約契約又は売買本契約を解除できる。
3　前項による解除は、次条に基づく損害賠償請求を妨げない。
（損害賠償）
第10条　甲又は乙は、相手方が本予約契約の各条項に違反した場合、それによって生じた損害の賠償を請求することができる。ただし、その不履行が、相手方の責に帰すことのできない事由による場合はこの限りではない。
（反社会勢力の排除）注6
第11条　甲及び乙は、それぞれ相手方に対し、次の各号の事項を確約する。
(1)　自らが、暴力団、暴力団関係企業、総会屋若しくはこれらに準ずる者又はその構成員（以下総称して「反社会的勢力」という）ではないこと。
(2)　反社会的勢力に自己の名義を利用させ、本予約契約又は売買本契約を締結するものでないこと。
(3)　本件土地の引渡し及び売買代金の全額の支払いのいずれもが終了するまでの間に、自ら又は第三者を利用して、本予約契約又は売買本契約に関して相手方に対する脅迫的な言動又は暴力を用いる行為をしないこと。
2　甲又は乙の一方について、次の各号のいずれかに該当した場合には、その相手方は、何らの催告を要せずして、本予約契約又は売買本契約を解除することができる。

(1) 前項第1号の確約に反する申告をしたことが判明した場合
(2) 前項第2号の確約に反し契約をしたことが判明した場合
(3) 前項第3号の確約に反した行為をした場合

3 乙は、甲に対し、自ら又は第三者をして本件土地を反社会的勢力の事務所その他の活動の拠点に供しないことを確約する。

4 甲は、乙が前項に反した行為をした場合には、何らの催告を要せずして、本予約契約又は売買本契約を解除することができる。

5 第2項又は前項の規定により本予約契約又は売買本契約が解除された場合には、解除された者は、その相手方に対し、違約金（損害賠償額の予定）として金〇〇〇〇円（売買代金の20％相当額）を支払うものとする。

6 第2項又は第4項の規定により本予約契約又は売買本契約が解除された場合には、解除された者は、解除により生じる損害について、その相手方に対し一切の請求を行わない。

7 乙が第3項の規定に違反し、本件土地を反社会的勢力の事務所その他の活動の拠点に供したと認められる場合において、甲が第4項の規定により本予約契約又は売買本契約を解除するときは、乙は、甲に対し、第5項の違約金に加え、金〇〇〇〇円（売買代金の80％相当額）の違約罰を制裁金として支払うものとする。

|注6| **本契約においても、反社会勢力排除条項を設けることが望ましい**（第1章第1節第2-2ウ「f 反社会的勢力排除条項」参照）。

（契約締結費用の負担）
第12条 本予約契約の締結に要する費用は、甲乙折半にて負担する。

（協議事項）
第13条 本予約契約に定めなき事項又は本予約契約の解釈につき疑義が生じた場合は、甲乙協議の上、解決するものとする。

（管轄）
第14条 本予約契約に関する紛争の管轄裁判所は、甲の本店所在地を管轄する地方裁判所とする。

甲と乙は以上のとおり合意し、その成立の証として、契約書2通を作成し、各自、署名又は記名捺印の上、各1通宛所持するものとする。

令和〇年〇月〇日

甲
住所　××××
氏名　〇〇〇〇　㊞
乙
住所　××××
氏名　〇〇〇〇　㊞

物件目録

所在　〇〇市〇〇町〇丁目
地番　〇〇〇〇番
地目　宅地
地積　〇〇．〇〇平方メートル

関連法令：民法555条・566条・579条

22　売買予約完結権行使の催告書、完結権行使の通知書

ア　解説

　21の解説で述べたとおり、売買契約の予約がされた場合、当事者の一方が契約を成立させる意思表示（予約完結権の行使）をすることにより、他方当事者の意思表示の有無にかかわらず、売買契約が成立する。他方で、予約完結権の意思表示がいつまでになされるかわからない場合、一方当事者は契約がいつ成立するかわからず不安定な状態が継続するため、予約完結権の存続期間を契約で定めておく場合が多いが、期間が定められていない場合には、相手方に対して相当の期間を定めてその期間内に予約完結権を行使するかどうかを催告でき、その期間内に行使されない場合、予約完結権が消滅する（民566条2項）。

イ　実務上のポイント

　予約完結権の行使と催告の方法について法的な制限はなく、どのような方法で行っても構わないが、内容証明郵便で行うことが後の証拠保全の観点から適当である。特に、催告がなされた場合の確答については、期限内に確答がない場合は完結権が消滅するため内容証明郵便での送付は必須である。また、この際は相手方に到達した時点をもって確答があったと判断されるため、送付の日時についても注意を要する。

【書式例】土地売買予約完結権行使の催告書

注1　印紙税法別表第一課税物件表の課税文書には該当せず、印紙税は課税されない。

東京都〇〇市〇〇町〇丁目〇番〇号
被催告人　〇　〇　〇　〇　殿

　　　　　　　　　　　　　　　　　　　　　　　　　　　令和〇年〇月〇日

催告書 注2

注2　予約完結権を行使の催告や通知書は、その催告や予約完結権の行使時期を明確にするため、配達証明付内容証明によることが望ましい。内容証明郵便は、字数制限（郵便の場合（1行20字、1枚26行＝520字））ないし作成規定（e内容証明の場合）があるので、注意を要する。

　　　　　　　　　　　　　　　　　　　　　　　　　　東京都〇〇区〇〇町〇丁目〇番〇号

　　　　　　　　　　　　　　　　　　　　　　　　催告人　○　○　○　○

　催告人と貴殿の間で締結した、後記物件目録記載の土地に係る、令和○年○月○日付の売買予約契約（以下「本件売買予約契約」といいます。）について以下のとおり催告致します。
　本件売買予約契約について、貴殿から依然として同契約○条に基づく予約完結権は行使されておりませんが本書面の到達後○日以内に同予約完結権を行使されるのかどうかご回答を頂きますよう宜しくお願い申し上げます。
　　　　　　　　　　　　　　　　　　　　　　　　　　　　　　　以　上

【書式例】土地売買予約完結権通知書

注1　印紙税法別表第一課税物件表の課税文書には該当せず、印紙税は課税されない。
東京都○○市○○町○丁目○番○号
被通知人　○　○　○　○　殿

　　　　　　　　　　　　　　　　　　　　　　　　　　　　　令和○年○月○日

　　　　　　　　　　　　　　　　通知書 注2
注2　【書式例】土地売買予約完結権行使の催告書の 注1 参照。
　　　　　　　　　　　　　　　　　　　　　　東京都○○区○○町○丁目○番○号
　　　　　　　　　　　　　　　　　　　　　　　　通知人　○　○　○　○

　通知人と貴殿の間で締結した、後記物件目録記載の土地に係る、令和○年○月○日付の売買予約契約（以下「本件売買予約契約」といいます。）について以下のとおり通知致します。
　通知人は、本件売買予約契約について同契約○条に基づいて予約完結権の意思表示を行います。つきましては、代金○万円を通知人から貴殿にお支払い致しますので、これと引き換えに土地引渡し及び登記手続の準備をして頂くようご準備をお願い致します。
　具体的な決済場所や書類の授受につきましては、通知人から近日中に御連絡致します。宜しくお願い申し上げます。
以　上
物件目録
　　所在　○○市○○町○丁目
　　地番　○○○○番
　　地目　宅地
　　地積　○○.○○平方メートル

関連法令：民法556条

23 不動産割賦販売契約

ア 解説

割賦販売とは、売買代金を分割で支払う方法を意味し、代金が高額となる不動産の売買においては、買主が金融機関から住宅ローンの借入を行い、代金を一括して支払う方法が一般的であるが、売主自身が買主に信用を与え代金を分割で支払うという方法をとることもできる。

イ 実務上のポイント

売主自身が買主に信用を付与する方式であるため、その信用性判断は慎重に行うべきである。なお、業者が売主となる場合、宅地建物取引業法による次のような法律上の制約がある。

① 契約解除の制限（宅建業42条1項）

分割金の支払いが遅滞した場合、債務不履行による契約の解除事由となるが、宅建業法では30日以上の相当期間を定めた催告を書面で行う必要がある。

② 所有権留保禁止（宅建業42条1項）

売買代金総額の10分の3を超えるまでの代金支払いまでに所有権移転を行う必要があり、所有権留保による支払確保ができない。

③ 譲渡担保禁止（宅建業42条2項）

不動産を買主に引渡し、かつ、代金総額の10分の3の支払いがあった以降は、当該不動産を譲渡担保とすることができない。

【書式例】不動産割賦販売契約書

収入印紙 注1

不動産割賦販売契約書

注1 印紙税法別表第一課税物件表の第1号の1文書（不動産の譲渡に関する契約書）に該当し、契約金額（消費税を控除した後の土地及び建物の売買代金総額）に応じた印紙税が課税される。なお、不動産の譲渡契約書には、軽減税率の適用がある（税特措91条）。

売主○○（以下「甲」という。）と、買主○○（以下「乙」という。）は、土地建物の売買に関し、以下のとおり割賦販売契約を締結する。

（目的）
第1条 甲と乙は、後記物件目録1記載の土地及び同2記載の建物（以下あわせて「本件物件」という。）について本件売買代金合計○○万円（土地○万円、建物○万円（内消費税○万円））とし売買契約を締結する。
（売買代金）注2

第2章　売　買

第2条　前条記載の売買代金合計○万円について、乙は甲に対して、下記の方法により甲指定の預金口座に送金する方法により支払う。
　(1)　契約成立時　手付金として　金○万円
　(2)　契約成立後○日以内　代金の内金として　金○万円
　(3)　残代金○万円については、令和○年○月○日から毎月末日限り別紙返済表のとおり支払う。なお、同返済表の分割金は年利○パーセントの利息を付したものである。

> 注2　本契約が、不動産割賦販売契約であることを示す規定である。返済表を作成し、支払いの時期と金額を整理しておくと当事者間で理解が一致し、トラブルの防止を未然に防ぐことができる。

（代金の修正）
第3条　本件物件の売買代金は登記簿の面積に基づくものとし、登記簿の面積が実測された面積と相違しても代金の修正は行わないものとする。

（手付金）
第4条　乙は、甲に対し、本契約締結と同時に、手付金として金○○円を支払うものとする。
2　手付金は、第2条第2号に定める売買代金内金の支払いのときに売買代金の一部に充当し、手付金の充当に当たっては利息を付さないものとする。
3　手付金は、解約手付とし、甲は、手付金の倍額を現実に提供し、乙は、これを放棄して、本契約を解除することができる。ただし、その相手方が、本契約の履行に着手した後は、この限りではない。

（引渡し及び所有権の移転）
第5条　甲は乙に対して、第2条第2号の売買代金内金の支払いと引き換えに、本件物件を引き渡し、本件物件の所有権移転登記手続を行う。
2　所有権移転登記手続に関する登記費用は乙の負担とする。

（負担の除去）
第6条　甲は、前条第1項に定める所有権登記手続きを行う前に、本件物件につき、抵当権等の担保権、賃借権等の用益権その他乙の権利行使を阻害する一切の負担を抹消する。

（危険負担）　注3
第7条　本契約の成立後、本件物件の引き渡しまでに本件物件の一部または全部が甲又は乙の責めに帰することができない事由により滅失又は損傷したときは、その滅失又は損傷は甲の負担とする。
2　前項の滅失又は損傷により、本件物件の引渡しができなくなった場合、乙は、本契約を解除することができる。

> 注3　本件物件が当事者双方の責めに帰さない事由により滅失等した場合、危険負担の問題となる。改正民法536条では、特定物売買についても債務者主義が適用されるようになったものの、旧法とは異なり、反対債務の消滅までは規定していないため、本契約では、解除を可能とする条項を付加した。

（公租公課の負担）
第8条　本件物件に付加されている公租公課は、第5条第1項に定める所有権移転登記手続を行うまでは甲の負担とし、その翌日以降を乙の負担とする。

（履行の催告）
第9条　甲又は乙が本契約に違反した場合、その相手方は相当の期限を定めて履行を催告するこ

とができ、違反者が催告に従った履行を提供しない場合は契約を解除することができる。
2　甲の債務不履行を理由として乙が契約を解除した場合、甲は乙に対してそれまでに受領した売買代金について受領した日から年○分の割合による利息を付して返還する。
3　乙の債務不履行を理由として甲が契約を解除した場合、当該不履行が乙の責に帰すことのできない事由による場合を除き、乙は甲に対し、違約金として金○万円を支払う。この場合、甲は既に受領した売買代金は返還しないものとする。注4

> 注4　損害賠償額の予定の条項である。改正民では、損害賠償額の予定条項に関し、裁判所がその額を増減できないとする現行420条1項後段を削除したので、改正民法の下では、損害賠償額の予定があっても、公序良俗違反（民90条）などに基づく制約や、過失相殺に基づく減額などが考えられることになった。

（期限の利益喪失）
第10条　乙が第2条第3号の割賦金の支払を2回以上怠り、その合計額が○円に達した場合、乙は当然に第2条第3号の期限の利益を喪失し、甲に対し第2条に定める売買代金全額から既払金を除いた残代金を全額支払わなければならない。注5

> 注5　割賦販売契約では、買主が途中で代金支払いを怠る可能性が存在するため、必須の条項である。

（反社会勢力の排除）注6
第11条　甲及び乙は、それぞれ相手方に対し、次の各号の事項を確約する。
　(1)　自らが、暴力団、暴力団関係企業、総会屋若しくはこれらに準ずる者又はその構成員（以下総称して「反社会的勢力」という）ではないこと。
　(2)　反社会的勢力に自己の名義を利用させ、本契約を締結するものでないこと。
　(3)　本件物件の引渡し及び売買代金の全額の支払いのいずれもが終了するまでの間に、自ら又は第三者を利用して、本契約に関して相手方に対する脅迫的な言動又は暴力を用いる行為をしないこと。
2　甲又は乙の一方について、次の各号のいずれかに該当した場合には、その相手方は、何らの催告を要せずして、本契約を解除することができる。
　(1)　前項第1号の確約に反する申告をしたことが判明した場合
　(2)　前項第2号の確約に反し契約をしたことが判明した場合
　(3)　前項第3号の確約に反した行為をした場合
3　乙は、甲に対し、自ら又は第三者をして本件物件を反社会的勢力の事務所その他の活動の拠点に供しないことを確約する。
4　甲は、乙が前項に反した行為をした場合には、何らの催告を要せずして、本契約を解除することができる。
5　第2項又は前項の規定により本契約が解除された場合には、解除された者は、その相手方に対し、違約金（損害賠償額の予定）として金○○○○円（売買代金の20％相当額）を支払うものとする。
6　第2項又は第4項の規定により本契約が解除された場合には、解除された者は、解除により生じる損害について、その相手方に対し一切の請求を行わない。
7　乙が第3項の規定に違反し、本件物件を反社会的勢力の事務所その他の活動の拠点に供したと認められる場合において、甲が第4項の規定により本契約を解除するときは、乙は、甲に対し、第5項の違約金に加え、金○○○○円（売買代金の80％相当額）の違約罰を制裁金として支払

うものとする。

|注6| 本契約においても、反社会勢力排除条項を設けることが望ましい（第1章第1節第2-2 ウ「f 反社会的勢力排除条項」参照）。

（協議事項）

第12条 本契約に定めなき事項又は本契約の解釈につき疑義が生じた場合は、甲乙協議の上、解決するものとする。

（管轄）

第13条 本契約に関する紛争の管轄裁判所は、甲の本店所在地を管轄する地方裁判所とする。

甲と乙は以上のとおり合意し、その成立の証として、本契約書2通を作成し、各自、署名又は記名捺印の上、各1通宛所持するものとする。

令和○年○月○日

甲（売主）
　住所　×　×　×　×
　氏名　○　○　○　○　㊞
乙（買主）
　住所　×　×　×　×
　氏名　○　○　○　○　㊞

物　件　目　録

1　土　地
　　所　　在　○○市○○町○丁目
　　地　　番　○○○○番
　　地　　目　宅地
　　地　　積　○○.○○平方メートル
2　建　物
　　所　　在　○○市○○町○丁目○○番地
　　家屋番号　新築未登記
　　種　　類　居宅
　　構　　造　木造スレート葺2階建
　床面積　1階　○○平方メートル　2階　○○平方メートル

別紙　　返済表（略）

24　契約不適合の場合の請求書、解除通知書

ア　解説

本章「第2　民法改正のポイント」でも述べたとおり、改正前民法においては、債務不履行責任の一般規定とは別個に担保責任の規定が置かれ、売買の目的物に権利や物質的「瑕疵」がある場合に売主が一定の責任を負うこととされていた。改正民法では、こうした担保責任について権利内容に適合した権利の移転、目的物の引渡しをすべき義務を承認することを前提に、債務不履行責任として統合する方向で抜本的な改正が図られた。売買契約における契約不適合に対する買主の救済手段として、改正民法で規定された内容は以下のとおりであるが、とりわけ、特定物売買においても、買主に、②、③の請求権が認められたことが重要である。本項では、不動産の売買後に契約不適合が生じた場合の、売主に対する請求書ないし通知書について文例を示す。

①　権利の全部又は一部が他人に属する物を目的物とした場合（民561条）

この場合、売主は権利を取得して買主に移転する義務を負う。

②　買主の追完請求権（民562条）

契約不適合の場合に、買主が目的物の修補請求権、代替物又は不足分の引渡請求権を有すると定めた規定であり、改正により新設されたものである。ただし、買主に不相当な負担を課すものでない場合は、売主は買主が選択した方法と異なる履行の追完をすることができる。

なお、契約不適合が買主の責めに帰すべき事由によるものである場合は、かかる追完請求はできない。

③　買主の代金減額請求権（民563条）

契約不適合の場合、買主から売主に相当の期間を定めて催告し、その期間内に履行の追完がされない場合に代金減額請求ができると定めた。

改正前民法においては数量不足の場合にのみ定めがあったが、売買契約一般において減額請求ができるものとされた。

なお、契約不適合が買主の責めに帰すべき事由によるものである場合はかかる請求ができないことは562条と同様である。

④　買主の損害賠償請求及び解除（民564条）

契約不適合があった場合にも、買主から売主に対して債務不履行の一般規定に従って損害賠償請求と解除権の行使ができると定めた規定である。

なお、改正前民法において、契約解除は売主に帰責事由がある場合に行えるものとされていたが、改正民法では、債務不履行があれば、債務者に帰責事由がなくとも、解除権の行使が認められている（ただし、催告による解除（改正民541条）では、債務の不履行が当該契約及び取引上の社会通念に照らして軽微である場合、解除は認められず、催告によらない解除（改正民542条）では、債務不履行により債権者が契約をした目的を達することができない場合に解除が認められる。）。

⑤　移転した権利が契約内容に適合しない場合

売買によって移転した権利が契約内容に不適合であった場合にも、562条から564条までの

第2章　売　買

規定が準用される。

イ　実務上のポイント

売買契約における契約不適合責任を追及するには、不適合を知った時から1年以内に通知をしなければ請求権を失う。ただし目的物の数量や権利移転義務の不適合の場合については、この失権効の適用はない。

【書式例】他人の不動産売買による契約解除通知書兼損害賠償請求通知書

注1　印紙税法別表第一課税物件表の課税文書には該当せず、印紙税は課税されない。

東京都○○市○○町○丁目○番○号
被通知人　○　○　○　○　殿

令和○年○月○日

契約解除兼損害賠償請求通知書 注2

注2　通知書については、通知書の送付の事実、到達の日などの事実を証するために、配達証明付の内容証明郵便で行うことが望ましい。

東京都○○区○○町○丁目○番○号
通知人　○　○　○　○

　通知人と貴殿の間で締結した、後記物件目録記載の土地（以下「本件土地」といいます。）に関する令和○年○月○日付の売買契約（以下「本件契約」といいます。）について以下のとおり通知致します。

　本件土地は本件契約締結時の貴殿のご説明では、既に貴殿が所有権を登記名義人から取得済みであるとのことでしたが、現在に至っても貴殿は所有権を取得されていないことが判明いたしました。

　つきましては、貴殿において本件土地の所有権を取得して、令和○年○月○日までに通知人へ移転して頂くよう催告するとともに、もし同日までに本件土地の所有権移転手続が不可能な場合は契約解除及び下記1及び2の損害賠償を請求致します。

1　印紙代　○万円

2　本件契約の締結にあたって通知人が株式会社○○工務店と締結した工事請負契約を解除することにより通知者に発生する同社に対する違約金○万円

物件目録
　　所　　在　○○市○○町○丁目

```
地　　番　〇〇〇〇番
地　　目　宅地
地　　積　〇〇.〇〇平方メートル
```
　　　　　　　　　　　　　　　　　　　　　　　　　　　　　　　以　　上

【書式例】履行追完及び代金減額請求通知書

注1　印紙税法別表第一課税物件表の課税文書には該当せず、印紙税は課税されない。

東京都〇〇市〇〇町〇丁目〇番〇号
被通知人　〇　〇　〇　〇　殿

　　　　　　　　　　　　　　　　　　　　　　　　　　　　　　令和〇年〇月〇日
　　　　　　　　　　　履行追完兼代金減額請求通知書
　　　　　　　　　　　　　　　　　　　　　　　東京都〇〇区〇〇町〇丁目〇番〇号
　　　　　　　　　　　　　　　　　　　　　　　　　　　　通知人　〇　〇　〇　〇

　通知人と貴殿の間で締結した、令和〇年〇月〇日付の建物売買契約（以下「本件売買契約」といいます。）について以下のとおり通知致します。
　通知人は貴社より、本件売買契約により後記物件目録記載の建物（中古）を購入し、同年〇月〇日に代金を支払い、同建物の引渡しを受けました。しかし、同建物の2階バルコニー部分に多数のひび割れがあることかが判明致しました。そこで、本書到達の日から14日以内に上記バルコニーの修繕を完了して下さい。万一、期間内に修繕が完了しない場合、上記期間の経過をもって上記の契約不適合に応じた代金の減額を請求する旨、あらかじめ通知致します。注2

注2　履行の追完と、万が一修理ができない場合に代金の減額を請求するものである。特定物売買における代金の減額については改正前民法においては数量指示売買の場合のみ請求ができたが、改正民法においては売買契約一般において減額請求が可能となった。

　　　　　　　　　　　　　　　　　　　　　　　　　　　　　　　　　以　　上
　　　　　　　　　　　　　　　　　物件目録
　所　　在　〇〇市〇〇町〇丁目〇〇番地
　家屋番号　〇〇〇〇
　種　　類　居宅
　構　　造　木造スレート葺平屋建
　床面積　　1階　〇〇平方メートル

【書式例】目的物が用益権によって制限されている場合の解除通知書

> 注　印紙税法別表第一課税物件表の課税文書には該当せず、印紙税は課税されない。
>
> 東京都〇〇市〇〇町〇丁目〇番〇号
> 被通知人　〇　〇　〇　〇　殿
>
> 　　　　　　　　　　　　　　　　　　　　　　　　　令和〇年〇月〇日
> 　　　　　　　　　　　　　契約解除通知書
> 　　　　　　　　　　　　　　　　　　東京都〇〇区〇〇町〇丁目〇番〇号
> 　　　　　　　　　　　　　　　　　　通知人　〇　〇　〇　〇
>
> 　通知人と貴殿の間で締結した、後記物件目録記載の建物（以下「本件建物」といいます。）に関する令和〇年〇月〇日付の売買契約（以下「本件売買契約」といいます。）について以下のとおり通知致します。
> 　貴殿は本件売買契約締結の際、本件建物が現在利用されておらず、通知人が居住することは可能であるとの話をされておりましたが、今般、本件建物には第三者が貴殿との賃貸借契約に基づいて居住していることが判明しました。このような状況では、通知人が本件建物に居住することはできないため、本件売買契約を解除致します。つきましては、通知人が貴殿に支払った手付金〇万円を本書面到達の日から5日以内に返還頂くようお願い致します。
> 　　　　　　　　　　　　　　　　　　　　　　　　　　　　　　以　上
>
> 　　　　　　　　　　　　　　　物件目録
> 　　所　　在　〇〇市〇〇町〇丁目〇〇番地
> 　　家屋番号　〇〇番
> 　　種　　類　居宅
> 　　構　　造　木造スレート葺2階建
> 　　床面積　1階　〇〇平方メートル　2階　〇〇平方メートル

【書式例】売買目的が達成できないことが判明した場合の契約解除通知書

> 注1　印紙税法別表第一課税物件表の課税文書には該当せず、印紙税は課税されない。
>
> 東京都〇〇市〇〇町〇丁目〇番〇号
> 被通知人　株式会社〇〇　御中
>
> 　　　　　　　　　　　　　　　　　　　　　　　　　令和〇年〇月〇日
> 　　　　　　　　　　　　　契約解除通知書
> 　　　　　　　　　　　　　　　　　　東京都〇〇区〇〇町〇丁目〇番〇号

通知人　○　○　○　○

　通知人と貴社の間で締結した、令和○年○月○日付の土地売買契約（以下「本件売買契約」といいます。）について以下のとおり通知致します。

　通知人は、本件売買契約において、後記物件目録記載の土地（以下「本件土地」といいます。）を通知人が自宅を建築する際の敷地にすることを目的としており、通知人がかかる目的をもっていたことは貴社にもお伝えしております。

　その後、通知人は本件土地上に自宅の建設を開始致しましたが、今般、建築を行った業者から、本件土地のうち約80パーセントの部分が都市計画街路の境域内に存在しており、当初予定していた建物の建設ができないことが判明いたしました。注2

> 注2　従来は、「隠れた」瑕疵に限り瑕疵担保責任の追及が認められていたが（民570条）、改正民法では、契約不適合責任の追及につき、「隠れた」という要件は外されたので（第2　民法改正のポイント」3　イ参照）、改正民562条等）、売買契約当時買主がそのことを知らなかった旨の記載は特にする必要がなくなった。

　このような状況では本件売買契約の目的が達成できませんので、本書面をもって本件売買契約を解除致します。

　なお、通知人が貴社に支払った売買代金○万円については、本書面の到達後5日以内に返還頂くようお願い致します。

以　上

物件目録

　所　　在　　○○市○○町○丁目
　地　　番　　○○○○番
　地　　目　　宅地
　地　　積　　○○.○○平方メートル

関連法令：民法561条以下

25　手付放棄又は倍返しによる土地売買契約解除

ア　解説

　売買契約において手付けの交付があった場合は、当事者の一方が履行に着手するまでは、買主は手付けを放棄し、契約を解除することができる。他方で、売主は手付けの倍額を買主に返還することにより契約を解除することができる（ここでいう「返還」とは、現実に提供することを要する。改正民法557条1項で明文化された。）。

　なお、「履行に着手するまで」とは、解除をされる相手方が履行に着手することを意味しており、解除する側が履行に着手していても解除は可能である。実務上は、このように取り扱われていたが、改正民法ではこの点が明文化された（改正民557条1項）。

イ　実務上のポイント

　手付けの放棄又は倍返しによる解除は債務不履行による解除ではなく、損害賠償の問題は生

じない（民557条2項（改正後も同じ））ことに注意するべきである。

【書式例】手付放棄による買主側からの土地売買契約解除通知書

注1　印紙税法別表第一課税物件表の課税文書には該当せず、印紙税は課税されない。

東京都○○市○○町○丁目○番○号

被通知人　○　○　○　○　殿

令和○年○月○日

契約解除通知書 注2

注2　通知書については、通知書の送付の事実、到達の日などの事実を証するために、配達証明付の内容証明郵便で行うことが望ましい（前節の契約不適合の場合の請求書、解除通知書の 注1 参照）。

東京都○○区○○町○丁目○番○号

通知人　○　○　○　○

　通知人と貴殿の間で締結した、後記物件目録記載の土地に関する令和○年○月○日付の売買契約（以下「本件売買契約」といいます。）について以下のとおり通知致します。

　通知人の方からは、貴殿に対して、手付金として○万円を交付しておりますところ、本件売買契約○条に基づく手付放棄による契約解除権に基づき同手付金を放棄することにより本書面をもって契約を解除致します。

以　上

物件目録

所　　在　○○市○○町○丁目
地　　番　○○○○番
地　　目　宅地
地　　積　○○.○○平方メートル

【書式例】手付倍返しによる売主からの土地売買契約解除通知書

注1　印紙税法別表第一課税物件表の課税文書には該当せず、印紙税は課税されない。

東京都○○市○○町○丁目○番○号

被通知人　○　○　○　○　殿

令和○年○月○日

契約解除通知書

東京都○○区○○町○丁目○番○号

　　　　　　　　　　　　　　　　　　　　　通知人　○　○　○　○

　通知人と貴殿の間で締結した、後記物件目録記載の土地に関する令和○年○月○日付の売買契約（以下「本件売買契約」といいます。）について以下のとおり通知致します。
　貴殿から通知人に対して、手付金として○万円の交付を受けておりましたところ、本件売買契約○条に基づく手付倍返しによる契約解除権に基づき同手付金の倍額である○万円の支払いにより同契約を解除致します。
　なお、手付金倍額のお支払いですが、貴殿の指定口座に送金させていただきますので、至急送金口座をご教示くださいますようお願い申し上げます（振込手数料は当方で負担いたします。）。

注2
　　注2　売主側からの手付解除の通知であるが、手付の倍返しは現実に提供することが必要であり、解除の効力が発生するのは、通知書が到達した後、手付金の倍額を買主に返還した時である。

　　　　　　　　　　　　　　　　　　　　　　　　　　　　　　　　以　上

　　　　　　　　　　　　　　物件目録
　　所　　在　　○○市○○町○丁目
　　地　　番　　○○○○番
　　地　　目　　宅地
　　地　　積　　○○．○○平方メートル

関連法令：民法557条

26　履行遅滞の場合の催告と契約解除通知

ア　解説

　当事者の一方に履行遅滞があった場合、相手方は相当の期間を定めて履行を催告し、その期間内に履行がなかった場合、その不履行が契約及び社会通念に照らして軽微な場合を除き、相手方は契約を解除することができる（改正民541条）。改正前民法では、解除をするのに債務者の帰責事由が必要であったが、改正民法はこれを不要としているところに大きな違いがある。なお、履行遅滞の場合であっても、債務者がその全部の債務の履行を拒絶する意思を明確にした場合や、一部の履行拒絶が契約目的達成不能をもたらす場合、定期行為の遅滞等については、催告を要せず解除することができる（改正民542条1項2号以下）

イ　実務上のポイント

　実務上、履行の催告を通知し、さらにその期間内に履行がなかった場合に改めて契約解除の通知をすることは煩わしいため、催告後、改めて解除の意思表示をすることなく、期間の経過をもって当然に契約が解除される旨を記載し、1回の通知で行うことが多い。

第2章 売買

【書式例】履行遅滞の場合の催告及び契約解除通知書（買主が代金支払い日に支払いをしなかった場合）

注1 印紙税法別表第一課税物件表の課税文書には該当せず、印紙税は課税されない。

東京都○○市○○町○丁目○番○号
被通知人　○　○　○　○　殿

令和○年○月○日

支払督促及び契約解除通知書 注2

注2 通知書については、通知書の送付の事実、到達の日などの事実を証するために、配達証明付の内容証明郵便で行うことが望ましい（第26節の契約不適合の場合の請求書、解除通知書の 注1 参照）。

東京都○○区○○町○丁目○番○号
通知人　○　○　○　○

　通知人と貴殿の間で締結した、後記物件目録記載の土地（以下「本件土地」といいます。）に関する令和○年○月○日付の売買契約（以下「本件売買契約」といいます。）について以下のとおり通知致します。

　通知人は、本件売買契約の代金支払日である本年○月○日、本件土地の所有権移転に必要な書類を準備し、通知人の事務所において貴殿をお待ちしておりましたが、貴殿は、同日、通知人事務所に来られず、残代金の支払いをされませんでした。

　つきましては、本書面到着後○日以内に、本件土地の所有権移転登記手続に必要な書類の交付と引換えに代金の支払いをされますようお願い申し上げます。この期間内において、通知人は、本件土地の移転登記手続に必要な書類をお引渡しすべく準備しておりますので、貴殿におかれては、残代金のお支払いをいいただける日時場所をご連絡ください。

　上記期間内に残代金の支払いをされない場合は、改めて契約解除の通知をすることなく、同期間の経過をもって契約は当然に解除されるものと致します。 注3

注3 解除については、解除権を行使する当事者は、すでに履行の提供をした以上、履行の提供を継続しなくてもよいとするのが、判例・通説の考え方である。

以　　上

物件目録

所　　在　○○市○○町○丁目
地　　番　○○○○番
地　　目　宅地
地　　積　○○．○○平方メートル

【書式例】履行遅滞の場合の催告及び契約解除通知書（売主が代金決済日において履行をしなかったとき）

> 注1　印紙税法別表第一課税物件表の課税文書には該当せず、印紙税は課税されない。
>
> 東京都○○市○○町○丁目○番○号
> 被通知人　○　○　○　○　殿
>
> 　　　　　　　　　　　　　　　　　　　　　　　　　　令和○年○月○日
>
> 　　　　　　　　　履行の督促及び契約解除通知書 注2
>
> 注2　通知書については、通知書の送付の事実、到達の日などの事実を証するために、配達証明付の内容証明郵便で行うことが望ましい（第26節の契約不適合の場合の請求書、解除通知書の 注1 参照）。
>
> 　　　　　　　　　　　　　　　　　　　　　東京都○○区○○町○丁目○番○号
> 　　　　　　　　　　　　　　　　　　　　　　　　通知人　○　○　○　○
>
> 　通知人と貴殿の間で締結した、後記物件目録記載の土地（以下「本件土地」といいます。）に関する令和○年○月○日付の売買契約（以下「本件売買契約」といいます。）について以下のとおり通知致します。
>
> 　通知人は、本件売買契約の代金支払日である本年○月○日、本件売買代金残金○万円を準備し、通知人の事務所において貴殿をお待ちしておりましたが、貴殿は、同日、通知人事務所に来られず、所有権移転登記手続をされませんでした。
>
> 　つきましては、本書面到着後○日以内に、代金の支払いと引換えに本件土地の所有権移転登記手続をされますようお願い申し上げます。この期間内において、通知人は、残代金の支払いが可能なよう準備を継続しておりますので、貴殿におかれては、移転登記手続をしていただける日時をご連絡くださいますようお願い申し上げます。
>
> 　なお、上記期間内に所有権移転登記手続がされない場合は、改めて契約解除の通知をすることなく、同期間の経過をもって契約は当然解除されるものと致します。
>
> 　　　　　　　　　　　　　　　　　　　　　　　　　　　　　　　　以　上
>
> 物件目録
> 　　所　　在　○○市○○町○丁目
> 　　地　　番　○○○○番
> 　　地　　目　宅地
> 　　地　　積　○○.○○平方メートル

関連法令：民法541条・542条・557条

27　商品売買契約

ア　解説

　商品の売買契約は、売主が買主に、ある仕様、品質、数量の商品を販売することを両当事者が合意することで成立する。売主としては、契約の内容に従い、自ら商品を製造する、他社から調達する等の方法により買主に納品し、買主は代金を支払うことになる。こうした一般的な商品（動産）の売買は、売買契約の典型的なものであり、そこに織り込まれる条項は、有償契約に共通するものが多く、売買契約全般はもとより、他の有償契約に対しても、その考え方が応用されている（民559条参照）。

イ　実務上のポイント

　上記のように、商品の売買契約は売買契約の典型例、基本であると考えられるので、基本的・共通する内容が織り込まれることになるが、他方で、その対象は多種多様であることから、その商品（動産）の特殊性に応じた契約書を作成することが重要である。具体的には次のような点に注意すべきである。なお、商品売買のような商人間の売買については、買主による目的物の検査及び通知義務（商526条）など、商法の特則が適用されるので、注意を要する。

a　契約成立時点

　契約の成立時点においては、まず、何を売買の対象物とするのかを、名称、数量、金額、品質などを特定して決めることになる。

b　契約の履行

　契約の履行にあたっては、基本的事項として、代金支払方法、時期、商品の引渡方法について取決めを行うことになる。また、所有権の移転時期、対抗要件が存在する場合は対抗要件、危険負担についても検討することが望ましい。危険負担については、債権法改正に伴い、特定物債務における債権者主義を定めた民法534条及び同法535条が削除されることとなった。同条については従来から合理性がないものと考えられていたが、仮に特定物債務について債権者主義を適用する場合は、契約書に明記することが必要となる。

c　契約不適合の場合の責任

　履行の追完、減額請求、損害賠償、解除などについて取り決めることになるが、対象物や取引の実情に応じた内容の規定を置くことが重要である。

【書式例】商品売買契約書

> 注1　印紙税法別表第一課税物件表の課税文書には該当せず、印紙税は課税されない。
>
> 　　※物品の譲渡契約書は原則として不課税文書である。ただし、継続する2以上の取引の場合については、第7号文書（継続的取引の基本となる契約書）として課税文書となる場合がある。
>
> 商品売買契約書

売主株式会社○○（以下「甲」という。）と、買主○○株式会社（以下「乙」という。）は、商品の売買に関し、以下のとおり契約を締結する。

（物品の特定）
第1条 甲は、以下の商品（以下「本件商品」という）を乙に売り渡すことを約し、乙はこれを買い受けることを約する。
　（1）　品名　○○○
　（2）　数量　○○○個

（単価及び売買代金総額）
第2条 本件商品の単価は○円とし、売買代金総額は○円（いずれも消費税込み）とする。

（納品）注2
第3条 甲は乙に対し、下記の納品日及び場所において本件商品の納品を行うものとする。
　　（納品日）令和○年○月○日
　　（場　所）○○○

> 注2　納品日と場所を明確にし、履行内容を特定する。

（検査及び引渡し）注3
第4条 乙は、本件商品の納品後、○日以内に本件商品の検査を終了し、目的物の種類、数量、品質について契約の内容に適合していることを確認する。
2　乙が前項の検査を行い、甲が引き渡した本件商品が契約の内容に適合していないときは、甲に対し直ちに通知しなければならない。
3　第1項の検査の合格をもって本件商品の引渡しは完了とし、本件商品の所有権は甲から乙に移転するものとする。

> 注3　商人間の売買においては原則として**検査・通知義務があり**（商526条）、契約書にも明示している。

（代金の支払い）
第5条 乙は、前条第3項により引き渡しが完了した商品の代金を、下記の支払い方法により、甲が指定する預金口座に振り込む方法により支払う。なお、振込手数料は乙の負担とする。
　（1）　引渡し完了の翌月末日限り　　　　○○円
　（2）　引渡し完了の2か月後末日限り　　○○円
　（3）　引き渡し完了の3か月後末日限り　○○円

（危険負担）注4
第6条 第3条に定める本件商品の納品前に、甲乙いずれの責にも帰すことができない事由により、本件商品が滅失又は損傷した場合、その滅失又は損傷は、甲の負担とする。
2　前項の滅失又は損傷により、本件商品の納品ができなくなった場合、乙は、本契約を解除することができる。

> 注4　本件商品が当事者双方の責めに帰さない事由により滅失等した場合、危険負担の問題となる。改正民法の危険負担に係る規定は、反対債務の消滅までは規定していないため、本契約では、解除を可能とする条項を付加した。

（契約不適合）注5
第7条 甲が第4条第2項の通知を受けた場合、甲は乙の指示に従い、本件商品の修補、代替品

の引渡し又は代金の減額を行う。
2　前項の規定は、乙による解除及び損害賠償請求権の行使を妨げない。
3　本件商品に第4条第1項の受入検査においてもただちに発見できない契約不適合があり、乙が、本件商品の引渡し後6か月以内にその旨を通知したときも、前各項と同様とする。

> 注5　契約不適合にかかる民法の改正後も、商人間の売買について、目的物の検査においてただちに発見できない瑕疵について、6か月以内であれば責任追及が可能とする商法526条2項の規定は残されており、第3項にこの趣旨に基づく規定を置いた。

（解除及び期限の利益の喪失）
第8条　甲又は乙は、相手方が次の各号の一つに該当した場合、何らの催告なくして本契約を解除することができる。
　(1)　本契約の定めに違反し、相当な期間を付して催告したにもかかわらず、これが是正されないとき。
　(2)　振り出した手形又は小切手について不渡りを生じたとき。
　(3)　第三者から仮差押え、滞納処分、強制執行又は競売等の申立てがされたとき。
　(4)　破産手続、民事再生手続、会社更生手続又は特別清算の申立てがされたとき。
　(5)　その他、本契約に基づく債務の履行が困難であると合理的に認められる事由が生じたとき。
2　乙が前号の各号の一つに該当した場合、甲は、何らの催告なくして乙の期限の利益を喪失させ、残金全額について支払請求することができる。

（協議）
第9条　本契約に定めなき事項又は本契約の解釈につき疑義が生じた場合は、甲乙協議の上、解決するものとする。

（合意管轄）
第10条　本契約に関する紛争の管轄裁判所は、甲の本店所在地を管轄する地方裁判所とする。

　甲と乙は以上のとおり合意し、その成立の証として、本契約書2通を作成し、各自、署名又は記名捺印の上、各1通宛所持するものとする。

　　令和○年　　月　　日

　　　　　　　　　　　　　　　　　　甲
　　　　　　　　　　　　　　　　　　住　所　×　×　×　×
　　　　　　　　　　　　　　　　　　　株式会社　○　○　○　○
　　　　　　　　　　　　　　　　　　　代表取締役○　○　○　○　㊞
　　　　　　　　　　　　　　　　　　乙
　　　　　　　　　　　　　　　　　　住　所　×　×　×　×
　　　　　　　　　　　　　　　　　　　○　○　○　○　○　株式会社
　　　　　　　　　　　　　　　　　　　代表取締役○　○　○　○　㊞

関連法令：民法555条～585条、商法524条～528条

28　機械売買契約
ア　解説
　機械の売買といっても、多種多様なものがあるが、本節で扱うのは、工場などに据え付ける、特殊で大型の機械の売買契約書であり、売買の対象となる機械は、年式や製造番号で特定された、特定物売買となる。

イ　実務上のポイント
　債権法改正に伴い、特定物であっても給付した機械が契約の目的に適合しない場合は買主が売主に履行の追完や代金減額等の請求ができることが明文化されたが（民562条・563条）、特殊で高価な機械の売買であるという点から、予定された機械の性能やその性能保証、修理費用の負担や修理不能の場合の取扱いをどうするかを定めておくべきである。

【書式例】機械売買契約書

```
収入
印紙
注1
```

機械売買契約書

注1　印紙税法別表第一課税物件表の第2号文書（請負に関する契約書）に該当し、契約金額（消費税を控除した後の代金総額）に応じた印紙が課税される。なお、据付工事が建設業法第2条に規定する建設工事に該当する場合の請負契約書には、軽減税率の適用がある（税特措91条）。

※機械（物品）の譲渡契約で、かつ、機械の据付工事が簡単なもので特別の技術を要しないものである場合は、不課税文書となる。

※機械が買主からの特注品である場合には、機械の製造請負契約であり、据付工事を含めた全体が請負契約となる。この場合には、機械の売買代金と据付工事代金の合計金額が、契約金額となる。

　売主株式会社○○○○（以下「甲」という。）と、買主○○○○株式会社（以下「乙」という。）は、別紙目録表示の機械について、以下のとおり売買契約を締結する。

（売買）
第1条　甲は、以下の機械（以下「本件機械」という）を乙に売り渡すことを約し、乙はこれを買い受けることを約する。
　　　　　　○社製○年式○○装置1台
　　　　　　製造番号○○

（売買代金）
第2条　本件機械の代金は○○（消費税込み）円とし、乙は甲に対し、以下の方法で支払う。

(1) 売買契約締結と同時に〇円
(2) 次条による引渡しが完了した時点で残代金全額

（引渡し）

第3条 甲は乙に対し、下記の納品日に本件機械を下記引渡場所に搬入し、据え付ける。

（納品日）令和〇年〇月〇日
（場　所）乙の〇〇〇工場

2　甲は前項の機械搬入の際、乙立会いのもとに、本件機械の試運転を実施し、試運転の結果、第6条で保証する性能を有することが確認された時点で、本件機械の引き渡しが完了するものとする。注2

注2　引渡し前に試運転を行うことを規定したものである。

（所有権移の転時期及び危険負担）

第4条 本件機械の所有権は、前条により甲が乙に対して本件機械を引き渡した時点で乙に移転するものとする。

2　本件機械について、前項の規定に従い乙に所有権が移転した後の甲乙双方の責めに帰すべからざる事由による滅失又は損傷が生じた場合、その滅失又は損傷は、乙の負担とする。

（技術指導）

第5条 甲は、本件機械の引き渡し後、原則として〇か月間、甲の技術者1名を第3条第1項に定める本件機械の納品場所に派遣し、本件機械の運転、整備についての指導を実施する。

2　前項の技術指導の詳細については、甲乙別途定めるところによる。

（性能保証）

第6条 甲は乙に対し、本件機械の性能として、〇時間に〇個以上、製品（〇〇〇〇）を製造することができ、不良品の発生率がそのうち〇％以内であることを本件機械の引き渡し後〇年間は保証する。

2　甲は、前項の保証期間中、本件機械について、乙の過失によらずに生じた性能低下その他の不具合について、無償で修理する義務を負うものとする。注3

注3　保証期間中における売主の無償修理義務を定めたものである。

（取換え・返品）注4

第7条 甲が、前条第2項の修理を行ったにもかかわらず、本件機械の性能が改善されない場合、乙は次の各号のうちいずれかを選択した上で甲に請求ができる。

(1) 同種の機械との取換え　　この場合、本件機械の使用期間が6か月未満であるときは無償、6か月以上であるときは有償とし、6か月以上1年未満であるときは、第2条の代金額の〇％を、1年以上のときは第2条の代金額の〇％を甲に支払うことを条件とする。

(2) 本件機械の返品　　この場合、本件機械の使用期間が6か月未満であるときは代金全額、6か月以上1年未満であるときは、第2条の代金額の〇％を、1年以上の時は第2条の代金額の〇％を乙に返還する。

2　前項の場合、乙は甲に対し、さらに損害賠償の請求をすることはできない。

注4　「実務上のポイント」で指摘したとおり、修理によって改善できない場合の取扱いについて定める必要があり、本条はこの趣旨の規定である。

（解除）

第8条　甲又は乙は、相手方が本契約の各条項に違反した場合、相当の期間を定め、その履行ないし是正を催告することができる。
2　甲又は乙は、前項の定めによる履行又は是正の請求にかかわらず、相手方が催告に従った履行又は是正をしないときは、本契約を解除できる。
3　前項による解除は、次条に基づく損害賠償請求を妨げない。
　（損害賠償）
第9条　甲又は乙は、相手方が本契約の各条項に違反した場合（第7条に規定する場合を除く。）、それによって生じた損害の賠償を請求することができる。ただし、その不履行が、相手方の責に帰すことのできない事由による場合はこの限りではない。
　（協議）
第10条　本契約に定めなき事項又は本契約の解釈につき疑義が生じた場合は、甲乙協議の上、解決するものとする。
　（合意管轄）
第11条　本契約に関する紛争の管轄裁判所は、甲の本店所在地を管轄する裁判所とする。

　甲と乙は以上のとおり合意し、その成立の証として、本契約書2通を作成し、各自、署名又は記名捺印の上、各1通宛所持するものとする。

　令和○年○月○日

　　　　　　　　　　　　　　　　甲
　　　　　　　　　　　　　　　　　住　所　××××
　　　　　　　　　　　　　　　　　株式会社○　○　○　○
　　　　　　　　　　　　　　　　　代表取締役○　○　○　○　㊞
　　　　　　　　　　　　　　　　乙
　　　　　　　　　　　　　　　　　住　所　××××
　　　　　　　　　　　　　　　　　○　○　○　○　○　株式会社
　　　　　　　　　　　　　　　　　代表取締役○　○　○　○　㊞

関連法令：民法555条〜585条、商法524条〜528条

29　中古品売買契約

ア　解説

　自動車や機械等の中古品売買も、高額のものを比較的安価で購入することができることから、日常よく行われている取引であるが、他方で、中古品の売買契約においては、新品に比べて不具合が存する可能性が高く、当該商品に不具合が生じた場合に問題となるケースが多い。なお、中古品はいわゆる特定物であるが、債権法の改正に伴い、かかる不具合が契約の内容に適合しない場合、買主は売主に対して履行追完請求や代金減額請求など不特定物とは異ならない責任

イ 実務上のポイント

上述のとおり、中古品は新品に比べ不具合が存する可能性が高いため、現物を確認した上で購入するべきである。また、不具合が生じた場合に備えて、保証の内容や、売主に対してどういった責任を追求できるのかを確認の上、契約を締結することが必要である。

【書式例】中古品売買契約書

注1 印紙税法別表第一課税物件表の課税文書には該当せず、印紙税は課税されない。

中古品売買契約書

売主株式会社○○（以下「甲」という。）と、買主○○○○（以下「乙」という。）は、後記物件目録記載のパーソナルコンピューター（以下「本件物品」という。）の売買に関し、以下のとおり契約を締結する。

（物品の特定）
第1条　甲は、本件物品を乙に売り渡すことを約し、乙はこれを買い受けることを約する。
（売買代金）
第2条　本件物品の代金は○円（消費税込み）とする。
（引渡し）
第3条　甲は乙に対し、下記の納品日及び場所において本件物品の引渡しを行うものとする。
　　　（納品日）令和○年○月○日
　　　（場　所）○○○
（代金の支払い）
第4条　乙は甲に対し、令和○年○月○日までに、第2条の売買代金を甲が指定する下記の預金口座（○○銀行○○支店　普通預金　口座番号○○○○　口座名義人　株式会社○○）に振り込む方法により支払う。なお、振込手数料は乙の負担とする。
（所有権移転時期）
第5条　本件物品の所有権は、第3条の方法により甲が乙に対して本件物品を引き渡した時点で乙に移転するものとする。
（危険負担）
第6条　第3条に定める引渡しの前に、甲乙いずれの責めにも帰すことができない事由により、本件物品が滅失又は損傷した場合、その滅失又は損傷は、甲の負担とする。
2　前項の滅失又は損傷により、本件物品の引渡しができなくなった場合、乙は、本契約を解除することができる。
（遅延損害金）注2
第7条　乙が、第4条の代金の支払を遅延したときは、甲に対し、第4条に定める支払日の翌日

から支払いが済むまで、年5分の割合による遅延損害金を支払う。

注2　改正民法404条により、法定利率は3年毎に法務省令で定めるところにより変動することとなった。本条は便宜のために損害金の利率を固定するものである。

（保証内容）注3
第8条　甲は乙に対し、本件物品の引き渡し後、6か月以内に生じた不具合については無償で修理を行う。ただし、この期間を経過した以後についても、乙は甲に対し、有償で本件物品の修理を求めることができる。この場合の修理代金は協議のうえ定めるものとする。

2　甲は、前項に定める以外に契約不適合の責任は負わない。

注3　改正法を踏まえた契約不適合の場合の処理の条文である。保証内容を修補請求権に限り（ただし、改正民572条参照）、また、改正民法566条の期間（不適合を知った時から買主に対する1年以内の通知が必要）を変更し、買主による責任追及は、引渡し後6か月以内に不具合が生じた場合とした。

（解除）
第9条　甲又は乙は、相手方が本契約の各条項に違反した場合、相当の期間を定め、その履行ないし是正を催告することができる。

2　甲又は乙は、前項の定めによる履行又は是正の請求にかかわらず、相手方が催告に従った履行又は是正をしないときは、本契約を解除できる。

3　前項による解除は、次条に基づく損害賠償請求を妨げない。

（損害賠償）
第10条　甲又は乙は、相手方が本契約に違反した場合、相手方に対し、それによって生じた損害の賠償を請求することができる。ただし、その違反が、相手方の責めに帰すことのできない事由による場合はこの限りではない。

（協議）
第11条　本契約に定めなき事項又は本契約の解釈につき疑義が生じた場合は、甲乙協議の上、解決するものとする。

（合意管轄）
第12条　本契約に関する紛争の管轄裁判所は、甲の本店所在地を管轄する裁判所とする。

甲と乙は以上のとおり合意し、その成立の証として、本契約書2通を作成し、各自、署名又は記名捺印の上、各1通宛所持するものとする。

令和○年○月○日

第2章 売　買

```
                    物件目録
  名称    ○○社製　○○
  数量    ○○
  製造年月日  ○○
  製造番号   ○○
```

関連法令：民法562条〜564条

30　船舶売買契約
ア　解説

　船舶は動産である（民86条）。しかし、総トン数20トン以上の船舶については、船舶登記及び船舶国籍証書を受けなければ船舶所有権の移転を第三者に対抗することができない（商687条）。他方、小型船舶の登録等に関する法律2条の「小型船舶」については、船舶登記は不要であるが、これを航行の用に供するには小型船舶登録原簿への登録が必要である（同法3条）。また、登録を受けた小型船舶の所有権の取得又は喪失については、その登録を受けなければ第三者に対抗することができない（小型船舶登録4条）。

イ　実務上のポイント

　船舶の種類に応じ、以下の点に留意することが必要である。

a　総トン数20トン以上の船舶について

　総トン数20トン以上の船舶の所有者には、船舶登記と船舶国籍証書を受ける義務が課される（商686条）。船舶登記は、船舶港の所在地を管轄する法務局（支局又は出張所）において登記簿に一定の事項を記録して行う（船舶34条、船舶登記令4条・6条）。船舶国籍証書は、登記をした後、船舶港を管轄する管海官庁に備える船舶原簿に登録手続をしたときに交付される（船舶5条）。

b　「小型船舶」（総トン数20トン未満の船舶のうち、漁船やろかい船などを除いたもの。）について

　小型船舶を航行の用に供するには小型船舶登録原簿への登録を要する（小型船舶登録3条）。小型船舶登録原簿への登録は日本小型船舶検査機構（ＪＣＩ）の各支部に申請して行う。

　なお、小型船舶を譲渡する場合、譲渡人は譲受人に対し譲渡証明書を交付しなければならず、当該船舶について既に交付を受けている譲渡証明書を有するときは併せてこれを交付する（小型船舶登録19条）。また、譲受人は、譲渡の日から15日以内に譲渡証明書を添付して移転登録手続をする義務を負い、これを怠った場合30万円以下の罰金に処される（小型船舶登録10条・19条・37条）。

【書式例】船舶売買契約書

```
┌─────────┐
│ 収  入  │
│ 印  紙  │
│         │
│ 注1     │
└─────────┘
```

船舶売買契約書 注2

注1　印紙税法別表第一課税物件表の第1号の1文書（船舶の譲渡に関する契約書）に該当し、契約金額（売買代金）に応じた印紙税が課税される。

注2　本契約は総トン数20トン以上の船舶譲渡契約の例である。

売主〇〇〇〇（以下「甲」という。）と買主〇〇〇〇（以下「乙」という。）は次のとおり合意する。

（売買）

第1条　甲は甲所有の下記船舶（以下「本船舶」という。）を乙に売り渡し、乙はこれを買い受ける。

記 注3

船名	〇〇〇〇〇〇
船舶の種類	〇〇〇〇〇〇
船籍港	〇〇〇〇〇〇
船質	〇〇〇〇〇〇
総トン数	〇〇〇〇〇〇
積載総重量	〇〇〇〇〇〇
主機関の種類・数	〇〇〇〇〇〇
進水の年月	〇〇〇〇〇〇
船舶番号	〇〇〇〇〇〇
属具及び備品	〇〇〇〇〇〇

注3　船舶の特定は船舶登記規則の定める登記事項を網羅して表示することが望ましい。

（売買代金及び支払方法）

第2条　本船舶の売買代金は金〇〇〇〇円とする。

2　乙は、甲に対し、下記のとおり前項の売買代金を支払う。

(1)　本契約締結と同時に金〇〇〇〇円

(2)　本船舶の引渡し及び所有権移転登記手続に必要となる書類の交付と同時に金〇〇〇〇円

（検査）

第3条　甲は、本船舶の引渡し前に、甲乙双方立ち合いのもと船底の検査を行い、本船舶が航海に耐え得るものであることを乙に確認させる。 注4

2　前項の検査の結果、船底その他に損傷が発見され、その損傷が本船舶の船級を損なうものである場合、甲はその修理を行い、再度前項の定めに従って乙に本船舶の状態を確認させる。

第2章 売買

 注5
3 　前項の修理にかかる費用は甲の負担とする。
4 　第2項の修理のために引渡期限を延期する必要がある場合、甲の要求により次条第1項に定める本船舶の引渡し期限を相当期間延期できるものとする。ただし、第7条第1項第2号に定める日数を超えることはできない。　注6

> 注4　引渡しに先立ち、船底の検査を義務付けたものである。
> 注5　船級とは、船級協会（日本海事協会など）が船体の機関や設備、安全管理システム等の事項について検査を行った上で認定する資格・等級を指す。保険や売買の基準となる。
> 注6　契約締結の時点では修理の要否及び修理に要する期間は明らかでない。したがって、修理が必要な場合には、修理に要する期間に応じて船舶の引渡期間を延長するのが公平である。修理は船舶の航行の安全にかかわるものであり、ある程度の期間を要することはやむを得ないと考えられる。

（引渡し）
第4条　甲は、乙に対し、令和〇〇年〇〇月〇〇日限り、第2条第2項第2号の支払いを受けるのと引換えに、〇〇港において本船舶を引き渡し、本船舶の所有権移転登記手続をするとともに船舶国籍証書を交付する。　注7
2 　本船舶の所有権移転登記手続に必要な費用は乙の負担とする。

> 注7　総トン数20トン以上の船舶の所有権移転にかかる対抗要件（の一部）である。

（負担の除去）
第5条　甲は、本船舶について第三者の先取特権、抵当権、その他乙の完全な所有権の行使を妨げる負担を全て除去した上で、乙に対して本船舶を引き渡す。

（残置物の処分）
第6条　甲は、本船舶の引渡し時に本船舶内に残置された物については所有権を放棄し、乙がこれらを処分することについて異議を述べない。
2 　前項の処分費用は甲の負担とする。　注8

> 注8　船舶の内部には、種々の物件が残置されている場合が多いため、その場合の処理方法を定めておく必要がある。

（契約の解除）
第7条　本船舶に関し、次の各号に掲げる事実が生じた場合、甲又は乙は、本契約を解除することができる。
　(1)　甲又は乙の責めに帰すべき事由によらず、本船舶が第4条の引渡し前に滅失ないし損傷したため、本契約の目的を達することができなくなったとき。
　(2)　第3条第2項の修理完了時期が第4条第1項の引渡期限後〇〇日以降と見込まれるとき。　注9
　(3)　第3項第2号の修理費用が〇〇円以上と見込まれるとき。　注10
2 　前項のほか、甲又は乙は、相手方に次の各号の一つにでも該当する事由が生じたときは、ただちに本契約を解除することができる。
　(1)　相手方が本契約上の義務に違反し、相当な期限を付して催告を受けたにもかかわらず、これを是正しないとき。
　(2)　相手方が発行した手形が不渡りとなったとき。

(3)　相手方について破産手続、民事再生手続、会社更生手続又は特別清算手続のいずれかの申立てがされたとき。
(4)　その他相手方について本契約上の義務の履行が困難と合理的に判断される事由が生じたとき。

注9　第3条第4項で修理に要する期間に応じて船舶の引渡期間が延長されることとなっているが、延長の期間が一定の限度を超える場合には契約の目的を達することができなくなる事態も考えられる。そのため、一定期間以上の延長の場合に契約の解除を認めるものである。

注10　第3条第3項で修理費用は売主の負担とされているため、修理費用が莫大になる場合には、売主が予想外の負担を負うことになる。そのため、修理費が一定の金額を超える場合に契約の解除を認めるものである。

（乙による契約解除）
第8条　前条に定めるほか、甲が引渡し期限を徒過しても本船舶を引き渡さない場合、所有権移転登記手続をしない場合、又は船舶国籍証明書を交付しない場合、乙は何ら通知催告を要せずに本契約を解除することができる。

（適用法）
第9条　本契約には日本法を適用し、本契約に定めのない事項については日本の法令及び慣習の定めるところに従う。

甲と乙は以上のとおり合意し、その成立の証として、本契約書2通を作成し、各自、署名又は記名捺印の上、各1通宛所持するものとする。

令和○年○月○日

　　　　　　　　　　　　　　　　　　　　　　甲
　　　　　　　　　　　　　　　　　　　　　　　住所　××××
　　　　　　　　　　　　　　　　　　　　　　　○○○○○株式会社
　　　　　　　　　　　　　　　　　　　　　　　代表取締役　○○○○　㊞
　　　　　　　　　　　　　　　　　　　　　　乙
　　　　　　　　　　　　　　　　　　　　　　　住所　××××
　　　　　　　　　　　　　　　　　　　　　　　氏名　○○○○　㊞

関連法令：民法86条、商法686条及び687条、船舶法、小型船舶登録法

31　生物の売買契約
ア　解説

売買契約は、財産的価値のあるものであれば、その対象に特に制限がないので、特殊な物の売買契約もよくみかけるものである。本節では、売買対象が特殊なものの例として、本節では生物に関する契約である、ペット及び養殖魚についての売買契約を取り上げる。

イ　実務上のポイント

本節のような売買対象が特殊なものである契約については、まず対象となる物の特定が十分にされているかという点に注意が必要である。また、現実の取引実態や関連法令等を考慮した上で、価格（その算出方法を含む。）、引渡方法、引渡しまでの管理方法などの必要事項を適切に定める必要がある。

【書式例】ペット購入契約書

> 注1　印紙税法別表第一課税物件表の課税文書には該当せず、印紙税は課税されない。

ペット購入契約書 注2

> 注2　本契約書はペットショップからのペットの購入を想定している。

売主〇〇〇〇株式会社（以下「甲」という。）と買主〇〇〇〇（以下「乙」という。）は、甲が販売するペットの購入について以下のとおり合意する。

（売買の合意）
第1条　甲は乙に対し、下記の動物をペット（以下「本ペット」という。）として売り渡し、乙はこれを買い受ける。

記 注3

　　種　　類　　犬
　　種　　別　　ゴールデンレトリーバー
　　数　　量　　1匹
　　特　　徴　　毛色　茶色
　　生年月日　　令和〇〇年〇〇月〇〇日（月齢〇か月）注4
　　性　　別　　雄
　　血統証明書の有無　　有 注5
　　特記事項　　無 注6

> 注3　対象となるペットを特定するために必要な事項を記載する。より確実に特定するために写真を添付するなどの方法も考えられる。
> 注4　なお、犬猫等の販売を業として行う者（販売の用に供する犬又は猫の繁殖を行う者に限る。）は、その繁殖を行った犬又は猫であって出生後56日を経過しないものについて、販売等をしてはならないとされている（動物愛護22条の5）。
> 注5　血統証明書とは、一般社団法人ジャパンケネルクラブ（JKC）等が発行する純粋犬種の証明書をいう。
> 注6　事前にペットの疾患等が明らかになっている場合にはその旨、及びその他購入者にとって必要と考えられる事項を記入する。

（特定物売買）
第2条　本購入契約は本ペットを対象とした特定物売買契約とする。注7

注7　第1条において購入対象となるペットを具体的に特定した場合には、当該ペットは特定物に当たると考えられる。本条はこの点を明らかにするものである。特定物売買では対象物が滅失すればただちに履行不能となり、売主は無限の調達義務を負わない。また、特定物の引渡しについては現状による引渡しの原則が適用され（改正民483条）、売主は引渡しまで当該特定物について善管注意義務を負う（改正民400条）

（購入代金）

第3条　本ペットの購入代金は金〇〇〇〇円とし、内訳は以下のとおりとする
　　　　生体価格　　　　〇〇〇〇円
　　　　ワクチン費用　　〇〇〇〇円（〇〇〇〇ワクチン　令和〇〇年〇〇月〇〇日接種）注8

注8　購入者においてワクチン接種の要否を判断できるようにワクチン接種の履歴を記載するものである。なお、生後91日以上の犬の所有者は、その犬について狂犬病の予防注射を毎年1回受けさせなければならないとされているため（狂犬病5条第1項、狂犬病則11条1項2項）、該当する犬が対象となる場合には、同予防注射の接種の履歴についても確認する必要がある。

（支払方法）

第4条　乙は甲に対し、令和〇〇年〇〇月〇〇日限り、前条の売買代金を支払う。

（引渡し）

第5条　甲は乙に対し、令和〇〇年〇〇月〇〇日限り、本ペットを引き渡す。

2　引渡しの方法は手渡しとする。注9

注9　本条は対面での引渡しを想定している。なお、動物の愛護及び管理に関する法律は、犬猫等の販売を業として営む者に対し、当該動物を販売する場合に、予め、購入希望者に対し、当該販売にかかる動物の現在の状況を直接見せるともに、対面により書面等を用いて必要情報を提供することを義務付けており（動物愛護21条の4、動物愛護則8条の2第2項）、インターネット通販などで一度も購入者と対面することなく犬猫等を販売することは認められない。

（血統証明書の交付）

第6条　甲は乙に対し、前条の引渡し時に本ペットの血統証明書を交付する。注10

注10　本条は当該ペットについてすでに血統証明書が発行されていることを前提としている。

（所有権の移転）

第7条　本ペットの所有権は第5条の引渡し時に甲から乙に移転する。

（健康診断の実施）

第8条　甲は、引渡しに先立ち、本ペットについて獣医師の健康診断を受け、疾患等があると診断された場合は書面によって乙に通知する。注11

2　乙は、前項の健康診断の結果、本ペットに疾患等があることが明らかになり、当該疾患等のために本件購入契約の目的が果たせなくなった場合には、引渡し前に限り、本契約を解除することができる。

注11　ペットの健康状態をめぐって紛争が生じるリスクを減らすという趣旨で、売主に対してペットについて事前に健康診断を受診させる義務を課すものである。

（疾患又は死亡の場合の責任）

第9条　引渡し日を初日として30日目までに本ペットが死亡し、又は本ペットが疾患を生じた場合、当該死亡又は重大な疾患が乙の故意又は過失によって生じたものである場合を除き、乙が獣医師作成の診断書及び治療を行った場合には治療費の領収書を提出することを条件に、甲

は、乙と協議の上、以下のいずれかの対応を行うものとする。注11
  (1) 死亡の場合　　　本ペットと同じ種別・種類の代替ペットの引渡し、又は購入代金の80パーセントの返金
  (2) 疾患の場合　　　治療費の50パーセントの支払い
2　前項の場合を除き、本ペットの引渡し後、乙は甲に対し、本ペットの返品、交換、購入代金の返金・減額、治療費等の請求、損害賠償の請求等をすることはできない。ただし、当該死亡又は疾患が、甲の故意又は過失によって生じたものである場合はこの限りでない。注13

> 注12　契約不適合の場合の責任であるが、改正民法では、特定物であっても、履行追完や代金減額請求などが可能となった（改正民562条・563条）。ただし、かかる責任規定は任意規定であるため、特約で売主の責任を限定することが可能であり、本条にはその一例を記載した。もっとも、ペット購入契約（買主が個人である場合に限る。）は消費者契約にあたるため、事業者である売主の担保責任を全て免除する条項は消費者契約法8条1項1号及び10条によって原則無効になると考えられる（なお、改正民572条参照）。
> 注13　事業者である売主の不法行為により買主に生じた損害を賠償する責任を全部免除する条項は消費者契約法8条1項3号によって無効になると考えられる。

（合意管轄）
第10条　本契約上の債務につき紛争が生じたときは、その第一審の管轄裁判所を○○地方裁判所とすることに同意する。

　甲と乙は以上のとおり合意し、その成立の証として、本契約書2通を作成し、各自、署名又は記名捺印の上、各1通宛所持するものとする。

　　令和○年○月○日

　　　　　　　　　　　　　　　　　　　　　　　　　　甲
　　　　　　　　　　　　　　　　　　　　　　　　　　　住所　×　×　×　×
　　　　　　　　　　　　　　　　　　　　　　　　　　　○　○　○　○　株式会社
　　　　　　　　　　　　　　　　　　　　　　　　　　　代表取締役　○　○　○　○　㊞
　　　　　　　　　　　　　　　　　　　　　　　　　　乙
　　　　　　　　　　　　　　　　　　　　　　　　　　　住所　×　×　×　×
　　　　　　　　　　　　　　　　　　　　　　　　　　　氏名　○　○　○　○　㊞

（動物の愛護及び管理に関する法律第21条の4及び同法施行規則第8条2第2項の必要情報）
注14
　① 性成熟時の標準体重及び標準体長
　　　○○kg、○○cm
　② 平均寿命
　　　○○年～○○年
　③ 飼養に適した施設の構造及び規模
　　　○○○○○○○○○○○○○○

④ 適切な給餌及び給水の方法
　　○○○○○○○○○○○○○○○
⑤ 適切な運動及び休養の方法
　　○○○○○○○○○○○○○○○
⑥ 主な人と動物の共通感染症その他の本ペットがかかるおそれの高い疾病の種類及びその予防方法
　疾病の種類　　○○○○○○
　予防方法　　　○○○○○○
⑦ 遺棄の禁止その他本ペットに係る関係法令の規定による規制の内容
　　○○○○○○○○○○○○○○○
⑧ 不妊又は去勢の措置の実施状況
　去勢の措置実施済み（実施日　令和○○年○○月○○日）
⑨ 繁殖を行った者の氏名又は名称及び登録番号又は所在地
　　名　　　称　　○○○○
　　所　在　地　　○○○○
⑩ 当該動物の病歴
　現在まで確認されていません。
⑪ 本ペットの親及び兄弟に係る遺伝性疾患の発生状況
　現在まで確認されていません。

注14　動物の愛護及び管理に関する法律は、犬猫等の販売を業として営む者に対し、当該動物を販売する場合に、予め、購入希望者に対し、対面により書面等を用いて必要情報を提供することを義務付けている（動物愛護21条の４、動物愛護則８条の２第２項）。よって、ペットショップ側は本契約書第１条に記載されていない項目については追記、又は別途説明書面を交付する必要がある。上記は記載の一例である。長文の説明を要する部分については適宜ホームページを確認するよう指示するなど工夫して、ペットごとに適切な情報提供を行う。

【書式例】養殖魚売買契約書

注１　印紙税法別表第一課税物件表の課税文書には該当せず、印紙税は課税されない。

養殖魚売買契約書

株式会社○○○○（以下「甲」という。）と○○○○株式会社（以下「乙」という。）は、甲が養魚場において所有する養殖魚の売買について以下のとおり合意する。

（売買の合意）
第１条　甲は、乙に対し、別紙目録記載の養殖魚（以下「本件養殖魚」という。）を売り渡し、乙はこれを買い受ける。

（売買の対象）
第2条 甲及び乙は、本件養殖魚について、別紙目録記載の尾数及び魚体重が令和〇〇年〇月〇日現在の推定値であること、売買の対象となる尾数及び魚体重は第3条第2項により計量した実数値に基づくことを確認する。注2

> 注2　へい死魚などがでるため、生け簀内の養殖魚の数量等を契約時点において確定することは困難である。そこで、引渡し時の計量（第3条第2項）による実数値を基準にすることとした。

（売買単価及び代金）
第3条 本件養殖魚の売買単価は、出荷時の相場価格に従い、出荷時に甲乙間で合意した価格とする。注3

2　売買代金は、本件養殖魚出荷時に双方が立ち合いの上計量した重量に、前項の売買単価を乗じた金額とする。

> 注3　養殖魚は市場価格が常に変動するため、契約時点において公平な金額を定めることが困難である。そこで、出荷時の市場価格に従って売買単価を定めることとした。

（代金支払）
第4条 乙は甲に対し、第3条第2項の売買代金を、引渡し後5日以内に甲の指定する下記口座に送金する方法により支払う。ただし、送金手数料は乙の負担とする。

記

　　金融機関名　　〇〇〇〇〇〇〇〇
　　支店名　　　　〇〇〇〇〇〇〇〇
　　口座番号　　　〇〇〇〇〇〇〇〇
　　口座名義　　　株式会社〇〇〇〇

（引渡し）
第5条 甲は乙に対し、令和〇〇年〇〇月〇〇日限り、甲の養魚場において、本件養殖魚を引き渡す。

（所有権の移転）
第6条 本件養殖魚の所有権は、第5条の引渡し時に甲から乙に移転する。

（管理経費）
第7条 本契約日から第5条の引渡日までの本件養殖魚に関する経費（資料費、管理費、保険料、薬剤費等）は甲の負担とする。ただし、乙の都合により引渡しが遅れた場合、超過日数分の同経費は乙の負担とする。注4

2　前項の定めにかかわらず、引き渡しが次のいずれかの事由により遅れた場合は、第5条の引渡期日の翌日から現実の引渡日までの期間分の経費は甲乙が各2分の1ずつ負担する。注5
(1)　天候により甲の養魚場での引渡しが困難であった場合
(2)　引渡しのための運搬船の遅れ

> 注4　養殖魚については契約時から引渡し時までの間も飼料を与え、投薬をするなど管理に費用を要する。そのため、その間の費用負担について定める必要がある。

> 注5　養殖魚の引取りと輸送は、専用の運搬船により行われる。そのため、天候等によっては養魚場での計量並びに運搬船への積み込み作業が行えず、又は引渡日に運搬船が到着しないこともある。そこで、その間の費用負担について定めるものである。

（契約の解除）
第8条 甲又は乙は、相手方に次の各号の一つにでも該当する事由が生じたときは、ただちに本契約を解除することができる。
(1) 相手方が本契約上の義務に違反したとき。
(2) 相手方が発行した手形又は小切手が不渡りとなったとき。
(3) 相手方について破産手続、民事再生手続、会社更生手続又は特別清算手続のいずれかの申立てがされたとき。
(4) その他相手方について本契約上の義務の履行が困難と合理的に判断される事由が生じたとき。

（損害賠償）
第9条 甲又は乙は、相手方が本契約の各条項に違反した場合、それによって生じた損害の賠償を請求することができる。ただし、その不履行が、相手方の責に帰すことのできない事由による場合はこの限りではない。

（協議事項）
第10条 甲及び乙は、本契約に定めのない事項が生じ、又はその条項に疑義が生じたときは、信義誠実の原則に従い、協議の上解決する。

（合意管轄）
第11条 甲及び乙は、本契約上の債務につき紛争が生じたときは、その第一審の管轄裁判所を○○地方裁判所とすることに同意する。

　甲と乙は以上のとおり合意し、その成立の証として、本契約書2通を作成し、各自、署名又は記名捺印の上、各1通宛所持するものとする。

　令和○年○月○日

　　　　　　　　　　　　　　　　　　　　　　甲
　　　　　　　　　　　　　　　　　　　　　　　住所　××××
　　　　　　　　　　　　　　　　　　　　　　　株式会社○○○○
　　　　　　　　　　　　　　　　　　　　　　　代表取締役　○○○○　㊞
　　　　　　　　　　　　　　　　　　　　　　乙
　　　　　　　　　　　　　　　　　　　　　　　住所　××××
　　　　　　　　　　　　　　　　　　　　　　　氏名　○○○○　㊞

（別紙養殖魚の明細）
　ただし、尾数・魚体重は令和○○年○月○日現在の推定値である。

　養魚場名　　　　　○○○○○○

養殖魚の種別	○○○○○○
生け簀 No.	○○○○○○
尾数	○○○○○○
魚体重	○○○○○○
総重量	○○○○○○

関連法令：改正民法 400 条・483 条・555 条〜 578 条、動物の愛護及び管理に関する法律 21 条の 4、動物の愛護及び管理に関する法律施行規則 8 条の 2 第 2 項・22 条の 5、狂犬病予防法 5 条 1 項、狂犬病予防法施行規則 11 条 1 項・2 項、消費者契約法 8 条 1 項 1 号・3 号・10 条等

32　立木の売買契約

ア　解説

土地に生立する樹木等の立木は土地の定着物であり、本来はその地盤である土地に付随して処分されるはずである（民 86 条 1 項）。しかし、立木には独立した経済価値が認められ、古くから土地とは別個に取引の対象とされてきた。そこで、立木を土地から分離し、別個に取引する場合に、この取引の物権変動にかかる公示方法が認められている。

立木に関する法律は、一筆の土地又は一筆の土地の一部分に生立する樹木の集団であり、所有権保存登記をされたものを立木（りゅうぼく）と定義し（立木 1 条）、立木（りゅうぼく）を土地から切り離された独立の不動産とみなしている（立木 2 条）。立木の所有者は、各登記所に備えられた立木登記簿に登録することによって立木登記を行う。立木の譲渡や抵当権設定等の処分は立木登記簿の登記により公示され、その登記が第三者への対抗要件となる（民 177 条）。

しかし、買主が立木を伐採して流通させる目的を有している場合など、取引の都度、立木登記を経ることが期待できない場合もある。そこで、立木については、取引慣行を尊重し、明認方法による公示が認められている。なお、明認方法により公示される物権は所有権に限られる。

イ　実務上のポイント

立木の取引は、通常広大な土地、特に山林が多い地域を対象に行われることが多い。そのような土地・地域の場合、従前の測量や登記簿上の面積が現実と一致していないことがあるため、取引の対象となる立木を特定するに際しては、まず争いのない範囲を確定することが重要である。その上で、対象となる立木の種類、樹齢、本数等の調査が必要になる。なお、立木の所有者と土地の所有者が同一であるとは限らず、立木の所有者の確認作業は売主の明認方法の判断を含め難航することがあるので注意を要する。また、森林法上の森林計画の有無（森林 8 条）、開発行為許可の要否（森林 10 条の 2）、保安林の指定及び保安施設地区の指定の有無（森林 25 条・41 条）などの調査も必要である。

第2章 売買

【書式例】立木付土地売買契約書

収　入
印　紙
注1

立木付土地売買契約書

注1　印紙税法別表第一課税物件表の第1号の1文書（不動産の譲渡に関する契約書）に該当し、契約金額（消費税を控除した後の売買代金総額）に応じた印紙税が課税される。なお、伐採された樹木（動産）と土地の売買の場合には、土地代金のみが記載された契約金額となる。

売主〇〇〇〇（以下「甲」という。）と買主〇〇〇〇（以下「乙」という。）とは、後記物件目録記載の立木及び土地（以下「本件物件」という。）の売買について以下のとおり合意する。

（基本合意）
第1条　甲は乙に対し、甲所有の本件物件を売り渡し、乙はこれを買い受ける。
（売買代金）
第2条　売買代金は、以下のとおりとする。
　　土地代金　　金〇〇〇円
　　立木代金　　金〇〇〇円
　　消費税　　　金〇〇〇円（立木代金の〇パーセント）注2
　　合計　　　　金〇〇〇円
　　注2　消費税法上、土地の売買は非課税取引に当たるため、消費税は立木の売買代金のみに課される。ただし、宅地と庭木を一括して売買する場合など立木に独立した経済価値がないと評価できる場合には、立木を土地と一体の不動産として合わせて非課税取引に当たると解する余地がある。

（手付）
第3条　乙は、甲に対し、本契約締結と同時に手付金として金〇〇〇円を支払う。
2　第1項の手付金は、第4条第2号に定める売買残代金の支払の際、売買代金の一部に充当される。
3　第1項の手付金は解約手付とし、相手方が本契約の遅行に着手する前において、甲は手付金の倍額を現実に提供し、乙はこれを放棄することにより、本契約を解除することができる。
注3
　　注3　売買契約において手付を交付したときは解約手付と推定される（改正民557条）。本条はこれを明確に規定するものである。

（代金の支払方法）
第4条　乙は、第2条の売買代金を次のとおり支払う。
　（1）　令和〇〇年〇〇月〇〇日限り、中間金として〇〇〇円
　（2）　令和〇〇年〇〇月〇〇日限り、第5条に定める本件物件の引渡し及び第6条に定める所有権移転登記手続にかかる書類の交付と引き換えに、売買残代金として金〇〇〇円（うち金

○○○円は第3条第1項の手付金を充当する。）
　（引渡し）
第5条 甲は、前条第2号の売買残代金の支払いと引き換えに、乙に対し、本件物件を引き渡す。
　（所有権移転登記）
第6条 甲は、乙に対し、第4条第2号の売買残代金の支払いと引き換えに、本件物件のうち、土地にかかる所有権移転登記手続に必要となる書類一式を交付する。
2　前項の所有権移転登記に要する費用は乙の負担とする。
　（担保権等の抹消）
第7条 甲は、引渡しに先立ち、本件物件について抵当権、質権、先取特権及び賃借権等の乙の完全なる所有権の行使を妨げる一切の負担を抹消しなければならない。
　（所有権の移転）
第8条 本件物件の所有権は、第5条の引渡し時に乙に移転する。
　（危険負担）
第9条 本件物件が、第5条の引渡し前に、甲乙いずれの責に帰することができない事由により、滅失又は損傷した場合、その滅失又は損傷は甲の負担とし、これにより本件物件の引渡しができなくなった場合、乙は本契約を解除することができる。
2　第5条の引渡し後に本件物件が甲乙双方の責めに帰することができない事由によって滅失又は損傷したときは、乙は、その滅失又は損傷を理由として、代金の減額請求、損害賠償請求及び本契約の解除等をすることができない。注4

　　注4　改正民法567条1項に対応し、物件の滅失及び損傷にかかる危険は、引渡し前は売主、引渡し後は買主が負担することを定めるものである。なお、改正法では債務者の責めに帰すべき事由がない場合でも契約を解除することができるため、そのことを第1項で明示している。

　（公租公課の負担）
第10条 本件物件に対する公租公課は、本契約締結日の属する年の1月1日を基準とし、第5条に定める引渡日までの分を甲の負担とし、翌日以降分を乙の負担とする。
　（解除）
第11条 甲又は乙は、相手方が本契約に違反し、相当な期限を定めて催告したにもかかわらず相手方がこれを是正しないときは、本契約を解除できる。
　（違約金）
第12条 前条に基づき、乙が本契約を解除したときは、甲は乙に対し、第3条により受領した手付金を返還するほか、金○○○円を違約金として支払う。
2　前条に基づき、甲が本契約を解除したときは、乙は甲に対し、金○○○円を違約金として支払う。ただし、乙が第3条により交付した手付金は違約金に充当する。
3　甲及び乙は、前2項に定めるものを超えて相手方に対し損害賠償請求をすることはできない。注5

　　注5　損害賠償額の予定である（改正民420条1項）。ただし、改正民法では、裁判所が賠償額の予定を増減できないと定める現行民法420条1項後段の規定を削除していることに注意を要する。

　（合意管轄）
第13条 本契約上の債務につき紛争が生じたときは、その第一審の管轄裁判所を○○地方裁判

所とすることに同意する。

　甲と乙は以上のとおり合意し、その成立の証として、本契約書2通を作成し、各自、署名又は記名捺印の上、各1通宛所持するものとする。

　令和○年○月○日

　　　　　　　　　　　　　　　　　　　　　　　　甲
　　　　　　　　　　　　　　　　　　　　　　　　　住所　××××
　　　　　　　　　　　　　　　　　　　　　　　　　氏名　○○○○　㊞
　　　　　　　　　　　　　　　　　　　　　　　　乙
　　　　　　　　　　　　　　　　　　　　　　　　　住所　××××
　　　　　　　　　　　　　　　　　　　　　　　　　氏名　○○○○　㊞

　　　　　　　　　　　　　　　物件目録
1　所在　長野県○○郡○○町○丁目
　　地番　○○番
　　地目　山林
　　地積　○○○㎡
2　1記載の土地上に存する次の立木 注6
　　樹種　ひのき
　　材積　○○㎡
　　本数　約○○万本
　　樹齢　○年以上○年以下

注6　記載例にかかわらず、立木の特定は可能な限り具体的な方法で行うことが望ましい。

【書式例】立木売買契約書

　　収　入
　　印　紙
　　　注1

　　　　　　　　　　　　　　立木売買契約書

注1　印紙税法別表第一課税物件表の第1号の1文書（不動産の譲渡に関する契約書）に該当し、契約金額に応じた印紙税が課税される。なお、不動産の譲渡に関する契約書には、軽減税率の適用がある（税特措91条）。

　売主○○○○（以下「甲」という。）と買主○○○○（以下「乙」という。）とは、後記物件目

録 2 記載の立木（以下「本件立木」という。）の売買について以下のとおり合意する。

（基本合意）
第 1 条　甲は乙に対し、後記物件目録 1 記載の土地上に存する甲所有の本件立木を売り渡し、乙はこれを買い受ける。
（売買代金）
第 2 条　売買代金は、以下のとおりとする。
　　立木代金　　金○○○円
　　消費税　　　金○○○円
　　合計　　　　金○○○円
（手付）
第 3 条　乙は、甲に対し、本契約締結と同時に手付金として金○○○円を支払う。
2　第 1 項の手付金は、第 4 条第 2 号に定める売買残代金の支払の際、売買代金の一部に充当される。
3　相手方が本契約の遅行に着手する前において、甲は手付金の倍額を現実に提供し、乙はこれを放棄することにより、本契約を解除することができる。注 2
　　注 2　第 12 条第 3 項において第 3 条の手付金に違約手付としての性質を持たせているため、【立木付土地売買契約書】第 3 条 1 項と異なり、解約手付とするという文言を入れていない。なお、1 個の手付に解約手付と違約手付の 2 つの性質を持たせることは認められる（最判昭和 24 年 10 月 4 日民集 3 巻 10 号 437 頁参照）。
（代金の支払方法）
第 4 条　乙は、第 2 条の売買代金を次のとおり支払う。
　（1）　令和○○年○○月○○日限り、中間金として○○○円
　（2）　令和○○年○○月○○日限り、第 5 条に定める本件立木の引渡し及び第 6 条に定める本件立木について乙の所有権を明示する立看板の設置と引き換えに、売買残代金として金○○○円（うち金○○○円は第 3 条第 1 項の手付金を充当する。）
（引渡し）
第 5 条　甲は、前条第 2 号の売買残代金の支払いと引き換えに、乙に対し、本件立木を引き渡す。
（立看板の設置）注 3
第 6 条　甲は、乙に対し、第 4 条第 2 号に定める売買残代金の支払いと引き換えに、本件立木について乙の所有権を明示する立て看板を設置する。
2　第 1 項の立看板設置に要する費用は乙の負担とする。
　　注 3　立木の明認方法の例の 1 つとして立看板の設置を挙げている。
（担保権等の抹消）
第 7 条　甲は、引渡しに先立ち、本件立木について抵当権、質権、先取特権及び賃借権等の乙の完全なる所有権の行使を妨げる一切の負担を抹消しなければならない。
（所有権の移転）
第 8 条　本件立木の所有権は、第 4 条第 2 号の売買残代金の支払い時に、甲から乙に移転する。
（危険負担）
第 9 条　本件立木が、第 5 条の引渡し前に、甲乙いずれの攻めにも帰すことができない事由によ

り、滅失又は損傷した場合、その滅失又は損傷は甲の負担とし、これにより本件立木の引渡しができなくなった場合、乙は本契約を解除することができる。
2　第5条の引渡し後に本件物件が甲乙双方の責に帰することができない事由によって滅失又は損傷したときは、乙は、その滅失又は損傷を理由として、代金の減額請求、損害賠償請求及び本契約の解除等をすることができない。注4

注4　【立木付土地売買契約書】の注4参照。

（立木の伐採・搬出）
第10条　乙は、令和○○年○○月○○日までに本件立木を伐採し、搬出する。搬出期限後に残置された未伐採の立木及び未搬出の木材は、乙が所有権を放棄したものとみなし、甲が自由に処分することができる。
2　乙は本件立木の伐採のために、前項に定める木材の搬出期限まで本件立木の存する甲の土地を使用することができる。

（解除）
第11条　甲又は乙は、相手方が本契約に違反し、○○日の猶予期間を定めて催告したにもかかわらず相手方がこれを是正しないときは、本契約を解除できる。

（違約金及び損害賠償）注5
第12条　前条に基づき、乙が本契約を解除したときは、甲は乙に対し、第3条の手付金の倍額を違約金として支払う。
2　前条に基づき、甲が本契約を解除したときは、甲は第3条の手付金を没収し、乙に返還しない。
3　甲及び乙は、前2項に定める金額を超えて相手方に対し損害賠償請求をすることはできない。

注5　違約手付（契約に違反した場合に損害賠償とは別に没収される金銭）としている。なお、【立木付土地売買契約書】の注5参照。

（合意管轄）
第13条　本契約上の債務につき紛争が生じたときは、その第一審の管轄裁判所を○○地方裁判所とすることに同意する。

甲と乙は以上のとおり合意し、その成立の証として、本契約書2通を作成し、各自、署名又は記名捺印の上、各1通宛所持するものとする。

令和○年○月○日

　　　　　　　　　　　　　　　　　　　　　　甲
　　　　　　　　　　　　　　　　　　　　　　　住所　××××
　　　　　　　　　　　　　　　　　　　　　　　氏名　○○○○　㊞
　　　　　　　　　　　　　　　　　　　　　　乙
　　　　　　　　　　　　　　　　　　　　　　　住所　××××
　　　　　　　　　　　　　　　　　　　　　　　氏名　○○○○　㊞

物件目録

```
1  所在　長野県○○郡○○町○丁目
   地番　○○番
   地目　山林
   地積　○○○㎡
2  1記載の土地上に存する次の立木 注6
   樹種　ひのき
   材積　○○㎥
   本数　約○○万本
   樹齢　○年以上○年以下
```
注6 記載例にかかわらず、立木の特定は可能な限り具体的な方法で行うことが望ましい。

関連法令：立木に関する法律、森林法8条・10条の2・25条・41条、地方税法73条2号（不動産所得）

33　株式譲渡契約
ア　解説

株主は、保有する株式を自由に譲渡できるのが原則である（会社127条）。しかし、当該株式を発行する会社が株券発行会社である場合、譲渡に当たって株券を交付しなければ譲渡自体の効力を生じない（会社128条1項）。また、株券発行会社であるか否かにかかわらず、当該株式が譲渡制限株式（会社128条2条17号）である場合、譲渡について当該株式を発行する会社の承認を得ることを要する。

株券発行会社の場合、株主名簿への記載が当該会社に対する対抗要件である（会社130条2項。当該会社以外の第三者への対抗要件は株券の交付である。）。他方、株券発行会社でない会社の場合、株主名簿への記載が株式会社及びその他の第三者への対抗要件である（会社130条1項）。なお、平成21年1月5日の株券電子化に伴い、上場会社においては株券が廃止された。

当該株式が、振替株式（株券発行会社でない会社の株式であり、かつ譲渡制限株式ではない株式であって、振替機関が取り扱うもの。なお、振替機関とは株式会社証券保管振替機構を指す。）である場合、権利の帰属は、振替口座簿の記載による（社債振替128条1項）。振替株式の譲渡は、振替の申請により、譲受人がその口座の保有欄に当該譲渡に係る数の増加の記載又は記録を受けなければその効力を生じない（社債振替140条）。振替の申請は、振替によりその口座において減少の記録がされる加入者（譲渡人）がその直近上位機関（当該会社の口座を開設する口座管理機関）に対して行う（社債振替132条2項）。振替株式の発行会社は、総株主通知等によって振替機関から通知される振替口座簿の情報に従って株主名簿の書換えを行う（社債振替151条・152条）。

イ　実務上のポイント

上述のとおり、当該株式の性質（譲渡制限株式か、など）や、発行会社が採用する制度（株券

発行会社であるか、株式振替制度を利用しているか、など）によって株式譲渡の手続及び対抗要件が異なる。そのため、当然のことながら、契約書を作成するに当たってはこれらの点に注意して、譲受人が確実に株主の地位を得られるように各条項を整備することが必要である。

【書式例】 上場株式譲渡契約書

> 注1　印紙税法別表第一課税物件表の課税文書に該当せず、印紙税は課税されない。
> ※株式の譲渡契約書は原則として不課税文書である。
> ※継続する2以上の取引の場合については、第7号文書（継続的取引の基本となる契約書）として、課税文書となる場合がある。
>
> 　　　　　　　　　　　　株式譲渡契約書
>
> 　売主○○○○（以下「甲」という。）と買主○○○○（以下「乙」という。）は、甲が保有する株式の譲渡について以下のとおり合意する。
>
> （譲渡の合意）　注2
> **第1条**　乙は甲に対し○○○○株式会社の普通株式○○○○株（以下「本件株式」という。）を売り渡し、甲はこれを買い受ける。
> 　注2　「普通株式」は法律上の用語ではなく、「異なる種類の株式」（会社108条1項）ではない株式を一般的に指す用語である。当該会社が異なる種類の株式を発行している場合には、譲渡の対象となる株式の種類を特定する必要がある。
>
> （譲渡代金）　注3
> **第2条**　本件株式の代金は、令和○○年○○月○○日から令和○○年○○月○○日までの東京証券取引所の終値の平均に株式数を乗じた価格とする。
> 　注3　株式の譲渡価格の定め方には様々な方法があるが、本条では当事者双方にとって公平と思われる証券取引所における終値を基準にした。なお、この場合、偶然性による大きな変動をなるべく排除するために、一定期間中の平均値を取ることが望ましいと考える。
>
> （支払方法）
> **第3条**　乙は、甲に対し、令和○○年○○月○○日限り、前条の譲渡代金を支払う。
>
> （譲渡の効力発生）
> **第4条**　甲から乙に対する本件株式の譲渡の効力発生日は令和○○年○○月○○日とする。
> 2　前項の期日後に○○○○株式会社が当該株式について行った配当、株式分割、株式割当て等を受ける権利は、甲乙間においては乙に帰属するものとする。　注4
> 　注4　株券発行会社でない会社の場合、合意によって株式の譲渡は有効になる。ただし、当該株式の発行会社に対しては株主名簿の書換えが完了するまで譲渡を対抗することができない。そこで、譲渡効力発生日以降に当該株式について行われた配当、株式分割、株式割当て等を受ける権利は、当事者間においては譲受人に帰属することを明らかにするものである。
>
> （振替申請書）　注5

第5条　甲は、本件株式にかかる振替機関等所定の振替申請書に記名押印の上、譲渡代金を受領するのと同時に、乙に対してこれを引き渡す。

2　乙は、前項の振替申請書の受領後、速やかに本件株式にかかる振替機関等に対して、これを提出するものとする。

> 注5　本件株式について株式振替制度を利用していることを前提としている。振替株式の譲渡は、振替えの申請により、譲受人がその口座の保有欄に当該譲渡に係る数の増加の記載又は記録を受けなければその効力を生じない（社債振替140条）。

（表明保証）

第6条　甲は、乙に対し、本件株式の譲渡の効力発生日において、次の事項を保証する。
(1)　甲は、本件株式の完全な権利者であり、〇〇〇〇株式会社の株主名簿に記載された株主であること。
(2)　本件株式には、質権や譲渡担保権等の担保権は設定されておらず、その他株主の権利を制限する何らの負担を存しないこと。

（費用負担）

第7条　本契約締結に要する費用は、甲乙折半とする。

（管轄）

第8条　本契約上の紛争については、その第一審の管轄裁判所を〇〇地方裁判所とすることに同意する。

甲と乙は以上のとおり合意し、その成立の証として、本契約書2通を作成し、各自、署名又は記名捺印の上、各1通宛所持するものとする。

令和〇年〇月〇日

```
                                        甲
                                          住所　× × × ×
                                          氏名　〇 〇 〇 〇　㊞
                                        乙
                                          住所　× × × ×
                                          氏名　〇 〇 〇 〇　㊞
```

【書式例】株式譲渡契約書（未上場株式・株券不発行）

> 注1　印紙税法別表第一課税物件表の課税文書に該当せず、印紙税は課税されない。
> ※株式の譲渡契約書は原則として不課税文書である。
> ※継続する2以上の取引の場合については、第7号文書（継続的取引の基本となる契約書）として、課税文書となる場合がある。

株式譲渡契約書

　売主〇〇〇〇（以下「甲」という。）と買主〇〇〇〇（以下「乙」という。）は、甲が保有する株式の譲渡について以下のとおり合意する。

（譲渡の合意）注2
第1条　乙は甲に対し〇〇〇〇株式会社の普通株式〇〇〇〇株（以下「本件株式」という。）を売り渡し、甲はこれを買い受ける。

> 注2　「普通株式」は法律上の用語ではなく、「異なる種類の株式」（会社108条1項）ではない株式を一般的に指す用語である。当該会社が異なる種類の株式を発行している場合には、譲渡の対象となる株式の種類を特定する必要がある。

（譲渡代金）
第2条　本件株式の譲渡代金は金〇〇〇〇円（1株当たり〇〇〇〇円）とする。

（支払方法）
第3条　乙は、甲に対し、令和〇〇年〇〇月〇〇日限り、前条の譲渡代金を支払う。

（譲渡承認）注3
第4条　甲は、譲渡代金の支払いに先立ち、〇〇〇〇株式会社より、甲から乙への本件株式の譲渡について有効な承諾を得るものとし、譲渡代金の支払いと同時に、同承諾を得たことを証明する書類を乙に提出する。

> 注3　譲渡承認の請求は当該株式取得後に譲受人からも行うことができるが（会社136条）、承認がされない場合のリスクを考えると、譲渡前に承認を得ておくことが望ましい。

（譲渡の効力発生）注4
第5条　前条の譲渡承認を得た後、第3条により、譲渡代金の支払いが完了した時点で、甲から乙に対する本件株式の譲渡は効力を生じる。

2　前項の時点以降に〇〇〇〇株式会社が当該株式について行った配当、株式分割、株式割当て等を受ける権利は、甲乙間においては、乙に帰属するものとする。

> 注4　株券発行会社でない会社の場合、合意によって株式の譲渡は有効になる。しかし、譲受人は株主名簿の書換えが完了するまで当該株式の発行会社その他第三者に対して譲渡を対抗することができない。そこで、譲渡効力発生日以降に当該株式について行われた配当、株式分割、株式割当て等を受ける権利は、当事者間においては譲受人に帰属することを明らかにするものである。

（株主名簿への記載）注5
第6条　甲は、〇〇〇〇株式会社所定の株主名簿記載事項請求書に記名捺印の上、令和〇〇年〇〇月〇〇日、譲渡代金を受領するのと同時に、乙に対してこれを引き渡す。

2　乙は、前項の請求書を受領後速やかに、〇〇〇〇株式会社に対してこれを提出するものとする。

> 注5　株券発行会社でない会社においては、株主名簿の記載は、当該会社その他の第三者に対する対抗要件である（会社130条1項）。本条では、当該株式会社自身が株主名簿の管理を行っていることを想定している。

（表明保証）

第7条 甲は、乙に対し、本件株式の譲渡の効力発生日において、次の事項を保証する。
(1) 甲は、本件株式の完全な権利者であり、○○○○株式会社の株主名簿に記載された株主であること。
(2) 本件株式には、質権や譲渡担保権等の担保権は設定されておらず、その他株主の権利を制限する何らの負担を存しないこと。

(費用負担)
第8条 本契約締結に要する費用は、甲乙折半とする。

(管轄)
第9条 本契約上の紛争については、その第一審の管轄裁判所を○○地方裁判所とすることに同意する。

甲と乙は以上のとおり合意し、その成立の証として、本契約書2通を作成し、各自、署名又は記名捺印の上、各1通宛所持するものとする。

令和○年○月○日

甲
　住所　×　×　×　×
　氏名　○　○　○　○　㊞
乙
　住所　×　×　×　×
　氏名　○　○　○　○　㊞

【書式例】株式譲渡契約書(未上場株式・株券発行)

注1　印紙税法別表第一課税物件表の課税文書に該当せず、印紙税は課税されない。
　　※株式の譲渡契約書は原則として不課税文書である。
　　※継続する2以上の取引の場合については、第7号文書(継続的取引の基本となる契約書)として、課税文書となる場合がある。

株式譲渡契約書

売主○○○○(以下「甲」という。)と買主○○○○(以下「乙」という。)は、甲が保有する株式の譲渡について以下のとおり合意する。

(譲渡の合意) 注2
第1条 乙は甲に対し、下記普通株式○○○○株(以下「本件株式」という。)を売り渡し、甲はこれを買い受ける。

記

○○○○株式会社
1000株券　○○枚（番号A○○○番ないしA○○○番）
100株券　○○枚（番号B○○○番ないしB○○○番）

> 注2　譲渡にあたって株券そのものの交付を要するため、株券番号等で譲渡の対象となる株式を特定することが望ましい。

（譲渡代金）

第2条　本件株式の譲渡代金は金○○○○円（1株当たり○○○円）とする。

（支払方法）

第3条　乙は甲に対し、令和○○年○○月○○日、第1条記載の株券の引渡しを受けるのと引き換えに、前条の譲渡代金を支払う。

（譲渡承認）　注3

第4条　甲は、譲渡代金の支払いに先立ち、○○○○株式会社より、甲から乙への本件株式の譲渡について有効な承諾を得るものとし、譲渡代金の支払いと同時に、同承諾を得たことを証明する書類を乙に提出する。

> 注3　譲渡承認の請求は当該株式取得後に譲受人からも行うことができるが（会社136条）、承認がされない場合のリスクを考えると、譲渡前に承認を得ておくことが望ましい。

（株券引渡し）　注4

第5条　甲は乙に対し、第2条の譲渡代金を受領するのと引換えに、第1条記載の株券を引渡す。

> 注4　株券発行会社の場合、株券の交付が、譲渡の効力発生要件である（会社128条1項）。

（譲渡の効力発生）　注5

第6条　前条により株券の引渡しが完了した時点で、甲から乙に対する本件株式の譲渡は効力を生じる。

2　前項の時点以降に○○○○株式会社が当該株式について行った配当、株式分割、株式割当て等を受ける権利は、甲乙間においては、乙に帰属するものとする。

> 注5　株券発行会社においても、株主名簿の書換えが完了するまで当該株式の発行会社に対して譲渡を対抗することができない（会社130条2項）。そこで、譲渡効力発生日以降に当該株式について行われた配当、株式分割、株式割当て等を受ける権利は、当事者間においては譲受人に帰属することを明らかにするものである。

（株主名簿への記載）　注6

第7条　甲は、○○○○株式会社所定の株主名簿記載事項請求書に記名捺印の上、令和○○年○○月○○日、譲渡代金を受領するのと同時に、乙に対してこれを引き渡す。

2　乙は、前項の請求書を受領後速やかに、○○○○株式会社に対して、これを提出するものとする。

> 注6　株券発行会社においては、注4に記載のとおり、株式の譲渡は当事者間では株券の交付により効力が発生するが、当該会社に対して株主の地位を主張するためには株主名簿上の名義を自己名義に書き換えてもらう必要がある（会社130条1項・2項）。なお、本条では、当該株式会社自身が株主名簿の管理を行っていることを想定している。

（表明保証）

第2章　売　買

　第8条　甲は、乙に対し、本件株式の譲渡の効力発生日において、次の事項を保証する。
　　(1)　甲は、本件株式の完全な権利者であり、○○○○株式会社の株主名簿に記載された株主であること。
　　(2)　本件株式には、質権や譲渡担保権等の担保権は設定されておらず、その他株主の権利を制限する何らの負担を存しないこと。
　（費用負担）
　第9条　本契約締結に要する費用は、甲乙折半とする。
　（管轄）
　第10条　本契約上の紛争については、その第一審の管轄裁判所を○○地方裁判所とすることに同意する。

　甲と乙は以上のとおり合意し、その成立の証として、本契約書2通を作成し、各自、署名又は記名捺印の上、各1通宛所持するものとする。

　令和○年○月○日

　　　　　　　　　　　　　　　　　　　　　　　甲
　　　　　　　　　　　　　　　　　　　　　　　　住所　×　×　×　×
　　　　　　　　　　　　　　　　　　　　　　　　氏名　○　○　○　○　㊞
　　　　　　　　　　　　　　　　　　　　　　　乙
　　　　　　　　　　　　　　　　　　　　　　　　住所　×　×　×　×
　　　　　　　　　　　　　　　　　　　　　　　　氏名　○　○　○　○　㊞

関連法令：会社法127条・128条・130条・136条など、社債、株式の振替に関する法律128条1項・132条2項・140条など

34　会員権売買契約

ア　解説

　今日、リゾート施設や高齢者施設など様々な施設に関する会員権が存在するが、そのうち最も代表的なものがゴルフクラブ会員権である。ゴルフ会員権は、ゴルフ場の優先的利用権という本来的な価値を持つとともに、会員権を譲渡して対価を得られるという財産的価値をも有する。

　ゴルフクラブには、①預託金会員制、②株主会員制及び③社団法人会員制という3つの形態が見られるが、①の預託金会員制を採用するゴルフクラブが最も多い。

イ　実務上のポイント

　買主への会員権の移転を確実にし、他方で買主が会員になれなかった場合の処理についても定めておく必要がある。

【書式例】ゴルフ会員権売買契約書

```
┌─────┐
│ 収 入 │
│ 印 紙 │
│ 注1 │
└─────┘
```

　　　　　　　　　　　　　ゴルフ会員権売買契約

注1　印紙税法別表第一課税物件表の第15号文書（債権譲渡に関する契約書）に該当し、1通につき200円の印紙税が課税される。

　売主〇〇〇〇（以下「甲」という。）と買主〇〇〇〇（以下「乙」という。）とは、別紙ゴルフ会員権目録記載の〇〇〇〇カントリークラブのゴルフ会員権（以下「本件ゴルフ会員権」という。）の売買について以下のとおり合意する。

（譲渡の合意）
第1条　甲は乙に対し本件ゴルフ会員権を売り渡し、乙はこれを買い受ける。
（保証等）
第2条　甲は乙に対して、本件ゴルフ会員権が、同会員権に基づく一切の権利を表象するものであること、及び本件ゴルフ会員権に権利行使を制限する担保権の設定等がないことを保証する。
2　甲は、第8条による会員の地位の移転の時までに、本会員権に係る管理費、運営費、会費等の未納が一切ないことを保証する。
（売買代金）
第3条　本件ゴルフ会員権の売買代金は金〇〇〇〇円とする。
（支払方法）
第4条　乙は、令和〇〇年〇〇月〇〇日限り、売買代金を甲が指定する金融機関の預金口座に振り込む形で支払う。ただし、振込みにかかる手数料は乙が負担する。
（遅延損害金）
第5条　乙が前条による売買代金の支払いを怠ったときは、乙は甲に対し、支払期日の翌日から支払済みまで年8パーセントの割合による遅延損害金を支払う。
（譲渡手続等）
第6条　甲及び乙は、〇〇〇〇カントリークラブの利用規約に則って本件ゴルフ会員権の名義書換手続を行うこととし、甲は乙の名義書換手続に全面的に協力する。
2　甲は、売買代金の支払いと引き換えに、甲に対して本件ゴルフ会員権の名義書換手続にかかる一切の書類を引き渡す。
3　名義変更手続きの際に必要な名義変更手数料は、乙の負担とする。
（承認が得られないときの措置等）
第7条　甲から乙への本件ゴルフ会員権の譲渡、又は乙が〇〇〇〇カントリークラブの会員になることについて承認が得られなかったときは、本契約は当然に解除される。注2
注2　譲渡について承認が得られない場合もあり得ることから、この場合も処理について規定した。

（会員の地位の移転）
第8条 本件ゴルフ会員権に基づくゴルフ会員としての地位は、乙が甲に対して売買代金を支払い、乙について会員としての登録なされたときに、甲から乙へ移転する。

2 会員の地位が移転した後の年会費等の精算等については、それぞれが各自の責任においてその手続を履践する。

（危険の移転）
第9条 乙が本件ゴルフ会員権について会員として登録される以前に生じた危険は甲が負担し、以後に生じた危険は乙が負担する。注3

注3 ここでいう危険とは、ゴルフ場の破産手続、民事再生手続又は会社更生手続等の申立てなどを想定している。

（解除）
第10条 甲又は乙は、相手方に次の各号の一つにでも該当する事由が生じたときは、ただちに本契約を解除することができる。
(1) 相手方が本契約上の義務に違反し、相当な期限を付して催告を受けたにもかかわらず、これを是正しないとき。
(2) 相手方が発行した手形又は小切手が不渡りとなったとき。
(3) 相手方について破産手続、民事再生手続、会社更生手続又は特別清算手続のいずれかの申立てがされたとき。
(4) その他相手方について本契約上の義務の履行が困難と合理的に判断される事由が生じたとき。

（費用の負担）
第11条 本契約締結に要する費用は、甲乙折半とする。

（合意管轄）
第12条 本契約につき紛争が生じたときは、その第一審の管轄裁判所を○○地方裁判所とすることに同意する。

甲と乙は以上のとおり合意し、その成立の証として、本契約書2通を作成し、各自、署名又は記名捺印の上、各1通宛所持するものとする。

令和○年○月○日

　　　　　　　　　　　　　　　　　　　　　　　　　　甲
　　　　　　　　　　　　　　　　　　　　　　　　　　住所　×　×　×　×
　　　　　　　　　　　　　　　　　　　　　　　　　　氏名　○　○　○　○　㊞
　　　　　　　　　　　　　　　　　　　　　　　　　　乙
　　　　　　　　　　　　　　　　　　　　　　　　　　住所　×　×　×　×
　　　　　　　　　　　　　　　　　　　　　　　　　　氏名　○　○　○　○　㊞

（別紙）ゴルフ会員権目録
1　ゴルフ場の名称　○○○○カントリークラブ

```
    2  ゴルフ会員権の内容
    (1)  ゴルフ場運営会社        ○○○○株式会社
    (2)  会員権証書の証書名      ○○○○カントリークラブ　正会員　会員証書
    (3)  証書番号              A○○○号
    (4)  証書名義              ○○○○（甲）
```

関連法令：民法466・467条など。

35　継続的契約
ア　解説

売買契約は、本来、1回の履行で契約が終了する単発的な契約であるが、実際の企業間の売買取引では、同じ当事者間で同種の取引が繰り返され、継続的な取引関係となることが多い。継続的取引（売買）基本契約は、このような、企業間の反復継続する動産売買取引について、個々の取引に共通的に適用される事項をあらかじめ定めた契約である。このような契約を締結することによって、継続的な契約関係を画一的、迅速に処理し、取引の予測可能性を与えるほか、売主側からみると、債権保全・債権担保に役立ち、買主側から見ると安全な製品を製造業者から仕入れるための契約という側面も有する。

本節の継続的取引基本契約は売主側の債権保全などを、購買基本契約は品質保証など買主が安全に製品を仕入れることを念頭に置き、製品の継続的売買について規定を置いたものである。

イ　実務上のポイント

継続的取引基本契約の主な条項としては、取引の適用範囲、個別契約の成立、相殺、危険負担、所有権の移転時期、検査・受領、期限の利益喪失、契約不適合の場合の措置（履行追完、解除、損害賠償等）、有効期間、裁判管轄、最近では反社会勢力の排除などに関する条項が考えられるが、その取捨選択をはじめとして、目的や取引の実態にあわせた契約を作成することが重要である（企業によっては、複数の継続的取引基本契約のひな型を用意し、取引の局面において使い分けるケースもありうる）。

契約作成にあたっては、例えば、製品や原材料の取引などで契約不適合の場合の措置を明確にすること、また、売主側の債権保全の観点からは、相殺予約（期限前の相殺）や期限の利益喪失に関する規定（動産売買先取特権の行使等に必須である。）、買主側の安全な製品を仕入れるという観点からは、品質保証の規定を整備しておくことなどが考えられる。

継続的取引基本契約においては、目的物（ほとんどの場合、不特定物である。）の品質不良などの契約不適合が生じた場合の解決策を規定することも多いが、改正民法では、債務者の帰責性を契約解除の要件としないことや、債務者の帰責事由の不存在が損害賠償責任の免責事由であることが明確にされたことなど、従来の規定の内容が大幅に変更されていることから（第2「民法改正のポイント」参照。）、契約書の作成に当たって、この点を念頭に置く必要がある。もっとも、改正前においても、目的物に「瑕疵」があれば、売主の帰責事由を問わず契約解除を認

める規定を置くなど、実務上は、改正民法の内容に沿った運用がなされることが多かったようである。したがって、従来からこうした取引基本契約を締結している場合は、「瑕疵」という言葉を改めるなど、改正民法の条文に沿った表現に改める等の検討が中心となると思われる。

【書式例】 継続的取引基本契約書

収 入
印 紙
注1

継続的取引基本契約

注1 印紙税法別表第一課税物件表の第7号文書（継続的取引の基本となる契約書）に該当し、1通につき4,000円の印紙税が課税される。なお、契約期間が3か月以内で、かつ、更新の定めがないものを除く。

売主株式会社〇〇〇〇（以下「甲」という。）と買主〇〇〇〇株式会社（以下「乙」という。）とは、甲の取り扱う製品（以下「製品」という。）について本契約の約定に基づき継続的に甲から乙に販売する旨合意したので本契約を締結する。

（基本合意）
第1条 甲は乙に対し、製品を継続的に売り渡し、乙はこれを買い受ける。
（売買の成立） 注2
第2条 甲乙間の売買は、乙が甲に対し品名、規格、数量、単価、引き渡し条件、支払い条件、その他の必要事項を記載した注文書を交付し、乙がこれを承諾し注文請書を交付した時に成立する。
2 前項の定めにかかわらず、通信回線による通知、磁気記録媒体等の交付、その他甲乙別途協議して定める方法をもって、注文書又は注文請書に代えることができる。

注2 継続的売買契約は、それが一つの売買契約で、個々の取引はその履行と考えられるが、継続的取引の場合も、個々の取引がどのようにして成立するのか確定しておかなければ、その成立による法律効果も曖昧になるため、個々の取引が成立する要件を検討しておくべきである。

（個別契約への適用）
第3条 本契約の条項は、前条により成立した個々の売買契約（以下「個別契約」という。）に適用する。
2 本契約の条項と個別契約の条項とが抵触する場合、個別契約の条項を優先して適用する。
（引渡し） 注3
第4条 甲は、乙から発注を受けた製品を、個別契約に従い、納期を遵守し、引渡し場所において乙に引き渡すものとする。
2 前項の引渡し以降に製品が滅失又は損傷した場合、当該滅失又は損傷が甲の責めに帰すべき事由による場合を除き、乙は、甲に対し履行の追完の請求、代金の減額請求、損害賠償の請求及び契約解除をすることはできない。

> 注3　原則として危険負担の移転時期を目的物の引渡し時とした改正民法567条の規定に合わせたものである。

（検査）

第5条　乙は、甲から引き渡しを受けた製品について、甲乙別途定める検査基準に基づき、製品の受領後遅滞なく検査を行うものとする。

（所有権の移転）

第6条　製品の所有権は、前条の検査に合格した時に甲から乙に移転するものとする。

（代金支払）

第7条　乙は、個別契約に従い、製品の売買代金を支払期日に支払う。

（相殺予約）

第8条　甲が乙に対する債務を負担した場合、本契約及び個別契約に基づく乙の甲に対する債権の弁済期が到来しているか否かにかかわらず、甲はいつでも乙の債権と自己の債務を対当額につき相殺できるものとする。

（契約不適合）　注4

第9条　引き渡された製品について、第5条の検査完了後6か月以内に、契約不適合（注文書又は仕様書との不一致、材料の不良、製造の不完全等、製品が契約の内容に適合しないものであることをいい、数量不足の場合は含まない。以下同じ。）が発見された場合には、乙は、その契約不適合が、乙の責に帰する場合を除き、甲に通知することにより、補修、代替品納入又は代金減額及び損害賠償を求めることができる。

2　甲が、引渡しの時、製品の契約不適合を知り又は重大な過失により知らなかった場合は、乙は、検査完了後6か月を経過している場合であっても、甲に対し、前項の請求をすることができるものとする。

> 注4　改正民法を踏まえた契約不適合の場合の処理の条文である。ただし、改正後も商法526条（商人間の売買における買主の目的物検査義務及び通知義務）の規定は残され、同条2項により買主の通知期間は6か月以内とされているため、本条項では、この期間を維持している。なお、数量不足については、上記検査義務に基づく検査によりただちに発見できるものであり、検査不合格として処理されることになるが、発見後、ただちに売主に通知しなければ、契約解除、代金減額等の責任追及ができない（商526条2項）。

（期限の利益の喪失）　注5

第10条　甲又は乙に、次の各号のいずれかに該当する事由が生じたときは、当該当事者は、相手方に対するそのすべての債務について期限の利益を当然に喪失し、ただちに全債務を弁済するものとする。

(1)　手形又は小切手の不渡りを起こし、その他支払い停止又は支払い不能になったとき。
(2)　自己又は第三者から競売、破産手続開始、民事再生手続開始、会社更生手続開始、特別清算開始等の申立てを行い、又はそれらの申立てを受けたとき。
(3)　仮差押え、差押え、仮処分又は租税滞納処分その他公権力の処分を受けたとき。
(4)　監督官庁から、営業停止又は営業免許もしくは営業登録の取消処分等を受けたとき。
(5)　資本減少、解散決議又は相当程度の事業の縮小、変更を行ったとき。
(6)　住所変更通知を怠るなど、自己の責めに帰すべき事由によって、相手方に自己の所在が不明となったとき。
(7)　売買契約に基づく債務の一部でも履行を遅滞し、その他売買契約の条項に違反したとき。

注5 破産手続開始決定があった場合等、民法137条所定の期限の利益喪失事由が生じる以前においても、これを喪失させ、債権保全に資するための条文である。

（出荷の停止）注6

第11条 乙において、前条各号に掲げる事情が生じたときは、甲は、製品の出荷を停止することができる。

注6 改正民法536条第1項では、当事者双方の責めに帰すべからざる事由による履行不能の場合、反対給付の履行拒絶権が生じるとされるが、それ以外に売主が供給を停止できる場合を明確にしたものである。

（契約解除）

第12条 甲又は乙は、相手方に第10条各号の事由が生じたときは、催告、通知等の手続及び自己の債務提供を要せず、ただちに本契約及び個別契約を解除し、損害賠償を請求することができる。

（損害金の利率）注7

第13条 甲又は乙が、本契約及び個別契約に基づき、相手方に対し負担する金銭債務について、その遅延損害金の利率は、年5分とする。

注7 改正民法404条では、法定利率は年3％となり、以後3年ごとに見直されることになったが、約定による利率として、従来の民事法定利率に固定したものである。

（有効期間）

第14条 本契約は、本契約締結の日から1年間有効とする。

2 前項の期間満了の2か月前までに、いずれの当事者からも書面による解約その他なんらの申し出がない場合は、本契約はさらに1年間自動的に更新されるものとし、以後の取り扱いも同様とする。

（中途解約）

第15条 甲及び乙は、前条の有効期間内においても、書面による3か月前の予告をもって、本契約を解約することができる。

（契約終了）

第16条 前2条の規定により本契約が終了した場合においても、契約終了の時に存在する個別契約については、なお、本契約は効力を失わない。

（連帯保証）

第17条 後記表示の連帯保証人は、甲に対し、乙が本契約及び個別契約上負担する一切の債務を乙と連帯して負担することを確認する。

（反社会勢力の排除）注8

第18条 甲及び乙は、それぞれ相手方に対し、次の各号の事項を確約する。

(1) 自らが、暴力団、暴力団関係企業、総会屋若しくはこれらに準ずる者又はその構成員（以下総称して「反社会的勢力」という）ではないこと。

(2) 自らの役員（業務を執行する社員、取締役、執行役又はこれらに準ずる者をいう）が反社会的勢力ではないこと。

(3) 反社会的勢力に自己の名義を利用させ、本契約及び個別契約を締結するものでないこと。

(4) 製品の引渡し及び売買代金の全額の支払いのいずれもが終了するまでの間に、自ら又は第三者を利用して、本契約及び個別契約に関して次の行為をしないこと。

ア　相手方に対する脅迫的な言動又は暴力を用いる行為
　　イ　偽計又は威力を用いて相手方の業務を妨害し、又は信用を毀損する行為
2　甲又は乙の一方について、次の各号のいずれかに該当した場合には、その相手方は、何らの催告を要せずして、本契約及び個別契約を解除することができる。
　(1)　前項第1号又は第2号の確約に反する申告をしたことが判明した場合
　(2)　前項第3号の確約に反し契約をしたことが判明した場合
　(3)　前項第4号の確約に反した行為をした場合
3　第2項の規定により本契約及び個別契約が解除された場合には、解除された者は、その相手方に対し、違約金（損害賠償額の予定）として金〇〇〇〇円（売買代金の20％相当額）を支払うものとする。
4　第2項の規定により本契約及び個別契約が解除された場合には、解除された者は、解除により生じる損害について、その相手方に対し一切の請求を行わない。

> 注8　本契約においても、反社会勢力排除条項を設けることが望ましい（第1章第1節第2-2ウ「f　反社会的勢力排除条項」参照）。

（協議事項）
第19条　本契約又は個別契約の解釈に疑義が生じ、あるいは定めのない事由が生じたときは、甲乙誠意をもって協議しこれを解決する。

（合意管轄）
第20条　本契約又は個別契約に関する一切の訴訟は、〇〇地方裁判所を第一審の管轄裁判所とする。

　甲と乙は以上のとおり合意し、その成立の証として、本契約書2通を作成し、各自、署名又は記名捺印の上、各1通宛所持するものとする。

令和〇年〇月〇日

　　　　　　　　　　　　　　　　　　　　　甲
　　　　　　　　　　　　　　　　　　　　　　住所　×　×　×　×
　　　　　　　　　　　　　　　　　　　　　　株式会社　〇　〇　〇　〇
　　　　　　　　　　　　　　　　　　　　　　代表取締役　〇　〇　〇　〇　㊞
　　　　　　　　　　　　　　　　　　　　　乙
　　　　　　　　　　　　　　　　　　　　　　住所　×　×　×　×
　　　　　　　　　　　　　　　　　　　　　　〇　〇　〇　〇　株式会社
　　　　　　　　　　　　　　　　　　　　　　代表取締役　〇　〇　〇　〇　㊞
　　　　　　　　　　　　　　　　　　　　（連帯保証人）
　　　　　　　　　　　　　　　　　　　　　　住所　×　×　×　×
　　　　　　　　　　　　　　　　　　　　　　氏名　〇　〇　〇　〇　㊞

第2章 売 買

【書式例】購買基本契約書

```
┌─────────┐
│ 収 入   │
│ 印 紙   │            購買基本契約書
│         │
│ 注1     │
└─────────┘
```

注1 印紙税法別表第一課税物件表の第7号文書（継続的取引の基本となる契約書）に該当し、1通につき4,000円の印紙税が課税される。なお、契約期間が3か月以内で、かつ、更新の定めがないものを除く。

売主株式会社〇〇〇〇（以下「甲」という。）と買主〇〇〇〇株式会社（以下「乙」という。）は、乙による甲が製造する製品である〇〇（以下「本件製品」という。）の購入取引について以下のとおり合意する。

（契約の目的）
第1条 甲は乙に対し本件製品を継続的に売り渡し、乙はこれを買い受ける。
（個別契約） 注2
第2条 本契約の条項は、甲乙間の本件製品の個別の取引契約（以下「個別契約」という。）に適用する。
2 個別契約は、乙が、本件製品の数量、単価、売買代金、支払条件、納品期日及び納品場所等を記載した発注書を甲に交付し、これに対して甲が承諾書を発行したときに成立する。
3 本契約の条項と個別契約の条項とが抵触する場合、個別契約の条項を優先して適用する。

注2 個々の取引にかかる権利義務の根拠となる個別契約の成立要件については明確に定める必要がある。

（納品）
第3条 甲は、個別契約に従い、乙に対して所定の数量、荷姿で本件製品を納入する。
（受入検査）
第4条 乙は、納入された本件製品について遅滞なく受入検査を実施し、合否の結果を甲に通知する。
2 前項の受入検査に合格し、乙の購買部門による検収をもって引渡し完了とする。
（所有権の移転）
第5条 本件製品の所有権は、前条第2項の引渡し完了の時点で甲から乙に移転する。
（品質保証）
第6条 甲は、乙に納入する本件製品が、国内外の法令、行政指導等の公の基準及び個別契約に定める品質規格、仕様、検査等に適合するものであることを保証する。
（支払い）
第7条 乙は、個別契約に従い、甲に対して本件製品の売買代金を支払う。
（危険負担）
第8条 本件製品の引渡し前、甲乙双方の責めに帰すべき事由によらずに本件製品の全部又は一部が滅失又は損傷したときは、その滅失又は損傷は甲の負担とし、乙は当該製品に係る個別契

約を解除することができる。

（契約不適合）注3
第9条　本件製品の種類又は品質が本契約又は個別契約に適合しないことが明らかになった場合、受入検査に合格した時点から1年以内に限り、乙は甲に対して、修補、代替品の引渡し又は代金の減額を請求することができる。

2　甲が引渡しの時点において、本件製品の契約不適合を知り、又は重大な過失によって知らなかった場合は、乙は、受入検査に合格した時点から1年を経過している場合であっても、甲に対して前項の請求をすることができるものとする。

> 注3　従前前の瑕疵担保責任にかかる条項を、改正民法566条に合わせた表現にしたものである。なお、数量不足については、上記検査義務に基づく検査によりただちに発見できるものであり、検査不合格として処理されることになるが、発見後、ただちに売主に通知しなければ、契約解除、代金減額等の責任追及ができない（商526条2項）。

（製造物責任）
第10条　甲が乙に引き渡した本件製品の欠陥（製造物責任法第2条第2項にいう「欠陥」をいうものとする。以下同じ。）により乙に損害を与えた場合、甲は乙に対し、一切の損害を賠償する責任を負うものとする。

2　前項の欠陥により第三者に損害が生じた場合、甲は、当該第三者に対し、一切の損害を賠償する責任を負うものとし、当該第三者との間で紛争が生じた場合は、甲の責任において解決し、乙に一切の迷惑を及ぼさない。

3　前項の場合において、乙が当該第三者の損害を賠償し、当該第三者との紛争解決に際して弁護士費用その他の費用を負担した場合、乙は甲に対し、その賠償額及び負担額の全額をただちに請求できるものとする。

4　前3項の規定は、欠陥が乙の指示に従ったことにより生じ、かつ当該欠陥が生じたことにつき甲に過失がないことを甲が証明した場合には適用しない。

（権利義務の譲渡）
第11条　甲及び乙は、相手方の書面による承諾がない限り、本契約又は個別契約から生じる一切の権利義務を第三者に譲渡又は担保に供してはならない。

（機密保持）
第12条　甲及び乙は、本契約及び個別契約の履行に関して知り得た相手方の機密事項を、正当な理由なく第三者に開示してはならない。

（契約期間）
第13条　本契約の有効期間は契約締結の日から1年とする。ただし、期間満了の3か月前に、甲又は乙のいずれからも更新しない旨の通知がないときは、本契約は自動的に1年間更新されるものとし、以降も同様とする。

（中途解約）
第14条　甲又は乙は、契約期間中であっても、3か月前までに書面によって通知することにより、本契約を解除することができる。

（契約の解除及び期限の利益喪失）
第15条　甲又は乙は、相手方が次の各号の一つに該当した場合、何らの催告なくして本契約及

び個別契約の全部又は一部を解除することができる。
(1) 本契約又は個別契約の定めに違反し、相当な期間を付して催告したにもかかわらず、これが是正されないとき
(2) 振り出した手形又は小切手について不渡りを生じたとき
(3) 第三者から仮差押え、滞納処分、強制執行又は競売等の申立てがされたとき
(4) 破産手続、民事再生手続、会社更生手続又は特別清算の申立てがされたとき
(5) その他、本契約及び個別契約に基づく債務の履行が困難であると合理的に認められる事由が生じたとき

2 甲又は乙は、自らが前号の各号の一つに該当した場合、本契約及び個別契約に基づく債務について当然に期限の利益を喪失し、ただちにその債務を履行しなければならない。

（損害賠償）
第16条 甲又は乙は、相手方が本契約又は個別契約上の債務の不履行により損害を被ったときは、相手方に対してその賠償を請求することができる。ただし、当該不履行が不可抗力によって生じた場合はこの限りではない。

（損害金利率） 注4
第17条 本契約又は個別契約に基づく金銭債務の不履行にかかる遅延損害金の利率は年5分とする。

> 注4 改正民法404条により、法定利率は3年毎に法務省令で定めるところにより変動することとなった。本条は便宜のために損害金の利率を固定するものである。

（反社会勢力の排除） 注5
第18条 甲及び乙は、それぞれ相手方に対し、次の各号の事項を確約する。
(1) 自らが、暴力団、暴力団関係企業、総会屋若しくはこれらに準ずる者又はその構成員（以下総称して「反社会的勢力」という）ではないこと。
(2) 自らの役員（業務を執行する社員、取締役、執行役又はこれらに準ずる者をいう）が反社会的勢力ではないこと。
(3) 反社会的勢力に自己の名義を利用させ、本契約及び個別契約を締結するものでないこと。
(4) 本件製品の引渡し及び売買代金の全額の支払いのいずれもが終了するまでの間に、自ら又は第三者を利用して、この契約に関して次の行為をしないこと。
　ア　相手方に対する脅迫的な言動又は暴力を用いる行為
　イ　偽計又は威力を用いて相手方の業務を妨害し、又は信用を毀損する行為

2 甲又は乙の一方について、次の各号のいずれかに該当した場合には、その相手方は、何らの催告を要せずして、本契約及び個別契約を解除することができる。
(1) 前項第1号又は第2号の確約に反する申告をしたことが判明した場合
(2) 前項第3号の確約に反し契約をしたことが判明した場合
(3) 前項第4号の確約に反した行為をした場合

3 甲は、乙が前項に反した行為をした場合には、何らの催告を要せずして、本契約又は個別契約を解除することができる。

4 第2項又は前項の規定により本契約又は個別契約が解除された場合には、解除された者は、その相手方に対し、違約金（損害賠償額の予定）として金〇〇〇〇円（売買代金の20％相当額）

を支払うものとする。
5 第2項又は第4項の規定により本契約又は個別契約が解除された場合には、解除された者は、解除により生じる損害について、その相手方に対し一切の請求を行わない。

注5 本契約においても、反社会勢力排除条項を設けることが望ましい（第1章第1節第2-2ウ「f 反社会的勢力排除条項」参照）。

（合意管轄）
第19条 本契約及び個別契約に関する紛争については○○地方裁判所を第一審の管轄裁判所とする。

甲と乙は以上のとおり合意し、その成立の証として、本契約書2通を作成し、各自、署名又は記名捺印の上、各1通宛所持するものとする。

令和○年○月○日

甲
　住所　×　×　×　×
　株式会社　○　○　○　○
　代表取締役　○　○　○　○　㊞
乙
　住所　×　×　×　×
　○　○　○　○　○　株式会社
　代表取締役　○　○　○　○　㊞

関連法令：民法137条1項・404条・555条〜585条、商法526条など

第3章　消費貸借

第1　契約の概要

1　消費貸借契約の意義

消費貸借契約とは、当事者の一方が、種類、品質及び数量の同じものを返還することを約して、相手方から金銭その他の物を受け取ることによって、その効力を生じる契約である（改正民587条）。典型的には、金銭の貸し借りである。

2　要物契約としての消費貸借

消費貸借契約は、目的物の交付によって成立する要物契約である。つまり、金銭の貸し借りの場合、金銭を交付した時点で契約が成立することとなる。

改正民法では、書面による場合に、例外的に諾成的消費貸借契約も容認しているが、民法上は、あくまで要物契約であることを原則としている。そのため、消費貸借契約では、原則として貸主の「貸す債務」を観念することはできず、借主の「返す債務」しか観念することができない。

したがって、要物契約としての消費貸借契約は、「返す債務」を内容とした片務契約である。

3　借主の返還義務

ア　はじめに

上述のとおり、借主は「返す債務」を負うため、返還の時期が定められている場合は、その返還時期に、同種・同等・同量の物を返還しなければならない。

イ　利息について

無利息が原則であり、「貸主は、特約がなければ、借主に対して、利息を請求することができない」（改正民589条1項）とされている。

もっとも、商人間の消費貸借では、当然に利息付きの消費貸借（商513条1項）となる。利息の支払い及びその利率について当事者間で合意した場合、合意内容に従うことになるが、利息の支払いのみ合意した場合には、借主は、法定利率（改正民404条）により利息を支払うことになる。

契約書作成にあたっては、法定利率の改正と利息制限法の適用に注意する必要がある。改正民では法定利率が5％から3％に引き下げられ、3年に一度、利率の見直しをするなどの変動制を採用している。また、商事法定利率について、従前の6％とする商法514条が削除され、商行為によって生じた債務の法定利率にも本条が適用されることになった。

また、利息制限法では、元本額が10万円未満の場合は年20％まで、元本額が100万円未満の場合は年18％まで、元本額が100万円以上の場合は年15％までと利率の上限が制限されている。この制限利率を超える利率の利息を支払う合意をしたとしても、制限を超える部分は無効（利息制限1条・4条1項）となり、制限内の利息だけ支払えばよい。

第2 民法改正のポイント

1 諾成的消費貸借契約の容認（改正民587条の2）

従来から消費貸借契約は要物契約とされてきたが、これは、ローマ法以来の沿革に準拠して要物契約とされたにすぎない。当時は、無利息の消費貸借契約が想定されていたため、目的物を貸す約束をしたものの貸せなくなってしまった貸主に対して、無利息であるのに借主が履行を迫るのは穏当ではないと考えられたようである。

しかし、沿革的な理由のほか、消費貸借契約を「要物契約」とする合理的な理由は乏しく、むしろ、実際の取引、特に利息付消費貸借では不都合が多かった。

そのため、判例（最判昭和48年3月16日金法683号25頁）では諾成的な消費貸借を早期から認めていた。また、実務上においても、住宅ローンや企業の大型プロジェクトのように融資の約束に拘束力が必要な場合が少なくないことや、個人に対し金融機関が融資枠を設定した上で継続的な融資を行うことが多いことを踏まえて、消費貸借契約の要物性が緩和されていた。

そこで、このような要物性の緩和を受けて、改正民では、要物契約の維持を前提としつつ、「書面による場合」という限定を付して、利息付か否かを問わず、例外的に、諾成的消費貸借契約を容認することとなった（改正民587条の2。要式契約である）。

2 消費貸借契約の予約（改正民で削除）

諾成的消費貸借を認めることに伴い、実質的に重複する規定を削除した（改正前民法589条）。改正民法587条の2第3項の規定が予約においても類推適用される。該当箇所の解説を参照のこと。

3 利息（改正民589条）

「貸主は、特約がなければ、借主に対して、利息を請求することができない」（改正民589条1項）こと、また、利息に関する特約がある場合の利息発生日が、「金銭その他の物を受け取った日」であることを明記した（同条2項）。

同条2項は強行法規である。利息は、元本利用の対価であるから、利息発生日を、「金銭その他の物を受け取った日」より前の日にすることはできない。

4 貸主の引渡義務等（改正民590条）

貸主の引渡義務として、改正民では次のようなルールを用意している。

ア 無利息の消費貸借の場合（同条1項）

贈与者の引渡義務（改正民551条）を準用する。すなわち、貸主は、「消費貸借の目的物を、消費貸借の目的として特定した時の状態で引渡すこと」を約束したものと推定される。

これは、消費貸借契約上の貸主の責任を契約責任としつつも、無利息の消費貸借契約が贈与と同様に無償性を有することを考慮し、無利息の消費貸借の貸主の責任は、有償契約である売買の売主よりも低いという判断に基づくものである。無利息の消費貸借契約の貸主は、売買契約の売主のような追完義務を負わないのである。

「目的として特定した時の状態」とは、特定物消費貸借においては消費貸借契約の時の状態であり、不特定物消費貸借においては目的物が特定した時の状態である。

貸主の責任は、契約責任であるため、理論的には、①無利息の消費貸借契約においても貸主は、契約の内容に適合した物を移転し、または引き渡す義務を負うこと、②その不履行に関して、借主は、追完請求のほか、債務不履行の一般原則による損害賠償請求や解除権を行使することができるので、当事者が推定規定（改正民590条1項・551条1項）の内容と異なる趣旨で契約を締結するような場合は、その旨を契約に明記すべきである。

イ　利息付消費貸借契約の場合

改正民法590条に規定されておらず、売買における追完請求権や損害賠償請求権の一般規定が準用される（改正民562条・564条）。

① 貸主は、契約の内容に適合した物を移転し、または引き渡す義務を負い、
② その不履行に関して、借主から追完請求のほか、債務不履行の一般原則による損害賠償請求や解除権を行使されうる。

同様の条文が、民法旧590条1項に定められていたが重複するとして削除された。

③ 利息の有無にかかわらず、引き渡された物が契約の内容に適合しないものであるときは、借主はその物の価額を返還できる（改正民590条2項）。

5　返還義務の履行期（改正民591条）

消費貸借における返還時期については、改正民法は次のようなルールを用意している（改正民591条）。

ア　返還時期を定めなかったとき

貸主は、借主に対し、相当の期間を定めて、返還の催告をすることができる（同条1項）。

借主は、返還したいときには、いつでも返還することができる（同条2項）。

イ　返還時期を定めたとき

貸主は、返還時期までは請求できない。

借主は、返還したいときには、いつでも返還することができる（同条2項）。

借主が返還時期の前に返還したことによって貸主が損害を受けたときは、貸主は借主に対し、その賠償を請求することができる（同条3項）。同条項は、民法136条2項ただし書きと同趣旨に基づいた規定で、期限の利益の放棄によって相手方の利益を害することはできないという趣旨である。

第3　書式例

1　金銭消費貸借契約

ア　解　説

消費貸借契約とは、当事者の一方が、種類、品質及び数量の同じものを返還することを約して、相手方から金銭その他の物を受け取ることによって、その効力を生じる契約である（改正民587条）。典型的には、金銭の貸し借り、すなわち、金銭消費貸借契約である。

金銭消費貸借契約については、「第1　契約の概要」で述べたとおりである。

イ　実務上のポイント

　金銭消費貸借契約書作成に当たっては、その主目的が貸主の貸金債権を確保することにあるから貸付日、貸付元金、返済日、返済方法、利息及び遅延損害金を明確に定めるほか、期限の利益の喪失約款及び保証等担保の定めは欠くことのできないものである。

　改正民法では、無利息の消費貸借の場合に貸主の引渡義務についての推定規定が設けられた（改正民590条1項）。当事者の意思の内容が推定規定の内容と異なる場合には、その旨を契約書に明記すべきである。

【書式例】　金銭消費貸借契約書―基本形式―

```
┌─────┐
│ 収　入 │
│ 印　紙 │         金銭消費貸借契約書
│ 注1　  │
└─────┘
```

注1　印紙税法別表第一課税物件表第1号の3文書（消費貸借に関する契約書）に該当し、契約金額（貸付金額）に応じた印紙税が課税される（別表の階級定額税率表参照）。

　貸主〇〇〇〇（以下、「甲」という。）と借主〇〇〇〇（以下、「乙」という。）は、甲が乙に対し以下の約定により金員を貸し付けることを合意したので、本契約を締結する。

（消費貸借の合意）

第1条　甲は、乙に対し、本日金〇〇〇万円を貸し渡し、乙はこれを借り受けた。注2

注2　消費貸借契約は、原則として要物契約であり、金員の交付がなければ効力が生じない。

（利息等）

第2条　本貸付金の利息等については、次のとおりとする。注3

　（1）　利　　　　率　　　　年〇.〇パーセント
　（2）　支　払　時　期　　　元金と一括
　（3）　遅延損害金利率　　　年〇〇パーセント

注3　利率の定めについては、利息制限法による規制及び改正民404条に注意を要する。特に、改正民法404条は変動利率を定めているので、利息の特約（同404条は任意規定であり、別段の合意は可能である。）をしていない場合は利息金の計算が煩雑になる等のリスクが生じることに注意すべきである。これまで以上に、損害賠償等の利率の合意を契約書上明記しておく必要性があろう。

　なお、遅延損害金について、利息制限法で上限が決められている（利息制限4条1項・1条）。元本額が10万円未満の場合は年20％、元本の額が10万円以上100万円未満の場合は年18％、元本の額が100万円以上の場合は年15％である。貸金業者の場合は、出資法5条2項により年29.2％の上限が決められていることに注意する。

（弁済期）

第3条　令和〇年〇月〇日

2　乙は、甲に対し、前項の期限までに、第1条の金員全額及び第2条の利息金を持参又は送金して返済する。
（期限の利益喪失）
第4条　乙に次に掲げる事項の一つにでも該当する事由が生じたときは、何らの通知、催告がなくとも当然に、乙は一切の債務について期限の利益を喪失するものとし、直ちにその債務を弁済する。注4
　(1)　監督官庁から営業停止又は営業免許若しくは営業登録の取り消し等の処分を受けたとき。
　(2)　支払の停止又は破産、民事再生、会社更生手続若しくは特別清算の申立てがあったとき。
　(3)　手形交換所の取引停止処分を受けたとき。
　(4)　仮差押え、仮処分、強制執行若しくは任意競売の申立て又は滞納処分のあったとき。
　(5)　合併による消滅、資本の減少、事業の廃止・変更又は解散決議がなされたとき。
　(6)　本契約又は本契約に付随して締結した契約で定められた各条項のうち一つでも違反したとき。
　(7)　甲に通知せずに、乙がその住所を移転したとき。
　(8)　その他、支払能力の不安又は背信的行為の存在等、本契約を継続することが著しく困難な事情が生じたとき。
　注4　そのほかにも、「甲の事前の書面による承諾なくして、本契約の担保のために設定された担保権の目的物を滅失・毀損させ、又はその担保権の効力を喪失させたとき」や「融資申し込みに際して、虚偽の申告があったとき」などの事由を加えることも一般的である。
　　　また、期限の利益を喪失させるためには、貸主からの通知を要するという条項（例えば、「乙が次の各号のいずれかに該当し、甲から期限の利益を喪失させる旨の通知を受けた場合、乙は本契約から生じる一切の債務について期限の利益を失い、乙は甲に対して、その時点において乙が負担する債務を直ちに一括して弁済しなければならない」等）も考えられるが、「一定の事由が生じた場合には当然に期限の利益を失う」とするほうが貸主にとってはリスクが少ない。

（届出義務）
第5条　乙は、次の事項について、当該事項発生後直ちに甲に対し通知しなければならない。注5
　(1)　住所の移転
　(2)　勤務先、職業の変更
　注5　このような届出義務と第4条1号の期限の利益喪失約款と併せて設けることにより、借主の動静を把握できるようになる。

（公正証書の作成）
第6条　乙は、本契約後〇日以内に、本契約と同一の約定による執行認諾文言付公正証書を作成する。注6
2　前項の公正証書作成に要する費用は乙の負担とする。
　注6　金銭消費貸借については、その執行を行うについて公正証書が極めて有効であるため、これを作成しておく。

（費用負担）
第7条　本契約の締結に要する印紙その他の費用は乙の負担とする。

（合意管轄）
第8条 甲及び乙は、本契約に関する訴訟その他の法的手続きについては、○○地方裁判所をもって第一審の専属的管轄裁判所とすることを合意する。

甲と乙は以上のとおり合意し、その成立の証として、本契約書2通を作成し、各自、署名又は記名捺印の上、各1通宛所持するものとする。

令和○年○月○日

甲
住所 × × × ×
氏名 ○ ○ ○ ○ ㊞
乙
住所 × × × ×
氏名 ○ ○ ○ ○ ㊞

関係法令：改正民法587条・587条の2・589条・590条・591条・551条・559条・136条・556条、商法513条、利息制限法、消費者契約法9・10条等

別表（階級定額税率表）

10万円以下のもの	200円
10万円を超え50万円以下のもの	400円
50万円を超え100万円以下のもの	1000円
100万円を超え500万円以下のもの	2000円
500万円を超え1000万円以下のもの	1万円
1000万円を超え5000万円以下のもの	2万円
5000万円を超え1億円以下のもの	6万円
1億円を超え5億円以下もの	10万円
5億円を超え10億円以下のもの	20万円
10億円を超え50億円以下もの	40万円
50億円を超えるもの	60万円
契約金額の記載のないもの	200円

【令和元年8月現在】

【書式例】金銭消費貸借契約書―限度貸付―

収　入
印　紙
注1　　　　　　限度付金銭消費貸借基本契約書 注2

注1　印紙税法別表第一課税物件表の第1号の3文書（消費貸借に関する契約書）に該当し、契約金額（貸付金額）に応じた印紙税が課税される。なお、極度額は契約金額（貸付金額）とはならないので、契約金額の記載のないものとして、印紙税が課税される（1通につき200円）。

注2　一定の極度額の範囲内で繰り返して借入・返済ができる旨の契約をする場合の基本契約書である。

　株式会社○○○○（以下、「甲」という。）と○○○○（以下、「乙」という。）は、本契約に定める借入極度額の範囲において行う金銭消費貸借について、以下のとおり契約した。

（極度額）
第1条　甲は乙に対し、極度額金○○○万円の範囲内において随時乙に金銭を貸し渡し、乙は上記極度額の範囲内において甲から金銭を借り受ける。

（返済の方法等）
第2条　乙は甲に対し、借入債務を任意の時期に任意の額を返済できるものとし、次条の利息を支払う。ただし、乙の返済回数は合計○○回以内、最終の返済期日は令和○年○月○日とし、同日に借入残債務及び利息を返済する。

（利息等）
第3条　利息の利率は、年○○パーセントとし、乙は甲に対し、残元金に利率及び経過日数を乗じて算出された利息（1円未満切捨て）を毎月○○日までに支払う。 注3

注3　利息制限法による利息の最高限は、借入元本額により異なる（10万円未満年20％、10万円以上100万円未満年18％、100万円以上年15％）。

（返済方法）
第4条　乙は、借入金元金及び利息の支払を、甲へ持参又は甲の指定する銀行口座に送金して行う。送金手数料は乙の負担とする。なお、銀行口座に送金する方法により支払う場合は、甲の口座への入金日を持って支払日とする。

（充当方法）
第5条　乙の支払金は、まず第3条の利息に充当し、残金があるときはこれを元金に充当する。

（損害金）
第6条　第2条の最終返済期日に返済が遅滞したとき又は次条により期限の利益を喪失したときは、乙は甲に対し、最終返済日又は期限の利益を喪失した日の翌日から年○○パーセントの割合による遅延損害金を支払うものとする。

（期限の利益の喪失）
第7条　乙に次の事由があるときは、甲は乙に通知することにより乙の借入金の返済についての期限の利益を喪失させることができ、この場合乙は甲に対し、直ちにその債務の弁済を行う。

注4
(1) 利息の支払を１回でも怠ったとき。
(2) 乙の他の債務について、強制執行又は競売の申立てがなされたとき。
(3) 国税滞納処分による差し押さえがなされたとき。
(4) 乙の他の債務について破産、民事再生、特別清算又は会社更生手続開始の申立を受けたとき。
(5) 乙の振り出しに係る手形・小切手について不渡り処分を受けたとき。
(6) 仮差押え、仮処分、強制執行若しくは任意競売の申立て又は滞納処分のあったとき。
(7) 合併による消滅、資本の減少、事業の廃止・変更又は解散決議がなされたとき。
(8) 本契約又は本契約に付随して締結した契約で定められた各条項のうち一つでも違反したとき。
(9) その他、支払能力の不安又は背信的行為の存在等、本契約を継続することが著しく困難な事情が生じたとき。

注4 借入に一定の事由がある場合、貸主は期限の利益を喪失させることができ、最終返済期日を待たず、借主は債務の返済をすべきことを定めた規定である。なお、一定の事由があるときは当然に期限の利益を喪失すると定めることができるが、この場合は、一定の事由が発生したときから消滅時効が進行することになる。

（甲の貸付けの停止）

第8条 甲は、乙に前条の事由があるときその他乙に信用不安があると認められる事由があるときは、最終返済日以前であってもそのあとの新規貸し付けを行わないことができる。 注4

（合意管轄）

第9条 甲及び乙は、本契約に関する訴訟その他の法的手続きについては、○○地方裁判所をもって第一審の専属的管轄裁判所とすることに合意する。

　甲と乙は以上のとおり合意し、その成立の証として、本契約書２通を作成し、各自、署名又は記名捺印の上、各１通宛所持するものとする。

　令和○年○月○日

　　　　　　　　　　　　　　　　　　　　　　　甲
　　　　　　　　　　　　　　　　　　　　　　　　住所　×　×　×　×
　　　　　　　　　　　　　　　　　　　　　　　　氏名　○　○　○　○　㊞
　　　　　　　　　　　　　　　　　　　　　　　乙
　　　　　　　　　　　　　　　　　　　　　　　　住所　×　×　×　×
　　　　　　　　　　　　　　　　　　　　　　　　氏名　○　○　○　○　㊞

2 諾成的消費貸借契約

ア 解説

改正民法587条の2第1項は、消費貸借契約の要物性の維持を前提としつつも、例外的に、諾成的消費貸借を容認する規定である。契約成立には「書面でする」ことが必要であり、保証契約（改正民466条2項）と同様の要式契約である。

また、改正民法587条の2第1項には、利息に関する制限はないため、利息付きか否かを問わずに、諾成的消費貸借契約を締結することができる。

諾成的消費貸借契約の導入の背景については、「第2 民法改正のポイント」を参照。

同条2項前段では、諾成的消費貸借の借主は、貸主から目的物を受け取るまで、解除できることを認めた。これは、目的物の引渡しを受ける前に借主の側での資金需要がなくなる場合があり、そのような場合にまで、借主に目的物の受領およびそれに基づく利息の支払等が強制されるべきではないとの趣旨に基づいている。

同条2項後段では、前段に基づいて借主が解除権を行使した場合において、貸主が、契約の解除によって損害を受けたときは、借主に対し、その賠償を請求できることを認めた。同条項の規定からして、貸主が、損害およびその額について主張・立証しなければならない。詳細については、「イ 実務上のポイント」を参照。

同条3項では、諾成的消費貸借が成立した後、借主が目的物を受け取る前に、貸主または借主が破産手続開始決定を受けた場合には、消費貸借は効力を失うものとした。

これは、民法589条と同様の趣旨に基づく規定である。①借主が破産手続開始の決定を受けた場合には、弁済の資力がないとされた借主に対して「貸す債務」を貸主に負わせるのは不公平であるし、②貸主が破産手続開始の決定を受けた場合には、借主は破産債権者として配当を受ける権利を有するにとどまり、借主が配当を受けると借主に対する返還請求権が破産財団を構成することになり、手続が煩雑になるからである。

同条4項では、電磁的記録すなわち電子メール等で行われた場合も書面による場合とみなした。

イ 実務上のポイント

諾成的消費貸借契約は、書面ですることを要する。書面には、貸す債務を負担する貸主の貸す意思と、借りたものを返還する債務を負担する借主の借りる意思とがともに現れていることが必要である。つまり、消費貸借の合意が書面化されていることが必要である（同じ要式契約でも、保証人が一方的に債務負担をする保証契約の場合とは異なる。）。

同条2項後段の損害および額については実務上問題になり得る。

利息や期限の定めがあるからといって、当然にこれに対応する額が損害となるわけではない。消費者金融の場合、貸主である消費者金融業者は、一般に多数の小口貸付を行っているため、借主が受領を拒否した金銭を他の顧客に対する貸付に振り向けること等によって損害が生じないことも多い。

【書式例】諾成的金銭消費貸借契約書

```
┌─────────┐
│  収  入  │
│  印  紙  │
│  注1    │
└─────────┘
```

　　　　　　　　　　　諾成的金銭消費貸借契約書

注1　印紙税法別表第一課税物件表の第1号の3文書（消費貸借に関する契約書）に該当し、契約金額（貸付金額）に応じた印紙税が課税される。

　貸主〇〇〇〇（以下、「甲」という。）と借主〇〇〇〇（以下、「乙」という。）とは、本日以下のとおり、金銭消費貸借契約（以下、「本契約」という。）を締結する。

（消費貸借の合意）
第1条　甲と乙は、次条以下の約定で、金〇〇〇万円についての金銭消費貸借契約を締結する。注2

注2　要物契約である一般的な消費貸借契約書と異なり、「貸し渡した」との記載にはなっていない。消費貸借の合意が書面に現れていることが必要である。

（引渡し）
第2条　甲は乙に対し、令和〇年〇月〇日限り、前条の金員を引き渡す。注3

注3　合意時に契約は成立するので、別途、貸付時期を定める必要がある。

（乙の解除権）
第3条　乙は、第1条記載の金員を受け取るまで、本契約を解除することができる。
2　乙は、本契約の解除によって甲に現に損害が発生した場合には、甲に対し、その損害を賠償する責任を負うものとする。
3　前項における損害には下記の損害が含まれるものとする。注4
　（1）・・・・
　（2）・・・・

注4　損害についてあらかじめ取り決めておくと後の紛争を防ぐことができる。

（利息等）
第4条　本貸付金の利息等については、次のとおりとする。
　（1）　利　　　　率　　　年〇.〇パーセント
　（2）　支　払　時　期　　元金と一括
　（3）　遅延損害金利率　　年〇〇パーセント

（弁済期）
第5条　乙は、甲に対し、令和〇年〇月〇日限り、第1条の借入金元本及び前条の利息金を、甲の指定する銀行口座に振り込むことによって一括弁済するものとする。なお、その際の振込手数料は乙の負担とする。注5

|注5| 借主の借りる意思を書面化するので、返済方法についても当然記載するのが適当である。

(期限の利益喪失)
第6条 乙に次に掲げる事項の一つにでも該当する事由が生じたときは、何らの通知、催告がなくとも当然に、乙は一切の債務について期限の利益を喪失するものとし、直ちにその債務を弁済する。
  (1) 監督官庁から営業停止又は営業免許若しくは営業登録の取り消し等の処分を受けたとき。
  (2) 支払の停止又は破産、民事再生、会社更生手続若しくは特別清算の申立てがあったとき。
  (3) 手形交換所の取引停止処分を受けたとき。
  (4) 仮差押え、仮処分、強制執行若しくは任意競売の申立て又は滞納処分のあったとき。
  (5) 合併による消滅、資本の減少、営業の廃止・変更又は解散決議がなされたとき。
  (6) 本契約又は本契約に付随して締結した契約で定められた各条項のうち一つでも違反したとき。
  (7) 甲に通知せずに、乙がその住所を移転したとき。
  (8) その他、支払能力の不安又は背信的行為の存在等、本契約を継続することが著しく困難な事情が生じたとき。

(届出義務)
第7条 乙は、次の事項について、当該事項発生後直ちに甲に対し通知しなければならない。
  (1) 住所の移転
  (2) 勤務先、職業の変更

(公正証書の作成)
第8条 乙は、本契約後○日以内に、本契約と同一の約定による執行認諾文言付公正証書を作成する。
2 前項の公正証書作成に要する費用は乙の負担とする。

(費用負担)
第9条 本契約の締結に要する印紙その他の費用は乙の負担とする。

(合意管轄)
第10条 甲及び乙は、本契約に関する訴訟その他の法的手続きについては、○○地方裁判所をもって第一審の専属的管轄裁判所とすることに合意する。

甲と乙は以上のとおり合意し、その成立の証として、本契約書2通を作成し、各自、署名又は記名捺印の上、各1通宛所持するものとする。

令和○年○月○日

　　　　　　　　　　　　　　　　　　　　　甲
　　　　　　　　　　　　　　　　　　　　　　住所　××××
　　　　　　　　　　　　　　　　　　　　　　氏名　○○○○　㊞
　　　　　　　　　　　　　　　　　　　　　乙
　　　　　　　　　　　　　　　　　　　　　　住所　××××

氏名　○　○　○　○　㊞

関係法令：改正民法 587 条・522 条 2 項・446 条 2 項・3 項・540 条・415 条、破産法 30 条等

3　消費貸借の予約
ア　解　説

　消費貸借の予約とは、将来、本契約である消費貸借を締結すべき旨の契約であり、当事者間の合意で成立する諾成契約である。

　この予約に基づき借主たるべき者が、予約完結の意思表示をしたときは、これにより諾成的消費貸借契約が成立し、貸主たるべき者は約定の金員を借主たるべき者に対して引き渡さなければならない。

　改正民法で書面による諾成的消費借契約を容認することになり、実質的に重複する内容となる。消費貸借の予約において当事者の一方が破産した場合の効力に関する規定（改正前民法 589 条）は削除された。

イ　実務上のポイント

　消費貸借の予約は、貸主側から見れば、将来借主の返済能力が悪化した場合にも「貸す債務」が生じてしまう恐れがあるので、予約が失効する条項を入れておくことが望ましい。また、借主側から見ると、無利息の消費貸借の予約は、その契約の効力が否定され、想定した資金調達が実現できない危険性があることに注意すべきである。

【書式例】　金銭消費貸借予約契約書

　　　収　入
　　　印　紙
　　　注1

　　　　　　　　　　　金銭消費貸借予約契約書

注1　印紙税法別表第一課税物件表の第 1 号の 3 文書（消費貸借に関する契約書）に該当し、契約金額（貸付金額）に応じた印紙税が課税される。

　貸付予約者○○○○（以下、「甲」という。）と借受予約者○○○○（以下、「乙」という。）とは、本日以下のとおり、金銭消費貸借の予約契約を締結した。

（予約の合意）
第 1 条　甲と乙は、予約期限を本契約締結日から○か月、予約貸付金額を金○○○万円として、次条以下の約定により金銭消費貸借をなすべき旨の予約を締結した。
（予約完結権の行使）

第2条 乙が前条の予約期限内に貸付予約金額を借り受ける旨の意思表示をしたときは、甲は直ちにこの金額を乙に交付しなければならない。注2

> 注2　本例は片務的消費貸借契約予約の例であるが、甲が予約期限内に貸付け予約金額を貸し付ける旨の意思表示を乙になすとともに同金額を乙に交付したときは、甲乙間に消費貸借が成立するという文言を加えれば、双務的消費貸借予約となる。

（消費貸借契約の内容）

第3条 前条により甲が乙に対し金員を交付して消費貸借が成立したときは、その借受金の元金の返済期限については特に定めず、甲は消費貸借成立後3カ月を経過した以後1カ月の予告をもって返還を請求できるものとし、乙は何時でも返還することができるものとする。注3

> 注3　本契約の成立のために、「予約完結の意思表示」及び金銭の授受が必要となる。

（利息）

第4条 甲と乙は、第2条により消費貸借が成立したときは、その利息を年○パーセントとすることに合意し、乙は毎月○日限りその月分の利息を甲方に持参して支払うことを約した。注4

> 注4　利息については、金銭消費貸借契約書－基本形式－の注3を参照。

（抵当権の設定）

第5条 乙は、第2条記載の金員の交付を受けるのと引換えに、甲に対し乙所有の後記表示の不動産に順位第1番の抵当権を設定する。

（本予約契約の失効）

第6条 本予約契約は、乙が前条の抵当権の設定を行うことができないとき又は第2条の予約完結の意思表示以前に乙に次の一つに該当する事由があるときは失効する。注5

(1) 支払の停止又は破産、民事再生、会社更生手続若しくは特別清算の申立てがあったとき。
(2) 手形交換所の取引停止処分を受けたとき。
(3) 仮差押え、仮処分、強制執行若しくは任意競売の申立て又は滞納処分のあったとき。

> 注5　予約締結後の事情により予約契約が失効する場合をあげた。予約当事者間の特殊事情により失効事由を適宜追加することができる。

（不動産の表示）

　　所　　在　　○○区○○町○丁目
　　地　　番　　○○番○
　　地　　目　　宅地
　　地　　積　　○○．○○平方メートル

　甲と乙は以上のとおり合意し、その成立の証として、本契約書2通を作成し、各自、署名又は記名捺印の上、各1通宛所持するものとする。

　令和○年○月○日

　　　　　　　　　　　　　　　　　　　　　　　甲
　　　　　　　　　　　　　　　　　　　　　住所　××××
　　　　　　　　　　　　　　　　　　　　　氏名　○○○○　㊞

```
                                        乙
                                        住所　××××
                                        氏名　○○○○　㊞
```

関連法令：改正民法587条の2・550条・556条、利息制限法、消費者契約法9条・10条

4　準消費貸借
ア　解説

　準消費貸借とは、金銭その他の代替物を給付する債務があるときに、これを債権者と債務者の合意によって消費貸借契約上の債務にすることをいう（改正民588条）。改正前民法の「消費貸借によらないで」との文言が改正民では削除されている。同部分は旧債務が消費貸借ではないことが通常であるとの趣旨に基づいて規定されたものにすぎず、誤解を招くために削除されたのである。

　準消費貸借契約が用いられる場面としては、たとえば、売買代金債務や請負代金債務を消費貸借上の債務としたり、損害賠償債務を消費貸借上の債務としたりする場合がある。既に存在している消費貸借上の債務を新たな消費貸借上の債務とする場合もある（大判大正2年1月24日民録19輯11頁）。実務上は、債権回収・債権管理上の都合から、数口の債権を1口の消費貸借上の債権にまとめる目的で利用される場合が多い。

　準消費貸借は、目的物の授受を伴わず契約が成立する諾成契約である。改正民587条の2の諾成的消費貸借契約と異なり、契約成立に際し「書面」を要しない。これは、準消費貸借契約では、契約に基づいて金銭等を相手方に引き渡すことが予定されていないため、目的物の引渡しに代わるものとして、「書面」を要求するまでもないと考えられたことによる。

イ　実務上のポイント
（ア）既存債務を明示すること

　既存債務を明示せず、金銭の授受があったことを記載しても証書としての効力に影響がないとの見解もあるが、いかなる既存債務を消費貸借に切り替えたのかをはっきりさせておくことで後日の紛争の防止となる。

（イ）既存債務に保証人などのある場合の措置

　旧債務の保証・担保などは原則として存続するが、新債務の内容が本来の保証の内容を超えるときは保証人の承諾が必要である。

　準消費貸借が商行為かどうかは専らその準消費貸借契約の性格に従って決定される。判例も準消費貸借が既存債務の同一性を維持する意思で締結されても、準消費貸借契約の締結当時の当事者の一方又は双方が商人であるときは、その準消費貸借より生じた債務は商行為より生じた債務として消滅時効にかかるとする（大判昭和8年6月13日民集12巻1484頁参照）。

【書式例】準消費貸借契約書

```
収 入
印 紙
 注1
```

準消費貸借契約書

注1　印紙税法別表第一課税物件表の第1号の3文書（消費貸借に関する契約書）に該当し、契約金額（この場合は借入金額）に応じた印紙税が課税される。

貸主○○○○（以下、「甲」という。）と借主○○○○（以下、「乙」という。）とは、以下のとおり、準消費貸借契約を締結した。

（既存債務の確認）
第1条　乙は、甲乙間の令和○年○月○日付継続的商品取引契約に基づく甲に対する代金支払債務が本日金○○○万円存在することを確認する。注2・3

注2　準消費貸借の目的となる債務の存在を示す条項である。基礎となる債務の存在が準消費貸借契約の成立要件なので、その債務の内容を明確にする必要がある。
　　契約書を添付して既存債務を特定する方法もある。その場合は、以下のように記載する。
　　「甲は、乙に対し、甲乙間の令和○年○月○日付売買契約（別紙添付契約書参照）に基づく代金債務のうち、金○○円の残代金債務を負担していることを確認する。」
　　また、複数の債務をまとめて準消費貸借の旧債務とする場合もある。

注3　旧債務の担保・保証が新債務に承継されることを明記する場合は、次の条項を盛り込むことも考えられる。「第1条の債務に付されていた質権、抵当権、保証等は、本契約によって発生した債務に承継されるものとする。」

（準消費貸借）
第2条　甲乙は、本日、乙の甲に対する前条の債務を乙の借入金とすることに合意し、甲は、乙に対し前条の金額を元本とする貸付債権を有するものとする。注4

注4　売買などで生じた債務を消費貸借の目的とする合意をいう。債務の利息、弁済期、弁済方法を明確にする。

（弁済の条件）
第3条　乙は、甲に対し前条の借入金○○○万円を令和○年○月から令和○年○月まで○回に分割して、毎月末日までに金○○万円を甲に持参又は送金して弁済する。
2　乙が前項の分割金の支払を2回分以上怠ったときは、乙は前項の期限の利益を当然に喪失し、甲に対し残額を直ちに弁済する。

（利息等）
第4条　第2条の借入金の利息は、年○. ○パーセントとし、乙は毎月末日までに当該月分の利息を甲に持参又は送金して支払う。
2　乙が、前項の利息の支払を2回分以上怠ったときは、残上第1項の元本弁済に関する期限の利益を当然に喪失し、甲に対し元本残額を直ちに弁済する。

3　遅延損害金は年〇.〇パーセントとする。

（抵当権設定等）

第5条　乙は、本契約における甲の貸付け債権を担保するため、乙所有の別紙物件目録記載の土地（以下「本件土地」という。）に順位第1番の抵当権を設定し、その旨の登記手続を直ちに行う。

2　前項の登記に要する費用は乙の負担とする。注5

> 注5　第3条により乙に期限の利益を与え、弁済が長期化するため、甲の貸金債権の担保として抵当権の設定を受けるものである。実務上は契約と同時に抵当権設定に必要な書類を受領する。

（禁止事項）

第6条　乙は、甲の承諾を得ないで本件土地を他に譲渡し、賃貸若しくは担保に提供し、又はその現状を変更するなど甲に損害を及ぼす一切の行為をしてはならない。注6

> 注6　担保権を保護するためにこのような禁止事項を定めておくことが有益である。

（費用負担）

第7条　本契約書作成に関する費用は、甲乙折半して負担する。

（管轄の合意）

第8条　甲及び乙は、本契約に関し紛争を生じたときは、第一審の専属的管轄裁判所を〇〇地方裁判所とすることに合意した。

甲と乙は以上のとおり合意し、その成立の証として、本契約書2通を作成し、各自、署名又は記名捺印の上、各1通宛所持するものとする。

令和〇年〇月〇日

```
                                          甲
                                            住所　××××
                                            氏名　〇〇〇〇　㊞
                                          乙
                                            住所　××××
                                            氏名　〇〇〇〇　㊞
```

別紙物件目録
所　　在　〇〇区〇〇町〇丁目
地　　番　〇〇番〇
地　　目　宅地
地　　積　〇〇.〇〇平方メートル

関連法令：改正民法588条、利息制限法、貸金業法、不動産登記法

5　公正証書
ア　解説
a　総論

　公正証書とは、私人（個人又は会社その他の法人）からの嘱託により、公証人がその権限に基づいて作成する文書をいう。公正証書は、いわゆる私製証書と同様に後日の証拠となるものであるが、私製証書よりも証拠としての証明力が高く、また、後述のとおり、執行力を具備することも可能であり、契約の確実な履行という点でも作成のメリットがある。完成した証書が、公正証書の原本となり、原本は公証役場で管理される。債権者には原本と同じ効力を有する「正本」が交付され、債務者には「謄本」が交付される。

　金銭の一定の額の支払又はその他の代替物若しくは有価証券の一定の数量の給付を目的とする請求について公証人が作成した公正証書で、債務者が直ちに強制執行に服する旨の陳述が記載されていれば、裁判手続きを経ずに、当該公正証書を債務名義として強制執行できる（民執法22条5号）。そのため、金銭消費貸借において、契約書に、「執行受諾文言」を記載し、公正証書化されることが多い。

　公正証書が上記執行力を有するための要件を纏めると、以下のとおりである。

① 契約上の請求が、「金銭の一定の額の支払又はその他の代替物若しくは有価証券の一定の数量の給付を目的とするもの」であること

　特定物の引き渡しを求める契約等は、公正証書で契約書を作成することはできても、執行力まで付与することはできない。ここで「一定」とは、公正証書作成当時において金額、数量が特定され、かつ、これが証書に明記されていることをいう。公正証書を作成するにあたっては、給付を求める金額等が一義的に算定できるような方法で記載されていることが必要である。

② 債務不履行があった場合には、「債務者が直ちに強制執行に服する旨の陳述が記載されている」こと

　公正証書によって強制執行をするためには、債務者が債務不履行をしたときは、直ちに強制執行を受けても異議がないとの執行認諾文言が公正証書に記載されていることが必要である。

b　事業のための債務の保証に関する改正

　これまで公正証書の作成は、強制執行等を見据えた当事者が自発的に作成してきた。

　しかし、改正民法で、公正証書の作成を保証契約の効力要件とする改正を行ったことに注意を要する。すなわち、事業のための債務についての個人保証、個人根保証、求償権保証について、保証契約の締結に先立ち、その締結の日前1箇月以内に作成された公正証書で、保証人になろうとする者が、保証債務を履行する意思を表示しなければ、保証契約の効力が生じないと改正されたのである（改正民465条の6第1項・465条の8第1項）。

　上記改正に基づく書式については、第6章　保証を参照のこと。

イ　実務上のポイント

　公正証書の執行力が否定されないよう、要件該当性を吟味して作成すべきである。

第3章 消費貸借

【書式例】公正証書による金銭消費貸借契約書

収 入 印 紙 注

金銭消費貸借契約公正証書

注 印紙税法別表第一課税物件表の第1号の3文書（消費貸借に関する契約書）に該当し、契約金額（貸付金額）に応じた印紙税が課税される。なお、公証人が保存する公正証書原本のみ課税され、公正証書の正本又は謄本は課税の対象とならない（公証人43条）。

○○○○（以下、「甲」という。）、借主○○○○（以下、「乙」という。）及び連帯保証人○○○○（以下、「丙」という。）は、各当事者間において次のとおり合意したので、本契約を締結する。

（消費貸借の合意）
第1条 甲は、乙に対し、本日金○○○万円を貸し渡し、乙はこれを借り受けた。
（利息等）
第2条 本貸付金の利息等については、次のとおりとする。
　(1) 利　　　率　　　年○.○パーセント
　(2) 支　払　時　期　　元金と一括
　(3) 遅延損害金利率　　年○○パーセント
（弁済期）
第3条 令和○年○月○日
2 乙は、甲に対し、前項の期限までに、第1条の金員全額及び第2条の利息金を持参又は送金して返済する。
（期限の利益喪失）
第4条 乙及び丙に次に掲げる事項の一つにでも該当する事由が生じたときは、何らの通知、催告がなくとも当然に、乙は一切の債務について期限の利益を喪失するものとし、直ちにその債務を弁済する。
　(1) 監督官庁から営業停止又は営業免許若しくは営業登録の取り消し等の処分を受けたとき。
　(2) 支払の停止又は破産、民事再生、会社更生手続若しくは特別清算の申立てがあったとき。
　(3) 手形交換所の取引停止処分を受けたとき。
　(4) 仮差押え、仮処分、強制執行若しくは任意競売の申立て又は滞納処分のあったとき。
　(5) 合併による消滅、資本の減少、事業の廃止・変更又は解散決議がなされたとき。
　(6) 本契約又は本契約に付随して締結した契約で定められた各条項のうち一つでも違反したとき。
　(7) その他、支払能力の不安又は背信的行為の存在等、本契約を継続することが著しく困難な事情が生じたとき。
（届出義務）

第3章　消費貸借

第5条　乙及び丙は、次の事項について、当該事項発生後直ちに甲に対し通知しなければならない。
(1)　住所の移転
(2)　勤務先、職業の変更
（連帯保証）
第6条　丙は、甲に対し、乙が本契約によって甲に対し負担する一切の債務について、乙と連帯してこれを保証し、甲に対してその履行の責を負うものとする。
（協議）
第7条　本契約証書に定めのない事項、または本契約証書の各条項の解釈について疑義が生じたときは、甲、乙は、誠意をもって協議のうえ、これを定めるものとする。
（合意管轄）
第8条　甲及び乙は、本契約に関する訴訟その他の法的手続きについては、○○地方裁判所をもって第一審の専属的管轄裁判所とすることに合意する。
（強制執行認諾条項）
乙丙は、本証書記載の金銭債務を履行しないときは、直ちに強制執行に服する旨を陳述した。

関係法令：改正民法465条の6・465条の7・465条の8・465条の9・969条

6　保　証
ア　解説

　保証とは、他人が債務を履行しないときに、その他人（主たる債務者）に代わって債務を履行することを約する契約である。したがって、保証債務の内容は、主たる債務者が負担する債務と同一であり、主たる債務がなければ保証債務も成立しないなどの附従性を有する。

　また、保証人は、あくまで他人が履行しないときにその債務の代わりに補充的に履行する立場であるから、保証人が請求を受ける場合には、まず主たる債務者に対し行うことを主張でき（催告の抗弁）、また、保証人が執行を受ける場合も、まず主たる債務者の財産に対し行うことを主張できる（検索の抗弁）。これに対し、保証債務には、上記の補充性をなくし催告の抗弁や検索の抗弁を認めない連帯保証という類型もある。

　保証債務については、保証人の保護を図るために平成16年の民法改正時に大幅な改正がなされたが、なお一層の保証人保護の拡充のため、次のとおりの見直しを図った。

①　保証契約締結後に、主債務が「加重」された場合でも、保証人の負担は加重されないことを明記した（改正民448条2項）。
②　主たる債務者に生じた事由の効力について現在の支配的な見解を明記した。

　すなわち、主たる債務者の有する抗弁権は、保証人において援用することができるし（改正民457条2項）、主債務の原因行為の取消権や解除権を主債務者が有する場合に、保証人が保証債務の履行を拒絶することができることを定めた（同条3項）。

③　連帯保証人に対する履行の請求は、主債務者に対して効力を生じないこととされた（改

正民458条・441条)。特約がない限り、連帯保証人に対してのみ履行の請求をしても、主たる債務について、時効の更新を図ることができなくなったので、この点に注意を要する。

④ 「委託を受けて保証をした場合において保証人の請求があったとき」及び「主たる債務者が期限の利益を喪失した場合」に、債権者に情報提供義務を課した（改正民458条の2・458条の3)。

⑤ 委託を受けた保証人が弁済期前に弁済等をした場合の求償権について定めた（改正民459条の2)。

⑥ 貸金等根保証契約について極度額を定めなければ無効であるとしていたが、この定めを個人の根保証契約一般に及ぼすものとした（改正民465条の2)。

⑦ 元本の確定事由を貸金等根保証契約とその他の根保証契約とで区別して規定した（改正民465条の3・465条の4)。

⑧ 法人根保証人が主債務者に対して有する求償権を個人が保証する場合にも、限度額の定めが必要であるとした（改正民465条の5)。

⑨ 事業の債務の保証の場合で保証人が個人の場合に公正証書の作成を必要とした（改正民465条の6・465条の7・465条の8・465条の9)。

⑩ 事業の債務の保契契約を締結する際に、主たる債務者に情報提供義務を課した（改正民465条の10)。

イ　実務上のポイント

詳しくは、「第5章　保証」を参照のこと。

【書式例】 金銭消費貸借契約書—連帯保証—

> 収入印紙 注1
>
> 金銭消費貸借契約書
>
> 注1　印紙税法別表第一課税物件表の第1号の3文書（消費貸借に関する契約書）に該当し、契約金額（貸付金額）に応じた印紙税が課税される。なお、連帯保証に係る約定は、「主たる債務の契約書に併記するもの」に該当し、第13号文書（債務の保証に関する契約書）の課税事項とはならない。
>
> ○○○○（以下、「甲」という。)、借主○○○○（以下、「乙」という。）及び連帯保証人○○○○（以下、「丙」という。）は、各当事者間において次のとおり合意したので、本契約を締結する。
>
> （消費貸借の合意）
> **第1条**　甲は、乙に対し、本日金○○○万円を貸し渡し、乙はこれを借り受けた。
> （利息等）

第2条 前条記載の貸付金の利息等については、次のとおりとする。
(1) 利　　　　　率　　年○.○パーセント
(2) 支　払　時　期　　元金と一括
(3) 遅延損害金利率　　年○○パーセント

（弁済期）
第3条 令和○年○月○日
2　乙は、甲に対し、前項の期限までに、第1条の金員全額及び第2条の利息金を持参又は送金して返済する。

（期限の利益喪失）
第4条 乙又は丙に次に掲げる事項の一つにでも該当する事由が生じたときは、何らの通知、催告がなくとも当然に、乙及び丙は一切の債務について期限の利益を喪失するものとし、直ちにその債務を弁済する。
(1) 監督官庁から営業停止又は営業免許若しくは営業登録の取り消し等の処分を受けたとき。
(2) 支払の停止又は破産、民事再生、会社更生手続若しくは特別清算の申立てがあったとき。
(3) 手形交換所の取引停止処分を受けたとき。
(4) 仮差押え、仮処分、強制執行若しくは任意競売の申立て又は滞納処分のあったとき。
(5) 合併による消滅、資本の減少、事業の廃止・変更又は解散決議がなされたとき。
(6) 本契約又は本契約に付随して締結した契約で定められた各条項のうち一つでも違反したとき。
(7) 甲に通知せずに、乙又は丙がその住所を移転したとき。
(8) その他、支払能力の不安又は背信的行為の存在等、本契約を継続することが著しく困難な事情が生じたとき。

（届出義務）
第5条 乙及び丙は、次の事項について、当該事項発生後直ちに甲に対し通知しなければならない。
(1) 住所の移転
(2) 勤務先、職業の変更

（連帯保証）
第6条 丙は、乙が本契約によって負担する一切の債務について、乙と連帯してこれを保証し、甲に対してその履行の責めを負うものとする。注2

注2　消費貸借契約では、連帯保証人を付して、本契約のような契約書を作成することが一般的である。

（連帯保証人の追加・変更）
第7条 甲は、丙が死亡した場合、もしくは債権保全のために必要と認めたときは、乙に対し、連帯保証人の追加・変更を求めることができる。この場合、乙は、直ちに甲が適当と認める連帯保証人を立てるものとする。注3

注3　連帯保証人の変更についてこのような条項を規定できる。

（求償権の制限）
第8条 丙が保証債務を履行した場合、丙は、甲と乙との取引継続中は、甲の同意がなければ、代位によって甲から取得した権利を行使できないものとする。注4

注4 求償権行使についても制限する規定を設けることができる。

（公正証書の作成）

第9条 乙と丙は、本契約後○日以内に、本契約と同一の約定による執行認諾文言付公正証書を作成する。

2 前項の公正証書作成に要する費用は乙の負担とする。

（協議）

第10条 本契約に定めのない事項、または本契約の各条項の解釈について疑義が生じたときは、甲、乙及び丙は、誠意をもって協議のうえ、これを定めるものとする。

（合意管轄）

第11条 甲、乙及び丙は、本契約に関する訴訟その他の法的手続きについては、○○地方裁判所をもって第一審の専属的管轄裁判所とすることに合意する。

甲と乙は以上のとおり合意し、その成立の証として、本契約書3通を作成し、各自、署名又は記名捺印の上、各1通宛所持するものとする。

令和○年○月○日

```
                                    甲
                                      住所  × × × ×
                                      氏名  ○ ○ ○ ○  ㊞
                                    乙
                                      住所  × × × ×
                                      氏名  ○ ○ ○ ○  ㊞
                                    丙
                                      住所  × × × ×
                                      氏名  ○ ○ ○ ○  ㊞
```

【書式例】保証契約書

```
  ┌─────┐
  │ 収  入 │                    保証契約書
  │ 印  紙 │
  │  注1  │
  └─────┘
```

注1 印紙税法別表第一課税物件表の第13号文書（債務の保証に関する契約書）に該当し、印紙税が課税される（1通につき200円）。

債権者○○○○（以下、「甲」という。）と保証人○○○○（以下、「乙」という。）とは、甲の

債権者○○○○（以下、「丙」という。）に対する債権の保証について、以下のとおり合意した。
（基本的合意）
第1条 乙は、甲に対し、丙が甲に対して負担する下記債務（以下「本件債務」という。）について、本日保証する。注2

記

契約年月日	令和○年○月○日
元　金　額	金○○○万円
返済期日	令和○年○月○日
利　　息	年○パーセント
利息の支払方法	元金返済と同時
遅延損害金利率	年○○パーセント

注2　主たる債務の内容を明記する。保証債務の内容自体が主たる債務により決まってくるものであるから詳しく記載したほうがよい。

（催告の抗弁）
第2条 甲は、あらかじめ丙に対し催告し、請求した後でなければ、乙に対し本件債務の支払請求をすることはできない。ただし、丙が住所不明となったとき、又は自ら破産手続きその他の法的債務整理手続きの開始申立てを行い、あるいは第三者から法的整理手続の申立てがなされ、その開始決定がなされたときはこの限りでない。注3

注3　いわゆる催告の抗弁を認めた条項である。

（検索の抗弁の放棄）
第3条 乙は、丙に弁済の資力があり、かつ、丙に対する強制執行が容易であることを証明しても、甲からの執行を拒むことはできない。注4

注4　いわゆる検索の抗弁を放棄させる条項である。

（保証人の追加・変更）
第4条 甲は、丙が死亡した場合、もしくは債権保全のために必要と認めたときは、乙に対し、保証人の追加・変更を求めることができる。この場合、乙は直ちに甲が適当と認める保証人を立てるものとする。

（求償権の制限）
第5条 丙が保証債務を履行した場合、丙は、甲と乙との取引継続中は、甲の同意がなければ、代位によって甲から取得した権利を行使できないものとする。

（費用負担）
第6条 本契約書作成に関する費用は、甲乙折半して負担する。

（管轄の合意）
第7条 甲及び乙は、本契約に関する紛争が生じたときは、その第一審裁判所を○○地方裁判所又は同簡易裁判所とすることに合意した。

甲と乙は以上のとおり合意し、その成立の証として、本契約書3通を作成し、各自、署名又は記名捺印の上、各1通宛所持するものとする。

令和○年○月○日

　　　　　　　　　　　　　甲
　　　　　　　　　　　　　　住所　×　×　×　×
　　　　　　　　　　　　　　氏名　○　○　○　○　㊞
　　　　　　　　　　　　　乙
　　　　　　　　　　　　　　住所　×　×　×　×
　　　　　　　　　　　　　　氏名　○　○　○　○　㊞
　　　　　　　　　　　　　丙
　　　　　　　　　　　　　　住所　×　×　×　×
　　　　　　　　　　　　　　氏名　○　○　○　○　㊞

【書式例】金銭消費貸借契約書―抵当権付―

　　　　　　　　　　　　　　金銭消費貸借契約書

収入印紙 注1

注　印紙税法別表第一課税物件表第1号の3文書（消費貸借に関する契約書）に該当し、契約金額（貸付金額）に応じた印紙税が課税される。なお、抵当権の設定に係る約定は、印紙税の課税事項とはならない。

　貸主○○○○（以下、「甲」という。）と借主○○○○（以下、「乙」という。）は、甲が乙に対し以下の約定により金員を貸し付けることに合意したので、本契約を締結する。

（消費貸借の合意）
第1条　甲は、乙に対し、本日金○○○万円を貸し渡し、乙はこれを借り受けた。

（利息等）
第2条　本貸付金の利息等については、次のとおりとする。
　(1)　利　　率　　　　年○.○パーセント
　(2)　支　払　時　期　　元金と一括
　(3)　遅延損害金利率　　年○○パーセント

（弁済期）
第3条　令和○年○月○日
2　乙は、甲に対し、前項の期限までに、第1条の金員全額及び第2条の利息金を持参又は送金して返済する。

（期限の利益喪失）

第4条　乙又は連帯保証人に次に掲げる事項の一つにでも該当する事由が生じたときは、何らの通知、催告がなくとも当然に、乙は一切の債務について期限の利益を喪失するものとし、直ちにその債務を弁済する。
　(1)　監督官庁から営業停止又は営業免許若しくは営業登録の取り消し等の処分を受けたとき。
　(2)　支払の停止又は破産、民事再生、会社更生手続若しくは特別清算の申立てがあったとき。
　(3)　手形交換所の取引停止処分を受けたとき。
　(4)　仮差押え、仮処分、強制執行若しくは任意競売の申立て又は滞納処分のあったとき。
　(5)　合併による消滅、資本の減少、事業の廃止・変更又は解散決議がなされたとき。
　(6)　本契約又は本契約に付随して締結した契約で定められた各条項のうち一つでも違反したとき。
　(7)　甲に通知せずに、乙がその住所を移転したとき。
　(8)　その他、支払能力の不安又は背信的行為の存在等、本契約を継続することが著しく困難な事情が生じたとき。
（届出義務）
第5条　乙は、次の事項について、当該事項発生後直ちに甲に対し通知しなければならない。
　(1)　住所の移転
　(2)　勤務先、職業の変更
（公正証書の作成）
第6条　乙は、本契約後○日以内に、本契約と同一の約定による執行認諾文言付公正証書を作成する。
2　前項の公正証書作成に要する費用は乙の負担とする。
（抵当権の設定）
第7条　乙は、本契約に基づく債務の担保として、以下の不動産に順位○番の抵当権を設定する。
記
　　　　所　在　地
　　　　家屋番号
　　　　種　　類
　　　　構　　造
　　　　床　面　積
2　乙は、甲の指示により、甲のため直ちに必要な抵当権設定登記手続きを完了しなければならない。なお、登記費用は乙の負担とする。
（費用負担）
第8条　本契約の締結に要する印紙その他の費用は乙の負担とする。
（合意管轄）
第9条　甲及び乙は、本契約に関する訴訟その他の法的手続きについては、○○地方裁判所をもって第一審の専属的管轄裁判所とすることに合意する。

　甲と乙は以上のとおり合意し、その成立の証として、本契約書2通を作成し、各自、署名又は記名捺印の上、各1通宛所持するものとする。

令和○年○月○日

　　　　　　　　　　　　　　　　　　　　甲
　　　　　　　　　　　　　　　　　　　　住所　× × × ×
　　　　　　　　　　　　　　　　　　　　氏名　○ ○ ○ ○　㊞
　　　　　　　　　　　　　　　　　　　　乙
　　　　　　　　　　　　　　　　　　　　住所　× × × ×
　　　　　　　　　　　　　　　　　　　　氏名　○ ○ ○ ○　㊞

7　契約内容の変更

ア　解　説

　金銭消費貸借契約締結後の事情により、弁済期限を変更する場合があるが、契約当事者の合意があればこれを変更することができる。

　弁済期限が変更となったときは、当然のこととして遅延損害金を請求できる時期も変更する。

イ　実務上のポイント

　弁済期限を変更する場合、原契約締結時と金利動向に差異が生じていることもあるので、利息の利率の変更について検討されるべきである。法定利率が改正された点に注意を要する。

【書式例】弁済期限等変更合意書

　　収　入
　　印　紙
　　　注1

　　　　　　　　　　　弁済期限等変更合意書

注1　印紙税法別表第一課税物件表の第1号の3文書（消費貸借に関する契約書）に該当し、契約金額（貸付金額）に応じた印紙税が課税される（印紙税法基本通達別表第二に掲げる「重要な事項」（契約金額の返還期日、利率）を変更する契約書に該当する）。なお、この合意書では、契約金額の記載がないので、印紙税が課税される（1通につき200円）。

　貸主○○○○（以下、「甲」という。）と借主○○○○（以下、「乙」という。）は、甲乙間の令和○年○月○日付金銭消費貸借契約書（以下、「原契約書」という。）の内容につき、以下のとおり変更することに合意したので、本合意書を作成する。

（弁済期限の合意）

第1条 甲及び乙は、原契約書第○条第○甲の弁済期限を令和○年○月○日に変更することに合意した。注2

注2 弁済期限の変更により、遅延損害金は変更した弁済期限の翌日から請求できることになる。
このほか、以下のように一括弁済を分割弁済に変更することもできる。
「甲及び乙は、甲乙間の令和○年○月○日付金銭消費貸借契約書第○条による元利金の弁済期日一括返済の約定を変更し、次条以下の方法で分割返済することに合意した。」

（利率の変更）
第2条 甲及び乙は、原契約書第○条第○項に定める利息の利率を令和○年○月○日以降、年○．○パーセントに改定することに合意した。
2 原契約書第○条第○項の遅延損害金の利率は従前どおりとする。注3

注3 弁済期限を変更することと併せて利息を改定したものである。

甲と乙は以上のとおり合意し、その成立の証として、本契約書2通を作成し、各自、署名又は記名捺印の上、各1通宛所持するものとする。

令和○年○月○日

甲
住所 × × × ×
氏名 ○ ○ ○ ○ ㊞
乙
住所 × × × ×
氏名 ○ ○ ○ ○ ㊞

関連法令：改正民法404条・589条

【書式例】和解契約書

収　入
印　紙
注1

和解契約書（任意整理）注2

注1 印紙税法別表第一課税物件表の第1号の3文書（消費貸借に関する契約書）に該当し、契約金額（貸付金額）に応じた印紙税が課税される。なお、債務の確認がなされた借入元金の額は、契約金額にはならないので、契約金額の記載のないものとして、印紙税が課税される（1通につき200円）。

注2 本和解契約書は、債権者甲が乙の債務整理に協力し、貸付債権の利息及び損害金を免除するとともに、貸付元金の分割返済及び分割支払期間の利息を請求しないことを内容とする契約である。

株式会社○○○○（以下、「甲」という。）と借主○○○○（以下、「乙」という。）は、本日、次のとおり和解契約を締結した。

（債務の確認）
第１条　乙は、甲に対し、令和○年○月○日付金銭消費貸借契約における借入金債務が本日現在、次のとおりであることを確認する。
　(1)　借入元金　　　金○○○万円（返済期日令和○○年○月○日）
　(2)　利息　　　　　金○○万円
　(3)　損害金　　　　金○○万円

（一部免除）
第２条　甲は、乙の債務整理に協力するため、前条第２号の利息及び同条第３号の損害金の支払を免除する。

（分割支払）
第３条　乙は甲に対し、第１条第１号の借入元金を○○円ずつ24回に分割して支払うこととし、令和○年○月から毎月末日限り金○○万円を甲の指定する銀行口座に送金して支払う。振込手数料は、乙の負担とする。

（期限の利益喪失）
第４条　乙が前条の分割金の支払を怠り、その総額が金○○万円に達したときは、当然に期限の利益を喪失し、第１条第１号の金額から既払金額を控除した金額を直ちに支払う。

（遅延損害金）
第５条　乙が前条により期限の利益を喪失したときは、期限の利益を喪失した日の翌日から支払い済みまで、前条の金額に対し、年○．○パーセントの割合による遅延損害金を支払う。注3
　注3　約定通りの分割返済を行わず、期限の利益を喪失した場合は、その時点における貸付残元金に対して遅延損害金を支払うものとしたものである。この契約を公正証書で行っておくと裁判手続きを経ることなく強制執行が可能である。

（債権債務の確認）
第６条　甲及び乙は、本契約書に定めるほか何らの債権債務の存在しないことを相互に確認する。

（本件和解契約の効力発生要件）
第７条　本和解は、乙が甲以外の債権者との間で、次のすべての要件を充足する和解契約が締結されることを停止条件として効力を発生するものとする。なお、要件充足には、本契約を含む。注4
　(1)　債権者数において過半数以上
　(2)　債務総額において過半数以上
　注4　債務整理の和解契約は、ほかに複数の債権者がいる場合に債務者が他の債権者との間でも和解契約を成立させないと、特定の債権者のみが譲歩を強いられることとなるため、本契約が効力を発生する条件を設定したものである。この要件は、民事再生法における再生計画案可決の要件であるが、任意整理の場合では合意で決めて構わない。

　甲と乙は以上のとおり合意し、その成立の証として、本契約書２通を作成し、各自、署名又は記名捺印の上、各１通宛所持するものとする。

令和○年○月○日

　　　　　　　　　　　　　　　　　甲
　　　　　　　　　　　　　　　　　　住所　×　×　×　×
　　　　　　　　　　　　　　　　　　株式会社○　○　○　○
　　　　　　　　　　　　　　　　　　代表取締役　○　○　○　○　㊞
　　　　　　　　　　　　　　　　　乙
　　　　　　　　　　　　　　　　　　住所　×　×　×　×
　　　　　　　　　　　　　　　　　　氏名　○　○　○　○　㊞

第4章 請 負

第1 契約の概要
1 請負契約の意義
　請負契約は、請負人が仕事の完成を約し、注文者が仕事の完成に対して一定の報酬の支払いを約束する契約である（改正民632条）。契約の類型としては、他人の労務を利用することを目的とする労務供給型の契約に分類される。仕事の内容は、有形のもの（建物の建築、物品の製造加工・修理など）だけでなく、無形のもの（商品の運送やシステムの開発など）も含まれるが、いずれにせよ、その仕事が完成することを契約の内容としている。

2 報酬の支払時期
　請負契約は仕事の完成を目的としているので、注文者は仕事が完成した場合に報酬を支払う義務を負い、請負人としても、原則として仕事を完成させないと報酬請求権が発生しない。そのため、請負の報酬は後払いが原則であるが、特約でこれを変更することは可能であり、実際の請負契約（特に建築請負契約など）においては、前払いや仕事の完成度に応じた分割払い、ないしは、概算払いなどの約定がある場合が多く見られる。

3 下請の利用
　仕事の完成に主眼を置く請負契約の特徴から、原則として請負人には下請負人を使用することが許されており、下請負の事例も多くある。

4 紛争の類型
　請負契約についての紛争は多岐にわたるが、完成された仕事が契約の内容どおりでない場合の契約内容の適合性をめぐる紛争が目立つ。

第2 民法改正のポイント
1 仕事完成前の報酬請求権の明文化
　請負は、仕事が完成して初めて報酬が支払われることを原則とする契約である（改正民632条・633条）。ただし、すでに行われた仕事の結果が可分であり、かつ、注文者が既履行部分の給付につき利益を有するときは、契約当事者の公平を考慮して、仕事の一部に対しても請負人の報酬請求を認めることが合理的である。民法では、このような場合の報酬請求権につき規定がなかったので、改正民法では、634条にその規定を置いた。

　改正民法634条本文は、以下の1号と2号に掲げる場合において、請負人がすでにした仕事につき、可分な部分の給付によって注文者が利益を受けるときには、その可分の部分については仕事の完成とみなし、その部分について請負人に報酬請求権が発生することが明確に規定された。

　同条1号は、注文者の責めに帰することができない事由によって仕事の完成が不能になった

場合（「請負人の責めに帰すべき事由」や「当事者双方の責めに帰することができない事由」により仕事の完成が不能になった場合等）である。なお、「注文者の責めに帰すべき事由」によって仕事の完成が不能になった場合の規定は設けられていないが、この部分については、改正民法536条2項（危険負担。基本的に改正前民法と同様である。）の解釈に委ねられることになる。

同条2号は、「仕事完成前に請負契約が解除された場合」である。公平の見地から、仕事をした可分な部分に応じて、請負人に報酬請求権を認めることが明文化されたのである。

2 担保責任の整理

今回の改正では、売買契約における売主の担保責任の規定が整理されたこと（第2章売買契・第2民法改正のポイント・3担保責任についての規律の見直し参照）に合わせ、売買契約と同じ有償契約である請負契約の担保責任ついては、基本的に売買の担保責任の規定を準用する（改正民559条）ことにした。これにより、請負人の担保責任の規定が大幅に整理された。

具体的には、売買の担保責任の規定が準用されるので、請負人の担保責任として、①追完請求権（修補請求権。改正民562条）、②報酬減額請求権（改正民563条）、③損害賠償請求権（改正民564条・415条）、④解除権（改正民564条・541条・542条）が認められることになる。

売買契約の場合と異なる点としては、「種類又は品質に関して契約内容不適合の場合、不適合が注文者の供した材料の性質又は注文者の与えた指図によって生じたときは、注文者は担保責任（履行追完請求、報酬減額請求、損害賠償請求、契約の解除）の追及ができない（ただし、請負人がその材料又は指図が不適当であることを知りながら告げなかったときは除く。）」という点である。これは、請負契約の特質に鑑みて、改正前636条の規律を維持したものである。

請負の担保責任は、行使期間の点でも修正がなされた。従来、注文者の担保責任の追及は、仕事の目的物が引き渡されたときから1年の除斥期間内に行わなければならないとされていたが、改正民法637条1項では、「注文者がその不適合の事実を知った時から1年以内」に不適合の事実を「通知」しなければ、その不適合を理由として担保責任を追及することができなくなることになった（ただし、請負人が引渡し時（引渡しを要しない場合にあっては、仕事が終了した時）に、請負人がその不適合を知り、又は重大な過失によって知らなかったときを除く。改正民637条2項）。

なお、「知った時」の意味については、売主の担保責任に関する従来の判例のいう「買主が売主に対し、担保責任が追及できる程度の重大な瑕疵を知った時」という基準が基本的に妥当するものと思われる。

また、「通知」とは、商法526条2項の「通知」と同様に、契約内容不適合があった事だけを通知したのでは不十分であるが、契約内容不適合の種類とその大体の範囲を通知すればよく、その細目までは通知する必要がないとするのが妥当と思われる。

その他、現行法は「建物その他の土地の工作物」については特別な規定を設けているが、「建物その他の土地の工作物」の請負と他を区別して扱う必要はないことから、この点に関する特則は削除された。

なお、現行法、改正法で担保責任（契約不適合責任）の異同を纏めると、次のようになる。

	現行法		改正法
	建物その他土地の工作物	それ以外	
対象	瑕疵 （隠れたる瑕疵に限られない）		目的物が種類または品質に関して「契約の内容に適合しない」場合
修補請求権	相当の期間を定めて、瑕疵の修補を請求できる（634条1項）。ただし、瑕疵が軽微で、その修補に過分の費用を要するときは、瑕疵修補請求はできない（同項但書）。		修補請求（履行の追完請求）ができる（改正民562条・559条。請負人に帰責事由がなくとも修補請求ができる。但し、以下の①を充たし、②に該当しないことが必要）。 ① 契約内容不適合が注文者の供した材料の性質又は注文者の与えた指図によって生じたものでないことが必要。但し、請負人がその材料又は指図が不適当であることを知りながら告げなかったときを除く（改正民636条）。 ② 追完不能の場合は、追完請求不可（改正民412条の2第1項）
報酬減額請求権	明文の規定はない。		注文者は、相当の期間を定めて履行の催告をして、その期間に履行の追完がないときは、不適合の程度に応じて代金減額請求ができる（改正民563条1項・559条）。ただし、 ① 追完不能、請負人に追完の意思なし、時期の経過により追完しても契約の目的を達成できない、その他注文者が催告しても追完の見込みがないことが明らかな場合、には無催告で減額請求可（改正民563条2項・559条）。 ② 注文者に帰責事由がある場合は、代金減額請求不可（改正民563条3項・559条）
解除権	解除権なし（民635条ただし書）	瑕疵により契約の目的を達成できない場合は、解除できる（民635条本文）	契約目的が達成不能となっていない場合でも契約を解除できる（改正民564条・541条・559条）。ただし、契約内容不適合が軽微であるときは解除できない（改正民541条ただし書）。 解除する場合には、原則として履行の催告

			が必要であるが、改正民法542条1項各号に規定する場合は、催告不要。
担保責任に関する規定が適用されない場合	瑕疵が注文者の供した材料の性質又は注文者の与えた指図によって生じたときは担保責任の規定の適用なし。ただし、請負人がその材料又は指図が不適当であることを知りながら告げなかったときを除く（民636条）。		内容は現行法と同じ（改正民636条）
権利行使の期間制限	5年ないし10年。瑕疵による滅失・毀損の場合は、滅失・毀損の時から1年（民638条）。	引き渡し時又は仕事終了時から1年（民637条）	注文者が、契約内容の不適合を知った時から1年以内に、その旨を請負人に通知しなければ、履行の追完請求、報酬の減額請求、損害賠償の請求及び契約の解除はできない（改正民637条1項）。

3 注文者が破産手続開始決定を受けた場合の解除権の明確化

改正前民法においても、破産管財人だけでなく、請負人にもこの場合の解除権が認められていたが、解除権が認められる時期が明らかではなかった。

そのため、改正民法642条1項は、注文者が破産手続開始決定を受けた場合の請負人の解除権の行使を仕事完成前に限定することを明記した。その他、改正民法642条2項は、642条1項ただし書を、改正民法642条3項は、642条2項をそのまま維持するものである。

第3 書式例

1 建築工事請負契約

ア 解説

建築の請負は、注文者が思い描いていた建物等と実際に完成した建物とで食い違いが生じることが多い。また、工事期間が長期にわたるため、工事期間中に生じる様々な事情により工事内容の変更（設計図面や仕様書とは異なる内容への変更）がたびたび起こる。また、工事期間中に材料費や人件費に変動が生じることもある。以上のことから、建設工事を請負契約の目的とする場合には、工事内容、仕様、工期、請負代金の変更等に関する条項を、契約書で可能な限り定めておく必要がある。

イ 実務上のポイント

建設請負が長期かつ高額な請負工事で、工事内容も多岐にわたることから、建設業法は、工事内容、着手及び完成時期、請負代金額、その支払方法及び変更の定め、工事完成確認のための検査の時期及び方法、引越し時期、履行遅滞等債務不履行の場合の遅延利息等、契約に関す

る紛争の解決方法などについて、当事者が書面で取り交わすことを義務づけている（建設業19条）。前述のとおり、請負工事の対象である建物の設計仕様、請負代金額とその支払方法、支払時期及び工期（着手時期・完成時期）等については、明確に定めておく必要がある。

　なお、建築工事関係では、契約を締結する当事者間の知識や力関係が必ずしも対等とは言えず、契約条件が一方にだけ有利に定められてしまうという事態が生じることがある。そのため、各種団体では、請負契約約款を作成し、広く公開している。例えば、中央建設業審議会（建設業法に基づいて国土交通省に設置された諮問機関）が作成した「公共工事標準請負契約約款」（国の機関、地方公共団体、政府関係機関が発注する工事の請負契約）、民間工事用として作成した「民間建設工事標準請負契約約款（甲）」（民間の比較的大きな規模の工事を発注するものと建設業者との請負契約）、「民間建設工事標準請負契約約款（乙）」（個人住宅等の民間の比較的小さな規模の工事を発注する者と建設業者との請負契約）、「建設工事標準下請契約約款」（公共工事・民間工事を問わず、建設工事の下請契約全般）がある。また、民間（旧四会）連合協定工事請負契約約款委員会作成の「工事請負契約約款」も有名である。

　これら請負契約約款は、今後順次改正民法に対応した改訂版が作成されるものと思われるが、本書で掲載した約款は、令和元年6月1日時点での請負契約約款を掲載している。

　なお、担保責任の期間制限については、約款で短期間に制限されていることがある（ただし、「住宅の品質確保の促進等に関する法律」により、住宅を新築する建設工事の請負契約（以下「住宅新築請負契約」という。）においては、請負人は、注文者に引き渡した時から10年間、住宅のうち構造耐力上主要な部分又は雨水の浸入を防止する部分について民法の規定する担保責任を負う。）ことに注意すべきである。また、前述のとおり、担保責任の期間制限につき、土地の工作物等に関する例外は廃止され、「注文者が不適合の事実を知った時から1年以内に不適合の事実を通知」しなければならなくなったことには注意すべきである。

　以下、簡潔な建設工事請負契約書に続き、比較的ポピュラーな「民間建設工事標準請負契約約款（甲）」、「民間建設工事標準請負契約約款（乙）」、「民間（旧四会）連合協定工事請負契約約款」、「仲裁合意書」、「宅地造成工事請負契約書」、「内装工事請負契約書」を記載する。

【書式例】　建設工事請負契約書

収入印紙　注1

建設工事請負契約書

注1　印紙税法別表第一課税物件表の第2号文書（請負に関する契約書）に該当し、契約金額（請負金額）に応じた印紙税が課税される。なお、建設業法2条に規定する建設工事の請負契約書には軽減税率の適用がある（税特措91条）。

注文者○○○○（以下「甲」という。）と請負者○○○○（以下「乙」という。）との間において、

次のとおり建設工事請負契約を締結する。

第1条 甲は乙に対し下記建物（以下、「本件建物」という。）の建築工事を注文し、乙はこれを完成させることを約定した。

記

○県○市○町○丁目○番地上に木造瓦葺二階建家屋一棟及び附属建物。設計仕様は別紙のとおり。

第2条 請負代金は金○○円（消費税別途）とし、甲は乙に対し、次のとおり分割して支払う。
 (1) 乙において工事に着手したときに金○○円（消費税別途）注2
 (2) 乙において基礎工事（上棟）を完成したときに金○○円（消費税別途）
 (3) 乙において工事を完成し、その引渡しを終了したときに金○○万円（消費税別途）

　注2　請負代金を分割払いとした場合、第1回の支払時期を工事着手時とするものと、契約成立（締結）時とするものとがある。

第3条 乙は令和○年○月○日までに建築工事に着手し、令和○年○月○日までにこれを完成し、完成の日から○日以内に甲に引き渡すものとする。

第4条 工事中、甲は、乙に対し、設計又は材料等の変更を求めることができる。但し、この場合に建築費用が増加したときはすべて甲が増加分を負担するものとし、また、上記変更により工事の完了が遅延した場合、その損失はすべて甲が負担するものとする。注3

　注3　建築工事請負契約では、契約締結時に建物の仕様等はできるだけ明確に定めておくべきであるが、工事途中で注文者の希望で仕様等を変更する場合も生じる。その場合に、増加費用や工事完了が遅延した場合の損失を誰が負担するのかについて定める規定を置いた。

第5条 乙が前条の引渡しを遅延した場合は、乙は甲に対し、1日あたり金○○円の割合による損害金を支払うものとする。注4

　注4　建築工事は遅延することが多い。そのような場合に備えて、遅延損害金の定めを記載しておくことも検討すべきである。

甲と乙は以上のとおり合意し、その成立の証として、本契約書2通を作成し、各自、署名又は記名捺印の上、各1通宛所持するものとする。

令和○年○月○日

　　　　　　　　　　　　　　　　　　　　　甲
　　　　　　　　　　　　　　　　　　　　　　住所　××××
　　　　　　　　　　　　　　　　　　　　　　氏名　○○○○　㊞
　　　　　　　　　　　　　　　　　　　　　乙
　　　　　　　　　　　　　　　　　　　　　　住所　××××
　　　　　　　　　　　　　　　　　　　　　　氏名　○○○○　㊞

【書式例】民間建設工事請負契約書（民間建設工事標準請負契約約款 甲）

民間建設工事標準請負契約約款（甲）

収入印紙 注

注 契約当事者間において契約書として取り交わす場合は、印紙税法別表第一課税物件表の第２号文書（請負に関する契約書）に該当し、契約金額（請負金額）に応じた印紙税が課税される。

（総則）
第一条 発注者及び受注者は、各々が対等な立場において、日本国の法令を遵守して、互いに協力し、信義を守り、この約款（契約書を含む。以下同じ。）に基づき、設計図書（添付の設計図、仕様書、現場説明書及びその質問回答書をいう。以下同じ。）に従い、誠実にこの契約（この約款及び設計図書を内容とする請負契約をいい、その内容を変更した場合を含む。以下同じ。）を履行する。
2 受注者は、この契約に基づいて、工事を完成し、この契約の目的物を発注者に引き渡すものとし、発注者は、その請負代金の支払いを完了する。
3 この約款の各条項に基づく協議、承諾、通知、指示、請求等は、この約款に別に定めるもののほか、原則として、書面により行う。
4 監理者は、この契約とは別に発注者と監理者との間で締結された監理業務（建築士法第二条第七項で定める工事監理並びに同法第十八条第三項及び第二十条第三項で定める工事監理者の業務を含む。以下同じ。）に関する委託契約（以下「監理契約」という。）に基づいて、この契約が円滑に遂行されるように協力する。
5 発注者は、第九条第一項各号に掲げる事項その他この契約に定めのある事項と異なることを監理者に委託したときは、速やかに書面をもって受注者に通知する。
6 発注者は、受注者の求め又は設計図書の作成者の求めにより、設計図書の作成者が行う設計意図を正確に伝えるための質疑応答又は説明の内容を受注者に通知する。

（工事用地の確保等）
第二条 発注者は、工事用地その他設計図書において発注者が提供するものと定められた施工上必要な用地等を、施工上必要と認められる日（設計図書に別段の定めがあるときは、その定められた日）までに確保し、受注者の使用に供する。

（関連工事の調整）
第三条 発注者は、その発注に係る第三者の施工する他の工事で受注者の施工する工事と密接に関連するもの（以下「関連工事」という。）について、必要があるときは、それらの施工につき、調整を行うものとする。この場合において、受注者は、発注者の調整に従い、第三者の施工が円滑に進捗し、完成するよう協力しなければならない。
2 前項において、発注者が関連工事の調整を監理者又は第三者に委託した場合には、発注者は、速やかに書面をもって受注者に通知する。

（請負代金内訳書及び工程表）
第四条 受注者は、この契約を締結した後、速やかに請負代金内訳書及び工程表を監理者に提出し、請負代金内訳書については、監理者の確認を受ける。
2 請負代金内訳書には、健康保険、厚生年金保険及び雇用保険に係る法定福利費を明示するものとする。

（一括委任又は一括下請負の禁止）
第五条 受注者は、工事の全部若しくはその主たる部分又は他の部分から独立して機能を発揮する工作物の工事を一括して第三者に委任し、又は請け負わせることはできない。ただし、共同住宅の新築工事以外の工事で、かつ、あらかじめ発注者の書面による承諾を得た場合は、この限りではない。

（権利義務の譲渡等）
第六条 発注者及び受注者は、相手方の書面による承諾を得なければ、この契約により生ずる権利又は義務を第三者に譲渡し、又は承継させることはできない。

> **注** 承諾を行う場合としては、たとえば、受注者が工事に係る請負代金債権を担保として資金を借り入れようとする場合（受注者が、「下請セーフティネット債務保証事業」（平成十一年一月二十八日建設省経振発第八号）により資金を借り入れようとする等の場合）が該当する。

2 発注者及び受注者は、相手方の書面による承諾を得なければ、この契約の目的物並びに検査済の工事材料及び建築設備の機器（いずれも製造工場等にある製品を含む。以下同じ。）を第三者に譲渡し、若しくは貸与し、又は抵当権その他の担保の目的に供することはできない。

（特許権等の使用）
第七条 受注者は、特許権、実用新案権、意匠権、商標権その他日本国の法令に基づき保護される第三者の権利（以下「特許権等」という。）の対象となっている工事材料、建築設備の機器、施工方法等を使用するときは、その使用に関する一切の責任を負わなければならない。ただし、発注者がその工事材料、建築設備の機器、施工方法等を指定した場合において、設計図書に特許権等の対象である旨の明示がなく、かつ、受注者がその存在を知らなかったときは、発注者は、受注者がその使用に関して要した費用を負担しなければならない。

（保証人）
第八条 保証人は、保証人を立てた発注者又は受注者（以下この項において「主たる債務者」という。）に債務不履行があったときは、この契約から生ずる金銭債務について、主たる債務者と連帯して保証の責めを負う。
2 保証人がその義務を果たせないことが明らかになったときは、発注者又は受注者は、相手方に対してその変更を求めることができる。
3 この契約に前払金の定めをする場合においては、発注者は、受注者が債務の不履行によって生ずる損害金の支払いを保証する保証人を立てることを求めることができる。
4 前金払をする前に、受注者が前項の保証人を立てないときは、発注者はその支払いを拒むことができる。

> **注** 保証人を立てない場合は、削除する。

（監理者）
第九条 監理者は、監理契約に基づいて発注者の委託を受け、この契約に別段の定めのあるほか、

次のことを行う。
一　設計内容を正確に伝えるため、受注者と打ち合わせ、必要に応じて説明図等を作成し、受注者に交付すること。
二　受注者から提出された質疑書に関し、技術的に検討し、回答すること。
三　設計図書に基づいて設計図書の作成者により作成された詳細図（以下「詳細図」という。）等を、工程表に基づき受注者が工事を円滑に遂行するために必要な時期に、受注者に交付すること。交付できない場合には、理由を付して発注者にその旨を報告すること。
四　設計図書に定めるところにより受注者が作成し、及び提出する施工計画について、設計図書に定められた品質が確保できないおそれがあると明らかに認められる場合には、受注者に対して助言し、その旨を発注者に報告すること。
五　設計図書に定めるところにより受注者が作成する施工図（躯体図、工作図、製作図等をいう。以下同じ。）、模型見本、見本施工等が設計図書の内容に適合しているか否かを検討し、承認すること。
六　設計図書に定めるところにより、施工について指示し、施工に立ち会い、又は工事材料、建築設備の機器、仕上見本等を検査し、若しくは検討し、承認すること。
七　工事の内容が、設計図、説明図、詳細図、監理者によって承認された施工図（以下これらを「図面」という。）及びこの契約に合致していることを確認すること。
八　工事の内容が、図面及びこの契約に合致していないと認められるときは、直ちに、受注者にその旨を指摘し是正するよう求め、受注者がこれに従わないときは、その旨を発注者に報告すること。
九　受注者の提出する出来高払又は完成払の請求書を技術的に審査すること。
十　工事の内容、工期又は請負代金額の変更に関する書類を技術的に審査すること。
十一　工事の完成を確認し、この契約の目的物の引渡しに立ち会うこと。
2　受注者が、この契約に基づいて監理者が行う指示、検査、試験、立会い、確認、審査、承認、意見、協議、助言、検討等を求めたときは、監理者は、速やかにこれに応ずる。
3　発注者又は受注者は、この契約に別段の定めのある事項を除き、工事について発注者と受注者との間で通知又は協議を行う場合は、原則として、通知は監理者を通じて、協議は監理者を参加させて行う。
4　発注者は、監理業務の担当者の氏名及び担当業務を書面をもって受注者に通知する。
5　監理者が発注者の承諾を得て監理業務の一部を第三者に委託するときは、発注者は、当該第三者の氏名又は名称及び住所並びに担当業務を書面をもって受注者に通知する。
6　監理者の受注者に対する指示、確認、承認等は、原則として書面による。

（現場代理人及び監理技術者等）
第十条　受注者は、工事現場における施工の技術上の管理をつかさどる監理技術者又は主任技術者を定め、書面をもってその氏名を発注者に通知する。また、専門技術者（建設業法（昭和二十四年法律第百号）第二十六条の二に規定する技術者をいう。以下同じ。）を定める場合、書面をもってその氏名を発注者に通知する。
2　受注者は、現場代理人を定めたときは、書面をもってその氏名を発注者に通知する。
3　現場代理人は、この契約の履行に関し、工事現場の運営、取締りを行うほか、次の各号に定

める権限を除き、この契約に基づく受注者の一切の権限を行使することができる。
一　請負代金額の変更
二　工期の変更
三　請負代金の請求又は受領
四　第十二条第一項の請求の受理
五　工事の中止、この契約の解除及び損害賠償の請求

4　受注者は、前項の規定にかかわらず、自己の有する権限のうち現場代理人に委任せず自ら行使しようとするものがあるときは、あらかじめ、当該権限の内容を発注者に通知しなければならない。

5　現場代理人、監理技術者又は主任技術者及び専門技術者は、これを兼ねることができる。

(履行報告)

第十一条　受注者は、この契約の履行報告につき、設計図書に定めがあるときは、その定めるところにより発注者に報告しなければならない。

(工事関係者についての異議)

第十二条　発注者は、監理者の意見に基づいて、受注者の現場代理人、監理技術者又は主任技術者、専門技術者及び従業員並びに下請負者及びその作業員のうちに、工事の施工又は管理について著しく適当でないと認めた者があるときは、受注者に対して、その理由を明示した書面をもって、必要な措置をとることを求めることができる。

2　受注者は、第九条第四項で定められた担当者又は同条第五項で委託された第三者の処置が著しく適当でないと認めたときは、発注者に対して、その理由を明示した書面をもって、必要な措置をとることを求めることができる。

3　受注者は、監理者の処置が著しく適当でないと認められるときは、発注者に対して異議を申し立てることができる。

(工事材料及び建築設備の機器等)

第十三条　受注者は、設計図書において監理者の検査を受けて使用すべきものと指定された工事材料又は建築設備の機器については、当該検査に合格したものを用いるものとし、設計図書において試験を受けて使用すべきものと指定された工事材料又は建築設備の機器については、当該試験に合格したものを使用する。

2　前項の検査又は試験に直接必要な費用は、受注者の負担とする。ただし、設計図書に別段の定めのない検査又は試験が必要と認められる場合に、これらを行うときは、当該検査又は試験に要する費用及び特別に要する費用は、発注者の負担とする。

3　検査又は試験に合格しなかった工事材料又は建築設備の機器は、受注者の責任においてこれを引き取る。

4　工事材料又は建築設備の機器の品質については、設計図書に定めるところによる。設計図書にその品質が明示されていないものがあるときは、中等の品質のものとする。

5　受注者は、工事現場に搬入した工事材料又は建築設備の機器を工事現場外に持ち出すときは、監理者の承認を受ける。

6　監理者は、施工用機器について明らかに適当でないと認められるものがあるときは、受注者に対してその交換を求めることができる。

（支給材料及び貸与品）

第十四条　発注者が支給する工事材料若しくは建築設備の機器（以下これらを「支給材料」という。）又は貸与品は、発注者の負担と責任であらかじめ行う検査又は試験に合格したものとする。

2　受注者は、前項の検査又は試験の結果について疑義があるときは、発注者に対して、その理由を付してその再検査又は再試験を求めることができる。

3　受注者は、支給材料又は貸与品の引渡しを受けた後、前二項の検査又は試験により発見することが困難であった隠れた瑕疵等が明らかになるなど、これを使用することが適当でないと認められる理由があるときは、直ちにその旨を発注者（発注者が前二項の検査又は試験を監理者に委託した場合は、監理者）に通知し、その指示を求める。

4　支給材料又は貸与品の受渡期日は工程表によるものとし、その受渡場所は、設計図書に別段の定めのないときは工事現場とする。

5　受注者は、支給材料又は貸与品について、善良な管理者としての注意をもって保管し、使用する。

6　支給材料の使用方法について、設計図書に別段の定めのないときは、監理者の指示による。

7　不用となった支給材料（残材を含み、有償支給材料を除く。）又は使用済の貸与品の返還場所は、設計図書に別段の定めのないときは工事現場とする。

（監理者の立会い及び工事記録の整備）

第十五条　受注者は、設計図書に監理者の立会いの上施工することが定められた工事を施工するときは、監理者に通知する。

2　受注者は、監理者の指示があったときは、前項の規定にかかわらず、監理者の立会いなく施工することができる。この場合、受注者は、工事写真等の記録を整備して監理者に提出する。

（設計、施工条件の疑義、相違等）

第十六条　受注者は、次の各号のいずれかに該当することを発見したときは、直ちに書面をもって監理者に通知する。

一　図面若しくは仕様書の表示が明確でないこと又は図面と仕様書に矛盾、誤謬又は脱漏があること。

二　工事現場の状態、地質、湧水、施工上の制約等について、設計図書に示された施工条件が実際と相違すること。

三　工事現場において、土壌汚染、地中障害物の発見、埋蔵文化財の発掘その他施工の支障となる予期することのできない事態が発生したこと。

2　受注者は、図面若しくは仕様書又は監理者の指示によって施工することが適当でないと認めたときは、直ちに書面をもって監理者に通知する。

3　監理者は、前二項の通知を受けたとき又は自ら第一項各号のいずれかに該当することを発見したときは、直ちに書面をもって受注者に対して指示する。

4　前項の場合、工事の内容、工期又は請負代金額を変更する必要があると認められるときは、発注者、受注者及び監理者が協議して定める。

（図面及び仕様書に適合しない施工）

第十七条　施工について、図面及び仕様書のとおりに実施されていない部分があると認められたときは、監理者の指示によって、受注者は、その費用を負担して速やかにこれを修補し、又は

改造する。このために受注者は、工期の延長を求めることはできない。
2 　監理者は、図面及び仕様書のとおりに実施されていない疑いのある施工について、必要と認められる相当の理由があるときは、その理由を受注者に通知の上、発注者の書面による同意を得て、必要な範囲で破壊してその部分を検査することができる。
3 　前項の破壊検査の結果、図面及び仕様書のとおりに実施されていないと認められる場合は、破壊検査に要する費用は受注者の負担とする。また、図面及び仕様書のとおりに実施されていると認められる場合は、破壊検査及びその復旧に要する費用は発注者の負担とし、受注者は、発注者に対して、その理由を明示して、必要と認められる工期の延長を請求することができる。
4 　次の各号のいずれかの場合に生じた図面及び仕様書のとおりに実施されていないと認められる施工については、受注者は、その責任を負わない。
　一 　発注者又は監理者の指示によるとき。
　二 　支給材料、貸与品、図面及び仕様書に指定された工事材料若しくは建築設備の機器の性質又は図面及び仕様書に指定された施工方法によるとき。
　三 　第十三条第一項又は第十四条第一項の検査又は試験に合格した工事材料又は建築設備の機器によるとき。
　四 　その他施工について発注者又は監理者の責めに帰すべき事由によるとき。
5 　前項の規定にかかわらず、施工について受注者の故意又は重大な過失によるとき又は受注者がその適当でないことを知りながらあらかじめ発注者又は監理者に通知しなかったときは、受注者は、その責任を免れない。ただし、受注者がその適当でないことを通知したにもかかわらず、発注者又は監理者が適切な指示をしなかったときは、この限りでない。
6 　受注者は、監理者から工事を設計図書のとおりに実施するよう求められた場合において、これに従わない理由があるときは、直ちにその理由を書面で発注者に報告しなければならない。
（損害の防止）

第十八条 　受注者は、工事の完成引渡しまで、自己の費用で、この契約の目的物、工事材料、建築設備の機器又は近接する工作物若しくは第三者に対する損害の防止のため、設計図書及び関係法令に基づき、工事と環境に相応した必要な処置をする。
2 　この契約の目的物に近接する工作物の保護又はこれに関連する処置で、発注者、受注者及び監理者が協議して、前項の処置の範囲を超え、請負代金額に含むことが適当でないと認めたものの費用は発注者の負担とする。
3 　受注者は、災害防止などのため特に必要と認めたときは、あらかじめ監理者の意見を求めて臨機の処置を取る。ただし、急を要するときは、処置をした後、監理者に通知する。
4 　発注者又は監理者が必要と認めて臨機の処置を求めたときは、受注者は、直ちにこれに応ずる。
5 　前二項の処置に要した費用の負担については、発注者、受注者及び監理者が協議して、請負代金額に含むことが適当でないと認めたものの費用は発注者の負担とする。
（第三者に及ぼした損害）

第十九条 　施工のため第三者に損害を及ぼしたときは、受注者がその損害を賠償する。ただし、その損害のうち発注者の責めに帰すべき事由により生じたものについては、発注者の負担とする。

2　前項の規定にかかわらず、施工について受注者が善良な管理者としての注意を払っても避けることができない騒音、振動、地盤沈下、地下水の断絶等の事由により第三者に与えた損害を補償するときは、発注者がこれを負担する。
3　前二項の場合その他施工について第三者との間に紛争が生じた場合は、受注者がその処理解決に当たる。ただし、受注者だけで解決し難いときは、発注者は、受注者に協力する。
4　この契約の目的物に基づく日照阻害、風害、電波障害その他発注者の責めに帰すべき事由により、第三者との間に紛争が生じたとき又は損害を第三者に与えたときは、発注者がその処理解決に当たり、必要があるときは、受注者は、発注者に協力する。この場合において、第三者に与えた損害を補償するときは、発注者がこれを負担する。
5　第一項ただし書又は前三項の場合において、受注者は、発注者に対してその理由を明示して必要と認められる工期の延長を請求することができる。

（施工一般の損害）
第二十条　工事の完成引渡しまでに、この契約の目的物、工事材料、建築設備の機器、支給材料、貸与品その他施工一般について生じた損害は、受注者の負担とし、工期は延長しない。
2　前項の損害のうち、次の各号のいずれかの場合に生じたものは、発注者の負担とし、受注者は、発注者に対してその理由を明示して必要と認められる工期の延長を求めることができる。
　一　発注者の都合によって、受注者が着手期日までに工事に着手できなかったとき又は発注者が工事を繰延べ若しくは中止したとき。
　二　支給材料又は貸与品の受渡しが遅れたため、受注者が工事の手待又は中止をしたとき。
　三　前払又は部分払が遅れたため、受注者が工事に着手せず、又は工事を中止したとき。
　四　その他発注者又は監理者の責めに帰すべき事由によるとき。

（不可抗力による損害）
第二十一条　天災その他自然的又は人為的な事象であって、発注者又は受注者のいずれにもその責めを帰することのできない事由（以下「不可抗力」という。）によって、工事の出来形部分、工事仮設物、工事現場に搬入した工事材料、建築設備の機器（有償支給材料を含む。）又は施工用機器について損害が生じたときは、受注者は、事実発生後速やかにその状況を発注者に通知する。
2　前項の損害について、発注者、受注者及び監理者が協議して重大なものと認め、かつ、受注者が善良な管理者としての注意をしたと認められるものは、発注者がこれを負担する。
3　火災保険、建設工事保険その他損害をてん補するものがあるときは、それらの額を前項の発注者の負担額から控除する。

（損害保険）
第二十二条　受注者は、工事中、工事の出来形部分及び工事現場に搬入した工事材料、建築設備の機器等に火災保険又は建設工事保険を付し、それらの証券の写しを発注者に提出する。設計図書に定められたその他の損害保険についても、同様とする。
2　受注者は、この契約の目的物又は工事材料、建築設備の機器等に前項の規定による保険以外の保険を付したときは、速やかにその旨を発注者に通知する。

（完成及び検査）
第二十三条　受注者は、工事を完了したときは、設計図書のとおりに実施されていることを確認

して、監理者に検査を求め、監理者は、速やかにこれに応じて受注者の立会いのもとに検査を行う。
2 検査に合格しないときは、受注者は、工期内又は監理者の指定する期間内に、修補し、又は改造して監理者の検査を受ける。
3 受注者は、工期内又は監理者の指定する期間内に、仮設物の取払い、後片付け等の処置を行う。ただし、処置の方法について監理者の指示があるときは、当該指示に従って処置する。
4 前項の処置が遅れている場合において、催告しても正当な理由がなくなお行われないときは、発注者は、代わってこれを行い、その費用を受注者に請求することができる。

(法定検査)

第二十四条 前条の規定にかかわらず、受注者は、法定検査（建築基準法（昭和二十五年法律第二百一号）第七条から第七条の四までに規定する検査その他設計図書に定める法令上必要とされる関係機関による検査のうち、発注者が申請者となっているものをいう。以下同じ。）に先立つ適切な時期に、工事の内容が設計図書のとおりに実施されていることを確認して、監理者に通知し、監理者は、速やかに受注者の立会いのもとに検査を行う。
2 前項の検査に合格しないときは、受注者は、工期内又は監理者の指定する期間内に、修補し、又は改造して監理者の検査を受ける。
3 発注者（発注者が検査立会いを監理者に委託したときは、監理者）及び受注者は、法定検査に立ち会う。この場合において、受注者は、必要な協力をする。
4 法定検査に合格しないときは、受注者は、修補、改造その他必要な処置を行い、その後については、前三項の規定を準用する。
5 第二項及び前項の規定にかかわらず、所定の検査に合格しなかった原因が受注者の責めに帰すことのできない事由によるときは、必要な処置内容につき、発注者、受注者及び監理者が協議して定める。
6 受注者は、発注者に対し、前項の協議で定められた処置の内容に応じて、その理由を明示して必要と認められる工期の延長又は請負代金額の変更を求めることができる。

(その他の検査)

第二十五条 受注者は、前二条に定めるほか、設計図書に発注者又は監理者の検査を受けることが定められているときは、当該検査に先立って、工事の内容が設計図書のとおりに実施されていることを確認して、発注者又は監理者に通知し、発注者又は監理者は、速やかに受注者の立会いのもとに検査を行う。
2 前項の検査に合格しないときは、受注者は、速やかに修補し、又は改造し、発注者又は監理者の検査を受ける。

(部分使用)

第二十六条 工事中におけるこの契約の目的物の一部の発注者による使用（以下「部分使用」という。）については、契約書及び設計図書の定めるところによる。契約書及び設計図書に別段の定めのない場合、発注者は、部分使用に関する監理者の技術的審査を受けた後、工期の変更及び請負代金額の変更に関する受注者との事前協議を経た上、受注者の書面による同意を得なければならない。
2 発注者は、部分使用をする場合は、受注者の指示に従って使用しなければならない。

3　発注者は、前項の指示に違反し、受注者に損害を及ぼしたときは、その損害を賠償しなければならない。
4　部分使用につき、法令に基づいて必要となる手続き（以下この項において「手続き」という。）は、発注者（発注者が手続きを監理者に委託した場合は、監理者）が行い、受注者は、これに協力する。また、手続きに要する費用は、発注者の負担とする。

（部分引渡し）

第二十七条　工事の完成に先立つこの契約の目的物の一部の発注者への引渡し（以下「部分引渡し」という。）については、契約書及び設計図書の定めるところによる。契約書及び設計図書に別段の定めのない場合、発注者は、部分引渡しに関する監理者の技術的審査を受けた後、部分引渡しを受ける部分（以下「引渡し部分」という。）に相当する請負代金額（以下「引渡し部分相当額」という。）の確定に関する受注者との事前協議を経た上、受注者の書面による同意を得なければならない。
2　受注者は、引渡し部分の工事が完了したときは、設計図書のとおりに実施していることを確認し、監理者に検査を求め、監理者は、速やかにこれに応じ、受注者の立会いのもとに検査を行う。
3　前項の検査に合格しないときは、受注者は、監理者の指定する期間内に、監理者の指示に従って修補し、又は改造して監理者の検査を受ける。
4　引渡し部分の工事が前二項の検査に合格したときは、発注者は、引渡し部分相当額全額の支払いを完了すると同時に、その引渡しを受けることができる。
5　部分引渡しにつき、法令に基づいて必要となる手続き（以下この項において「手続き」という。）は、発注者（発注者が手続きを監理者に委託した場合は、監理者）が行い、受注者は、これに協力する。また、手続きに要する費用は、発注者の負担とする。

（請求及び支払い）

第二十八条　第二十三条第一項又は第二項の検査に合格したときは、契約書に別段の定めのある場合を除き、受注者は、発注者にこの契約の目的物を引き渡し、同時に、発注者は、受注者に請負代金の支払いを完了する。
2　受注者は、契約書に定めるところにより、工事の完成前に部分払を請求することができる。この場合、出来高払によるときは、受注者の請求額は契約書に別段の定めのある場合を除き、監理者の検査に合格した工事の出来形部分並びに検査済の工事材料及び建築設備の機器に対する請負代金相当額の十分の九に相当する額とする。
3　受注者が前項の出来高払の支払いを求めるときは、その額について監理者の審査を経た上、支払請求締切日までに発注者に請求する。
4　前払を受けているときは、第二項の出来高払の請求額は、次の式によって算出する。
　　請求額≒第二項による金額×［（請負代金額－前払金額）／請負代金額］

（瑕疵の担保）

第二十九条　この契約の目的物に施工上の瑕疵があるときは、発注者は、受注者に対して、相当の期間を定めて、その瑕疵の修補を求め、又は修補に代え若しくは修補とともに損害の賠償を求めることができる。ただし、瑕疵が重要でなく、かつ、その修補に過分の費用を要するときは、発注者は修補を求めることができない。

2　前項による瑕疵担保期間は、前二条の引渡しの日から、木造の建物については一年間、石造、金属造、コンクリート造及びこれらに類する建物その他土地の工作物又は地盤については二年間とする。ただし、その瑕疵が受注者の故意又は重大な過失によって生じたものであるときは、一年を五年とし、二年を十年とする。

3　建築設備の機器、室内装飾、家具等の瑕疵については、引渡しの時、監理者が検査して直ちにその修補又は取替を求めなければ、受注者は、その責任を負わない。ただし、隠れた瑕疵については、引渡しの日から一年間担保の責任を負う。

4　発注者は、この契約の目的物の引渡しの時に、第一項の瑕疵があることを知ったときは、遅滞なく書面をもってその旨を受注者に通知しなければ、同項の規定にかかわらず、当該瑕疵の修補又は損害の賠償を求めることができない。ただし、受注者がその瑕疵があることを知っていたときは、この限りでない。

5　第一項の瑕疵によるこの契約の目的物の滅失又はき損については、発注者は、第二項に定める期間内で、かつ、その滅失又はき損の日から六カ月以内でなければ、第一項の権利を行使することはできない。

6　前五項の規定は、第十七条第四項各号のいずれかの場合に生じたこの契約の目的物の瑕疵又は滅失若しくはき損については、適用しない。ただし、同条第五項に該当するときは、この限りでない。

（新築住宅の瑕疵の担保）

第三十条　この契約が住宅の品質確保の促進等に関する法律（平成十一年法律第八十一号）第九十四条第一項に規定する住宅新築請負契約に該当する場合においては、前条の規定にかかわらず、次項から第五項までの規定に定めるところによる。

2　住宅のうち構造耐力上主要な部分又は雨水の浸水を防止する部分として住宅の品質確保の促進等に関する法律施行令（平成十二年政令第六十四号）第五条に定めるものの瑕疵（構造耐力又は雨水の浸入に影響のないものを除く。）があるときは、発注者は、受注者に対して、相当の期間を定めて、その瑕疵の修補を求め、又は修補に代え若しくは修補とともに損害の賠償を求めることができる。ただし、瑕疵が重要でなく、かつ、その修補に過分の費用を要するときは、発注者は、修補を求めることができない。

3　前項による瑕疵担保期間は、第二十七条又は第二十八条の引渡しの日から十年間とする。

4　第二項の瑕疵によるこの契約の目的物の滅失又はき損については、発注者は、前項に定める期間内で、かつ、その滅失又はき損の日から六カ月以内でなければ、第二項の権利を行使することができない。

5　前三項の規定は、第十七条第四項各号（第三号を除く。）のいずれかの場合に生じたこの契約の目的物の瑕疵又は滅失若しくはき損については、適用しない。ただし、同条第五項に該当するときは、この限りでない。

6　第二項に定める瑕疵以外のこの契約の目的物の瑕疵については、前条の規定を適用する。

（工事又は工期の変更等）

第三十一条　発注者は、必要があると認めるときは、工事を追加し、又は変更することができる。

2　発注者は、必要があると認めるときは、受注者に工期の変更を求めることができる。

3　受注者は、発注者に対して、工事内容の変更及び当該変更に伴う請負代金の増減額を提案す

ることができる。この場合、受注者は、発注者及び監理者と協議の上、発注者の書面による承諾を得た場合には、工事の内容を変更することができる。
4　第一項又は第二項により、発注者が受注者に損害を及ぼしたときは、受注者は、発注者に対してその補償を求めることができる。
5　受注者は、この契約に別段の定めのあるほか、工事の追加又は変更、不可抗力、関連工事の調整、近隣住民との紛争その他正当な理由があるときは、発注者に対して、その理由を明示して、必要と認められる工期の延長を請求することができる。

（請負代金額の変更）
第三十二条　発注者又は受注者は、次の各号のいずれかに該当するときは、相手方に対して、その理由を明示して必要と認められる請負代金額の変更を求めることができる。
　一　工事の追加又は変更があったとき。
　二　工期の変更があったとき。
　三　第三条の規定に基づき関連工事の調整に従ったために増加費用が生じたとき。
　四　支給材料又は貸与品について、品目、数量、受渡時期、受渡場所又は返還場所の変更があったとき。
　五　契約期間内に予期することのできない法令の制定若しくは改廃又は経済事情の激変等によって、請負代金額が明らかに適当でないと認められるとき。
　六　長期にわたる契約で、法令の制定若しくは改廃又は物価、賃金等の変動によって、この契約を締結した時から一年を経過した後の工事部分に対する請負代金相当額が適当でないと認められるとき。
　七　中止した工事又は災害を受けた工事を続行する場合において、請負代金額が明らかに適当でないと認められるとき。
2　請負代金額を変更するときは、原則として、工事の減少部分については監理者の確認を受けた請負代金内訳書の単価により、増加部分については時価による。

（履行遅滞及び違約金）
第三十三条　受注者の責めに帰すべき事由により、契約期間内にこの契約の目的物を引き渡すことができないときは、契約書に別段の定めのない限り、発注者は、受注者に対し、延滞日数に応じて、請負代金額に対し年十パーセントの割合で計算した額の違約金を請求することができる。
　ただし、工期内に、部分引渡しのあったときは、請負代金額から部分引渡しを受けた部分に相応する請負代金額を控除した額について違約金を算出する。
2　発注者が第二十七条第四項又は第二十八条の請負代金の支払いを完了しないときは、受注者は、発注者に対し、延滞日数に応じて、支払遅滞額に対し年十パーセントの割合で計算した額の違約金を請求することができる。
3　発注者が前払又は部分払を遅滞しているときは、前項の規定を準用する。
4　発注者が第二項の遅滞にあるときは、受注者は、この契約の目的物の引渡しを拒むことができる。この場合において、受注者が自己のものと同一の注意をもって管理したにもかかわらずこの契約の目的物に生じた損害及び受注者が管理のために特に要した費用は、発注者の負担とする。

（発注者の中止権及び解除権）

第三十四条 発注者は、必要があると認めるときは、書面をもって受注者に通知して工事を中止し、又はこの契約を解除することができる。この場合、発注者は、これによって生じる受注者の損害を賠償する。

2　次の各号のいずれかに該当するときは、発注者は、書面をもって受注者に通知して工事を中止し、又はこの契約を解除することができる。この場合において、第一号から第五号まで及び第七号のいずれかに該当するときは、発注者は、受注者に損害の賠償を請求することができる。

一　受注者が正当な理由なく、着手期日を過ぎても工事に着手しないとき。

二　工事が正当な理由なく工程表より著しく遅れ、工期内又は期限後相当期間内に、受注者が工事を完成する見込がないと認められるとき。

三　受注者が第五条又は第十七条第一項の規定に違反したとき。

四　前三号のほか、受注者がこの契約に違反し、その違反によってこの契約の目的を達することができないと認められるとき。

五　受注者が建設業の許可を取り消されたとき又はその許可が効力を失ったとき。

六　資金不足による手形又は小切手の不渡りを出す等受注者が支払いを停止する等により、受注者が工事を続行できないおそれがあると認められるとき。

七　受注者が次条第四項各号のいずれかに規定する理由がないにもかかわらず、この契約の解除を申し出たとき。

3　発注者は、書面をもって受注者に通知して、前二項で中止された工事を再開させることができる。

4　第一項により中止された工事が再開された場合、受注者は、発注者に対して、その理由を明示して、必要と認められる工期の延長を請求することができる。

5　第一項から第三項までに規定するいずれかの手続がとられた場合、発注者は書面をもって監理者に通知し、前項の請求が行われた場合、受注者は書面をもって監理者に通知する。

（受注者の中止権及び解除権）

第三十五条 次の各号のいずれかに該当する場合において、受注者は、発注者に対し、書面をもって、相当の期間を定めて催告してもなお当該事由が解消されないときは、工事を中止することができる。

一　発注者が前払又は部分払を遅滞したとき。

二　発注者が正当な理由なく第十六条第四項による協議に応じないとき。

三　発注者が第二条の工事用地等を受注者の使用に供することができないため又は不可抗力等のため、受注者が施工できないとき。

四　前三号のほか、発注者の責めに帰すべき事由により工事が著しく遅延したとき。

2　前項各号に掲げる中止事由が解消したときは、受注者は、工事を再開する。

3　前項により工事が再開された場合、受注者は、発注者に対して、その理由を明示して、必要と認められる工期の延長を請求することができる。

4　次の各号に該当するときは、受注者は、書面をもって発注者に通知してこの契約を解除することができる。

一　第一項による工事の遅延又は中止期間が、工期の四分の一以上になったとき又は二カ月以

上になったとき。
　二　発注者が工事を著しく減少したため、請負代金額が三分の二以上減少したとき。
　三　発注者がこの契約に違反し、その違反によってこの契約の履行ができなくなったと認められるとき。
5　資金不足による手形又は小切手の不渡りを出す等発注者が支払いを停止する等により、発注者が請負代金の支払い能力を欠くと認められるとき（以下この項において「本件事由」という。）は、受注者は、書面をもって発注者に通知して工事を中止し、又はこの契約を解除することができる。受注者が工事を中止した場合において、本件事由が解消したときは、第二項及び第三項を適用する。
6　第一項又は第四項の場合には、受注者は、発注者に損害の賠償を請求することができる。
7　第一項から第五項までに規定するいずれかの手続がとられた場合、受注者は、監理者に書面をもって通知する。

（解除に伴う措置）

第三十六条　この契約を解除したときは、発注者が工事の出来形部分並びに検査済の工事材料及び建築設備の機器（有償支給材料を含む。）を引き受けるものとして、発注者、受注者及び監理者が協議して清算する。
2　発注者が第三十四条第二項によってこの契約を解除し、清算の結果過払いがあるときは、受注者は、過払額について、その支払いを受けた日から法定利率による利息を付けて発注者に返還する。
3　この契約を解除したときは、発注者、受注者及び監理者が協議して発注者又は受注者に属する物件について、期間を定めてその引取り、後片付け等の処置を行う。
4　前項の処置が遅れている場合において、催告しても正当な理由なくなお行われないときは、相手方は、代わってこれを行い、その費用を請求することができる。

（紛争の解決）

第三十七条（A）　この契約について発注者と受注者との間に紛争が生じたときは、契約書記載の調停人にその解決を依頼するか、又は建設業法による建設工事紛争審査会（以下この条において「審査会」という。）のあっせん又は調停によってその解決を図る。この場合において、審査会の管轄について発注者と受注者との間で特別の合意がないときは、同法第二十五条の九第一項又は第二項に定める審査会を管轄審査会とする。
2　発注者又は受注者が前項により紛争を解決する見込みがないと認めたとき、又は審査会があっせん若しくは調停をしないものとしたとき、又は打ち切ったときは、発注者又は受注者は、仲裁合意書に基づいて審査会の仲裁に付することができる。
3　発注者又は受注者は、申し出により、この約款の各条項の規定により行う発注者と受注者との間の協議に第一項の調停人を立ち会わせ、当該協議が円滑に整うよう必要な助言又は意見を求めることができる。
4　前項の規定により調停人の立会いのもとで行われた協議が整わなかったときに発注者が定めたものに受注者が不服がある場合で、発注者又は受注者の一方又は双方が第一項の調停人のあっせん又は調停により紛争を解決する見込みがないと認めたときは、同項の規定にかかわらず、発注者及び受注者は、審査会のあっせん又は調停によりその解決を図る。

> **注** 第三項及び第四項は、調停人を協議に参加させない場合には、削除する。

第三十七条（B）　この契約について発注者と受注者との間に紛争が生じたときは、建設業法による建設工事紛争審査会（以下この条において「審査会」という。）のあっせん又は調停によってその解決を図る。この場合において、審査会の管轄について発注者と受注者との間で特別の合意がないときは、同法第二十五条の九第一項又は第二項に定める審査会を管轄審査会とする。

2　発注者又は受注者が前項により紛争を解決する見込みがないと認めたとき、又は審査会があっせん若しくは調停をしないものとしたとき、又は打ち切ったときは、発注者又は受注者は、仲裁合意書に基づいて審査会の仲裁に付することができる。

> **注** （B）は、あらかじめ調停人を選任せず、建設業法による建設工事紛争審査会により紛争の解決を図る場合に使用する。

（情報通信の技術を利用する方法）

第三十八条　この約款において書面により行わなければならないこととされている通知、承諾、報告、解除等は、建設業法その他の法令に違反しない限りにおいて、電子情報処理組織を利用する方法その他の情報通信の技術を利用する方法を用いて行うことができる。ただし、当該方法は書面の交付に準ずるものでなければならない。

（補則）

第三十九条　この契約に定めのない事項については、必要に応じて発注者及び受注者が協議して定める。

【書式例】民間建設工事請負契約書（民間建設工事標準請負契約約款　乙）

民間建設工事標準請負契約約款（乙）

収入印紙 注

> **注** 契約当事者間において契約書として取り交わす場合は、印紙税法別表第一課税物件表の第2号文書（請負に関する契約書）に該当し、契約金額（請負金額）に応じた印紙税が課税される。

（総則）

第一条　発注者及び受注者は、各々が対等な立場において、日本国の法令を遵守して、互いに協力し、信義を守り、この約款（契約書を含む。以下同じ。）に基づき、設計図書（添付の設計図及び仕様書をいう。以下同じ。）に従い、誠実にこの契約（この約款及び設計図書を内容とする請負契約をいい、その内容を変更した場合を含む。以下同じ。）を履行する。

2　受注者は、この契約に基づいて、工事を完成し、この契約の目的物を発注者に引き渡すものとし、発注者は、その請負代金の支払いを完了する。

3　この約款の各条項に基づく協議、承諾、通知、指示、請求等は、この約款に別に定めるもののほか、原則として、書面により行う。

4　監理者は、この契約とは別に発注者と監理者との間で締結された監理業務（建築士法第二条

第七項で定める工事監理並びに同法第十八条第三項及び第二十条第三項で定める工事監理者の業務を含む。以下同じ。）に関する委託契約（以下「監理契約」という。）に基づいて、この契約が円滑に遂行されるように協力する。
5 発注者は、第五条第一項各号に掲げる事項その他この契約に定めのある事項と異なることを監理者に委託したときは、速やかに書面をもって受注者に通知する。

（受注者）
第二条 受注者は、この契約を締結した後、速やかに請負代金内訳書及び工程表を監理者に提出し、請負代金内訳書については、監理者の確認を受ける。
2 請負代金内訳書には、健康保険、厚生年金保険及び雇用保険に係る法定福利費を明示するものとする。

（一括委任又は一括下請負の禁止）
第三条 受注者は、工事の全部若しくはその主たる部分又は他の部分から独立して機能を発揮する工作物の工事を一括して第三者に委任し、又は請け負わせることはできない。
注 戸建て住宅又は長屋の新築工事など共同住宅の新築工事以外の工事については、「ただし、あらかじめ発注者の書面による承諾を得た場合は、この限りでない。」とのただし書きを追記することができる。

（権利義務の承継等）
第四条 発注者及び受注者は、相手方の書面による承諾を得なければ、この契約により生ずる権利又は義務を第三者に譲渡し、又は承継させることはできない。
注 承諾を行う場合としては、たとえば、受注者が工事に係る請負代金債権を担保として資金を借り入れようとする場合（受注者が、「下請セーフティネット債務保証事業」（平成十一年一月二十八日建設省経振発第八号）により資金を借り入れようとする等の場合）が該当する。
2 発注者及び受注者は、相手方の書面による承諾を得なければ、この契約の目的物並びに検査済の工事材料及び建築設備の機器（いずれも製造工場等にある製品を含む。以下同じ。）を第三者に譲渡し、若しくは貸与し、又は抵当権その他の担保の目的に供することはできない。

（監理者）
第五条 監理者は、監理契約に基づいて発注者の委託を受け、この契約に別段の定めのあるほか、次のことを行う。
一 設計内容を正確に伝えるため、受注者と打ち合わせ、必要に応じて説明図等を作成し、受注者に交付すること。
二 受注者から提出された質疑書に関し、技術的に検討し、回答すること。
三 設計図書に基づいて設計図書の作成者により作成された詳細図（以下「詳細図」という。）等を、工程表に基づき受注者が工事を円滑に遂行するために必要な時期に、受注者に交付すること。交付できない場合には、理由を付して発注者にその旨を報告すること。
四 設計図書に定めるところにより受注者が作成し、及び提出する施工計画について、設計図書に定められた品質が確保できないおそれがあると明らかに認められる場合には、受注者に対して助言し、その旨を発注者に報告すること。
五 設計図書に定めるところにより受注者が作成する施工図（躯体図、工作図、製作図等をいう。以下同じ。）、模型見本、見本施工等が設計図書の内容に適合しているか否かを検討し、承認

すること。
六 設計図書に定めるところにより、施工について指示し、施工に立ち会い、又は工事材料、建築設備の機器、仕上見本等を検査し、若しくは検討し、承認すること。
七 工事の内容が、設計図、説明図、詳細図、監理者によって承認された施工図（以下これらを「図面」という。）及びこの契約に合致していることを確認すること。
八 工事の内容が、図面及びこの契約に合致していないと認められるときは、直ちに、受注者にその旨を指摘し是正するよう求め、受注者がこれに従わないときは、その旨を発注者に報告すること。
九 受注者の提出する出来高払又は完成払の請求書を技術的に審査すること。
十 工事の内容、工期又は請負代金額の変更に関する書類を技術的に審査すること。
十一 工事の完成を確認し、この契約の目的物の引渡しに立ち会うこと。
十二 この工事とこれに関連する工事との総合調整に当たること。
2 受注者が、この契約に基づいて監理者が行う指示、検査、試験、立会い、確認、審査、承認、意見、協議、助言、検討等を求めたときは、監理者は、速やかにこれに応ずる。
3 発注者又は受注者は、この契約に別段の定めのある事項を除き、工事について発注者と受注者との間で通知又は協議を行う場合は、原則として、通知は監理者を通じて、協議は監理者を参加させて行う。
4 発注者は、監理業務の担当者の氏名及び担当業務を書面をもって受注者に通知する。
5 監理者が発注者の承諾を得て監理業務の一部を第三者に委託するときは、発注者は、当該第三者の氏名又は名称及び住所並びに担当業務を書面をもって受注者に通知する。
6 監理者の受注者に対する指示、確認、承認等は、原則として書面による。

（履行報告）
第六条 受注者は、この契約の履行報告につき、設計図書に定めがあるときは、その定めに従い発注者に報告しなければならない。

（工事材料及び建築設備の機器等）
第七条 受注者は、設計図書において監理者の検査を受けて使用すべきものと指定された工事材料又は建築設備の機器については、当該検査に合格したものを用いるものとし、設計図書において試験を受けて使用すべきものと指定された工事材料又は建築設備の機器については、当該試験に合格したものを使用する。
2 前項の検査又は試験に直接必要な費用は、受注者の負担とする。ただし、設計図書に別段の定めのない検査又は試験が必要と認められる場合に、これらを行うときは、当該検査又は試験に要する費用及び特別に要する費用は、発注者の負担とする。
3 検査又は試験に合格しなかった工事材料又は建築設備の機器は、受注者の責任においてこれを引き取る。
4 工事材料又は建築設備の機器の品質については、設計図書に定めるところによる。設計図書にその品質が明示されていないものがあるときは、中等の品質のものとする。
5 受注者は、工事現場に搬入した工事材料又は建築設備の機器を工事現場外に持ち出すときは、監理者の承認を受ける。
6 監理者は、施工用機器について明らかに適当でないと認められるものがあるときは、受注者

に対してその交換を求めることができる。

(監理者の立会い及び工事記録の整備)

第八条　受注者は、設計図書に監理者の立会いの上施工することが定められた工事を施工するときは、監理者に通知する。

2　受注者は、監理者の指示があったときは、前項の規定にかかわらず、監理者の立会いなく施工することができる。この場合、受注者は、工事写真等の記録を整備して監理者に提出する。

(設計、施工条件の疑義、相違等)

第九条　受注者は、次の各号のいずれかに該当することを発見したときは、直ちに書面をもって監理者に通知する。

一　図面若しくは仕様書の表示が明確でないこと又は図面と仕様書に矛盾、誤謬又は脱漏があること。

二　工事現場の状態、地質、湧水、施工上の制約等について、設計図書に示された施工条件が実際と相違すること。

三　工事現場において、土壌汚染、地中障害物の発見、埋蔵文化財の発掘その他施工の支障となる予期することのできない事態が発生したこと。

2　受注者は、図面若しくは仕様書又は監理者の指示によって施工することが適当でないと認めたときは、直ちに書面をもって監理者に通知する。

3　監理者は、前二項の通知を受けたとき又は自ら第一項各号のいずれかに該当することを発見したときは、直ちに書面をもって受注者に対して指示する。

4　前項の場合、工事の内容、工期又は請負代金額を変更する必要があると認められるときは、発注者、受注者及び監理者が協議して定める。

(適合しない施工)

第十条　施工について、この契約に適合しない部分があるときは、監理者の指図によって、受注者はその費用を負担して速やかにこれを改造し、このために工期の延長を求めることはできない。

2　この契約に適合しない疑いのある施工について必要と認めたとき、監理者は発注者の承認を得てこの契約の目的物の一部を破壊して検査することができる。

3　前項による破壊検査の結果、この契約に適合しないものについては、破壊検査に要する費用は受注者の負担とし、この契約に適合しているものについては、破壊検査及びその復旧に関する費用は発注者の負担とする。

4　適合しない施工が発注者又は監理者の責めに帰すべき事由によるときは、受注者は前三項の責めを負わない。

(損害の防止)

第十一条　受注者は、工事の完成引渡しまで、自己の費用で、この契約の目的物、工事材料、建築設備の機器又は近接する工作物若しくは第三者に対する損害の防止のため、設計図書及び関係法令に基づき、工事と環境に相応した必要な処置をする。

2　この契約の目的物に近接する工作物の保護又はこれに関連する処置で、発注者、受注者及び監理者が協議して、前項の処置の範囲を超え、請負代金額に含むことが適当でないと認めたものの費用は発注者の負担とする。

3　受注者は、災害防止などのため特に必要と認めたときは、あらかじめ監理者の意見を求めて臨機の処置を取る。ただし、急を要するときは、処置をした後、監理者に通知する。
　　4　発注者又は監理者が必要と認めて臨機の処置を求めたときは、受注者は、直ちにこれに応ずる。
　　5　前二項の処置に要した費用の負担については、発注者、受注者及び監理者が協議して、請負代金額に含むことが適当でないと認めたものの費用は発注者の負担とする。

（第三者の損害）
第十二条　施工のため、第三者の生命、身体に危害を及ぼし、財産などに損害を与えたとき又は第三者との間に紛争を生じたときは、受注者はその処理解決に当たる。ただし、発注者の責めに帰すべき事由によるときは、この限りでない。
　　2　前項に要した費用は受注者の負担とし、工期は延長しない。ただし、発注者の責めに帰すべき事由によって生じたときは、その費用は発注者の負担とし、必要があると認めるときは、受注者は工期の延長を求めることができる。

（施工一般の損害）
第十三条　工事の完成引渡しまでに、この契約の目的物、工事材料、建築設備の機器、支給材料、貸与品その他施工一般について生じた損害は、受注者の負担とし、工期は延長しない。
　　2　前項の損害のうち、次の各号のいずれかの場合に生じたものは、発注者の負担とし、受注者は、発注者に対してその理由を明示して必要と認められる工期の延長を求めることができる。
　一　発注者の都合によって、受注者が着手期日までに工事に着手できなかったとき又は発注者が工事を繰延べ若しくは中止したとき。
　二　前払又は部分払が遅れたため、受注者が工事に着手せず、又は工事を中止したとき。
　三　その他発注者又は監理者の責めに帰すべき事由によるとき。

（危険負担）
第十四条（A）　天災その他自然的又は人為的な事象であって、発注者又は受注者のいずれにもその責めを帰することのできない事由（以下「不可抗力」という。）によって、工事の出来形部分、工事仮設物、工事現場に搬入した工事材料、建築設備の機器又は施工用機器について損害が生じたときは、受注者は、事実発生後速やかにその状況を発注者に通知する。
　　2　前項の損害について、発注者、受注者及び監理者が協議して重大なものと認め、かつ、受注者が善良な管理者としての注意をしたと認められるものは、発注者がこれを負担する。
　　3　火災保険、建設工事保険その他損害をてん補するものがあるときは、それらの額を前項の発注者の負担額から控除する。
第十四条（B）　天災その他自然的又は人為的な事象であって、発注者又は受注者のいずれにもその責めを帰することのできない事由（以下「不可抗力」という。）によって、工事の出来形部分、工事仮設物、工事現場に搬入した工事材料、建築設備の機器又は施工用機器について損害が生じたときは、受注者は、事実発生後速やかにその状況を発注者に通知する。
　　2　前項の損害で重大なものについて受注者が善良な管理者の注意をしたと認められるときは、その損害額と発注者及び受注者の負担額とを発注者、受注者及び監理者が協議して定める。
　　3　火災保険、建設工事保険その他損害をてん補するものがあるときは、それらの額を損害額より控除したものを前項の損害額とする。

第十四条（C）　天災その他自然的又は人為的な事象であって、発注者又は受注者のいずれにもその責めを帰することのできない事由（以下「不可抗力」という。）によって、工事の出来形部分、工事仮設物、工事現場に搬入した工事材料、建築設備の機器又は施工用機器について損害が生じたときは、その損害は受注者の負担とする。

注　　　（A）、（B）又は（C）を選択して使用する。

（損害保険）

第十五条　受注者は、工事中、工事の出来形部分及び工事現場に搬入した工事材料、建築設備の機器等に火災保険又は建設工事保険を付し、それらの証券の写しを発注者に提出する。設計図書に定められたその他の損害保険についても、同様とする。

2　受注者は、この契約の目的物又は工事材料、建築設備の機器等に前項の規定による保険以外の保険を付したときは、速やかにその旨を発注者に通知する。

（完成及び検査）

第十六条　受注者は、工事を完了したときは、設計図書のとおりに実施されていることを確認して、監理者に検査を求め、監理者は、速やかにこれに応じて受注者の立会いのもとに検査を行う。

2　検査に合格しないときは、受注者は、工期内又は監理者の指定する期間内に、修補し、又は改造して監理者の検査を受ける。

3　受注者は、工期内又は監理者の指定する期間内に、仮設物の取払い、後片付け等の処置を行う。ただし、処置の方法について監理者の指示があるときは、当該指示に従って処置する。

4　前項の処置が遅れている場合において、催告しても正当な理由がなくなお行われないときは、発注者は、代わってこれを行い、その費用を受注者に請求することができる。

（法定検査）

第十七条　前条の規定にかかわらず、受注者は、法定検査（建築基準法（昭和二十五年法律第二百一号）第七条から第七条の四までに規定する検査その他設計図書に定める法令上必要とされる関係機関による検査のうち、発注者が申請者となっているものをいう。以下同じ。）に先立つ適切な時期に、工事の内容が設計図書のとおりに実施されていることを確認して、監理者に通知し、監理者は、速やかに受注者の立会いのもとに検査を行う。

2　前項の検査に合格しないときは、受注者は、工期内又は監理者の指定する期間内に、修補し、又は改造して監理者の検査を受ける。

3　発注者（発注者が検査立会いを監理者に委託したときは、監理者）及び受注者は、法定検査に立ち会う。この場合において、受注者は、必要な協力をする。

4　法定検査に合格しないときは、受注者は、修補、改造その他必要な処置を行い、その後については、前三項の規定を準用する。

5　第二項及び前項の規定にかかわらず、所定の検査に合格しなかった原因が受注者の責めに帰すことのできない事由によるときは、必要な処置内容につき、発注者、受注者及び監理者が協議して定める。

6　受注者は、発注者に対し、前項の協議で定められた処置の内容に応じて、その理由を明示して必要と認められる工期の延長又は請負代金額の変更を求めることができる。

（請求、支払い）

第十八条　契約書の定めるところにより受注者が部分払又は中間前払の支払いを求めるときは、監理者の承認を得て、請求書を支払日五日前に発注者に提出する。

2　工事完成後、検査に合格したとき、受注者は発注者に請負代金の支払いを求め、発注者は契約の目的物の引渡しを受けると同時に、受注者に請負代金の支払いを完了する。

（瑕疵の担保）

第十九条　受注者は工事目的物の瑕疵によって生じた滅失き損について引渡しの日から一年間担保の責めを負う。ただし、この期間は、石造、土造、瓦造、金属造、コンクリート造及びこれに類する建物その他土地の工作物若しくは地盤の瑕疵によって生じた滅失き損については、二年とする。

2　造作、装飾、家具などについては発注者が引渡しを受けるとき、監理者が検査して、もし瑕疵があるときは、直ちに受注者に補修又は取換えを求めなければ受注者は責めを負わない。ただし、隠れた瑕疵については引渡しの日から六ケ月間担保の責めを負う。

3　この契約が、住宅の品質確保の促進等に関する法律（平成十一年法律第八十一号）第九十四条第一項に規定する住宅新築請負契約である場合には、受注者は、前二項の規定にかかわらず、工事目的物のうち住宅の品質確保の促進等に関する法律施行令（平成十二年政令第六十四号）第五条に定める部分の瑕疵（構造耐力又は雨水の浸入に影響のないものを除く。）について、引渡しの日から十年間担保の責めを負う。

4　前三項の瑕疵があったときは、発注者は相当の期間を定めて受注者に補修を求めることができる。ただし、瑕疵が重要でなく、かつ、補修に過分の費用を要するときは受注者は、適当な損害賠償でこれに代えることができる。

5　発注者は、瑕疵の補修に代え又は補修とともに、瑕疵に基づく損害賠償を受注者に求めることができる。

（工事の変更）

第二十条　発注者は、必要によって工事を追加し、若しくは変更し、又は工事を一時中止することができる。

2　前項の場合において、請負代金額又は工期を変更する必要があるときは、発注者と受注者とが協議して定める。

（工期の変更）

第二十一条　不可抗力によるとき又は正当な理由があるときは、受注者は、速やかにその事由を示して、発注者に工期の延長を求めることができる。この場合において、工期の延長日数は、発注者、受注者及び監理者が協議して定める。

（請負代金の変更）

第二十二条　発注者又は受注者は、次の各号のいずれかに該当するときは、相手方に対して、その理由を明示して必要と認められる請負代金額の変更を求めることができる。

一　工事の追加又は変更があったとき。

二　工期の変更があったとき。

三　契約期間内に予期することのできない法令の制定若しくは改廃又は経済事情の激変等によって、請負代金額が明らかに適当でないと認められるとき。

四　中止した工事又は災害を受けた工事を続行する場合において、請負代金額が明らかに適当で

ないと認められるとき。
2 請負代金額を変更するときは、原則として、工事の減少部分については監理者の確認を受けた請負代金内訳書の単価により、増加部分については時価による。

（履行遅滞及び違約金）
第二十三条　受注者の責めに帰すべき事由により、契約期間内にこの契約の目的物を引き渡すことができないときは、契約書の定めるところにより、発注者は、受注者に対し、延滞日数に応じて、請負代金額に対し年十四・六パーセント以内の割合で計算した額の違約金を請求することができる。
2 発注者が第十八条第二項の請負代金の支払いを完了しないときは、受注者は、発注者に対し、延滞日数に応じて、支払遅滞額に対し年十四・六パーセント以内の割合で計算した額の違約金を請求することができる。
3 発注者が前払又は部分払を遅滞しているときは、前項の規定を準用する。
4 発注者が第二項の遅滞にあるときは、受注者は、この契約の目的物の引渡しを拒むことができる。この場合において、受注者が自己のものと同一の注意をもって管理したにもかかわらずこの契約の目的物に生じた損害及び受注者が管理のために特に要した費用は、発注者の負担とする。
5 発注者の遅滞の後、この契約の目的物の引渡しまでの管理のため特に要した費用は発注者の負担とする。
6 受注者が履行の遅滞にあるときは、この契約の目的物に生じた損害は受注者の負担とし、不可抗力の理由によってその責めを免れることはできない。

（発注者の中止権及び解除権）
第二十四条　発注者は、必要があると認めるときは、書面をもって受注者に通知して工事を中止し、又はこの契約を解除することができる。この場合、発注者は、これによって生じる受注者の損害を賠償する。
2 次の各号のいずれかに該当するときは、発注者は、書面をもって受注者に通知して工事を中止し、又はこの契約を解除することができる。この場合において、第一号から第五号まで及び第七号のいずれかに該当するときは、発注者は、受注者に損害の賠償を請求することができる。
一　受注者が正当な理由なく、着手期日を過ぎても工事に着手しないとき。
二　工事が正当な理由なく工程表より著しく遅れ、工期内又は期限後相当期間内に、受注者が工事を完成する見込みがないと認められるとき。
三　受注者が第三条又は第十条第一項の規定に違反したとき。
四　前三号のほか、受注者がこの契約に違反し、その違反によってこの契約の目的を達することができないと認められるとき。
五　受注者が建設業の許可を取り消されたとき又はその許可が効力を失ったとき。
六　資金不足による手形又は小切手の不渡りを出す等受注者が支払いを停止する等により、受注者が工事を続行できないおそれがあると認められるとき。
七　受注者が次条第二項各号のいずれかに規定する理由がないにもかかわらず、この契約の解除を申し出たとき。

3 発注者は、書面をもって受注者に通知して、前二項で中止された工事を再開させることができる。

4 第一項により中止された工事が再開された場合、受注者は、発注者に対して、その理由を明示して、必要と認められる工期の延長を請求することができる。

5 第一項から第三項までに規定するいずれかの手続がとられた場合、発注者は書面をもって監理者に通知し、前項の請求が行われた場合、受注者は書面をもって監理者に通知する。

6 この契約を解除したとき工事の出来形部分は発注者の所有とし、発注者、受注者及び監理者が協議の上清算する。このとき前払金額に残額のあるときは、受注者はその残額について前払金額受領の日から利子を付けてこれを発注者に返す。

（受注者の解除権等）

第二十五条　発注者が前金払、部分払の支払いを遅滞し、相当の期間を定めて催告しても、なお支払いをしないとき、受注者は工事を中止することができる。

2 次の各号のいずれかに該当する場合においては、受注者はこの契約を解除することができる。

一 受注者の責めに帰すことができない工事の遅延又は中止期間が工期の三分の一以上、又は二ケ月に達したとき。

二 発注者が工事を著しく減少したため、請負代金が三分の二以上減少したとき。

三 発注者がこの契約に違反し、その違反によってこの契約の履行ができなくなったと認められるとき。

四 発注者が請負代金の支払い能力を欠くと認められるとき。

3 前二項の場合においては、受注者は発注者に損害の賠償を求めることができる。

4 第二項による契約解除については、前条第六項の規定を準用する。ただし、利子については、この限りでない。

（紛争の解決）

第二十六条（A）　この契約について発注者と受注者との間に紛争が生じたときは、契約書記載の調停人にその解決を依頼するか、又は建設業法による建設工事紛争審査会（以下「審査会」という。）のあっせん又は調停によってその解決を図る。この場合において、審査会の管轄について発注者と受注者との間で特別の合意がないときは、同法第二十五条の九第一項又は第二項に定める審査会を管轄審査会とする。

2 発注者又は受注者が前項により紛争を解決する見込みがないと認めたとき、又は審査会があっせん若しくは調停をしないものとしたとき、又は打ち切ったときは、発注者又は受注者は、仲裁合意書に基づいて審査会の仲裁に付することができる。

3 発注者又は受注者は、申し出により、この約款の各条項の規定により行う発注者と受注者との間の協議に第一項の調停人を立ち会わせ、当該協議が円滑に整うよう必要な助言又は意見を求めることができる。

4 前項の規定により調停人の立会いのもとで行われた協議が整わなかったときに発注者が定めたものに受注者が不服がある場合で、発注者又は受注者の一方又は双方が第一項の調停人のあっせん又は調停により紛争を解決する見込みがないと認めたときは、同項の規定にかかわらず、発注者及び受注者は、審査会のあっせん又は調停によりその解決を図る。

注　　第三項及び第四項は、調停人を協議に参加させない場合には、削除する。

第二十六条（B）　この契約について発注者と受注者との間に紛争が生じたときは、建設業法による建設工事紛争審査会（以下「審査会」という。）のあっせん又は調停によってその解決を図る。この場合において、審査会の管轄について発注者と受注者との間で特別の合意がないときは、同法第二十五条の九第一項又は第二項に定める審査会を管轄審査会とする。

2　発注者又は受注者が前項により紛争を解決する見込みがないと認めたとき、又は審査会があっせん若しくは調停をしないものとしたとき、又は打ち切ったときは、発注者又は受注者は、仲裁合意書に基づいて審査会の仲裁に付することができる。

注　　（B）は、あらかじめ調停人を選任せず、建設業法による建設工事紛争審査会により紛争の解決を図る場合に使用する。

（情報通信の技術を利用する方法）

第二十七条　この約款において書面により行わなければならないこととされている通知、承諾、解除等は、建設業法その他の法令に違反していない限りにおいて、電子情報処理組織を使用する方法その他の情報通信の技術を利用する方法を用いて行うことができる。ただし、当該方法は書面の交付に準ずるものでなければならない。

（補則）

第二十八条　この契約に定めのない事項については、必要に応じて発注者、受注者及び監理者が協議して定める。

【書式例】工事請負契約書（民間（旧四会）連合協定工事請負契約約款）

工事請負契約約款

第1条　総則

(1)　発注者と受注者とは、おのおの対等な立場において、日本国の法令を遵守して、互いに協力し、信義を守り、契約書、この工事請負契約約款（以下「この約款」という。）及び設計図書等に基づいて、誠実にこの契約を履行する。

(2)　受注者は、この契約に基づいて、この工事を完成して契約の目的物を発注者に引き渡すものとし、発注者は、その請負代金の支払を完了する。

(3)　発注者は、この契約とは別に発注者と監理者間で締結されたこの工事にかかる監理業務の委託契約に基づいて、この契約が円滑に遂行されるように監理者へ協力を求める。

(4)　発注者は、この契約に定めのある事項と異なることを監理者に委託した場合又はこの約款の定めに基づいて発注者が行うことを監理者に委託した場合は、速やかに当該委託の内容を書面をもって受注者に通知する。

(5)　発注者は、受注者、監理者又は設計者（その者の責任において設計図書を作成した者をいう。以下同じ。）の求めにより、設計意図を正確に伝えるため設計者が行う質疑応答又は説明の内

容を受注者及び監理者に通知する。
(6) この約款の各条項に基づく協議、承諾、承認、確認、通知、指示、請求等は、原則として、書面により行う。

第1条の2　用語の定義
この約款において用いる用語の定義は、次の各号のとおりとする。

ａ．発注者
この工事を発注した者をいう。

ｂ．受注者
この工事を請け負った者をいう。

ｃ．設計図書等
この工事のために必要な設計図面及び仕様書のうちこの契約に添付されたもの（以下、「設計図書」という。）、現場説明書及びこれらに対する質問回答書をいう。ただし構造計算書及び設備にかかる計算書その他各種計算書は含まない。

ｄ．この契約
発注者と受注者間で締結された契約書、この約款及び設計図書等を内容とする請負契約をいい、発注者と受注者の合意によって変更した場合の変更内容を含む。

ｅ．この工事
この契約に基づいて実施される工事をいう。

ｆ．監理者
この工事に関し、発注者との間で管理業務の委託契約を締結した者をいう。

ｇ．監理業務
この工事に関し、発注者と監理者が締結した監理業務の委託契約に定められる業務をいい、建築士法第2条第8項で定める工事監理、並びに同法第18条第3項及び第20条第3項で定める工事監理者の業務を含む。

ｈ．工事用地
敷地以外で設計図書等において発注者が提供するものと定められた施工上必要な土地をいう。

ｉ．関連工事
発注者の発注にかかる第三者の施工する他の工事で、この工事に密接に関係するものをいう。

ｊ．説明図書
設計図書等の内容を説明するために監理者が作成した図書をいう。

ｋ．施工図
設計図書等の定めにより受注者が作成した、この工事に必要な躯体図、工作図、製作図等をいう。

ｌ．工事用図書
設計図書等及び発注者又は監理者によって承認された施工図をいう。

ｍ．部分引渡し
工事の完成に先立って、発注者が契約の目的物の一部引渡しを受ける場合の引渡しをいう。

n．引渡し部分
　　部分引渡しを受ける部分をいう。
第2条　敷地、工事用地
　発注者は、敷地及び工事用地などを、施工上必要と認められる日（設計図書等に別段の定めがあるときはその定められた日）までに確保し、受注者の使用に供する。
第3条　関連工事の調整
(1)　発注者は、必要があるときは、この工事と関連工事につき、調整を行うものとする。
(2)　本条(1)において、受注者は、発注者の調整に従い、関連工事が円滑に進捗し完成するよう協力しなければならない。
(3)　本条(1)において、発注者が関連工事の調整を監理者又は第三者に委託した場合、発注者は、速やかに書面をもって受注者に通知する。
第4条　請負代金内訳書、工程表
(1)　受注者は、この契約を締結したのち速やかに請負代金内訳書を監理者に提出し確認を受ける。
(2)　受注者は、請負代金内訳書に、健康保険、厚生年金保険及び雇用保険に係る法定福利費を明示するものとする。
(3)　受注者は、この契約を締結したのち速やかに工程表を発注者及び監理者に提出する。
第5条　一括下請負、一括委任の禁止
　受注者は、この工事の全部もしくはその主たる部分又は他の部分から独立して機能を発揮する工作物の工事を一括して、第三者に請け負わせることもしくは委任することはできない。ただし、建設業法第22条第3項に定める多数の者が利用する施設又は工作物に関する重要な工事で政令で定めるもの（共同住宅を新築する建設工事）以外の工事で、かつ、あらかじめ発注者の書面による承諾を得た場合は、この限りでない。
第6条　権利、義務の譲渡などの禁止
(1)　発注者及び受注者は、相手方の書面による承諾を得なければ、この契約から生ずる権利又は義務を、第三者に譲渡すること又は承継させることはできない。
(2)　発注者及び受注者は、相手方の書面による承諾を得なければ、この契約の目的物並びに検査済の工事材料及び建築設備の機器（いずれも製造工場などにある製品を含む。以下同じ。）を第三者に譲渡することもしくは貸与すること、又は抵当権その他の担保の目的に供することはできない。
第7条　特許権などの使用
　受注者は、特許権、実用新案権、意匠権、商標権その他日本国の法令に基づき保護される第三者の権利（以下「特許権など」という。）の対象となっている工事材料、建築設備の機器、施工方法などを使用するときは、その使用に関するいっさいの責任を負わなければならない。ただし、発注者がその工事材料、建築設備の機器、施工方法などを指定した場合において、設計図書に特許権などの対象である旨の明示がなく、かつ、受注者がその存在を知らなかったときは、発注者は、受注者がその使用に関して要した費用を負担しなければならない。
第8条　保証人（**本条は任意に保証人を立てる場合に適用する**）
(1)　発注者又は受注者が保証人を立てた場合、当該保証人は、保証人を立てた発注者又は受注

者（以下「主たる債務者」という。）に債務不履行があったときは、この契約から生ずる金銭債務について、主たる債務者と連帯して保証の責任を負う。
(2) 保証人がその義務を果たせないことが明らかになったときは、発注者または受注者は、相手方に対して保証人の変更を求めることができる。

第9条　監理者
(1) 発注者は管理者に対してこの約款の他の条項に定めるほか、第1条（3）の委託契約において次のことを委託した。
　　a. 設計図書等の内容を把握し、設計図書等に明らかな、矛盾、誤謬、脱漏、不適切な納まり等を発見した場合には、受注者に通知すること。
　　b. 設計意図を伝えるため、適宜、説明用図書を、この工事を円滑に遂行するために必要な時期に、受注者に交付すること。
　　c. 受注者からこの工事に関する質疑書が提出された場合、設計図書等に定められた品質確保の観点から技術的に検討し、当該結果を受注者に回答すること。
　　d. 施工図、製作見本、見本施工等が設計図書等の内容に適合しているか否かについて検討し、また、設計図書等の定めにより受注者が提出又は提案する工事材料、建築設備の機器等、及びそれらの見本が設計図書等の内容に適合しているかについて検討し、当該結果を発注者に報告のうえ、受注者に対して適合していると認められる場合は承認し、適合していないと認められる場合には理由を示して修正を求めること。受注者がこれに従わないときは、その旨を発注者に報告すること。
　　e. この工事が設計図書等の内容に適合しているかについて、設計図書等と照合し、設計図書等に定めのある方法による確認のほか、目視による確認、受注者から提出された場合の品質管理記録による確認、それらの抽出によって行うなど、確認対象工事に応じた合理的方法による確認を行うこと。
　　f. この工事と設計図書等との照合及び確認の結果、この工事が設計図書等のとおりに実施されていないと認めるときは、直ちに、受注者に対して、その旨を指摘し、この工事を設計図書等のとおりに実施するよう求めるとともに発注者に報告すること。
　　g. 第4条（1）に基づいて受注者から提出される請負代金内訳書の適否を合理的な方法により確認し当該結果を発注者に報告すること。
　　h. 設計図書の定めにより受注者が作成、提出する施工計画について、設計図書等に定められた工期及び品質が確保できないおそれがあると明らかに認められる場合には、受注者に対して助言し、その旨を発注者に報告すること。
　　i. この工事がこの契約の内容（eに関する内容を除く。）に適合しているかについて、この契約の内容と照合し、設計図書等に定めのある方法による確認のほか、目視による確認、受注者から提出された場合の品質管理記録による確認、それらの抽出によって行うなど、確認対象工事に応じた合理的方法による確認を行うこと。この結果、この工事がこの契約の内容のとおりに実施されていないと認めるときは、直ちに、受注者に対して、その旨を指摘し、当該工事をこの契約の内容のとおりに実施するよう求めるとともに発注者に報告すること。
　　j. 受注者がこの契約に定められた指示、検査、試験、立会い、確認、審査、承認、助言、協

議等を求めたときは、速やかにこれに応じること。
  k. 受注者の提出する出来高払又は完成払の請求書を技術的に審査すること。
  l. この工事の内容、工期又は請負代金額の変更に関する書類を技術的に審査すること。
  m. 受注者から発注者へのこの契約の目的物の引渡しに立ち会うこと。
(2) 発注者又は受注者は、この工事について発注者、受注者間で通知、協議を行う場合は、本条以外の他の条項に定める事項を除き、原則として、通知は監理者を通じて、協議は監理者を参加させて行う。
(3) 発注者は、監理業務の担当者の氏名及び担当業務を受注者に通知する。
(4) 発注者の承諾を得て監理者が監理業務の一部を第三者に委託するときは、発注者は、当該第三者の氏名又は名称及び住所並びに担当業務を書面をもって受注者に通知する。

第10条　現場代理人、監理技術者など

(1) 受注者は、工事現場における施工の技術上の管理をつかさどる監理技術者又は主任技術者を定め、書面をもってその氏名を発注者に通知する。また、専門技術者（建設業法第26条の2に規定する技術者をいう。以下同じ。）を定める場合、書面をもってその氏名を発注者に通知する。
(2) 受注者は、現場代理人を定めたときは、書面をもってその氏名を発注者に通知する。
(3) 現場代理人は、この契約の履行に関し、工事現場の運営、取締りを行うほか、次の各号に定める権限を除き、この契約に基づく受注者のいっさいの権限を行使することができる。
  a. 請負代金額の変更
  b. 工期の変更
  c. 請負代金の請求又は受領
  d. 第12条(1)の請求の受理
  e. この工事の中止、この契約の解除及び損害賠償の請求
(4) 受注者は、本条(3)の規定にかかわらず、自己の有する権限のうち現場代理人に委任せず自ら行使しようとするものがあるときは、あらかじめ、当該権限の内容を発注者に通知しなければならない。
(5) 現場代理人、主任技術者（又は監理技術者）及び専門技術者は、これを兼ねることができる。

第11条　履行報告

受注者は、この契約の履行報告につき、設計図書等に定めがあるときは、その定めに従い発注者に報告しなければならない。

第12条　工事関係者についての異議

(1) 発注者は、監理者の意見に基づいて、受注者の現場代理人、監理技術者又は主任技術者、専門技術者及び従業員並びに下請負者及びその従業員のうちに、工事の施工又は管理について著しく適当でないと認められる者があるときは、受注者に対して、その理由を明示した書面をもって、必要な措置をとることを求めることができる。
(2) 受注者は、第9条(3)で定められた担当者又は同条(4)で委託された第三者の処置が著しく適当でないと認められるときは、発注者に対して、その理由を明示した書面をもって、必要な措置をとることを求めることができる。
(3) 受注者は、監理者の処置が著しく適当でないと認められるときは、その理由を明示した書

第4章　請　負

面をもって、発注者に対して異議を申し立てることができる。

第13条　工事材料、建築設備の機器、施工用機器
(1) 受注者は、設計図書等において監理者の検査をうけて使用すべきものと指定された工事材料又は建築設備の機器については、当該検査に合格したものを用いるものとし、設計図書等において試験することを定めたものについては、当該試験に合格したものを使用する。
(2) 本条(1)の検査又は試験に直接必要な費用は、受注者の負担とする。ただし、設計図書等に別段の定めのない検査又は試験が必要と認められる場合に、これを行うときは、当該検査又は試験に要する費用および特別に要する費用は、発注者の負担とする。
(3) 検査又は試験に合格しなかった工事材料又は建築設備の機器は、受注者の責任においてこれを引き取る。
(4) 工事材料及び建築設備の機器の品質については、設計図書等に定めるところによる。設計図書等にその品質が明示されていないものがあるときは、中等の品質のものとする。
(5) 受注者は、工事現場に搬入した工事材料又は建築設備の機器を工事現場外に持ち出すときは、発注者（発注者が本項の業務を監理者に委託した場合は、監理者）の承認を受ける。
(6) 発注者（発注者が本項の業務を監理者に委託した場合は、監理者）は、施工用機器について明らかに適当でないと認められるものがあるときは、受注者に対してその交換を求めることができる。

第14条　支給材料、貸与品
(1) 発注者が支給する工事材料もしくは建築設備の機器（以下あわせて「支給材料」という。）又は貸与品は、発注者の負担と責任であらかじめ行う検査または試験に合格したものとする。
(2) 受注者は、本条(1)の検査又は試験の結果について疑義のあるときは、発注者に対して、その理由を付して再検査又は再試験を求めることができる。
(3) 受注者は、支給材料又は貸与品の引渡しを受けたのち、本条(1)又は(2)の検査または試験により発見することが困難であったかくれた瑕疵などが明らかになるなど、これを使用することが適当でないと認められる理由のあるときは、ただちにその旨を発注者（発注者が本条(1)及び(2)の検査等を監理者に委託した場合は、監理者）に通知し、その指示を求める。
(4) 支給材料又は貸与品の受渡期日は工程表によるものとし、その受渡場所は、設計図書等に別段の定めのないときは工事現場とする。
(5) 受注者は、支給材料又は貸与品について、善良な管理者としての注意をもって保管し、使用する。
(6) 支給材料の使用方法について、設計図書等に別段の定めのないときは、発注者（発注者が本項の業務を監理者に委託した場合は、監理者）の指示による。
(7) 不用となった支給材料（残材を含む。いずれも有償支給材料を除く。）又は使用済みの貸与品の返還場所は、設計図書に別段の定めのないときは工事現場とする。

第15条　発注者等の立会い
(1) 受注者は、設計図書等に発注者又は監理者（以下、本条において「発注者等」という。）の立会いのうえに施工することを定めた工事を施工するときは、事前に発注者等に通知する。
(2) 受注者は、発注者等の指示があったときは、本条(1)の規定にかかわらず、発注者等の立会いなく施工することができる。この場合、受注者は、工事写真などの記録を整備して発注者

等に提出する。

第16条　設計及び施工条件の疑義、相違など

(1) 受注者は、次の各号の一にあたることを発見したときは、ただちに書面をもって発注者又は監理者に通知する。

　a. 設計図等の表示が明確でないこと、又は設計図書等に明らかな、矛盾、誤謬、脱漏又は不適切な納まり等があること。

　b. 工事現場の状態、地質、湧水、施工上の制約などについて、設計図書等に示された施工条件が実際と相違すること。

　c. 工事現場において、土壌汚染、地中障害物、埋蔵文化財などの施工の支障となる予期することのできない事態が発生したこと。

(2) 受注者は、工事用図書又は監理者の指示によって施工することが適当でないと認めたときは、ただちに書面をもって発注者又は監理者に通知する。

(3) 発注者（発注者が本項の業務を監理者に委託した場合は、監理者）は、本条(1)もしくは(2)の通知を受けたとき、又は自ら本条(1)各号の一にあたることを発見したときは、ただちに書面をもって受注者に対して指示する。

(4) 本条(3)の場合、工事の内容、工期又は請負代金額を変更する必要があると認められるときは、発注者及び受注者が協議して定める。

第17条　工事用図書のとおりに実施されていない施工

(1) 施工について、工事用図書のとおりに実施されていない部分があると認められるときは、監理者の指示によって、受注者は、その費用を負担して速やかにこれを補修又は改造する。このために受注者は、工期の延長を求めることはできない。

(2) 発注者又は監理者は、工事用図書のとおりに実施されていない疑いのある施工について、必要と認められる相当の理由があるときは、その理由を受注者に通知のうえ、発注者の書面による同意を得て、必要な範囲で破壊してその部分を検査することができる。

(3) 本条(2)による破壊検査の結果、工事用図書のとおりに実施されていないと認められる場合は、破壊検査に要する費用は受注者の負担とする。

(4) 本条(2)による破壊検査の結果、工事用図書のとおりに実施されていると認められる場合は、破壊検査及びその復旧に要する費用は発注者の負担とし、受注者は、発注者に対してその理由を明示して必要と認められる工期の延長を請求することができる。

(5) 次の各号の一によって生じた工事用図書のとおりに実施されていないと認められる施工については、受注者は、その責任を負わない。

　a. 発注者又は監理者の指示によるとき。

　b. 支給材料、貸与品、工事用図書に指定された工事材料もしくは建築設備の機器の性質、又は図面・仕様書に指定された施工方法によるとき。

　c. 第13条(1)又は(2)の検査又は試験に合格した工事材料又は建築設備の機器によるとき。

　d. その他、この工事について発注者又は監理者の責めに帰すべき事由によるとき。

(6) 本条(5)のときであっても、施工について受注者の故意もしくは重大な過失によるとき、又は受注者がその適当でないことを知りながらあらかじめ発注者もしくは監理者に通知しなかったときは、受注者は、その責任を免れない。ただし、受注者がその適当でないことを通

知したにもかかわらず、発注者又は監理者が適切な指示をしなかったときはこの限りでない。
(7) 受注者は、監理者から工事を工事用図書のとおりに実施するよう求められた場合において、これに従わない理由があるときは、建設業法第23条の2の定めに従い、ただちにその理由を書面で発注者に報告しなければならない。

第18条　損害の防止
(1) 受注者は、この工事の完成引渡しまで、自己の費用で、契約の目的物、工事材料、建築設備の機器又は近接する工作物もしくは第三者に対する損害の防止のため、設計図書等と関係法令に基づき、工事と環境に相応した必要な処置をする。
(2) この契約の目的物に近接する工作物の保護又はこれに関連する処置で、発注者及び受注者が協議して、本条(1)の処置の範囲をこえ、請負代金額に含むことが適当でないと認めた費用は発注者の負担とする。
(3) 受注者は、災害防止などのため特に必要と認めたときは、あらかじめ監理者の意見を求めて臨機の処置をとる。ただし、急を要するときは、処置をしたのち発注者又は監理者に通知する。
(4) 発注者又は監理者が必要と認めて臨機の処置を求めたときは、受注者は、ただちにこれに応ずる。
(5) 本条(3)又は(4)の処置に要した費用の負担については、発注者、受注者および監理者が協議して、請負代金額に含むことが適当でないと認めたものの費用は発注者の負担とする。

第19条　第三者損害
(1) 施工のため第三者に損害をおよぼしたときは、受注者がその損害を賠償する。ただし、その損害のうち発注者の責めに帰すべき事由により生じたものについては、発注者の負担とする。
(2) 本条(1)の規定にかかわらず、施工について受注者が善良な管理者としての注意を払っても避けることができない騒音、振動、地盤沈下、地下水の断絶などの事由により第三者に与えた損害を補償するときは、発注者がこれを負担する。
(3) 本条(1)又は(2)の場合、その他施工について第三者との間に紛争が生じたときは、受注者がその処理解決にあたる。ただし、受注者だけで解決し難いときは、発注者は、受注者に協力する。
(4) この契約の目的物に基づく日照阻害、風害、電波障害その他発注者の責めに帰すべき事由により、第三者との間に紛争が生じたとき、又は損害を第三者に与えたときは、発注者がその処理解決にあたり、必要あるときは、受注者は、発注者に協力する。この場合、第三者に与えた損害を補償するときは、発注者がこれを負担する。
(5) 本条(1)ただし書、(2)、(3)又は(4)の場合、受注者は、発注者に対してその理由を明示して必要と認められる工期の延長を請求することができる。

第20条　施工について生じた損害
(1) この工事の完成引渡しまでに、この契約の目的物、工事材料、建築設備の機器、支給材料、貸与品、その他施工について生じた損害は、受注者の負担とし、工期は延長しない。
(2) 本条(1)の損害のうち、次の各号の一の場合に生じたものは、発注者の負担とし、受注者は、発注者に対してその理由を明示して必要と認められる工期の延長を求めることができる。

a. 発注者の都合によって、受注者が着手期日までにこの工事に着手できなかったとき、又は発注者がこの工事を繰延べもしくは中止したとき。
　　b. 支給材料又は貸与品の受渡しが遅れたため、受注者がこの工事の手待又たは中止をしたとき。
　　c. 前払又は部分払が遅れたため、受注者がこの工事に着手せず又はこの工事を中止したとき。
　　d. その他、発注者又は監理者の責めに帰すべき事由によるとき。

第21条　不可抗力による損害
(1)　天災その他自然災害又は人為的な事象であって、発注者と受注者のいずれの責めにも帰することのできない事由（以下「不可抗力」という。）によって、この工事の出来形部分、工事仮設物、工事現場に搬入した工事材料、建築設備の機器（有償支給材料を含む。）又は施工用機器について損害が生じたときは、受注者は、事実発生後速やかにその状況を発注者に通知する。
(2)　本条(1)の損害について、発注者、受注者及び監理者が協議して重大なものと認め、かつ、受注者が善良な管理者としての注意をしたと認められるものは、発注者がこれを負担する。
(3)　火災保険、建設工事保険その他損害をてん補するものがあるときは、それらの額を本条(2)の発注者の負担額から控除する。

第22条　損害保険
(1)　受注者は、この工事の施行中、この工事の出来形部分と工事現場に搬入した、工事材料、建築設備の機器などに火災保険又は建設保険を付し、その証券の写しを発注者に提出する。設計図書等に定められたその他の損害保険についても同様とする。
(2)　受注者は、この契約の目的物、工事材料、建築設備の機器などに本条(1)の規定による保険以外の保険を付したときは、速やかにその旨を発注者に通知する。

第23条　完成、検査
(1)　受注者は、この工事を完了したときは、設計図書等のとおりに実施されていることを確認して、発注者に対し、監理者立会いのもとに行う検査を求める。
(2)　本条(1)の検査に合格しないときは、受注者は、工期内又は監理者の指定する期間内に修補又は改造して発注者に対し、監理者立会いのもとに行う検査を求める。
(3)　受注者は、工期内又は設計図書等の指定する期間内に、仮設物の取払、あと片付などの処置を行う。ただし、処置の方法について発注者（発注者が本項の業務を監理者に委託した場合は、監理者）の指示があるときは、当該指示に従って処置する。
(4)　本条(3)の処置が遅れているとき、催告しても正当な理由がなく、なお行われないときは、発注者（発注者が本項の業務を監理者に委託した場合は、監理者）は、代わってこれを行い、その費用を受注者に請求することができる。

第23条の2　法定検査
(1)　第23条の規定にかかわらず、受注者は法定検査（建築基準法第7条から同法第7条の4までに定められる検査その他設計図書等に定める法令上必要とされる関係機関による検査のうち、発注者が申請者となっているものをいう。以下同じ。）に先立つ適切な時期に、この工事の内容が設計図書等のとおりに実施されていることを確認して、発注者に対し、監理者立会いのもとに行う検査を求める。

(2) 本条(1)の検査に合格しないときは、受注者は、工期内又は監理者の指定する期間内に修補又は改造して、発注者に対し、監理者立会いのもとに行う検査を求める。

(3) 発注者は、受注者及び監理者立会いのもと、法定検査を受ける。この場合において、受注者は、必要な協力をする。

(4) 法定検査に合格しないときは、受注者は、修補、改造その他必要な処置を行い、その後については、本条(1)、(2)及び(3)の規定を準用する。

(5) 本条(2)及び(4)の規定にかかわらず、所定の検査に合格しなかった原因が受注者の責めに帰すことのできない事由によるときは、必要な処置内容につき、発注者、受注者が協議して決める。

(6) 受注者は、発注者に対し、本条(5)の協議で定められた処置の内容に応じて、その理由を明示して必要と認められる工期の延長又は請負代金額の変更を求めることができる。

第23条の3　その他の検査

(1) 受注者は、第23条、第23条の2及び第25条に定めるほか、設計図書等に発注者又は監理者の検査を受けることが定められているときは、当該検査に先立って、工事の内容が設計図書等のとおりに実施されていることを確認して、発注者又は監理者に通知し、発注者又は監理者は、速やかに受注者の立会いのもとに検査を行う。

(2) 本条(1)の検査に合格しないときは、受注者は、速やかに修補又は改造して、発注者又は監理者の検査を求める。

第24条　部分使用

(1) 工事中にこの契約の目的物の一部を発注者が使用する場合（以下「部分使用」という。）、この契約の定めによる。この契約に別段の定めのない場合、発注者は、部分使用に関する監理者の技術的審査を受けたのち、工期の変更及び請負代金額の変更に関する受注者との事前協議を経たうえ、受注者の書面による同意を得なければならない。

(2) 発注者は、部分使用する場合、受注者の指示に従って使用しなければならない。

(3) 発注者は、本条(2)の指示に違反し、受注者に損害を及ぼしたときは、その損害を賠償しなければならない。

(4) 部分使用につき、法令に基づいて必要となる手続は、発注者（発注者が本項の手続を監理者に委託した場合は、監理者）が行い、受注者は、これに協力する。また、手続に要する費用は、発注者の負担とする。

第25条　部分引渡し

(1) この工事の完成に先立って発注者がこの契約の目的物の一部引渡しを受ける場合、この契約の定めによる。この契約に別段の定めのない場合、発注者は、部分引渡しに関する監理者の技術的審査を行わせ、引渡し部分に相当する請負代金額（以下「引渡し部分相当額」という。）の確定に関する受注者との事前協議を経たうえ、受注者の書面による同意を得なければならない。

(2) 受注者は、引渡し部分の工事が完了したとき、設計図書等のとおりに実施されていることを確認して、発注者に対し、監理者立会いのもとに行う検査を求める。

(3) 本条(2)の検査に合格しないとき、受注者は、速やかに修補又は改造し、発注者に対し、監理者立会いのもとに行う検査を求める。

(4) 引渡し部分の工事が本条(2)又は(3)の検査に合格したとき、発注者は、引渡し部分相当額全額の支払を完了すると同時に、その引渡しを受けることができる。
(5) 部分引渡しにつき、法令に基づいて必要となる手続は、発注者（発注者が本項の手続を監理者に委託した場合は、監理者）が行い、受注者は、これに協力する。また、手続に要する費用は、発注者の負担とする。

第 26 条　請求、支払、引渡し
(1) 第 23 条(1)又は(2)の検査に合格したときは、契約書に別段の定めのある場合を除き、受注者は、発注者にこの契約の目的物を引き渡し、同時に、発注者は、受注者に請負代金の支払を完了する。
(2) 受注者は、契約書に定めるところにより、この工事の完成前に部分払を請求することができる。この場合、出来高払によるときは、受注者の請求額は、監理者の検査に合格したこの工事の出来形部分と検査済の工事材料および建築設備の機器に対する請負代金額の 9/10 に相当する額とする。
(3) 受注者が本条(2)の出来高払の支払を求めるときは、その額について監理者の審査を経たうえ支払請求締切日までに発注者に請求する。
(4) 前払をうけているときは、本条(2)の出来高払の請求額は、次の式によって算出する。

$$請求額 \fallingdotseq (2)による金額 \times \frac{請負代金額 - 前払金額}{請負代金額}$$

第 27 条　瑕疵の担保
(1) この契約の目的物に施工上の瑕疵があるときは、発注者は、受注者に対して、相当の期間を定めて、その瑕疵の修補を求め、又は修補に代えもしくは修補とともに損害の賠償を求めることができる。ただし、瑕疵が重要でなく、かつ、その修補に過分の費用を要するときは、発注者は、修補を求めることができない。
(2) 本条(1)による瑕疵担保期間は、第 25 条又は第 26 条の引渡しの日から、木造の建物については 1 年間、石造、金属造、コンクリート造及びこれらに類する建物、その他土地の工作物もしくは地盤については 2 年間とする。ただし、その瑕疵が受注者の故意又は重大な過失によって生じたものであるときは 1 年を 5 年とし、2 年を 10 年とする。
(3) 建築設備の機器、室内装飾、家具などの瑕疵については、引渡しの時、発注者又は監理者が検査してただちにその修補又は取替えを求めなければ、受注者は、その責任を負わない。
　ただし、かくれた瑕疵については、引渡しの日から 1 年間担保の責任を負う。
(4) 発注者は、この契約の目的物の引渡しの時に、本条(1)の瑕疵があることを知ったときは、遅滞なく書面をもってその旨を受注者に通知しなければ、本条(1)の規定にかかわらず当該瑕疵の修補又は損害の賠償を求めることができない。ただし、受注者がその瑕疵があることを知っていたときはこの限りでない。
(5) 本条(1)の瑕疵によるこの契約の目的物の滅失又は毀損については、発注者は、本条(2)に定める期間内で、かつ、その滅失又は毀損の日から 6 か月以内でなければ、本条(1)の権利を行使することができない。
(6) 本条(1)、(2)、(3)、(4)又は(5)の規定は、第 17 条(5)の各号によって生じたこの契約の目

的物の瑕疵又は滅失もしくは損傷については適用しない。ただし、第17条(6)にあたるときはこの限りでない。

第27条の2　新築住宅の瑕疵の担保
(1)　この契約が住宅の品質確保の促進等に関する法律第94条第1項に定める住宅を新築する建設工事の請負契約に該当する場合、第27条の規定に代えて、本条(2)以下の規定を適用する。
(2)　住宅のうち構造耐力上主要な部分又は雨水の侵入を防止する部分として同法施行令第5条第1項及び第2項に定めるものの瑕疵（構造耐力又は雨水の侵入に影響のないものを除く。）があるときは、発注者は、受注者に対して、相当の期間を定めて、その瑕疵の修補を求め、又は修補に代えもしくは修補とともに損害の賠償を求めることができる。ただし、瑕疵が重要でなく、かつ、その修補に過分の費用を要するときは、発注者は、修補を求めることができない。
(3)　本条(2)による瑕疵担保期間は、第25条又は第26条の引渡しの日から10年間とする。
(4)　本条(2)の瑕疵によるこの契約の目的物の滅失又は損傷については、発注者は、本条(3)に定める期間内で、かつ、その滅失又は毀損の日から6か月以内でなければ、本条(2)の権利を行使することができない。
(5)　本条(2)、(3)又は(4)の規定は、第17条(5)の各号（ただしc号は除く。）によって生じたこの契約の目的物の瑕疵又は滅失もしくは損傷については適用しない。ただし、第17条(6)にあたるときはこの限りでない。
(6)　本条(2)で定める瑕疵以外のこの契約の目的物の瑕疵については、第27条(1)、(2)、(3)、(4)、(5)および(6)を適用する。

第28条　工事の変更、工期の変更
(1)　発注者は、必要によって、この工事を追加し又はこの工事を変更することができる。
(2)　発注者は、必要によって、受注者に工期の変更を求めることができる。
(3)　受注者は、発注者に対して、この工事の内容の変更（施工方法等を含む。）及び当該変更に伴う請負代金の増減額を提案することができる。この場合、発注者は、その書面による承諾により、この工事の内容を変更することができる。
(4)　本条(1)又は(2)により、受注者に損害を及ぼしたときは、受注者は、発注者に対してその補償を求めることができる。
(5)　受注者は、この契約に別段の定めのあるほか、この工事への追加又は変更、不可抗力、関連工事の調整、その他正当な理由があるときは、発注者に対してその理由を明示して必要と認められる工期の延長を請求することができる。

第29条　請負代金額の変更
(1)　次の各号の一にあたるときは、発注者又は受注者は、相手方に対して、その理由を明示して必要と認められる請負代金額の変更を求めることができる。
　a．この工事の追加又は変更があったとき。
　b．工期の変更があったとき。
　c．第3条の関連工事の調整に従ったために増加費用が生じたとき。
　d．支給材料、貸与品について、品目、数量、受渡時期、受渡場所又は返還場所の変更があったとき。

e. 契約期間内に予期することのできない法令の制定もしくは改廃又は経済事情の激変などによって、請負代金額が明らかに適当でないと認められるとき。
  f. 長期にわたる契約で、法令の制定もしくは改廃又は物価、賃金などの変動によって、この契約を締結した時から1年を経過したのちの工事部分に対する請負代金相当額が適当でないと認められるとき。
  g. 中止した工事又は災害を受けた工事を続行する場合、請負代金額が明らかに適当でないと認められるとき。
(2) 請負代金額を変更するときは、原則として、この工事の減少部分については監理者の承認を受けた請負代金額内訳書の単価により、増加部分については変更時の時価による。

第30条　履行遅滞、違約金

(1) 受注者の責めに帰すべき事由により、契約期間内にこの契約の目的物を引き渡すことができないときは、契約書に別段の定めがない限り、発注者は、受注者に対し、遅滞日数に応じて、支払遅滞額に対し年10パーセントの割合で計算した額の違約金を請求することができる。ただし、工期内に、第25条による部分引渡しのあったときは、請負代金額から部分引渡しをうけた部分に相応する請負代金額を控除した額について違約金を算出する。
(2) 発注者が第25条(4)又は第26条の請負代金の支払を完了しないときは、受注者は、発注者に対し、遅滞日数に応じて、支払遅滞額に対し年10パーセントの割合で計算した額の違約金を請求することができる。
(3) 発注者が前払又は部分払を遅滞しているときは、本条(2)の規定を適用する。
(4) 発注者が本条(2)の遅滞にあるときは、受注者は、この契約の目的物の引渡しを拒むことができる。この場合、受注者が自己のものと同一の注意をもって管理したにもかかわらずこの契約の目的物に生じた損害及び受注者が管理のために特に要した費用は、発注者の負担とする。

第31条　発注者の中止権、解除権

(1) 発注者は、必要によって、書面をもって受注者に通知してこの工事を中止し又はこの契約を解除することができる。この場合、発注者は、これによって生じる受注者の損害を賠償する。
(2) 次の各号の一にあたるときは、発注者は、書面をもって受注者に通知して工事を中止しまたはこの契約を解除することができる。この場合、(fに掲げる事由による場合を除く。)、発注者は、受注者に損害の賠償を請求することができる。
  a. 受注者が正当な理由なく、着手期日を過ぎてもこの工事に着手しないとき。
  b. この工事が工程表より著しく遅れ、工期内又は期限後相当期間内に、受注者が工事を完成する見込がないと認められるとき。
  c. 受注者が第5条又は第17条(1)の規定に違反したとき。
  d. 本項a、b又はcのほか、受注者がこの契約に違反し、その違反によってこの契約の目的を達することができないと認められるとき。
  e. 受注者が建設業の許可を取り消されたとき又はその許可が効力を失ったとき。
  f. 受注者が支払を停止する（資金不足による手形、小切手の不渡りを出すなど）により、受注者がこの工事を続行できないおそれがあると認められるとき。
  g. 受注者が第32条(4)の各号の一に規定する理由がないのにこの契約の解除を申し出たと

き。
  h. 受注者が以下の一にあたるとき。
    イ．役員等（受注者が個人である場合にはその者を、受注者が法人である場合にはその役員又は支店もしくは常時建設工事の請負契約を締結する事務所代表者をいう。以下この号において同じ。）が暴力団員による不当な行為の防止等に関する法律第2条第6号に規定する暴力団員又は同号に規定する暴力団員でなくなった日から5年を経過していないもの（以下この号において「暴力団員等」という。）であると認められるとき。
    ロ．暴力団（暴力団員による不当な行為の防止等に関する法律第2条第2号に規定する暴力団をいう。以下この号にて同じ）又は暴力団員が経営に実質的に関与していると認められるとき。
    ハ．役員等が暴力団又は暴力団員と社会的に避難されるべき関係を有していると認められるとき。

(3) 発注者は、書面をもって受注者に通知して、本条(1)又は(2)で中止されたこの工事を再開させることができる。

(4) 本条(1)により中止されたこの工事が再開された場合、受注者は、発注者に対してその理由を明示して必要と認められる工期の延長を請求することができる。

(5) 本条(1)から(3)のうちいずれかの手続がとられた場合、発注者は、書面をもって監理者に通知し、本条(4)の請求が行われた場合、受注者は、書面をもって監理者に通知する。

第32条　受注者の中止権、解除権

(1) 次の各号の一にあたるとき、受注者は、発注者に対し、書面をもって、相当の期間を定めて催告してもなお解消されないときは、この工事を中止することができる。
  a. 発注者が前払又は部分払を遅滞したとき。
  b. 発注者が正当な理由なく第16条(4)による協議に応じないとき。
  c. 発注者が第2条の敷地及び工事用地など受注者の使用に供することができないため、又は不可抗力などのため受注者が施工できないとき。
  d. 本項a、b又はcのほか、発注者の責めに帰すべき事由によりこの工事が著しく遅延したとき。

(2) 本条(1)における中止事由が解消したときは、受注者は、この工事を再開する。

(3) 本条(2)によりこの工事が再開された場合、受注者は、発注者に対してその理由を明示して必要と認められる工期の延長を請求することができる。

(4) 次の各号の一にあたるとき、受注者は、書面をもって発注者に通知してこの契約を解除することができる。
  a. 第31条(1)又は本条(1)によるこの工事の遅延又は中止期間が、工期の1／4以上になったとき又は2か月以上になったとき。
  b. 発注者がこの工事を著しく減少したため、請負代金額が2／3以上減少したとき。
  c. 発注者がこの契約に違反し、その違反によってこの契約の履行ができなくなったと認められるとき。
  d. 発注者が以下の一にあたるとき。
    イ．役員等（発注者が個人である場合にはその者を、発注者が法人である場合にはその役

員またはその支店もしくは営業所等の代表者をいう。以下この号において同じ。）が暴力団員による不当な行為の防止等に関する法律第2条第6号に規定する暴力団員又は同号に規定する暴力団員でなくなった日から5年を経過していないもの（以下この号において「暴力団員等」という。）であると認められるとき。

  ロ．暴力団（暴力団員による不当な行為の防止等に関する法律第2条第2号に規定する暴力団をいう。以下この号において同じ。）又は暴力団員が経営に実質的に関与していると認められるとき。

  ハ．役員等が暴力団又は暴力団員と社会的に非難されるべき関係を有していると認められるとき。

(5) 発注者が支払を停止する（資金不足による手形、小切手の不渡りを出すなど）、などにより、発注者が請負代金の支払の能力を欠くおそれがあると認められるとき（以下本項において「本件事由」という。）は、受注者は、書面をもって発注者に通知してこの工事を中止し又はこの契約を解除することができる。受注者がこの工事を中止した場合において、本件事由が解消したときは、本条(2)及び(3)を適用する。

(6) 本条(1)又は(4)の場合、受注者は、発注者に損害の賠償を請求することができる。

(7) 本条(1)から(5)のうちいずれかの手続がとられた場合、受注者は、監理者に書面で通知する。

第33条　解除に伴う措置

(1) この契約を解除したときは、発注者がこの工事の出来形部分並びに検査済の工事材料及び建築設備の機器（有償支給材料を含む。）を引き受けるものとして、発注者、受注者及び監理者が協議して清算する。

(2) 発注者が第31条(2)によってこの契約を解除し、清算の結果過払があるときは、受注者は過払額について、その支払を受けた日から法定利率による利息をつけて発注者に返す。

(3) この契約を解除したときは、発注者、受注者の及び監理者が協議して発注者又は受注者に属する物件について、期間を定めてその引取り、あと片付けなどの処置を行う。

(4) 本条(3)の処置が遅れているとき、催告しても、正当な理由なくなお行われないときは、相手方は、代わってこれを行い、その費用を請求することができる。

第34条　紛争の解決

(1) この契約について発注者と受注者との間に紛争が生じたときは、発注者と受注者の双方又は一方から相手方の承認する第三者を選んでこれにその解決を依頼するか、又は契約書に定める建設業法による建設工事紛争審査会（以下「審査会」という。）のあっせんもしくは調停によってその解決を図る。

(2) 発注者又は受注者が本条(1)により紛争を解決する見込がないと認めたとき、又は審査会があっせんもしくは調停をしないものとしたとき、又は打ち切ったときは、発注者又は受注者は、仲裁合意書に基づいて審査会の仲裁に付することができる。

(3) 本条(1)及び(2)の定めにかかわらず、この契約について発注者と受注者との間に紛争が生じたときは、発注者又は受注者は、仲裁合意書により仲裁合意をした場合を除き、裁判所に訴えを提起することによって解決を図ることができる。

第35条　補則

この契約に定めのない事項については、必要に応じて発注者及び受注者が協議して定める。

| 収 入 |
| 印 紙 |
| 注1 |

工事請負契約書

注 契約当事者間において契約書として取り交わす場合は、印紙税法別表第一課税物件表の第2号文書（請負に関する契約書）に該当し、契約金額（請負金額）に応じた印紙税が課税される。なお、建設業法第2条に規定する建設工事の請負契約書には軽減税率の適用がある（租税特別措置法第91条）。

発 注 者＿＿＿＿＿＿＿＿＿＿＿＿＿＿＿＿＿＿＿＿＿＿＿＿＿＿＿＿＿＿＿＿と
受 注 者＿＿＿＿＿＿＿＿＿＿＿＿＿＿＿＿＿＿＿＿＿＿＿＿＿＿＿＿＿＿＿＿とは
（工 事 名）＿＿＿＿＿＿＿＿＿＿＿＿＿＿＿＿＿＿＿＿＿＿＿＿＿＿＿＿＿＿工事
の施工について、次の条項と添付の工事請負契約約款、設計図面（設計図＿＿＿＿枚、仕様書＿＿＿＿冊、現場説明書＿＿＿＿枚、質問回答書＿＿＿＿枚）にもとづいて、工事請負契約を締結する。

1. 工事場所＿＿＿＿＿＿＿＿＿＿＿＿＿＿＿＿＿＿＿＿＿＿＿＿＿＿＿＿＿＿＿＿＿
2. 工　　期　　　着手　＿＿＿＿年＿＿＿＿月＿＿＿＿日
　　　　　　　　　完成　＿＿＿＿年＿＿＿＿月＿＿＿＿日
　　　　　　　　　引渡日　＿＿＿＿年＿＿＿＿月＿＿＿＿日
3. 請負代金額　　金＿＿＿＿＿＿＿＿＿＿＿＿＿＿＿＿＿＿＿＿＿＿＿＿＿＿＿＿＿
　　　　　　　　　うち　工事価格＿＿＿＿＿＿＿＿＿＿＿＿＿＿＿＿＿＿＿＿＿＿
　　　取引に係る消費税および地方消費税の額＿＿＿＿＿＿＿＿＿＿＿＿＿＿＿＿＿
（注）請負代金額は、工事価格に、取引に係る消費税および地方消費税の額を加えた額。
4. 請負代金の支払　前　払　契約成立の時に＿＿＿＿＿＿＿＿＿＿＿＿＿＿＿＿
　　　　　　　　　　部分払　＿＿＿＿＿＿＿＿＿＿＿＿＿＿＿＿＿＿＿＿＿＿＿
　　　　　　　　　　＿＿＿＿＿＿＿＿＿＿＿＿＿＿＿＿＿＿＿＿＿＿＿＿＿＿＿
　　　　　　　　　　支払請求締切日＿＿＿＿＿＿＿＿＿＿＿＿＿＿＿＿＿＿＿＿
　　　　　　　　　　完成引渡の時に＿＿＿＿＿＿＿＿＿＿＿＿＿＿＿＿＿＿＿＿
5. (1)　部分使用の有無（有・無）　(2)　部分引渡の有無（有・無）　(3)　仲裁合意の有無（有・無）　(4)　瑕疵担保責任の履行に関して講ずべき保証保険契約の締結その他の措置に関する定めの有無（有・無）
　　① この工事が、「特定住宅瑕疵担保責任の履行の確保等に関する法律」（平成19年法律第66号）に定める特定住宅建設瑕疵担保責任の対象工事に該当する場合、講ずべき瑕疵担保責任の履行を確保するための資力確保措置の内容（保証金の供託または責任保険契約の締結）は、添付の通りとする。
　　② 上記①を除くその他の措置の内容
6. 解体工事に要する費用等

この工事が、「建設工事に係る資材の再資源化等に関する法律（平成12年法律第104号）第9条第1項に規定する対象建設工事に該当する場合、同法第13条第1項の主務省令で定める事項については、添付別紙のとおりとする。

7．その他

_____
_____
_____
_____
_____
_____
_____

　この契約の証として本書2通を作り、当事者および保証人が記名押印して、当事者がそれぞれ1通を保有する。

_____年_____月_____日

〈発注者〉
住所又は所在地_____
氏名又は名称　_____
同保証人（住所又は所在地及び氏名又は名称）
　　　　　　　　_____

所在地（住所）_____
受注者（氏名）_____
同 保 証 人　_____
　　　　（注）保証人を立てない場合は、空欄とする。
　　　　　　　その他の方法による場合は、その方法を「7．その他」欄に記入する。

　上記工事に関し、発注者との間の契約に基づいて発注者から監理業務（建築士法第2条第7項で定める工事監理、並びに同法第18条第3項及び第20条第3項で定める工事監理者の業務を含む。）を委託されていることを証するためここに記名押印する。

　監　理　者_____

工事請負契約書用紙改正
平成元年2月、平成9年4月、平成9年9月、平成14年5月
平成19年5月、平成20年11月、平成21年5月、平成23年5月、平成28年3月
　　　　　　　　　　（民間（旧四会）連合協議会用紙）

(注) 個別の工事の請負を内容とする契約書は、印紙税法別表第一の第2号文書（請負に関する契約書）に該当し、請負代金額に応じた印紙代が課税される。

別紙（建築）

建設工事に係る資料の再資源化等に関する法律第13条及び省令第4条に基づく書面
（建築工事に係る解体工事又は新築工事等の場合）

1. 分別解体等の方法

□ 解体工事

	工　程	作業内容	分別解体等の方法
工程ごとの作業内容及び解体方法	① 建築設備・内装工事	建築設備・内装材等の取り外し □有　　□無	□ 手作業 □ 手作業・機械作業の併用 併用の場合の理由（　　　）
	② 屋根ふき材	屋根ふき材の取り外し □有　　□無	□ 手作業 □ 手作業・機械作業の併用 併用の場合の理由（　　　）
	③ 外装材・上部構造部分	外装材・上部構造部分の取り壊し □有　　□無	□ 手作業 □ 手作業・機械作業の併用
	④ 基礎・基礎ぐい	基礎・基礎ぐいの取り壊し □有　　□無	□ 手作業 □ 手作業・機械作業の併用
	⑤ その他（　　）	その他の取り壊し □有　　□無	□ 手作業 □ 手作業・機械作業の併用

□ 新築工事等（新築・増築・修繕・模様替）

	工　程	作業内容	分別解体等の方法
工程ごとの作業内容及び解体方法	①造成等	造成等の工事 □有　　□無	□ 手作業 □ 手作業・機械作業の併用
	②基礎・基礎ぐい	基礎・基礎ぐいの工事 □有　　□無	□ 手作業 □ 手作業・機械作業の併用
	③上部構造部分・外装	上部構造部分・外装の工事 □有　　□無	□ 手作業 □ 手作業・機械作業の併用
	④屋根	屋根の工事 □有　　□無	□ 手作業 □ 手作業・機械作業の併用
	⑤建築設備・内装等	建築設備・内装等の工事 □有　　□無	□ 手作業 □ 手作業・機械作業の併用
	⑥その他（　　）	その他の工事 □有　　□無	□ 手作業 □ 手作業・機械作業の併用

2. 解体工事に要する費用（見積合計金額）　　　　　　　　　　　　円（税込）
　　（解体工事を含まない工事については「なし」又は「０円」と記入する）
3. 再資源化等をするための施設の名称及び所在地（書ききれない場合は別紙に記載する）

特定建設資材 廃棄物の種類	施設の名称 （該当なしの場合は「なし」と記入）	所在地
コンクリート		
コンクリート及び鉄から成る建築資材		
木材		
アスファルト・コンクリート		

4. 再資源化等に要する費用（見積合計金額）　　　　　　　　　　　　円（税込）
　　（再資源化等を含まない工事については「なし」又は「０円」と記入する）

　　　　（注）　上記３及び４は「特定建設資材廃棄物」のみとする。

別紙（土木）
　建設工事に係る資材の再資源化等に関する法律第13条及び省令第４条に基づく書面
　　　　　　（土木工事に係る解体工事又は新築工事等の場合）
1. 分別解体等の方法

	工　程	作　業　内　容	分別解体等の方法
工程ごとの作業内容及び解体方法	①仮設	仮設工事 □有　　□無	□ 手作業 □ 手作業・機械作業の併用
	②土工	土工事 □有　　□無	□ 手作業 □ 手作業・機械作業の併用
	③基礎	基礎工事 □有　　□無	□ 手作業 □ 手作業・機械作業の併用
	④本体構造	本体構造の工事 □有　　□無	□ 手作業 □ 手作業・機械作業の併用
	⑤本体付属品	本体付属品の工事 □有　　□無	□ 手作業 □ 手作業・機械作業の併用
	⑥その他（　　　　）	その他の工事 □有　　□無	□ 手作業 □ 手作業・機械作業の併用

2. 解体工事に要する費用（見積合計金額）　　　　　　　　　　　　　円（税込）
　　（解体工事を含まない工事については「なし」又は「０円」と記入する）
3. 再資源化等をするための施設の名称及び所在地（書ききれない場合は別紙に記載する）

特定建設資材 廃棄物の種類	施設の名称 （該当なしの場合は「なし」と記入）	所在地
コンクリート		
コンクリート及び鉄から成る建築資材		
木材		
アスファルト・コンクリート		

4. 再資源化等に要する費用（見積合計金額）　　　　　　　　　　　　円（税込）
　　（再資源化等を含まない工事については「なし」又は「０円」と記入する）

　　（注）　上記3及び4は「特定建設資材廃棄物」のみとする。

民間（旧四会）連合協定工事請負契約約款・契約書使用上の留意事項
　　　　　　　　　　　　　　　　　　　　　　　　　　　　　　平成29年12月
1）　民間（旧四会）連合協定工事請負契約約款は、工事請負契約の一般約款であって、契約書、約款、設計図および仕様書など（設計図書等）が一体となって請負契約書を構成するものである。この約款は一般的条件を規定するものであるから加除訂正することなく使用することを目的とするものであるが、必要あるときは当事者合意のうえ加除訂正することは妨げない。
2）　工事請負契約書の請負代金額は、総価について契約する趣旨である。すなわち、手続としては、発注者、受注者が合意した工事価格に消費税及び地方消費税の額を加えた額が請負代金額である。なお、消費税及び地方消費税の額は原則として円未満切捨てとする。
　　受注者が免税業者である場合は、工事価格、消費税及び地方消費税の額の記載を要しない。
3）　この契約の目的物又はその一部が「住宅の品質確保の促進等に関する法律」（以下「住宅品確法」という。）第2条第1項に定める住宅に該当する場合は次の点に留意する。
ⅰ　受注者は、住宅品確法第6条第1項に定める設計住宅性能評価書もしくはその写し（以下「設計性能評価書等」という。）を工事請負契約書に添付し、又は発注者に交付した場合においては、設計性能評価書等に表示された性能を有する住宅を完成して引渡すことを契約したものとみなされる。ただし、受注者が工事請負契約書においてこれと反対の意思表示をしているときは、契約をしたものとはみなされない。
ⅱ　建設住宅性能評価書の交付を受けた住宅の工事請負契約の当事者間に紛争が生じた場合

は、住宅品確法第66条に定める指定住宅紛争処理機関のあっせん、調停又は仲裁によってその紛争の解決を図ることができる。

　ただし、指定住宅紛争処理機関の仲裁に付すことができるのは仲裁合意書を締結した場合に限る。

4）　この契約について特約する事項がある場合は、契約書の「7.　その他」の欄にたとえばつぎのような事項を記載する。なお、特約事項は別紙とする方法もある。

ⅰ　第30条（1）における違約金の額などを特約する場合。

ⅱ　第34条（1）における紛争調停者として第三者を選ぶ場合又は管轄審査会を特約する場合。

5）　発注者、受注者及び監理者（発注者、受注者が保証人を立てる場合は、保証人を含む。）が法人である場合は、契約書に氏名又は名称、住所又は所在地とその代表者名を記載し押印する。

6）　請負契約の成立を証するために作成された契約書は請負代金額欄の「工事価格」の額に応じ、1通ごとに所定の金額の印紙を貼り付け消印する。

（具体的には、国税庁のホームページでご確認下さい。）

7）　本建設工事が「建設工事に係る資材の再資源化等に関する法律」第9条第1項に定める対象建設工事に該当する場合、別紙「建設工事に係る資材の再資源化等に関する法律第13条及び省令第4条に基づく書面」に必要事項を記載のうえ、必ず工事請負契約書及び約款と一体化する。

8）　受注者は、「下請セーフティネット債務保証事業」（平成11年1月28日建設省経振発第8号）又は「地域建設業経営強化融資制度」（平成20年10月17日国総建第197号、国総建整第154号）により資金を借り入れようとする場合は、その内容を十分に説明のうえ、第6条（1）に基づく発注者の書面による承諾を得ること。

9）　契約書の5.（4）は、建設業法第19条第1項第12号（瑕疵担保責任の履行に関して講ずべき措置）の記載欄である。

(1)　契約書の5.（4）①欄は、平成19年5月に成立・公布された新築住宅に係る「特定住宅瑕疵担保履行法」に対応するものである。

　この法律は、平成21年10月1日以降に引渡される新築住宅に関し、受注者に対して、特定住宅建設瑕疵担保責任の履行を確保するため、保証金の供託又は責任保険への加入を義務付けるものである。

　したがって、発注者（ただし、発注者が宅建業者である場合を除く。）から請負う工事の契約目的物が新築住宅＊である場合（特定住宅建設瑕疵担保責任の対象工事である場合）、5.（4）は「有」とした上で、別紙に従って、資力確保措置の内容（保証金供託の内容又は責任保険の内容）を記載する。そして、この別紙は契約書に添付して一体化する必要がある。

　なお、別紙（保証金供託）面は資力確保措置を保証金供託で対応する場合に使用し、別紙（責任保険）面は責任保険加入で対応する場合に使用する。（別紙を使わず、契約書「7.　その他」の欄を使用して、特約することでも構わない。）

　＊住宅品確法第2条第2項に規定する「新築住宅」

(2)　5.（4）②欄は、上記①とは別に、特定住宅瑕疵担保履行法で義務付けられる新築住宅に限らず、すべての契約目的物を対象とし、発注者と受注者間で、契約目的物に瑕疵があった

場合、受注者が負う修補又は損害賠償の責任を確実に履行することができるよう保証保険契約の締結等の措置を定めたときは、その内容を契約書に記載しなければならないということに対応するものである。

これは「定め」をすること自体を義務付けるものではないが、措置について定めたときは、その内容を記載することが必要となる。

契約書に保険証書及び保険契約約款等を添付する場合は、詳細内容の記載を省略できる。

（参考）
1) 本契約約款の内容についての解説書としては、民間（旧四会）連合協定工事請負契約約款委員会編著『民間（旧四会）連合協定工事請負契約約款の解説』（大成出版社）があります。
2) 約款委員会のホームページ　http://www.gccccc.jp/

（出典：民間（旧四会）連合協定工事請負契約約款委員会、本約款及び工事請負契約書の無断複製を禁ずる）

【書式例】仲裁合意書

注　印紙税法別表第一課税物件表の課税文書には該当せず、印紙税は課税されない。

〔別添〕
［裏面参照のうえ建設工事紛争審査会の仲裁に付することに合意する場合に使用する。］

仲 裁 合 意 書

工　事　名＿＿＿＿＿＿＿＿＿＿＿＿＿＿＿＿＿＿＿＿＿＿＿＿＿＿＿＿＿＿＿＿＿＿

工 事 場 所＿＿＿＿＿＿＿＿＿＿＿＿＿＿＿＿＿＿＿＿＿＿＿＿＿＿＿＿＿＿＿＿＿＿

　令和　　年　　月　　日締結した上記建設工事の請負契約に関し紛争が生じた場合は、民間（旧四会）連合協定工事請負契約約款第34（2）の規定に基づき、建設業法により定められた下記の建設工事紛争審査会の仲裁に付し、その仲裁判断に服する。

　　　　　　　　　　　　管轄審査会名＿＿＿＿＿＿＿＿＿＿＿＿建設工事紛争審査会
　　　　　　　　　　［管轄審査会名を記入していない場合は、建設業法第25条の9第1項
　　　　　　　　　　　または第2項に定める建設工事紛争審査会を管轄審査会とする。］

　　令和　　年　　月　　日

　　　　　　　　　　　　　　　　　発　注　者＿＿＿＿＿＿＿＿＿＿＿＿＿＿＿＿

　　　　　　　　　　　　　　　　　同　保証人＿＿＿＿＿＿＿＿＿＿＿＿＿＿＿＿

　　　　　　　受　注　者　＿＿＿＿＿＿＿＿＿＿＿＿＿＿

　　　　　　　同　保証人　＿＿＿＿＿＿＿＿＿＿＿＿＿＿

仲裁合意書について

1) 建設工事紛争審査会は、建設業法に基づき国土交通省に中央審査会が、各都道府県に当該都道府県審査会がそれぞれ設置されており、建設工事の請負契約に関する紛争の解決を図るため、あっせん・調停および仲裁を行っている。審査会の管轄は、受注者が大臣許可業者であるときは中央審査会、知事許可業者であるときは当該都道府県審査会を原則とするが、当事者の合意によって管轄審査会を定めることができる。

　ここであっせんおよび調停は当事者のいずれか一方の申し出によって受理されるが、裁判所の訴訟に代えて審査会の仲裁に付するためには、当事者の合意が必要であるので、民間連合約款第34条（2）の規定により仲裁に付する場合の仲裁合意を添付した。

　ただし、消費者である発注者は、受注者との間に成立した仲裁合意を解除することができる。また、事業者の申し立てによる仲裁手続きの第1回口頭審理期日において、消費者（発注者）である当事者が出頭せず、または解除権を放棄する旨の意思を表明しないときは、仲裁合意を解除したものとみなされる。

2) 適法になされた審査会の仲裁判断は、裁判所の確定判決と同一の効力を有し、たとえその仲裁判断の内容に不服があっても裁判所で争うことはできなくなる。

　なお、建設工事紛争審査会の仲裁制度はいわゆる一審制であり、その手続きは、建設業法に特別の定めがある場合を除き、仲裁法の規定が適用される。

3) 請負契約において保証人を立てた場合、保証人が当事者として仲裁合意に加わらないときは、当該保証人の欄を抹消する。

（出典：民間（旧四会）連合協定工事請負契約約款委員会、本仲裁合意書の無断複製を禁ずる）

【書式例】宅地造成工事請負契約書

　　　　　　　　　　　宅地造成工事請負契約書

注1　印紙税法別表第一課税物件表の第2号文書（請負に関する契約書）に該当し、契約金額（請負金額）に応じた印紙税が課税される。なお、建設業法第2条に規定する建設工事の請負契約書には軽減税率の適用がある（税特措91条）。

注文者株式会社〇〇〇〇（以下「甲」という。）と請負人株式会社〇〇〇〇（以下「乙」という。）との間において、宅地造成工事について以下のとおり契約を締結する。

第1条 乙は、甲に対し、下記の土地（以下「本件土地」という。）の宅地造成工事を請け負い、これを完成することを約し、甲は、これに対し報酬を支払うことを約定した。
   (1) 〇県〇市〇町〇丁目〇番　所在　田〇〇㎡
   (2) 同所〇番　所在　畑〇〇㎡
   (3) 現況農地（田）

2　本件土地は、甲において、農地転用、開発行為等、行政官庁の許認可申請中であるので、乙は次のとおり造成工事（詳細は添付の仕様書設計図面のとおり）を施工する。ただし、平成〇年〇月〇日までに行政官庁の許認可が完了しない場合は、(2)～(5)の期日について、甲と乙は改めて協議の上決定するものとする。
   (1) 土地造成前の測量、設計
   (2) 行政官庁の許認可完了後〇日以内に工事着手
   (3) 令和〇年〇月〇日までに工事完成
   (4) 令和〇年〇月〇日までに完成届、検査の受入れ
   (5) 令和〇年〇月〇日までに検査済証の交付引渡し

第2条　請負代金は総額金〇円とし、甲は乙に対し次のとおり支払う。
   (1) 本契約締結と同時に手付金として金〇円
   (2) 工事開始時に金〇円
   (3) 工事完成時引渡時に金〇円

第3条　乙はあらかじめ甲の書面による承諾を得なければ、工事の全部又は大部分を一括して第三者に請け負わせ、若しくは委任することはできない。注2

　注2　建設業法22条の一括下請禁止の規定に基づく条項である。

第4条　工事中の材料価格又は賃金の変動は、甲の乙に対する請負代金の支払遅延による値上がりの場合を除き、全て請負代金に変更を来さないものとする。

第5条　乙は、造成工事の施工について、設計図面、仕様書に適合しない部分があるとき及び施工の支障となる予期せぬ事態が生じたときは直ちにその旨甲に通知し、指示を受けなければならない。

第6条　甲は本造成工事の設計仕様を変更することができる。設計仕様の変更に伴う報酬の増減、完成引渡時期の変更については、甲乙協議してこれを定める。

第7条　乙が第1条第2項(3)に定める期日までに工事を完成して造成地を引き渡すことができないときは、その日数に応じて、一日金〇円の割合による遅延損害金を甲に支払う。この場合、甲は乙に支払うべき報酬より上記金額を控除することができる。

2　甲が第2条に定める請負代金の支払いを遅延したときは、日歩〇銭の割合にて、その日数に応じた遅延損害金を乙に支払う。注3

　注3　本条項は、民法420条にいう損害賠償額の予定の規定である。

第8条　令和△年△月△日までに官庁の許認可が得られず、開発の見込みが得られないときは、甲は乙に対し、手付金を放棄して、本契約を解除することができる。

2　前項の解除につき乙は甲に対し、いかなる事情があっても、既になした仕事の報酬の請求、損害賠償の請求等をすることができない。注4

> 注4　本条項は、売買契約における解約手付と同性質のことを定めたものであるが、請負においては、注文主がいつでも請負人の損害を賠償して契約を解除することができるとされているので（民641条）、損害賠償額の予定の規定ともいえる。いずれにしても請負人としては手付金以上の損害賠償を請求できないこととなる。

第9条　第1条の土地が現況農地であってこれを宅地として造成するため、乙は甲に対して本件工事に関して次の保証をなすものとする。
(1)　木造二階建住宅の建築、同建物の通常の使用状態において、地盤沈下の生じないこと
(2)　通常の降雨、自然の雨水の流れによって、宅地内に水溜、排水の停滞等の生じないこと
2　前項の(1)については引渡し後10年間、(2)については引渡し後5年間、乙は無償にて修補並びに復旧の工事をなす責めを負う。注5

> 注5　今回の改正法では、担保責任の権利行使期間について、「注文者が不適合を知った時から1年以内にその旨を請負人に通知する」ことになっている。期間制限内に通知した場合は、請負人の担保責任（修補請求、代金減額請求、損害賠償請求、解除）には、消滅時効の一般原則が適用されることになる。したがって、「権利を行使することができる時から10年（客観的起算点）、権利を行使することができることを知った時（主観的起算点）から5年」で、消滅時効により権利が消滅することになる。
>
> このうち、客観的起算点は、売買の瑕疵担保に基づく損害賠償請求請求権につき、物の引き渡し時を起算点として10年の消滅時効に服するとした判例（最判平成13年11月27日）もあり、一般的には「引き渡しを受けたとき」になると思われるが、なお議論のあるところである。
>
> 改正法では、担保責任の短期の期間制限が廃止されていることから、特約で担保責任の追及期間を「引き渡しから○年」として担保責任を追及されうる期間を明確にすることは、担保責任の追及を受ける請負人の立場から見て意義がある。

第10条　本造成工事の完成の前後を問わず、引渡しまでに天災その他不可抗力により造成地が滅失又は毀損したときは、その危険は乙が負担する。注6

> 注6　天災その他不可抗力という両当事者の責めに帰することができない事由により、目的物が滅失又は毀損した場合、誰が危険を負担するか（すなわち、請負人はどのような場合に報酬請求ができるのか。）を明確にした。
>
> なお、工事完成前に滅失または既存した場合は、履行不能でない限り請負人にはもう一度工事をやり直して完成させる義務がある。

第11条　甲は本造成工事中必要により契約を解除することができる。甲は契約解除によって乙の被った損害を賠償する。注7

> 注7　本条項は民法641条（改正民法も同じ641条）と同旨の規定である。

第12条　本契約につき紛争があるときは、建設業法の定めるところにより建設工事紛争審査会にあっせん又は調停若しくは仲裁の申請をするものとする。注8

> 注8　紛争解決のための仲裁合意条項である。

甲と乙は以上のとおり合意し、その成立の証として、本契約書2通を作成し、各自、署名又は記名捺印の上、各1通宛所持するものとする。

令和○年○月○日

　　　　　　　　　　　　　　　　　　甲（注文者）
　　　　　　　　　　　　　　　　　　　住　所　×　×　×　×
　　　　　　　　　　　　　　　　　　　株式会社　○　　○　　○　　○
　　　　　　　　　　　　　　　　　　　代表取締役○　　○　　○　　○　㊞
　　　　　　　　　　　　　　　　　　乙（請負人）
　　　　　　　　　　　　　　　　　　　住　所　×　×　×　×
　　　　　　　　　　　　　　　　　　　株式会社　○　　○　　○　　○
　　　　　　　　　　　　　　　　　　　代表取締役○　　○　　○　　○　㊞

【書式例】内装工事請負契約書

　　収　入
　　印　紙
　　　注1

内装工事請負契約書

注1　印紙税法別表第一課税物件表の第2号文書（請負に関する契約書）に該当し、契約金額（請負金額）に応じた印紙税が課税される。なお、建設業法2条に規定する建設工事の請負契約書には軽減税率の適用がある（税特措91条）。

　注文者株式会社○○○○（以下「甲」という。）は、請負人株式会社○○○○（以下、「乙」という。）との間で、甲の経営する○○ホテルの内装工事について、次のとおり契約を締結する。

第1条　乙は、甲に対し、下記内装工事（以下「本工事」という。）を請け負い、これを完成することを約し、甲は、これに対し報酬を支払うことを約定した。

記

(1)　工事名　　　　○○ホテル内装工事
(2)　工事場所　　　○県○市○町○丁目○番○号　　○○ホテル
(3)　工事期間　　　着工　令和○年○月○日
　　　　　　　　　　完了　令和○年○月○日

第2条　本工事の請負代金額は金○円（消費税別途）とし、甲は乙に対し、同代金を次のとおり分割して支払う。
(1)　契約時　　　　　　　　金○円（消費税別途）
(2)　工事完了引渡し時　　　金○円（消費税別途）

第3条　乙は、甲の承認を得た設計書、仕様書及び甲の指示に従い、施工しなければならない。

第4条 乙は、この契約の履行について、工事の全部又は一部を第三者に委託若しくは請け負わせてはならない。ただし、あらかじめ甲の書面による承諾を得た場合は、この限りではない。 注2

注2 本件工事の内容が、建設業法2条1項に定める「内装仕上工事」に該当する場合、同法22条の一括下請禁止の適用を受ける。

第5条 乙は、工事完成後直ちに甲の検査を受けなければならない。
2 甲の検査合格をもって乙からの引渡しを受けたものとする。

第6条 前条の検査において不合格となった場合、乙は甲の指示に従って取替え又は改造をしなければならない。取替え時に要する費用及び取替え等により甲に生じた損害については、全て乙が負担し、又は賠償するものとする。

第7条 乙は、工事が完成し甲に引渡した後1年以内に生じた損傷に限り、甲に対し、民法636条に規定する担保責任を負うものとする。 注3

注3 請負人の担保責任の存続期間を定めた条項である。

甲と乙は以上のとおり合意し、その成立の証として、本契約書2通を作成し、各自、署名又は記名捺印の上、各1通宛所持するものとする。

令和○年○月○日

　　　　　　　　　　　　　　　　　甲
　　　　　　　　　　　　　　　　　　住　所　×　×　×　×
　　　　　　　　　　　　　　　　　　株式会社　○　○　○　○
　　　　　　　　　　　　　　　　　　代表取締役○　○　○　○　㊞
　　　　　　　　　　　　　　　　　乙
　　　　　　　　　　　　　　　　　　住　所　×　×　×　×
　　　　　　　　　　　　　　　　　　株式会社　○　○　○　○
　　　　　　　　　　　　　　　　　　代表取締役○　○　○　○　㊞

2　下請関係

ア　解説

　下請とは、民法上、請負人が注文者から請け負った仕事をさらに第三者に請け負わせる場合をいう。この場合、注文者からの直接の請負人を「元請負人」といい、元請負人よりさらに請け負った第三者を「下請負人」という。そして元請負人と下請負人との間の契約も請負契約（下請契約）であり、下請契約においては、元請負人は下請負人との関係では注文者の立場に立ち、下請負人は注文者たる元請負人に対して請負人として仕事を完成させる義務を負う。そのため、注文主と下請負人との間には直接の法律関係は生じないが、注文者は、元請負人に対して、建設工事の施工につき著しく不適当と認められる下請負人があるときは、その変更を請求できる

(建設業23条)。

　イ　実務上のポイント
　請負人が請負契約を下請に出すことは原則として許容されているが、建築工事においては、特約で下請を禁止し、又は注文者の承諾に係らしめていることが多い。なお、建築業法22条において、工事一式をそのままゆだねる一括下請は禁止されている。一括下請は注文者の書面による承諾がある場合には許されているが、現実にはあまり例はない。
　一言に下請といっても、その実態は多種多様である。そのため、契約関係も、純然たる請負といえるものから、下請負人の元請負人に対する従属性が強く実質的には雇用に近いものまで様々であり、契約書についても、契約内容について詳細に規定したものから、単に注文書・請書の交換だけという極めて簡単な型のものまで幅広く存在している。また、元請負人と下請負人の関係は、その力関係が一方的であり、契約条件が一方だけ有利に定められているという請負契約の片務性の問題がある。
　そのため、国土交通省も、建設工事の的確な施工の確保と下請の健全な発展を目的として、建設産業における生産システム合理化指針を定めており（平成3年2月5日建設省経構発第2号）、同指針の下で、適正な下請契約の締結が必要であるとし、昭和52年4月26日中央建設業審議会が勧告した建設工事標準下請契約約款か、又は同契約約款に準拠した内容をもつ下請契約書によるべきであると指摘している。
　以下、簡略な建築工事請負契約書を記載するが、工事の種類、内容、施工の実態等に応じて、前記の中央建設業審議会作成の「建設工事標準下請契約約款」の条項を加除訂正して適切な契約書を作成することも必要である。

【書式例】　建築工事下請契約書

　　　　　　　　　　　　　　　建築工事下請契約書

収入印紙　注

注　印紙税法別表第一課税物件表の第2号文書（請負に関する契約書）に該当し、契約金額（請負金額）に応じた印紙税が課税される。なお、建設業法第2条に規定する建設工事の請負契約書には軽減税率の適用がある（税特措91条）。

　元請負人○○○○（以下「元請負人甲」という。）と下請負者○○○○（以下「下請負人乙」という。）との間において、以下のとおり、家屋基礎工事の下請負のため契約を締結した。

　第1条　下請負人乙は元請負人甲に対して同人が発注者丙から請け負った○○県○○市○○町○丁目○番○号の住宅建築の基礎工事（以下、「本工事」という。）について下請をし、その仕事

を完成すべきことを約し、元請負人甲はその仕事に対し報酬を支払うことを約した。
第2条 本工事の範囲は全てこの契約書に添付した設計書による。
第3条 本工事の仕事に要する材料（○○）は全て元請負人甲が下請負人乙に交付する。
2　前項の材料について下請負人乙から請求があった場合、元請負人甲がその必要性を認めたときは、これを下請負人に交付する。
第4条 本工事に要する一切の労働者は、全て下請負人乙が適宜これを雇い入れ、その費用は一切下請負人乙の負担とする。
第5条 下請負人乙は令和○年○月○日に本工事に着手し、令和○年○月○日までに設計書記載のとおり本工事を完成し、元請負人甲に引き渡す。
第6条 下請負人乙は工事の材料で不用となったもの又は剰余のものがあるときは、前条の仕事完成の期日にこれを元請負人甲に引き渡す。
第7条 元請負人甲が請負工事の結果に対して支払うべき報酬は金○○円とし、本工事が完成し、下請負人乙が目的物を元請負人甲に引き渡したときに、下請負人乙に支払う。
第8条 下請負人乙が第5条の期日に仕事を完成せず、目的物を引き渡すことができないときは、違約金として本工事完成まで1日につき金○○円を元請負人甲に支払う。
第9条 下請負人乙は、目的物の引渡し後でも、本契約に基づく工事の内容に不適合がある場合は、○年間の担保の責めに任ずる。

　甲と乙は以上のとおり合意し、その成立の証として、本契約書2通を作成し、各自、署名又は記名捺印の上、各1通宛所持するものとする。

　令和○年○月○日

　　　　　　　　　　　　　　　　　　　　　　　元請負人甲
　　　　　　　　　　　　　　　　　　　　　　　　住　所　×　×　×　×
　　　　　　　　　　　　　　　　　　　　　　　　氏　名　○　○　○　○　㊞
　　　　　　　　　　　　　　　　　　　　　　　下請負人乙
　　　　　　　　　　　　　　　　　　　　　　　　住　所　×　×　×　×
　　　　　　　　　　　　　　　　　　　　　　　　氏　名　○　○　○　○　㊞

【書式例】請書

収入印紙　注

請　書

注　印紙税法別表第一課税物件表の第2号文書（請負に関する契約書）に該当し、契約金額（請負金額）に応

じた印紙税が課税される。なお、建設業法第2条に規定する建設工事の請負契約書には軽減税率の適用がある（税特措91条）。

令和〇年〇月〇日

住　所
甲　〇　〇　〇　〇　㊞

乙株式会社　御中

　下記の御注文正にお請けいたしました。ついては裏面記載の条項に従い、御注文のとおり施行いたします。

記

1　工事名　　〇〇ビル建築工事についての鉄骨工事
2　施行場所　県　市　町　丁目　番地
3　工　期　　自令和〇年〇月〇日至令和〇年〇月〇日
4　工事仕様及び条件
5　工事代金　金　　円

名　称	摘　要	単位称呼	数　量	単　価	金　額	備考

支払	年月日	摘要	入着又は出来高累計	本回支払金	支払金累計	扱印	検印	備考

3 修補及び損害賠償請求

ア 解説

　請負契約の担保責任については、第2民法改正のポイント・2担保責任の整理で述べた。概要を再説すると、請負人の担保責任には、売主の担保責任の規定が準用され、①追完請求権（修補請求権。改正民562条）、②代金減額請求権（改正民563条）、③損害賠償請求権（改正民564条・415条）、④解除権（改正民564条・541条・542条）が認められることになる。また、「建物その他土地の工作物」についての特例（建物その他土地の工作物については請負契約を解除することができないとする民法635条や、請負人の担保責任の存続期間に関する民法638条等）は廃止されていることも注意を要する。

　請負人の担保責任を追及する場合、一般的にその順序は以下のようになると思われる。

　①　契約不適合部分の修補が可能であり、その契約不適合の程度が軽微である場合

　請負契約の解除はできない（改正民564条・541条ただし書）ので、修補請求（改正民562条）の催告をし、場合によっては、併せて代金減額請求をする（改正民563条）。

　②　契約不適合部分の修補は可能であるが、その契約不適合の程度が軽微とはいえない場合

　契約の目的を達成することが不可能な場合は、法律上は催告なく解除することができるが（改正民564条・542条1項）、契約の目的を達成することが不可能かどうかは判断が難しいので、実務的には、まずは修補請求をする方が穏当のように思われる。

　③　契約不適合部分の修補が不可能であり、その契約不適合部分の程度が軽微な場合

　請負契約の解除はできない（改正民564条・541条ただし書）ので、代金減額請求（改正民563条）をすることになる。

　④　契約不適合部分の修補が不可能であり、その契約不適合部分の程度が軽微とは言えない場合

　代金減額請求（改正民563条）又は請負契約の解除（改正民564条・542条1項）をすることができる。

　なお、①～④いずれの場合も、注文者に損害が生じている場合には、損害賠償請求が可能である（ただし、請負人に帰責事由がない場合は、損害賠償請求はできない。）。

イ 実務上のポイント

　担保責任に関する権利行使期間の定めは任意規定と解されており、民法上の定める期間を短縮する特約も有効である。ただし、住宅の品質確保の促進等に関する法律（いわゆる品確法）で規定する主要構造部分の瑕疵に関する権利行使期間（10年）については、強行規定となっている。

　ただし、現行法において、この品確法の規定は、572条、640条の規定を修正するものであって、566条3項、638条2項（1年の権利行使期間制限）を修正するものではないとされていたことから、改正法においても、以下に述べる「注文者がその不適合の事実を知った時から1年以内」に不適合の事実を「通知」しなければ、品確法で定める権利行使期間中であっても、注文者は請負人に担保責任の追及ができなくなると思われる。

改正民法では、「注文者がその不適合の事実を知った時から1年以内」に不適合の事実を「通知」しなければならない。この通知は、商法526条2項の「通知」と同様に、契約内容不適合があったことだけを通知したのでは不十分であるが、契約内容不適合の種類とその大体の範囲を通知すればよく、その細目までは通知する必要がないとするのが妥当と思われるが、念のため、可能な限り契約不適合の内容を特定して通知を行うとよい。

「建物その他土地の工作物」につき、どのような場合に解除できるか（すなわち、どのような場合に「契約不適合が軽微でない」といえるか。）が問題となる。この点については、損害賠償請求の事案（建物の主要な構造部分につき安全性や耐久性に重大な影響を及ぼす欠陥があり、地震や台風等で倒壊しかねない危険性があった事案）であるが、「建築請負の仕事の目的である建物に重大な瑕疵があるために建替えざるを得ない場合には、注文者は、請負人に対し、建物の建て替えに要する費用相当額の損害賠償請求をすることができる」とする判例（最判平成14年9月24日）が参考になる。これは、「建物その他の土地の工作物」につき、請負契約の解除が認められない現行民法下で、実質的に解除に基づく原状回復請求と同様の効果を認めたものと評価できるものであるが、改正法でも、建物建築請負契約における「契約不適合の軽微性」の判断の参考になると思われる。

以下では、ケースとして多いであろう修補請求（及び損害賠償請求）と、改正法で新たに認められた「建物その他土地の工作物」に関する契約解除の書式を掲載する。

【書式例】修補及び損害賠償請求書

> 注 印紙税法別表第一課税物件表の課税文書には該当せず、印紙税は課税されない。
>
> 住　所
> 　株式会社○○○○
> 　代表取締役　○　○　○　○　殿
>
> 　請求人は、令和○年○月○日、貴社と建物建築工事請負契約を締結し、貴社は、本件請負契約に基づき建物（以下、「本件建物」という。）を建築しました。請求人は、令和○年○月○日、貴社から本件建物の引き渡しを受けましたが、その後の大雨の際に多量の雨漏りが生じ、その結果、雨水が本件建物の天井に設置された照明類、本件建物室内の液晶テレビ、コンピューターに浸水し、上記動産類がすべて使用不能になりました。請求人が調査したところ、貴社の工事が不完全であり、貴社が建築した本件建物には、○○○○等の欠陥があることが判明しました。
>
> 　上記雨漏りは、貴社による不完全な工事に起因するものであります。そこで、請求人は、貴社に対し、本書到達から14日以内に、本件建物の屋根の修補を行うよう求めます。また、上記雨漏りによる浸水によって使用不能になった動産類の代金相当額の損害として金50万円の支払いを求めます。修補と同じく本書到達から14日以内に全額をお支払いくださいますようお願いいたします。

```
                          令和○年○月○日
                       住  所
                       請求人    ○  ○  ○  ○  ㊞
```

【書式例】契約解除通知書

注1　印紙税法別表第一課税物件表の課税文書には該当せず、印紙税は課税されない。

契約解除通知書

住　所
　株式会社○○○○
　　代表取締役　○　○　○　○　殿

　通知人は、令和○年○月○日、貴社と建物建築工事請負契約（以下、「本件請負契約」という。）を締結し、貴社は、本件請負契約に基づき建物（以下、「本件建物」という。）を建築しました。通知人は、令和△年△月△日、貴社から本件建物の引き渡しを受けましたが、令和×年×月×日頃、本件建物の壁面に亀裂等が生じ、通知人にて専門の業者に調査を依頼したところ、○○等本件建物の主要な構造部分について安全性及び耐久性に重大な影響を及ぼす欠陥があることが判明しました。上記欠陥により、本件建物は地震等により倒壊の危険性があり、このままでは、本件建物に居住することはできません。

　上記欠陥は、貴社による不完全な工事に起因するものであります。そこで、通知人は、貴社に対し、本書到達から1か月以内に、上記欠陥部分の修補を行うよう求めます。注2

注2　実務上は、一定期間を定めた修補の催告をしたうえで、それでも修補が行われない場合に契約を解除するというケースが多いように思われる。もちろん、**修補が不能である等の事情があれば、無催告解除も可能である。**

　なお、貴社が上記期間までに修補を完了しない場合には、通知人は、貴社との本件請負契約を解除いたします。注3　その場合、本件請負契約に基づいて通知人が貴社に対して支払った請負代金合計○○万円の返還を求めます。

注3　現行法では、建物その他の土地の工作物の場合は、たとえ瑕疵があって契約の目的を達成することができない場合でも、契約を解除することはできないとされていた。これは、建物その他土地の工作物の請負契約の解除を認めると、請負人に酷であるとともに、工作物を撤去することは社会経済的に見て損失が大きいと考えられたからである。
　　改正法では、注文者の負担を考慮して、建物その他土地の工作物の場合であっても、請負契約を解除することができることになったが、どのような契約不適合がある場合に契約を解除できるかについては、今後の実務の動向を見守る必要がある。

令和○年○月○日

```
住　所
請求人　○　○　○　○　㊞
```

4　保守契約

ア　解説

　保守契約とは、一定の設備又は機械を使用する者が、その設備や機械を常に良好な状態で有効に使用し、かつ、耐久性を維持させる目的で、設備や機械の保守・管理を専門の業者に委託する契約である。保守契約は、保守業務を委託された業者に対して、上記の目的に沿う結果の達成（仕事の完成）が要求されているため、契約類型としては請負契約の性質を有するとみるべきである。

イ　実務上のポイント

　保守契約は、上記の設備又は機械を常に良好な状態で有効に使用し、かつ耐久性を維持させることと、さらに、故障時の修理費の高額化を防ぐことを主眼としている。その保守契約の目的を達成するために必要な保守点検業務の対象範囲を明確にすることが重要である。

【書式例】エレベーター保守契約書

保守契約書

注1　印紙税表別表第一課税物件表の第2号文書（請負に関する契約書）及び第7号文書（継続的取引の基本となる契約書）に該当する。なお、契約金額の記載がない（第8条に月額の保守料金（月額単価）の記載はあるものの、契約期間の定めがなく、契約金額が計算できない）ことから、課税物件表の適用に関する通則3のイの規定により第7号文書に該当し、1通につき4,000円の印紙税が課税される。

　株式会社○○○○（以下、「甲」という。）と株式会社○○○○（以下、「乙」という。）とは、以下のとおり、昇降機の保守契約を締結する。

第1条　乙は、甲の指定する次の昇降機（以下「本件昇降機」という。）の保守を行うものとする。
　　　　所　在　場　所　　○県○市○町○丁目○番○号
　　　　種類及び台数　　○○
第2条　乙は、技術員又は監督技術者を派遣し、本件昇降機を適宜調整し安全かつ良好な運転状

態を保つよう点検、部品の取り替え、修理作業等の保守を実施する。
第3条　乙は、昇降機各部の点検、給油、調整を行いかつ乙の判断により必要と認めた場合は、下記の機器並びに付属部品に対し修理又は取替えを行う。注2

巻上機、原動機、電動発電機、調速機、制御器、各種ワイヤーロープ、移動ケーブル、その他附属装置

2　乙は、定期的に安全装置の全般にわたって調査を行うほか、必要に応じて機能試験を行うものとする。

注2　乙が履行すべき保守契約上の義務の内容をできるだけ明確にすべきである。

第4条　前条で定めた修理又は取替え工事の範囲は、昇降機を通常使用する場合に当然生ずべき摩耗及び損傷に限るものとし、甲の不注意又は不適当なる使用管理その他乙の責めによらない事由によって生じた修理又は取替え工事は、本契約に含まれない。

2　前項の修理又は取替え工事に必要な建築関係工事は、本契約に含まれない。

3　諸法規の改訂又は官公署の命令若しくは要求による設備の改修又は新規附属物追加に関する工事は、本契約に含まれない。

第5条　下記は、本契約に含まれない。

記

昇降かご、かご床タイル、各階出入口戸、三方枠、敷居、意匠部品等の塗装、メッキなおし、修理、取替え及び清掃

第6条　本契約で定めた全ての工事は、乙の就業時間（乙の通常勤務日の通常時間）内に行い、乙の就業時間外に行われる場合は、本契約には含まれない。ただし、昇降機が故障の場合は上記以外のときでも甲の要求により技術員を派遣して修理を行うものとする。

第7条　乙は、毎年1回建築基準法に基づく昇降機の定期検査に立ち会うものとする。ただし、定期検査受検法定諸事項は本契約に含まれない。

第8条　本契約に基づく昇降機に対する保守料金は、月額〇円とする。

2　甲は、乙に対し前項の料金を毎月〇日に現金にて支払うものとする。注3

注3　請負代金は仕事完成後の後払いが原則であるが、保守契約の場合は、先払いであることも少なくない。

第9条　本契約は令和〇年〇月〇日より効力を生じ、契約当事者の一方が他方にあらかじめ90日前に書面にて解約の通知を行う迄継続する。

第10条　本契約締結後、諸材料の価格、労務費その他に変更を生じた場契約料金に増減を要する場合は、甲・乙協議のうえ、第8条の保守料金を変更し得るものとする。

第11条　本件昇降機のいかなる部分に対しても、この占有若しくは管理（防災管理を含む。）に基づく責任は甲に帰属するものとする。

2　罷業、工場閉鎖、天災事変、不可抗力、その他乙の責めによらない事由によって生じた損害並びに全ての間接的損害については、乙はその責めを負わない。

第12条　本契約を締結する以前に本件昇降機保守についてなされた一切の取り決めは、本契約締結と同時にその効力を失う。

第13条　本契約書に記載のない条項につき疑義を生じた場合は、甲・乙協議のうえ解決するも

第14条 本契約に併せて甲は第7条の定期検査受検法定諸事項を金○円をもって乙に依頼する。

2 甲は、前項の費用にあてるため第8条の保守料金に合わせ毎月月額金○円を乙に支払うものとする。

甲と乙は以上のとおり合意し、その成立の証として、本契約書2通を作成し、各自、署名又は記名捺印の上、各1通宛所持するものとする。

令和○年○月○日

甲
 住　所　××××
 株式会社　○　○　○　○
 代表取締役○　○　○　○　㊞
乙
 住　所　××××
 株式会社　○　○　○　○
 代表取締役○　○　○　○　㊞

【書式例】空調装置保守契約書

収入印紙 注1

空調装置保守契約書

注1　印紙税法別表第一課税物件表の第2号文書（請負に関する契約書）及び第7号文書（継続的取引の基本となる契約書）に該当する。なお、契約金額の記載がある（計算ができる）ことから、課税物件表の適用に関する通則3のイの規定により第2号文書に該当する。従って、文例中第5条の月額保守契約代金に第7条の契約期間（12か月）を乗じて算出した金額に応じて印紙税が課税される。

株式会社○○○○（以下「甲」という。）と、株式会社○○○○（以下、「乙」という。）とは、以下のとおり、空調装置の保守契約を締結する。

（保守の対象）注2
第1条　乙は甲の指定する別表1の空調装置の保守を行うものとする。
注2　保守契約の対象物件を別表1で定め、保守作業の内容を別表2で定めることになっている。

（保守作業の実施）
第2条　乙は契約期間中、別表2の保守作業実施要領に基づき、次のとおり点検、調整その他を行う。

　　　　　6月　　　　試運転
　　　7、8、9月　　　定期点検
　　　　　10月　　　　終了整備

（時間外作業）
第3条　保守作業は原則として乙の就業時間（平日の午前8時より午後5時まで）中に行うものとする。乙の時間外に行う必要のある場合は甲、乙協議の上作業時間を決定する。

（材料の負担）
第4条　保守作業を実施するに当たり、その材料は次のとおり定めるものとする。
　　　（乙の負担するもの）
　　(1)　機械油
　　(2)　清掃に必要なウエス
　　(3)　冷媒漏洩検知用プロパンガス、洗剤
　　(4)　小ビス、パッキン類
　　　（甲の負担するもの）
　　乙の負担材料以外の材料及び部品（冷媒、冷凍機油を含む）

（保守契約代金）
第5条　保守契約代金は、月額金○万円と定め、甲は乙の請求に基づき毎月末日までに支払うものとする。

（保守契約代金の変更）
第6条　特に物価変動の激しい場合は、保守契約代金については甲乙協議の上変更することができるものとする。

（契約期間）
第7条　本契約の有効期間は令和○年○月○日から令和○年○月○日までの1年間とする。ただし、本契約の期間満了の2か月前までに甲乙いずれからも変更又は解約の意思表示のない場合は翌年も自動的に継続するものとし、以後も同様とする。

（契約の解除）　注3
第8条　本契約を解除しようとするときは、1か月以上の予告期間を定めて相手方に通知して行うものとする。

注3　請負人が仕事を完成しない間は、注文者はいつでも契約を解除できる。本条項は、民法上の規定の特則にあたる。なお、本条項とは別に、相手方の債務不履行に基づく解除は、当然、予告期間をおかずにいつでも行うことができる。

（故障に対する処置）
第9条　不時の故障の際、甲から通知があったとき、乙は直ちに技術員を派遣し適切な処置を講ずる。

（損害賠償）
第10条　乙は乙の従業員がその業務の遂行に際し、甲の設備に損害を与えた場合は、その賠償

の責めに任ずるものとする。
2　天災、不可抗力その他乙の責めに帰すべからざる事由により生じた損害については、乙はその責めは負わない。
（補足）
第11条　本契約に定めのない事項又は本契約に疑義を生じた場合、甲乙双方協議の上円満に解決を図るものとする。

　甲と乙は以上のとおり合意し、その成立の証として、本契約書2通を作成し、各自、署名又は記名捺印の上、各1通宛所持するものとする。

　令和〇年〇月〇日

                                                甲
                                                  住　所　×　×　×　×
                                                  株式会社　〇　　〇　　〇　　〇
                                                  代表取締役〇　　〇　　〇　　〇　㊞
                                                乙
                                                  住　所　×　×　×　×
                                                  株式会社　〇　　〇　　〇　　〇
                                                  代表取締役〇　　〇　　〇　　〇　㊞

5　製造物供給契約

ア　解説

　製造物供給契約とは、例えば、注文者が相手方に対し、洋服の製作を発注し、相手方が右注文に応じて、専ら又は主として自己の材料を用いて物を製作して、これを注文者に引き渡し、注文者は相手方にその報酬を支払う契約をいう。このような場合、洋服の仕立てという仕事の完成を目的とする請負のように見えるが、他方で、製作した洋服の売買であるようにも見える。このように、製造物供給契約は、物の製作という請負契約的な面と、製作された物の供給という売買契約的な面とを併せもっており、法的には請負契約と売買契約の混合契約と位置づけられている。

イ　実務上のポイント

　改正前民法では、オーダーメイドのような不代替物を製作する場合は請負の規定が、一般に販売されているような代替物を製作する場合は売買の規定が適用されると解されるように思われる。今回の改正では、担保責任について契約責任に一本化されるなど、現行法に比べて「売買契約か請負契約か」を議論する実益は減少したといえるが、注文者の契約解除権（改正民641条）など売買と請負で異なる点もあることから、適用すべき条文の判断は慎重に検討する

べきである。

【書式例】製造物供給契約書

```
┌─────┐
│収 入│
│印 紙│           製造物供給契約書
│ 注1 │
└─────┘
```

注1　印紙税法別表第一課税物件表の第1号の4文書（運送に関する契約書）、第2号文書（請負契約に関する契約書）及び第7号文書（継続的取引の基本となる契約書）に該当する。なお、契約金額の記載がない（計算ができない）ことから、課税物件表の適用に関する通則3のイの規定により第7号文書に該当し、1通につき4,000円の印紙税が課税される。

　株式会社○○○○（以下「甲」という。）は、株式会社○○○○（以下、「乙」という。）とは、甲の製品の製造等に関し、次のとおり契約する。

（目的）
第1条　甲は、乙に対し、甲の販売する○○（以下、「製品」という。）の製造並びにそれに伴う加工、荷造、保管及び輸送の業務を委託し、乙はこれを引き受けることを約した。
（原材料の支給）注2
第2条　甲は、前条の委託業務に必要な一切の原材料及び荷造材料を乙に供給する。
2　乙は、供給を受けた原材料及び荷造材料をもって、当該委託業務を遂行する。

注2　本契約書においては、製作する物品の材料等を注文者が請負人に交付することとされている。このような場合、請負人にしか作成できないような物品の場合を除き、原則として売買の規定が適用される契約類型とみるべきである。

（業務指示）
第3条　甲は、毎月○日までに、乙に対し、翌月度製造の製品の数量、銘柄、荷造量、荷姿及び保管量を指示し、それに必要な原材料及び荷造材料を送付する。
2　製品の出荷、輸送方法及び輸送先については、甲はその都度乙に対し、書面をもって指示するものとする。
（技術指導）
第4条　甲は、専門技術員を派遣し、乙に対して、製品の製造、加工、荷造及び輸送等に関する技術指導を行うものとする。
2　専門技術員の指導に対しては、乙は忠実に従わなければならない。
（資料提出義務）
第5条　乙は、甲の指示した報告書を毎月○日に甲に提出するものとする。
2　甲の要求あるときは、乙は、直ちにその帳簿を閲覧に供しなければならない。
（委託料）

第6条　委託料は、製品一個あたり金○円とし、毎月○日締切の乙の請求書に基づき、翌月○日限り、甲は乙に対し委託料を支払うものとする。
（費用の負担）
第7条　乙は、乙の原材料庫にて甲の支給する原材料及び荷造材料を受領したのち、製品を出庫するまでの一切の費用を負担する。
2　前項以外の費用は甲の負担とする。
（輸送方法）
第8条　乙が、製品の運送業務を履行するに当たり、第三者と輸送請負契約を締結するときは、事前に甲の承認を得るものとする。
（担保責任）
第9条　製品の品質、規格、量目及び輸送方法につき本契約の内容に適合しないことにより、第三者から返品又は賠償の要求等があったときは、その損害は一切乙の負担とする。注3

> 注3　甲が販売する製品について、第三者より担保責任を追及された場合、甲乙内部間においては乙が担保責任を負う旨の条項である。

（付保）
第10条　乙は、甲より受領し、現に保管中の原材料及び製品について、自己の費用をもって、甲の指示する保険会社に一括付保する。注4

> 注4　本契約においては、引渡し前であっても原材料、製品ともに注文者に所有権が帰属すると考えられるから、それらが滅失又は毀損した場合の危険は注文者が負担することになると考えられる。その危険負担を避けるため、請負人の費用をもって損害保険を付することとした特約条項である。

（契約解除と損害賠償）
第11条　乙が甲の指示した納期を遅延し、その他この契約上の義務の履行を怠ったときは、甲は何らの催告を要せず直ちにこの契約を解除し、支給した原材料及びこれによって製造、加工されたすべてのもの並びに荷造材料の即時返還を求めることができる。
2　前項の場合、乙は、直ちに甲の被った損害を賠償しなければならない。
（支給材料の滅失、損傷と損害賠償）
第12条　事由の何たるを問わず、甲の支給材料が滅失又は損傷したときは、乙は直ちに、甲に対し、その状況を通知し、甲の指示に従うものとする。
2　前項に定める滅失又は損傷が、乙の責めに帰すべき事由によって生じたときは、乙は、直ちに甲の被った損害を賠償しなければならない。
（製造停止等）
第13条　甲が市況の変動等により、その製品の製造を停止し、又は製造制限をなすときは、乙は、その指示に従うものとする。注5

> 注5　本条項を入れることにより、製造停止等により請負人に損害が生じても、賠償請求はできないものと考えられる。

（事故等の発生）
第14条　事故等の発生により、乙の業務の遂行が不能又は著しく困難となったときは、乙は直ちに書面をもって甲に通知し、その指示を受けなければならない。
（秘密保持）

第15条　乙はこの契約の履行により知り得た甲の所有する工業所有権、技術上及び業務上の秘密を他に漏洩してはならない。
2　前項の秘密保持義務は、本契約終了後も継続するものとする。
3　乙が第1項に反する行為に出たときは、甲は、直ちにこの契約を解除し、損害の賠償を求めることができる。
（地位の譲渡禁止）
第16条　乙は、この契約によって生ずる権利若しくは義務を第三者に譲渡し、又は承継させてはならない。注6

注6　債権譲渡及び下請禁止の趣旨の条項である。

（有効期間）
第17条　この契約の有効期間は、令和○年○月○日から令和△年△月△日までの○年間とする。ただし、期間満了の1か月前までに甲または乙から書面による契約終了の申し出がないときは、契約は1年間自動的に延長されるものとし、その後も同様とする。
（規定外事項）
第18条　この契約に定めない事項又はこの契約条項の解釈については疑義を生じたときは、甲乙協議の上解決するものとする。

　甲と乙は以上のとおり合意し、その成立の証として、本契約書2通を作成し、各自、署名又は記名捺印の上、各1通宛所持するものとする。

　令和○年○月○日

　　　　　　　　　　　　　　　　　甲
　　　　　　　　　　　　　　　　　　住　所　×　×　×　×
　　　　　　　　　　　　　　　　　　株式会社　○　○　○　○
　　　　　　　　　　　　　　　　　　代表取締役○　○　○　○　㊞
　　　　　　　　　　　　　　　　　乙
　　　　　　　　　　　　　　　　　　住　所　×　×　×　×
　　　　　　　　　　　　　　　　　　株式会社　○　○　○　○
　　　　　　　　　　　　　　　　　　代表取締役○　○　○　○　㊞

【書式例】書籍製作契約書

収　入
印　紙
注1

　　　　　　　　書籍制作契約書

注1　印紙税法別表第一課税物件表の第2号文書（請負に関する契約書）に該当し、契約金額（請負金額）に応じた印紙税が課税される。

発注者〇〇〇〇（以下「甲」という。）と請負者株式会社〇〇〇〇出版（以下「乙」という。）との間に、以下のとおり、書籍の製作について契約を締結する。

第1条　甲の注文により乙が製作する書籍の数量、仕様等は、以下のとおりとする。
(1)　書物名
(2)　数量　　〇〇部
(3)　仕様　　別紙仕様書のとおり
(4)　契約金額　〇〇円
(5)　納入期限　令和〇年〇月〇日
(6)　納入場所　〇〇

第2条　乙は、別紙仕様書による書籍を、前条記載の納入期限までに納入場所に納めなければならない。

2　乙は、その責めに帰することができない事由により納入期限内に書籍を納入することができないときは、甲に対して遅滞なく事由を付して納期の延長を求めることができる。ただし、延長の日数は甲乙協議して定めるものとする。

第3条　乙は、甲の承認を受けないでこの契約の履行を第三者に委託し、又はこの契約より生じる債権を譲渡してはならない。注2

注2　債権譲渡及び下請禁止の趣旨の条項である。

第4条　甲は、第1条4号記載の代金につき、書籍検収後、乙の請求に基づいて支払うものとする。注3

注3　請負代金は、後払いが原則である。

第5条　甲は、検収後に書籍に契約に適合しない部分が存在することを発見したときは、その是正改善を乙に請求することができる、ただし、その期間は検収後1年とする。注4

注4　今回の改正法では、担保責任の期間制限として、「注文者が不適合を知った時から1年以内にその旨を請負人に通知する」ことになっている。期間制限内に通知した後は、請負人の担保責任（修補請求、代金減額請求、損害賠償請求、解除）には、消滅時効の一般原則が適用されることになる。

　本条項は、担保責任の期間制限を「検収後1年」としたものである。これにより、請負人にとって担保責任を追及される期間が明確になる。

第6条　甲は、次の各号に掲げる場合には、いつでも本契約を解除することができる。
(1)　乙の契約違反によって契約の目的を達することができないとき。
(2)　乙の責めに帰する事由により、納期又は納期後相当の期間内に納入する見込みのないことが明らかに認められるとき。

第7条　乙は、著作権者である甲の許可なしに本書籍に掲載の写真その他のものを他に流用してはならない。

甲と乙は以上のとおり合意し、その成立の証として、本契約書2通を作成し、各自、署名又は

記名捺印の上、各1通宛所持するものとする。

令和○年○月○日

　　　　　　　　　　　　　　　　甲
　　　　　　　　　　　　　　　　　住　所　×　×　×　×
　　　　　　　　　　　　　　　　　氏　名　○　　○　　○　　○　㊞
　　　　　　　　　　　　　　　　乙
　　　　　　　　　　　　　　　　　住　所　×　×　×　×
　　　　　　　　　　　　　　　　　株式会社　○○○○出版
　　　　　　　　　　　　　　　　　代表取締役○　　○　　○　　○　㊞

6　運送契約

ア　解説

　運送契約とは、運送人が、物品や旅客の場所的移動を達成することを目的とし、荷送人や旅客がこれに対して運賃を支払うことを約する契約である。運送という仕事の完成を目的とするという点で請負契約の一種である。

　運送契約は、目的物により、物品運送、旅客運送、通信運送に分類され、また、運送の手段により、陸上運送、海上運送、航空運送に分類される。

　法的規制としては、商法第二編商行為、行政面からは、鉄道営業法、貨物運送取扱事業法、貨物自動車運送事業法等がある。

　また、運送事業の公共性等に基づき、平成2年運輸省告示575号（最終改正平成29年国土交通省告示741号）で「標準貨物自動車運転約款」が、平成2年運輸省告示576号（最終改正平成15年国土交通省告示170号）で「標準宅配便運送約款」等が標準的な運送約款として定められている（その他の運送約款についても、国土交通省のHPで公開されているので参照されたい。）。

イ　実務上のポイント

　運送契約においては、運送という仕事が契約の目的とされていることから、運送という結果が達成できない場合や不完全にしか達成できない場合（運送の目的物が損傷した場合など）の規定を設けておく必要がある。また、運送契約は、日常的に多数の取引が行われていることからも、上記の規定について約款で明示しておくことが重要となる。

【書式例】製品運送契約書

製品運送契約書

収入印紙 注1

注1　印紙税法別表第一課税物件表の第1号の4文書（運送に関する契約書）及び第7号文書（継続的取引の基本となる契約書）に該当する。なお、契約金額の記載がないことから、課税物件表の適用に関する通則3のイの規定により第7号文書に該当し、1通につき4,000円の印紙税が課税される。

　株式会社〇〇〇〇（以下「甲」という。）と株式会社〇〇〇〇（以下、「乙」という。）は、甲の製作した〇〇（以下「製品」という。）の運送について、以下のとおり契約する。

（目的）
第1条　甲は、乙に対し、製品の運送を委託し、乙は、甲の指示に従って、製品の運送をなすことを約する。
（製品の受渡場所）
第2条　甲は、製品を、甲の〇工場において、乙に引き渡し、かつ、運送状を交付するものとする。
（運送方法等）
第3条　乙は、製品を甲の指定する場所まで乙所有の〇トントラックを使用して運送するものとする。
（受領書の提出等）
第4条　乙は、製品を受領したときは、甲所定の伝票に捺印して甲に交付の上、直ちに運送を開始するものとする。
2　乙は、荷受人に対し、製品の引渡しを完了したときは、遅滞なく製品の運送報告書を甲に提出するものとする。
（運送料）
第5条　運送料は、製品の重量・配送地域別に定められた別表運賃によるものとし、毎月〇日締切の乙の請求書により、甲は翌月〇日までに、運送料を乙に対し支払うものとする。
（損害賠償）
第6条　乙は、甲に対し、運送のために使用した者が製品の受取り、引渡し、保管及び運送に関し注意を怠らなかったことを証明しない限り、製品の滅失、毀損又は延着について損害賠償責任を負う。 注2
2　荷受人より、製品の数量または品質につきクレームがあった時は、その一切を乙の責任で解決するものとする。
　注2　商法577条と同趣旨の条項である。
（付保）
第7条　運送保険は、乙が自己の負担において、これを付する。

（契約の解除）
第8条 乙が本契約に定める各条項に違反したとき、その他、甲が本契約を継続することが著しく困難であると認めたときは、甲は、乙に対し、本契約を解除することができる。

（契約期間）
第9条 本契約の期間は令和○年○月○日から令和○年○月○日までの○年間とする。期間満了の3か月前までに甲又は乙が相手方に対し何らの申し出もしないときは、この契約はさらに○年間更新されるものとする。その後の期間満了についても同様とする。

　甲と乙は以上のとおり合意し、その成立の証として、本契約書2通を作成し、各自、署名又は記名捺印の上、各1通宛所持するものとする。

　令和○年○月○日

　　　　　　　　　　　　　　　　甲
　　　　　　　　　　　　　　　　　住　所　×　×　×　×
　　　　　　　　　　　　　　　　　株式会社　○　○　○　○
　　　　　　　　　　　　　　　　　代表取締役○　○　○　○　㊞
　　　　　　　　　　　　　　　　乙
　　　　　　　　　　　　　　　　　住　所　×　×　×　×
　　　　　　　　　　　　　　　　　株式会社　○　○　○　○
　　　　　　　　　　　　　　　　　代表取締役○　○　○　○　㊞

第5章　保　証

第1　契約の概要

　保証とは、主たる債務者が債務を履行しない場合に、他の者（保証人）がその債務を履行する責任を負うことをいう（民446条1項）。

　この保証人が負う債務を保証債務といい、保証債務は、債権者と保証人との間の保証契約によって発生する。保証債務は主たる債務を担保するために存在し、主たる債務が成立しなければ保証債務も成立せず（成立における付従性）、主たる債務が消滅すれば保証債務も消滅する（消滅における付従性）。

　また、保証人は主債務者がその債務を履行しない場合にその履行をする責任を負うものであるから（補充性）、債権者が保証人に債務の履行を請求したときは、保証人は、まず主たる債務者に催告をすべき旨を請求することができ（催告の抗弁権。民452条）、執行をする場合においても、保証人が主債務者に弁済をする資力があり、かつ、執行が容易であることを証明したときは、債権者は、まず主債務者の財産について執行をしなければならない（検索の抗弁権。民453条）。ただし、連帯保証の場合には、上記の補充性がなく、連帯保証人は催告の抗弁権や検索の抗弁権を有しない（民454条）。

　保証契約は、かつては不要式の諾成契約とされていたが、保証人保護の見地から、平成16年の民法改正により、書面でしなければ効力が発生しない要式契約となった（民446条2項）。なお、保証契約がその内容を記録した電磁的記録でなされたときは、書面によってなされたものとみなされる（同条3項）。

第2　民法改正のポイント

1　個人保証における公正証書による保証債務履行意思の表示

　上記第1のとおり、民法は、保証契約については書面ですることを規定しているものの、それ以外には特に要件を定めていなかった。

　今回の民法改正では、個人が保証人となる保証契約のうち、事業のために負担した貸金等債務（金銭の貸渡しまたは手形の割引を受けることによって負担する債務をいう。）を主たる債務とする保証契約又は主たる債務の範囲に事業のために負担する貸金等債務が含まれる根保証契約は、その契約の締結に先立ち、その締結日の前1か月以内に作成された公正証書で保証人になろうとする者が保証債務を履行する意思を表示していなければ、その効力を生じないものとされた（改正民465条の6第1項）。

　なお、この定めは、その個人が、主債務者である法人の理事・取締役・執行役や、総株主議決権の過半数を保有する株主などである場合には適用されず、主債務者である個人の共同事業者や現に事業に従事している配偶者である場合にも適用されない（改正民465条の9）。これら

の者については、従来どおり、書面要件のみで保証契約を結ぶことができる。

2 根保証契約における極度額の定め

現行民法では、個人が保証人になる根保証契約については、貸金等債務が根保証の範囲に含まれる契約（貸金等根保証契約）に限って、極度額（負担する最大の額）を定めることを要件としていた（民465条の2）。改正民法では、貸金等根保証契約でない個人の根保証契約についても、極度額を定めなければ効力を生じないものとした（改正民465条の2）。

3 情報提供義務

主債務者や債権者に対し個人の保証人への情報提供義務が新設された。

ア 主債務者の情報提供義務

個人の保証人が委託を受けて事業のための債務を主たる債務とする保証又は根保証をする場合、保証契約を結ぶ際に、主債務者は保証人に対して、主債務者の財産及び収支の状況、他の債務の有無並びにその額及び履行状況、他の担保があるときはその旨及び内容を提供しなければならないとした（改正民465条の10第1項）。

また、主たる債務者が上記の事項に関して保証人に情報を提供せず、又は事実と異なる情報を提供したために保証人がその事項について誤認をし、それによって保証契約の申込み又はその承諾の意思表示をした場合において、主たる債務者がその事項に関して情報を提供せず又は事実と異なる情報を提供したことを債権者が知り又は知ることができたときは、保証人は、保証契約を取り消すことができるとした（同条2項）。

イ 債権者の情報提供義務

保証人（個人の保証人に限らない。）が主債務者からの委託を受けて保証をした場合において、保証人から請求があれば、債権者は、主たる債務の元本、利息、損害賠償、その他、主たる債務に関する全ての債務について、不履行の有無、残額、履行期限が過ぎているものの額を知らせなければならない（改正民458条の2）。

また、主たる債務者が期限の利益を喪失したときは、債権者は、個人の保証人に対し、期限の利益喪失を知ったときから2か月以内に、期限を喪失したことを通知しなければならず、当該通知を債権者がしなかったときは、債権者は、当該保証人に対しては、期限の利益喪失時から通知をするまでの間の遅延損害金を請求できない（改正民458条の3）。

第3 書式例

1 保証契約

ア 解説

保証債務は、債権者と保証人との間の保証契約によって発生する。第1で述べたとおり、保証契約は書面で行わなければ効力が発生しない（民446条2項）。

イ 実務上のポイント

保証債務は、主たる債務と同一内容の給付を目的とする債務であり（給付内容の同一性）、保証債務の内容は主たる債務の内容により決まるため、保証契約書には主たる債務の内容を記載

しておく必要がある。

また、上記のとおり、連帯保証の場合は催告の抗弁権及び検索の抗弁権が認められないため、連帯保証である場合にはその旨も明確にしておく必要がある。

【書式例】保証契約書

　　収　入
　　印　紙
　　注1

　　　　　　　　　　　　　　保証契約書

注1　印紙税法別表第一課税物件表の第13号文書（債務の保証に関する契約書）に該当し、印紙税が課税される（1通につき200円）。

　債権者〇〇〇〇（以下「甲」という。）と保証人〇（以下「乙」という。）とは、甲の債務者〇〇〇〇以下「丙」という。）に対する債権について、次のとおり保証契約を締結する。

（保証）

第1条　乙は、甲に対し、丙が甲に対して負担する下記債務（以下「本件債務」という。）を保証する。注2

　　　　　　　　　　　　　　　記

　　契　約　月　日
　　元　　金　　額
　　返　済　期　日
　　利　　　　　息
　　利息の支払方法
　　遅延損害金利率

注2　保証債務の内容は主たる債務の内容により決まるため、保証契約書には主たる債務の内容を詳しく記載しておく必要がある。

（催告の抗弁）

第2条　甲は、あらかじめ丙に対し催告し請求した後でなければ、乙に対し本件債務の支払を請求することはできない。ただし、丙が所在不明となったとき又は破産手続開始の決定を受けたときはこの限りではない。

（検索の抗弁の放棄）

第3条　乙は、丙に弁済の資力があり、かつ、丙に対する強制執行が容易であることを証明しても、甲からの執行を拒むことはできない。注3

注3　催告の抗弁権及び検索の抗弁権は放棄することも可能であり、本書式は検索の抗弁権を放棄する例である。

（協議）

第4条　本契約に定めのない事項または本契約の規定に関して生じた疑義については甲乙協議のうえ解決する。
（合意管轄）
第5条　本契約に関する紛争は、○○地方裁判所を第一審の専属的合意管轄裁判所とする。

　甲、乙と丙は以上のとおり合意し、その成立の証として、本契約書2通を作成し、各自、署名又は記名捺印の上、各1通宛所持するものとする。

　令和○年○月○日

　　　　　　　　　　　　　　　　　　　　　　甲
　　　　　　　　　　　　　　　　　　　　　　住所　×　×　×　×
　　　　　　　　　　　　　　　　　　　　　　氏名　○　○　○　○　㊞
　　　　　　　　　　　　　　　　　　　　　　乙
　　　　　　　　　　　　　　　　　　　　　　住所　×　×　×　×
　　　　　　　　　　　　　　　　　　　　　　氏名　○　○　○　○　㊞
　　　　　　　　　　　　　　　　　　　　　　丙
　　　　　　　　　　　　　　　　　　　　　　住所　×　×　×　×
　　　　　　　　　　　　　　　　　　　　　　氏名　○　○　○　○　㊞

関連法令：民法446条・452条・453条

2　根保証契約
ア　解説

　根保証債務は、債権者と保証人との間の根保証契約によって発生する。根保証契約は書面で行わなければ効力が発生しない（民446条2項）。

　平成16年の民法改正により、保証人が個人であり、かつ金銭消費貸借契約等によって負担する債務を主債務の範囲に含む貸金等根保証契約については、保証すべき債務が保証契約の締結後に追加されて保証人の責任が過大なものとなる可能性があるため、極度額を定めなければならないとされていた（民465条の2）。もっとも、民法465条の2で対象とされた契約以外の根保証契約についても、個人保証人の責任が過大なものとなる可能性があり、下級審裁判例でも個人保証人に過大な責任の履行を求めることが適切であるかが問題となった事例が多かった。

　そこで、改正民法においては、極度額に関する規律の対象を保証人が個人である根保証契約（個人根保証契約）一般に拡大することとし、個人根保証契約は、主債務の範囲に含まれる債務の種別を問わず、書面又は電磁的記録で、極度額を定めなければその効力を生じないと定めた（改正民465条の2）。

民法465条の4は、債権者が主たる債務者又は保証人の財産について、金銭の支払いを目的とする債権についての強制執行又は担保権の実行を申し立て、当該手続が開始されたとき及び破産手続開始の決定を受けたとき、及び主たる債務者又は保証人が破産手続開始の決定を受けたときには、元本が確定すると定めていた。もっとも、個人根保証契約が締結される典型例といえる不動産の賃借人の債務を主債務の範囲に含む個人根保証契約の場合に、上記事由によって元本が確定してしまうと賃貸借契約は主たる債務者である賃借人の破産等によっても終了しないこととのバランスから、賃貸人が不安定な地位におかれてしまう。したがって、改正民法465条の4においては、主たる債務者の破産等は、元本確定事由から除外された。

　イ　実務上のポイント

　上記アのとおり、現行民法では、個人が保証人になる根保証契約については、貸金等債務（金銭債務又は手形割引を受けることによる債務）が根保証の範囲に含まれる契約（貸金等根保証契約）に限って、極度額（負担する最大の額）を定めることを要件としていた（民465条の2）。改正民法では、貸金等根保証契約でない個人の根保証契約についても、極度額を定めなければ効力を生じないものとした（改正民465条の2）。

　また、貸金等根保証契約については、極度額の定めのみならず、元本確定期日の定め及びその変更についても、書面（電磁的記録を含む）により定めなければ効力が生じないとされており（民446条・465条の2）、重要な事項の合意やその変更が要式行為とされている点に注意する必要がある。

【書式例】根保証契約書

```
┌─────────┐
│ 収　入　 │
│ 印　紙　 │         根保証契約書
│  注1    │
└─────────┘
```

注1　印紙税法別表第一課税物件表の第13号文書（債務の保証に関する契約書）に該当し、印紙税が課税される（1通につき200円）。

　債権者〇〇〇〇（以下「甲」という。）と保証人〇（以下「乙」という。）とは、甲の債務者〇〇〇〇以下「丙」という。）に対する債権の根保証について、次のとおり根保証契約を締結する。
（根保証）
第1条　乙は、甲に対し、丙が甲に対して負担する下記債務（以下「本件債務」という。）について、下記条件で保証する。

記

　対象となる本件主債務　本契約日から下記元本確定期日の前日までに甲丙間で締結された金銭消費貸借契約に基づき丙が負担する債務 注2
　極　　度　　額　金〇〇〇〇万円 注3

元 本 確 定 期 日　　令和〇年〇月〇日
元本確定事由　(1)　甲が乙又は丙の財産に対し、本件主債務について強制執行又は担保権の実行を申し立て、当該手続が開始されたとき。
　　　　　　　(2)　乙又は丙が破産手続その他法的債務整理の手続を自ら申し立て、あるいは第三者からの申立てにより同手続の開始決定がなされたとき。
　　　　　　　(3)　乙又は丙が死亡したとき。

注2　対象となる主債務の内容を明記しておく必要がある。
注3　保証人は、主債務に関する約定上の全ての債務及び保証契約上で定められる全ての債務について、極度額の範囲内で責任を負う。

（催告の抗弁）
第2条　甲は、あらかじめ丙に対し催告し請求した後でなければ、乙に対し本件債務の支払を請求することはできない。ただし、丙が所在不明となったときまたは破産手続開始の決定を受けたときはこの限りではない。

（検索の抗弁の放棄）
第3条　乙は、丙に弁済の資力があり、かつ、丙に対する強制執行が容易であることを証明しても、甲からの執行を拒むことはできない。注4

注4　催告の抗弁権及び検索の抗弁権は放棄することも可能であり、本書式は検索の抗弁権を放棄する例である。

（協議）
第4条　本契約に定めのない事項または本契約の規定に関して生じた疑義については甲乙協議のうえ解決する。

（合意管轄）
第5条　本契約に関する紛争は、〇〇地方裁判所を第一審の専属的合意管轄裁判所とする。

　甲、乙と丙は以上のとおり合意し、その成立の証として、本契約書2通を作成し、各自、署名又は記名捺印の上、各1通宛所持するものとする。

　令和〇年〇月〇日

甲
　住所　×　×　×　×
　氏名　〇　〇　〇　〇　㊞
乙
　住所　×　×　×　×
　氏名　〇　〇　〇　〇　㊞
丙
　住所　×　×　×　×
　氏名　〇　〇　〇　〇　㊞

関連法令：民法446条・465条の2、改正民法465条の3・465条の4

3　連帯保証契約
ア　解説

　連帯保証契約は、債権者と連帯保証人との合意によって成立し、連帯保証人は、催告の抗弁権（民452条）及び検索の抗弁権（民453条）を有しない。

　民法及び判例上、連帯保証人について生じた事由は、原則として主債務者に対してはその効力を生じない（相対的効力）としたうえで、履行の請求、更改、相殺、免除及び混同については、主債務者に対してもその効力を生ずるとしていた。しかし、連帯保証人に対し履行の請求があった場合に主債務者に対しても効力が生じるとすると主債務者は当然には当該事実を知り得ないから、主債務者が不測の損害を被るおそれがある。他方で、民法上の相対的効力の原則は維持すべきであるが、当事者間でそれと異なる合意がある場合には、その合意にしたがった効力を認めても不当とはいえない。そこで、改正民法では、基本的には民法の規律を維持しつつ、①連帯保証人に対する履行の請求は主債務者に対してその効力を生じないとするとともに、②債権者及び主債務者が別段の意思を表示していた場合には、連帯保証人に生じた事由の主債務者に対する効力はその意思に従うとした（改正民458条・441条）。

イ　実務上のポイント

　連帯保証人の保証債務は、主たる債務と給付内容の同一性があるため、保証債務の内容は主たる債務の内容により決まる。したがって、保証契約書には主債務の内容を明記しておく必要がある。

【書式例】連帯保証契約書

収入印紙　注1

連帯保証契約書

注1　印紙税法別表第一課税物件表の第13号文書（債務の保証に関する契約書）に該当し、印紙税が課税される（1通につき200円）。

　債権者○○○○（以下、「甲」という。）と連帯保証人○○○○（以下、「乙」という。）とは、甲の債務者○○○○（以下、「丙」という。）に対する債権について、次のとおり連帯保証契約を締結する。

（連帯保証）
第1条　乙は、甲に対し、丙が甲に対して負担する下記債務（以下、「本件債務」という。）につ

いて、丙の委託を受け、丙と連帯して保証する。注2

記

　　　　契約年月日
　　　　元金額
　　　　返済期日
　　　　利息
　　　　利息の支払方法
　　　　遅延損害金利率

注2　保証債務の内容は主たる債務の内容により決まるため、保証契約書には主たる債務の内容を詳しく記載しておく必要がある。
　　　債務者と保証人との間で、保証委託契約が成立している場合には、その旨も記載しておくのが望ましい。

（催告の抗弁がないことの確認）
第2条　乙は、甲から本件債務について履行の請求を受けたときは、これを拒むことはできない。
（検索の抗弁がないことの確認）
第3条　乙は、丙に弁済の資力があり、かつ、丙に対する強制執行が容易であることを証明しても、甲からの執行を拒むことはできない。
（連帯保証人に生じた事由）
第4条　甲が乙に対してした履行の請求その他の事由は、甲及び丙が別段の意思を表示している場合を除き、丙に対しその効力を生じない。注3

注3　相対的効力が原則であるが、債権者及び主債務者が別段の意思表示をしていた場合にはこの限りでないため（改正民458条・441条）、その旨を記載しておくのが望ましい。

（債権者の情報提供義務）
第5条　甲は、乙から請求があった場合には、遅滞なく乙に対し、次の各号に定める事項について情報を提供しなければならない。注4
　（1）　主債務の元本債務及び従たる債務についての不履行の有無
　（2）　未払債務がある場合には、その債務の残額
　（3）　前号のうち、弁済期が到来している債務の有無及びその額

注4　改正民法において、保証人が債務者からの委託を受け保証した場合の債権者の保証人に対する情報提供義務を定める規定が新設された（改正民458条の2）。

（協議）
第6条　本契約に定めのない事項または本契約の規定に関して生じた疑義については甲乙協議のうえ解決する。
（合意管轄）
第7条　本契約に関する紛争は、○○地方裁判所を第一審の専属的合意管轄裁判所とする。

甲、乙と丙は以上のとおり合意し、その成立の証として、本契約書2通を作成し、各自、署名又は記名捺印の上、各1通宛所持するものとする。

令和○年○月○日

```
                            甲
                              住所  ×  ×  ×  ×
                              氏名  ○  ○  ○  ○  ㊞
                            乙
                              住所  ×  ×  ×  ×
                              氏名  ○  ○  ○  ○  ㊞
                            丙
                              住所  ×  ×  ×  ×
                              氏名  ○  ○  ○  ○  ㊞
```

関連法令：改正民法446条・452条〜454条・458条・441条

4 連帯保証契約（根保証・個人）

ア 解説

2アにおいて詳述したとおり、現行民法では、個人が保証人になる根保証契約については、貸金等債務（金銭債務又は手形割引を受けることによる債務）が根保証の範囲に含まれる契約（貸金等根保証契約）に限って、極度額（負担する最大の額）を定めることを要件としていた（民465条の2）。改正民法では、貸金等根保証契約でない個人の根保証契約についても、極度額を定めなければ効力を生じないものとした（改正民465条の2）。

また、貸金等根保証契約については、極度額の定めのみならず、元本確定期日の定め及びその変更についても、書面（電磁的記録を含む。）により定めなければ効力が生じないとされており（民446条・465条の2）、重要な事項の合意やその変更が要式行為とされている点に注意する必要がある。

イ 実務上のポイント

極度額は、保証契約の締結の時点で確定的な金額を書面又は電磁的記録条定めておかなければならず、契約書の記載から具体的な金額が定まらない場合には、その個人根保証契約は無効となりうる。

【書式例】連帯保証契約書（根保証・個人）

```
┌─────────────────────────────────────┐
│  ┌─────┐                              │
│  │ 収 入 │                              │
│  │ 印 紙 │      帯保証契約書（根保証・個人）  │
│  │ 注1  │                              │
│  └─────┘                              │
│                                       │
```

第5章 保　証

<u>注1</u>　印紙税法別表第一課税物件表の第13号文書（債務の保証に関する契約書）に該当し、印紙税が課税される（1通につき200円）。

　債権者〇〇〇〇（以下、「甲」という。）と連帯保証人〇〇〇〇（以下、「乙」という。）とは、甲の債務者〇〇〇〇（以下、「丙」という。）に対する債権について、次のとおり連帯保証契約を締結する。

（連帯保証）
第1条　乙は、甲に対し、丙が甲に対して負担する下記債務（以下、「本件債務」という。）について、丙と連帯して保証する。<u>注2</u>

記

対象となる本件債務	甲及び丙との間で、令和〇年〇月〇日に締結された別紙物件目録記載の不動産に関する賃貸借契約に基づき丙が負担する債務
極度額	金〇〇〇〇万円（元本、利息及び遅延損害金を含む。）<u>注3</u>
元本確定期日	令和〇年〇月〇日
元本確定事由	①甲が乙の財産に対し、本件債務について強制執行又は担保権の実行を申し立て、当該手続が開始されたとき。 ②乙が破産手その他の法的債務整理の手続を自ら申し立て、あるいは第三者からの申立により同手続の開始決定がなされたとき。 ③乙又は丙が死亡したとき。

<u>注2</u>　保証債務の内容は主たる債務の内容により決まるため、保証契約書には主たる債務の内容を詳しく記載おく必要がある。

<u>注3</u>　契約書の記載から極度額が定まるように記載する必要があるため、確定金額を記載するか、「賃料の4ヶ月分」等の記載にする場合には、1ヶ月分の賃料の金額を併記する必要がある。

（催告の抗弁がないことの確認）
第2条　乙は、甲から本件債務について履行の請求を受けたときは、これを拒むことはできない。

（検索の抗弁がないことの確認）
第3条　乙は、丙に弁済の資力があり、かつ、丙に対する強制執行が容易であることを証明しても、甲からの執行を拒むことはできない。

（連帯保証人に生じた事由）
第4条　甲が乙に対してした履行の請求その他の事由は、甲及び丙が別段の意思を表示している場合を除き、丙に対しその効力を生じない。<u>注4</u>

<u>注4</u>　相対的効力が原則であるが、債権者及び主債務者が別段の意思表示をしていた場合にはこの限りでないため（改正民458条・441条）、その旨を記載しておくのが望ましい。

（協議）
第5条　本契約に定めのない事項または本契約の規定に関して生じた疑義については甲乙協議のうえ解決する。

（合意管轄）
第6条　本契約に関する紛争は、〇〇地方裁判所を第一審の専属的合意管轄裁判所とする。

甲、乙と丙は以上のとおり合意し、その成立の証として、本契約書2通を作成し、各自、署名又は記名捺印の上、各1通宛所持するものとする。

　令和○年○月○日

甲
　住所　××××
　氏名　○○○○　㊞
乙
　住所　××××
　氏名　○○○○　㊞
丙
　住所　××××
　氏名　○○○○　㊞

関連法令：改正民法446条、452～454条・465条の2～465条の4

5　保証意思確認公正証書（保証意思宣明公正証書）

ア　解説

　事業のために負担した貸金等債務についての保証契約においては、その保証債務の額が多額になりがちであること、保証契約は個人的情義等に基づいて行われることが多いこと等を考慮し、個人が保証のリスクを十分に理解せず安易に保証人となることを防止するため、改正民法では事業のために負担した貸金等債務を主債務とする保証契約やこれを主債務の範囲に含む個人根保証契約については、一定の例外（改正民法465条の9に該当する場合）を除き、公証人が保証人になろうとする者の保証意思を事前に確認しなければならず、この意思確認の手続を経ていない保証契約を無効とする規定が新設された（改正民465条の6以下）。

　なお、保証した債務が「事業のために負担した貸金等債務」に該当するか否かは、債務者がその貸金等債務を負担した時点を基準時として、債務者と債権者との間で当該貸付等の基礎とされた事情に基づいて客観的に定まるため、保証意思確認公正証書において、「事業のために負担した貸金等債務」であることを明示することは必要ではない。

イ　実務上のポイント

　保証意思宣明公正証書における確認の対象は、通常の保証契約の場合、①主債務の債権者及び債務者、②主債務の元本と従たる債務（利息、違約金、損害賠償等）についての定めの有無及びその内容、③主債務者がその債務を履行しないときには、その債務の全額について履行する意思を有していることである。

　根保証契約の場合、①主債務の債権者及び債務者、②主債務の範囲、根保証契約における極

度額、元本確定期日の定めの有無及びその内容、③主債務者がその債務を履行しないときには極度額の限度において確定した主債務の元本及び従たる債務の全額について履行する意思を有していることである。

なお、連帯保証の場合には、債権者が主債務者に対して催告をしたかどうか、主たる債務者がその債務を履行することができるかどうか、又は他に保証人があるかどうかにかかわらず、その全額について履行する意思を有していることまで確認する必要がある。

【書式例】 保証意思宣明公正証書（連帯保証）

> 注1　印紙税法別表第一課税物件表の課税文書に該当せず、印紙税は課税されない。
>
> 令和○年第○○号
>
> 保証意思宣明公正証書（連帯保証）
>
> 　本職は、後記保証人〇〇〇〇（以下、「保証人」という。）の嘱託により、下記のとおり保証意思を宣明する趣旨の口述を筆記しこれを証書に作成する 注2。
>
> 　注2　本書式例は参考例であり、実際には改正民法施行後の公証実務による。
>
> （主債務の債権者及び債務者の確認）
> 1　保証人が保証しようとする債務の当事者は下記のとおりである。
>
> 記
>
> 　　　　債権者　　住所　○　○　○　○
> 　　　　　　　　　氏名　○　○　○　○
> 　　　　債務者　　住所　○　○　○　○
> 　　　　　　　　　氏名　○　○　○　○
>
> （主債務の元本と従たる債務についての定めの有無及びその内容の確認）
> 2　保証人が保証しようとする債務（以下、「本件債務」という。）の内容は下記のとおりである。
> 　注3
>
> 記
>
> 　　　契約年月日
> 　　　元金額
> 　　　返済期日
> 　　　利息
> 　　　利息の支払方法
> 　　　遅延損害金利率
>
> 　注3　保証債務の内容は主たる債務の内容により決まるため、主たる債務の内容を詳しく記載しておく必要がある。
>
> （保証意思があることの確認）

3　保証人は、債務者が本件債務を履行しないときには、本件債務の全額について履行する意思を有する。

（連帯保証の意思があることの確認）　注4

4　保証人は、債権者が債務者に対して催告をしたかどうかにかかわらず、本件債務の全額について履行する意思を有する。

5　保証人は、債務者が本件債務を履行することができるかどうか、又は他に保証人があるかどうかにかかわらず、本件債務の全額について履行する意思を有する。

注4　連帯保証の場合には、催告の抗弁及び検索の抗弁を主張せず、主たる債務全額について履行する意思を有していることを確認し、保証意思宣明証書の内容とする必要がある。

本　旨　外　要　件

住　所　○○○○
職　業　○○○○
保証人　○○○○　　　　　　生年月日　昭和○年○月○日生

上記の者は、本職氏名を知らず面識がないので法定の印鑑証明書により人違いでないことを証明させた。

以上各事項を保証人に読み聞かせたところ、筆記の正確なことを承認し、下記に署名押印する。
　　　保証人　○○○○　　㊞
この証書は、改正民法第465条の6第1号ないし第3号の方式に従い作成し、同条第4号に基づき下記に署名押印する。

令和○年○月○日
本職役場において原本により作成したものである。

　　役場所在地　○○○○
　　　○○法務局所属
　　　　公証人　○○○○　　㊞

関連法令：改正民法465条の6～465条の9

6　情報提供確認書（保証契約締結時）

ア　解説

　事業のために負担した債務についての保証契約においては、その保証債務の額が多額になりがちであることから、保証人になるにあたっては、主債務者の財産や収支の状況等をあらかじめ把握し、保証債務の履行を現実に求められるリスクを検討できるのが望ましい。そこで、改正民法では、事業のために負担する債務（事業のために負担する貸金等債務に限らない。）の保証、

又はこれを主債務の範囲に含む根保証を個人に委託する主債務者は、保証契約締結時の主債務者の財産状況等の情報を提供しなければならないと定めた（改正民465条の10）。

改正民法は、かかる情報提供義務の実効性を確保するため、主債務者がこの情報提供義務を怠ったことにより、保証契約時における主債務者の財産状況等について誤認し、保証契約を締結した場合には、保証人は保証契約を取り消すことができるとしている。もっとも、保証契約の当事者である債権者は、情報提供義務の当事者ではなく、情報提供義務違反の有無について当然には覚知しえないから、債権者の保護のため、情報提供義務違反があることを債権者が知り、又は知りえたときに限り、保証人は保証契約を取り消すことができるとしている（改正民465条の10第2項）。

イ 実務上のポイント

主債務者が情報提供義務を負うのは、事業のために負担する債務の保証、又はこれを主債務の範囲に含む根保証を個人に委託する場合であり、事業のために負担する債務の種類については、貸金等債務に限定されておらず、事業のために負担する債務一般が対象となっている点に注意する必要がある。

主債務者が提供すべき財産状況等は、具体的には、保証（根保証）契約締結時の主債務者の①財産及び収支の状況、②主債務以外に負担している債務の有無並びにその額及び履行状況、③主債務の担保として他に提供し、または提供しようとするものがあるときは、その旨及びその内容である。

【書式例】情報提供確認書（保証契約締結時）

> 注1　印紙税法別表第一課税物件表の課税文書に該当せず、印紙税は課税されない。
>
> 　　　　　　　　　　　情報提供確認書（保証契約締結時）
>
> 　債務者○○○○有限会社（以下、「甲」という。）は、保証委託を受けた○○○○（以下、「乙」という。）に対して、甲乙間の令和○年○月○日の保証委託契約に基づき、令和○年○月○日時点での財産状況等について、下記のとおり情報提供致します。
> 　　　　　　　　　　　　　　　記
> 　1　甲の財産及び収支の状況 注2
> 　　　別紙損益計算書及び貸借対照表のとおり
> 注2　改正民法465条の10は、財産及び収支の状況について、具体的にどのような情報を提供すべきかまでは定めていない。したがって、今後の実際の運用が待たれるところであるが、改正民法465条の10は、債務者が事業のために債務を負担することを前提としているため、債務者の事業についての財務諸表、確定申告書の写し等を資料として添付する方法も考えられる。
> 　2　甲が主債務以外に負担している債務の有無並びにその額及び履行状況
> 　　　債務1　債権者

　　　　　　契約年月日
　　　　　　元金額
　　　　　　返済期日
　　　　　　利息
　　　　　　利息の支払方法
　　　　　　遅延損害金利率
　　　　　　履行状況
　3　甲が主債務の担保として他に提供し、又は提供しようとするものがあるときは、その旨及びその内容
　　　　甲は、主債務の担保として、別紙物件目録記載の土地及び当該土地上の建物（以下、「本件土地建物」という。）に順位1位の抵当権を設定する。

令和○年○月○日
　　所在　　×　×　×　×
　　商号　　○　○　○　○　有　限　会　社
　　代表者　○　○　○　○

　　　　　　　　　　　　　　　　　　住所　　×　×　×　×
　　　　　　　　　　　　　　　　　　氏名　　○　○　○　○　様

（別紙損益計算書）

（別紙貸借対照表）

（別紙物件目録）
　　　　所在
　　　　地番
　　　　地目
　　　　地積

　　　　所在
　　　　家屋番号
　　　　種類
　　　　構造
　　　　床面積

関連法令：改正民法465条の10

7　物上保証契約
ア　解説
　物上保証人とは、債務者以外の第三者が不動産等を担保に供し、保証人と同様の地位に立つ者をいう（民369条等）。なお、物上保証人は、担保不動産の限度で責任を負う。
イ　実務上のポイント
　物上保証人の責任の範囲を明示しておくことが望ましい。また、物上保証人は、担保権が実行され、債権者が債務を回収した場合には、債務者に対して求償権を有するので、求償権の行使に必要な書類の交付等も契約書で定めておくことが望ましい。

【書式例】物上保証契約書

> 注1　印紙税法別表第一課税物件表の課税文書に該当せず、印紙税は課税されない（抵当権の設定契約は印紙税の課税対象とならない）。
>
> 　　　　　　　　　　　　物上保証契約書
>
> 　債権者〇〇〇〇（以下、「甲」という。）と物上保証人〇〇〇〇（以下、「乙」という。）とは、甲の債務者〇〇〇〇（以下、「丙」という。）に対する債権について、次のとおり物上保証契約を締結する。
>
> （物上保証）
> 第1条　乙は、甲に対し、丙が甲に対して負担する下記債務（以下、「本件債務」という。）の担保のため、下記条件により別紙物件目録記載の土地（以下、「本件土地」という。）に順位1位の抵当権を設定する。注2
> 　　　　　　　　　　　　　記
> 　　　　契約年月日
> 　　　　元金額
> 　　　　返済期日
> 　　　　利息
> 　　　　利息の支払方法
> 　　　　支払方法
> 　　　　遅延損害金利率
> 　　　　期限の利益喪失条項
> 　注2　担保の範囲を明確にするため、被担保債権の内容を詳しく記載しておく必要がある。
> （登記手続に関する合意）
> 第2条　乙は、本契約後直ちに前条の抵当権設定登記を行うものとし、本契約締結と同時に同設定登記手続に必要な書類を甲に交付する。ただし、同設定手続に係る費用は甲の負担とする。
> （物上保証であることの確認）

第3条　甲は、本件土地に対する担保権実行により本件主債務の全額について回収できない場合でも、その差額を乙に対し請求できない。 注3

> 注3　物上保証の場合には、担保に供した不動産の価値の限度で責任を負うに留まる。担保物件の処分によって回収できない債権部分について、物上保証人は責任を負わないことを明記する方法である。

（検索の抗弁がないことの確認）

第4条　乙は、丙に弁済の資力があり、かつ、丙に対する強制執行が容易であることを証明しても、甲からの執行を拒むことはできない。

（求償権の行使）

第5条　甲は、本件土地に対する担保権実行により本件主債務の弁済を受けたときは、乙に対し丙に対する債権証書その他求償するために必要な書類等を引き渡す。 注4

> 注4　物上保証人は、担保権が実行された場合には、債務者に対して求償権を有するので、求償権の行使に必要な書対の交付等も併せて定めておくのが望ましい。

（費用負担）

第6条　本契約書作成に関する費用は、甲乙折半して負担する。

（協議）

第7条　本契約に定めのない事項または本契約の規定に関して生じた疑義については甲乙協議のうえ解決する。

（合意管轄）

第8条　本契約に関する紛争は、○○地方裁判所を第一審の専属的合意管轄裁判所とする。

　甲、乙と丙は以上のとおり合意し、その成立の証として、本契約書3通を作成し、各自、署名又は記名捺印の上、各1通宛所持するものとする。

　令和○年○月○日

　　　　　　　　　　　　　　　　　　　甲
　　　　　　　　　　　　　　　　　　　　住所　××××
　　　　　　　　　　　　　　　　　　　　氏名　○○○○　㊞
　　　　　　　　　　　　　　　　　　　乙
　　　　　　　　　　　　　　　　　　　　住所　××××
　　　　　　　　　　　　　　　　　　　　氏名　○○○○　㊞
　　　　　　　　　　　　　　　　　　　丙
　　　　　　　　　　　　　　　　　　　　住所　××××
　　　　　　　　　　　　　　　　　　　　氏名　○○○○　㊞

関連法令：民法 369 条以下・351 条

8 保証人変更契約

ア 解説

民法は、保証人になるための要件として、①行為能力者であること、②弁済をする資力を有することを定めており（民450条第1項）、保証人が②の要件を欠くに至ったときは、債権者は債務者に対し①及び②の要件を満たす別の者を保証人にするよう請求することができる（民450条第2項）。また、保証契約は債権者と保証人との合意であるので、新たな保証人を変更する合意をすることも可能である。

イ 実務上のポイント

保証人の保証債務は、主たる債務と給付内容の同一性があるため、保証債務の内容は主たる債務の内容により決まる。したがって、保証契約書には主債務の内容を明記しておく必要がある。

保証人変更契約は、従前の保証契約の合意解除及び新たな保証契約の締結という2つの側面があるため、債権者、従前の保証人及び新たな保証人の3者間で契約を締結することが必要である。

【書式例】保証人変更契約書

保証人変更契約書

収入印紙 注1

注1 印紙税法別表第一課税物件表の第13号文書（債務の保証に関する契約書）に該当し、印紙税が課税される（1通につき200円）。

　債権者○○○○（以下、「甲」という。）と保証人○○○○（以下、「乙」という。）及び新たに保証人となる○○○○（以下、「丙」という。）とは、甲の債務者○○○○（以下、「丁」という。）に対する債権の保証について、次のとおり合意した。

（主たる債務の内容の確認）
第1条 甲ないし丁は、本契約日現在、丁が甲に対して負担する債務（以下、「本件債務」という。）が、下記のとおりであることを相互に確認する。注2

記

　　　契約年月日
　　　元金額
　　　返済期日
　　　利息
　　　利息の支払方法

　　　　遅延損害金利率
　　注2　保証債務の内容は主たる債務の内容により決まるため、本契約時点での主たる債務の内容を詳しく記載
　　　　しておくことが望ましい。未払い利息等があれば、併せて記載するのがよい。
（甲乙間の保証契約の合意解除）　注3
第2条　甲及び乙は、本件債務について令和○年○月○日に締結した保証契約につき、本契約日をもって合意解除する。
2　甲及び乙は、前項の解除により本件債務について相互に何らの債権債務のないことを確認する。
（丙による連帯保証）　注3
第3条　丙は、甲に対し、丁が甲に対して負担する本件債務について、丁と連帯して保証する。
　　注3　保証人の変更は、従前の保証契約の合意解除及び新たな保証契約の締結という2つの側面があるため、
　　　　それぞれの内容を明記して契約を締結する必要がある。
（催告の抗弁がないことの確認）
第4条　丙は、甲から本件債務について履行の請求を受けたときは、これを拒むことはできない。
（検索の抗弁がないことの確認）
第5条　丙は、丁に弁済の資力があり、かつ、丁に対する強制執行が容易であることを証明しても、甲からの執行を拒むことはできない。
（連帯保証人に生じた事由）
第6条　甲が丙に対してした履行の請求その他の事由は、甲及び丁が別段の意思を表示している場合を除き、丁に対しその効力を生じない。　注4
　　注4　相対的効力が原則であるが、債権者及び主債務者が別段の意思表示をしていた場合にはこの限りでない
　　　　ため（改正民458条・441条）、その旨を記載しておくのが望ましい。
（協議）
第7条　本契約に定めのない事項または本契約の規定に関して生じた疑義については甲乙協議のうえ解決する。
（合意管轄）
第8条　本契約に関する紛争は、○○地方裁判所を第一審の専属的合意管轄裁判所とする。

　甲乙と丙は以上のとおり合意し、その成立の証として、本契約書2通を作成し、各自、署名又は記名捺印の上、各1通宛所持するものとする。

令和○年○月○日

　　　　　　　　　　　　　　　　　　　　　甲
　　　　　　　　　　　　　　　　　　　　　　住所　××××
　　　　　　　　　　　　　　　　　　　　　　氏名　○○○○　㊞
　　　　　　　　　　　　　　　　　　　　　乙
　　　　　　　　　　　　　　　　　　　　　　住所　××××
　　　　　　　　　　　　　　　　　　　　　　氏名　○○○○　㊞

```
                                         丙
                                         住所　×　×　×　×
                                         氏名　○　○　○　○　㊞
                                         丁
                                         住所　×　×　×　×
                                         氏名　○　○　○　○　㊞
```

関連法令：改正民法446条・450条

9　保証委託契約

ア　解説

一般に、保証人が債務者から頼まれて主債務について保証をすることが多いが、保証契約は債務者と保証人との間の合意で成立するのではなく、債権者と保証人との合意によって成立する。債務者が保証人に保証することを委託した場合には、債務者と保証人との間で保証委託契約が成立し、委託を受けた保証人と委託を受けない保証人とでは、保証債務を履行した後の求償権の範囲が異なる（改正民459条～460条・462条）。

イ　実務上のポイント

保証人の保証債務は、主たる債務と給付内容の同一性があるため、保証債務の内容は主たる債務の内容により決まるため、いずれの主債務についての保証委託であるのか明示する必要がある。

債務者からの委託を受けた保証人については、保証債務を履行した場合に事後の求償に加えて（改正民459条）、一定の場合に限り、事前に求償をすることが可能となる（改正民460条）。保証人が重い保証債務を負いかねない保証類型においては、保証人の保護に資するため、保証委託契約を締結することが望ましい。

【書式例】保証委託契約書

注1　印紙税法別表第一課税物件表の課税文書に該当せず、印紙税は課税されない。

保証委託契約書

債務者○○○○（以下、「甲」という。）と保証人になろうとする者○○○○（以下、「乙」という。）とは、甲の債権者○○○○（以下、「丙」という。）に対する債務について、次のとおり保証委託契約を締結する。

（保証委託）
第1条　甲は、乙に対し、甲が丙に対して負担する下記債務（以下、「本件債務」という。）につき、

保証することを委託し、乙はこれを受諾した。注2

記

  契約年月日
  元金額
  返済期日
  利息
  利息の支払方法
  遅延損害金利率

> 注2　保証債務の内容は主たる債務の内容により決まるため、保証委託契約書にはいずれの主債務について委託するのか明らかにするため、主債務の内容を詳しく記載しておく必要がある。

（委託手数料）
第2条　乙は、甲に対し、保証委託手数料として金〇〇円を支払う。

（求償権）
第3条　乙が、前1条に基づき保証債務を履行したときは、乙は甲に対する求償債権を取得し、甲は乙に対し直ちにかかる求償債権の全額を支払わなければならない。

2　甲は、前項の求償債権につき、前条の保証債務の履行日の翌日から乙の甲に対する求償債権の完済に至るまで年〇分の割合による遅延損害金を乙に対し支払う。

第4条　甲について、次の各号のいずれかに該当する事由が生じたときは、乙は、保証債務の履行前であっても、甲に対し事前に求償権を行使することができる。注3

(1)　甲が破産手続開始の決定を受け、かつ、債権者がその破産財団の配当に加入しないとき。
(2)　債務が弁済期にあるとき。ただし、保証契約の後に丙が甲に許与した期限は、乙に対抗することができない。
(3)　乙が過失なく丙に弁済をすべき旨の裁判の言渡しを受けたとき。

> 注3　保証人にとって、保証委託契約を締結するメリットは、債務者に対する事前の求償権を取得できる点にあるため、事前の求償権を行使することができる場合については、保証委託契約書に明示しておくことが望ましい。

（情報提供義務）
第5条　乙は、甲と丙が保証契約を締結するとき、その時点における下記事項について、甲に通知する。注4

(1)　乙の財産及び収支の状況
(2)　乙が主債務以外に負担している債務の有無並びにその額及び履行状況
(3)　乙が主債務の担保として他に提供し、または提供しようとするものがあるときは、その旨及びその内容

> 注4　保証する主債務が事業のために負担する債務一般に該当するときには、主債務者には契約締結時の主債務者の財産状況等につき情報提供義務が課される（改正民465条の10）。

（協議）
第6条　本契約に定めのない事項または本契約の規定に関して生じた疑義については甲乙協議のうえ解決する。

（合意管轄）

第7条 本契約に関する紛争は、○○地方裁判所を第一審の専属的合意管轄裁判所とする。

　甲乙と丙は以上のとおり合意し、その成立の証として、本契約書2通を作成し、各自、署名又は記名捺印の上、各1通宛所持するものとする。

　令和○年○月○日

　　　　　　　　　　　　　　　　　　　　　甲
　　　　　　　　　　　　　　　　　　　　　　住所　×　×　×　×
　　　　　　　　　　　　　　　　　　　　　　氏名　○　○　○　○　㊞
　　　　　　　　　　　　　　　　　　　　　乙
　　　　　　　　　　　　　　　　　　　　　　住所　×　×　×　×
　　　　　　　　　　　　　　　　　　　　　　氏名　○　○　○　○　㊞
　　　　　　　　　　　　　　　　　　　　　丙
　　　　　　　　　　　　　　　　　　　　　　住所　×　×　×　×
　　　　　　　　　　　　　　　　　　　　　　氏名　○　○　○　○　㊞

関連法令：改正民法459条～460条・462条・465条の10

10　手形保証契約
ア　解説
　約束手形や為替手形等の手形上の債権について、振出人以外の第三者を保証人として保証契約を締結することも可能である。当該手形への裏書等の方法によっても、保証と同様の効果を得ることができるが、その方式や効力その他について手形法上の規制を受けることとなる。これに対し、手形保証契約は、主たる債務が手形債務であるというだけで、民法上の保証契約に変わりはなく、附従性や連帯保証についての規制等も通常の保証契約と同様である。

イ　実務上のポイント
　保証債務は、主たる債務と給付内容の同一性があり、保証債務の内容は主たる債務の内容により決まるため、保証契約書には主債務の内容を明記しておく必要がある。なお、手形保証の場合には、手形の写しを保証契約書に添付し、割り印をする等の方法により主債務を明らかにする方法もある。

　また、手形上の債務が消滅時効にかからないよう留意する必要がある。

【書式例】手形保証契約書

```
収　入
印　紙
　注1
```

手形保証契約書

注1　印紙税法別表第一課税物件表の第13号文書（債務の保証に関する契約書）に該当し、印紙税が課税される（1通につき200円）。

手形所持人〇〇〇〇（以下、「甲」という。）と保証人〇〇〇〇（以下、「乙」という。）とは、甲が所持する後記約束手形（以下、「本件手形」という。）について、次のとおり保証契約を締結する。

（保証の合意）
第1条　乙は、甲に対し、本件手形上の手形債務について次条以下の約定に基づき保証する。注2

注2　保証の合意。保証債務の内容は主たる債務の内容により決まるため、保証契約書には主たる債務の内容を詳しく記載しておく必要があり、手形保証の場合、手形の写しを保証契約書に添付し、割り印をする等の方法により主債務を明らかにする方法も有用である。

（支払義務等）
第2条　乙は、甲が本件手形とその支払日に支払場所に呈示したにもかかわらず、その支払がなされなかったときは、甲に対し、本件手形と引換えに同手形額面金額全額を呼び支払日以降の年6分の割合による利息を支払う。
2　甲は、乙から本件手形金の支払いを受ける場合は、乙を被裏書人とする裏書きをして、同手形を譲渡する。注3

記

　　　　手形金額
　　　　満期日
　　　　振出日
　　　　振出人
　　　　支払地
　　　　支払場所

注3　手形債務について振出人に代わって支払いをすれば、保証債務の履行に基づき求償権（改正民462条等）を取得するが、併せて手形上の債権も取得できるように、裏書（期限後裏書）を受けるように合意する方法もある。

（協議）
第3条　本契約に定めのない事項または本契約の規定に関して生じた疑義については甲乙協議のうえ解決する。

（合意管轄）
第4条 本契約に関する紛争は、○○地方裁判所を第一審の専属的合意管轄裁判所とする。

　甲と乙は以上のとおり合意し、その成立の証として、本契約書2通を作成し、各自、署名又は記名捺印の上、各1通宛所持するものとする。

　令和○年○月○日

　　　　　　　　　　　　　　　　　　　　　　　甲
　　　　　　　　　　　　　　　　　　　　　　　　住所　××××
　　　　　　　　　　　　　　　　　　　　　　　　氏名　○○○○　㊞
　　　　　　　　　　　　　　　　　　　　　　　乙
　　　　　　　　　　　　　　　　　　　　　　　　住所　××××
　　　　　　　　　　　　　　　　　　　　　　　　氏名　○○○○　㊞

関連法令　改正民法446条・452条・453条、手形法11条以下・30条以下・70条及び71条・77条・78条

11　連帯保証契約（手形・追加的連帯保証）
　ア　解説
　手形保証については、前記10「手形保証契約」参照。
　保証契約は、債権者と保証人との間の契約であるから、1つの債務について複数の保証契約を締結することも可能である。保証契約の締結時期、保証の範囲等についても保証契約ごとに異なる内容を定めることもできる。
　イ　実務上のポイント
　前記3「連帯保証契約」、10「手形保証契約」参照。

【書式例】連帯保証契約書（手形・追加的連帯保証）

　　┌──────┐
　　│収　入　　│
　　│印　紙　　│　　　　　　連帯保証契約書（手形・追加的連帯保証）
　　│　注1　　│
　　└──────┘

　注1　印紙税法別表第一課税物件表の第13号文書（債務の保証に関する契約書）に該当し、印紙税が課される（1通につき200円）。

　債権者○○○○（以下、「甲」という。）と連帯保証人○○○○（以下、「乙」という。）とは、

甲が所持する後記約束手形（以下、「本件手形」という。）について、次のとおり連帯保証契約を締結する。

（連帯保証の合意）
第1条　乙は、甲に対し、本件手形上野手形債務について次条以下の約定に基づき、丙と連帯して保証する。注2

> 注2　連帯保証の合意。保証債務の内容は主たる債務の内容により決まるため、保証契約書には主たる債務の内容を詳しく記載しておく必要があり、手形保証の場合、手形の写しを保証契約書に添付し、割り印をする等の方法により主債務を明らかにする方法も有用である。

（催告の抗弁がないことの確認）
第2条　乙は、甲から本件債務について履行の請求を受けたときは、これを拒むことはできない。

（検索の抗弁がないことの確認）
第3条　乙は、丙に弁済の資力があり、かつ、丙に対する強制執行が容易であることを証明しても、甲からの執行を拒むことはできない。

（連帯保証人に生じた事由）
第4条　甲が乙に対してした履行の請求その他の事由は、甲及び丙が別段の意思を表示している場合を除き、丙に対しその効力を生じない。注3

> 注3　相対的効力が原則であるが、債権者及び主債務者が別段の意思表示をしていた場合にはこの限りでないため（改正民458条・441条）、その旨を記載しておくのが望ましい。

（求償権の行使）
第5条　甲は、乙から本件手形金の支払いを受ける場合は、乙を被裏書人とする裏書きをして、同手形を譲渡する。注4

> 注4　手形債務について振出人に代わって支払いをすれば、保証債務の履行に基づき求償権（改正民462条等）を取得するが、併せて手形上の債権も取得できるように、裏書（期限後裏書）を受けるように合意する方法もある。

（協議）
第6条　本契約に定めのない事項または本契約の規定に関して生じた疑義については甲乙協議のうえ解決する。

（合意管轄）
第7条　本契約に関する紛争は、〇〇地方裁判所を第一審の専属的合意管轄裁判所とする。

甲と乙は以上のとおり合意し、その成立の証として、本契約書2通を作成し、各自、署名又は記名捺印の上、各1通宛所持するものとする。

令和〇年〇月〇日

　　　　　　　　　　　　　　　　　　　　　　　　　甲
　　　　　　　　　　　　　　　　　　　　　　住所　×　×　×　×
　　　　　　　　　　　　　　　　　　　　　　氏名　〇　〇　〇　〇　㊞

第 5 章　保　証

```
                                            乙
                                            住所　×　×　×　×
                                            氏名　○　○　○　○　㊞
```

関連法令：改正民法 446 条〜454 条・458 条・441 条、手形法 11 条以下・30 条以下・70 条及び 71 条・77 条・78 条

第6章　債権譲渡

第1　契約の概要

　債権譲渡とは、契約により、債権が同一性を保持したまま移転することである。

　債権はそれ自体、譲渡性を有するものとされ（民466条1項）、債権譲渡は、当事者間の合意により債権が移転する不要式の契約である。

　債権譲渡については、債権が二重譲渡された場合の権利関係、債務者がいわゆる異議をとどめない承諾をした場合の効果、債務者及び債務者以外の第三者に対する対抗要件、譲渡禁止特約に反する債権譲渡の効果が主に問題となる。後記2のとおり、今回の民法改正により、一部詳細な規定がなされることとなった。

　債権が二重譲渡された場合は、譲受人同士の関係は、確定日付ある通知が債務者に到達したとき、又は確定日付ある債務者の承諾がなされたとき（最判昭和49年3月7日民集28巻2号174頁）のいずれが早いかで優劣が決せられることとなる。これが同時であった場合、各譲受人は、債務者に対し譲受債権全額の弁済を請求することができ、債務者は他の譲受人がいるとの理由で弁済を拒否することはできない（最判昭和55年1月11日民集34巻1号42頁）。この場合の譲受人相互の関係が問題となるが、債務者が譲渡通知の到達の先後が不明であり、優先する譲受人が誰であるか確定できないことを理由に供託をした事案において、各譲受人は供託金額をそれぞれの債権額に応じて案分した金額を分割取得するとした判例がある（最判平成5年3月30日民集47巻4号3334頁）。

　法人が金銭の支払目的とする債権を譲渡した場合は、債権譲渡登記をすることにより、債務者以外の第三者に対抗することができるため（動産債権譲渡4条1項）、債権譲渡登記と確定日付のある通知または承諾の先後によって優劣が決まることとなる。

第2　民法改正のポイント

1　譲渡禁止特約

　現行民法や判例上、譲渡禁止特約に反する債権譲渡は無効となるのが原則であるとされていた。改正民法により、譲渡禁止特約があったとしても、債権譲渡自体は有効と扱われることとなった（改正民466条2項）。もっとも、譲渡制限について譲受人が悪意又は知らなかったことにつき重過失がある譲受人その他の第三者に対し、債務者は債務の履行を拒絶し、かつ、譲渡人に対する弁済等の債務を消滅させる事由を当該第三者に対抗することができると規定されることとなった（改正民466条3項）。この場合においても、債務者が履行を遅滞している場合において、当該譲受人が債務者に対し、元の債権者である譲渡人への履行の催告を行い、債務者がその期間内に履行をしなかったときには、債務者は譲受人に対し、譲渡制限の意思表示を主張できないこととされた（改正民466条4項）。

2　対抗要件

改正民法により、債権の譲渡（いわゆる将来債権譲渡を含む。）は、譲渡人が債務者に通知をし、又は債務者が承諾をしなければ、債務者その他の第三者に対抗することができないとされた（改正民466条）。これは、従来の実務上の取扱いを明文化したものといえる。

債務者は原則として対抗要件具備時までに譲渡人に対して生じた事由をもって譲受人に対抗することができる（改正民468条2項）。悪意・重過失の譲受人が債務者に対し、相当の期間を定めて債務の履行を催告し、その期間内に債務者が履行をしなかった場合、債務者は履行の催告から相当の期間を経過した時までに生じた事由について譲受人に対抗することができ（改正民468条2項・466条4項）、譲渡人について破産手続開始決定があり、譲受人が債務者に対し金銭の供託を請求した場合、債務者は、供託請求を受けた時までに生じた事由について、譲受人に対抗することができる（改正民468条2項・466条の3）。

3　異議をとどめない承諾の制度の廃止

現行民法では、債務者が、債権譲渡について異議をとどめない承諾をした場合、譲受人に対し、譲渡人に対し主張できた事由を主張できなくなる（民468条1項）とされているが、改正民法では、債務者保護のため、この制度が廃止されることとなった。もっとも、債務者が譲渡人に対して主張できた事由を放棄することは禁止されていないため、この点は合理的意思の解釈の問題にゆだねられることとなる。

4　債務者の供託

債務者は、譲渡制限の意思表示がされた金銭給付を目的とする債権が譲渡されたときには、供託によって、債務を免れることが可能となった（改正民466条の2第1項）。その趣旨は債務者保護にある。

譲渡制限につき悪意又は重過失のある譲受人が債権の全額を譲り受けておりかつ第三者対抗要件を具備していれば、譲渡人について破産手続開始決定があった場合に、債務者に対し供託をさせることが可能となった（改正民466条の3）。

5　債権の差押え

譲渡制限の意思表示がされた債権に対する強制執行をした差押債権者に対し、債務者は履行の拒絶及び譲渡人への弁済を行うことはできない（改正民466条の4第1項）。最高裁昭和45年4月10日判決（民集24巻4号240頁）の趣旨を明文化した規定である。

もっとも、譲受人が譲渡禁止特約について悪意又は重過失があり、同人が強制執行をした場合には、債務者は履行を拒絶し、譲渡人への弁済を行うことが可能である（改正民466条の4第2項）。

6　預金債権又は貯金債権に係る譲渡制限の意思表示の効力

預金口座又は貯金口座に係る預金又は貯金に係る債権について当事者がした譲渡制限の意思表示は、譲受人が悪意又は重過失がある場合に対抗することができる（改正民466条の5第1項）。

もっとも、強制執行をした差押債権者に対しては、譲渡禁止特約の効力を対抗することはできない（改正民466条の5第2項）。

7　将来債権の譲渡

　将来発生する債権を譲渡することも可能であることが明文化された（改正民466条の6第1項、最判平成11年1月29日民集53巻1号151頁）。また、将来債権の譲受人が、当該債権が現に発生した時に当然取得することも明文化された（改正民466条の6第2項、最判平成19年2月15日民集61巻1号243頁）。

　将来債権譲渡の対抗要件具備の時までに当該債権に譲渡禁止特約がついていた場合、債権譲渡の事実を知らない債務者が譲渡禁止特約によって自己の利益を確保する必要があること、譲渡人は、対抗要件具備時には債務者との関係でも債権の処分権を失うこと等の理由により、譲受人に譲渡禁止特約を対抗できることとし、譲受人の悪意が擬制されることとなった（改正民466条の6第3項）。なお、将来債権譲渡の対抗要件具備時以降に譲渡禁止特約をつけた場合、譲受人は譲渡禁止特約について善意であり、譲渡禁止特約の効力を譲受人に対抗することができないと考えられる。

　対抗要件の具備は、債務者対抗要件を具備したときと考えられ、登記により債権譲渡の第三者対抗要件を具備した場合、この登記をした旨の通知または承諾を行った時点が対抗要件を具備した時となる（動産債権譲渡4条2項・3項）。

8　債権の譲渡における相殺権

　債務者は、対抗要件具備時より前に取得した譲渡人に対する債権による相殺を譲受人に対抗することができる（改正民469条1項）。また、対抗要件具備時より後に取得した譲渡人に対する債権であっても、①対抗要件具備時より前の原因に基づいて生じた債権、②譲受人の取得した債権の発生原因である契約に基づいて生じた債権も相殺が可能であるとされた（改正民469条2項）。

第3　書式例

1　債権譲渡契約

ア　解説

　民法改正により、「指名債権」の用語が単に「債権」と改められることとなった（改正民364条）。

イ　実務上のポイント

　債権譲渡については、債権の売買によるもののほか、債権回収目的、担保目的、融資目的など、種々のものがあるため、それぞれの目的に合わせた契約書とすることが必要となる。

【書式例】債権譲渡契約書

```
┌─────────┐
│ 収　入  │
│ 印　紙  │          債権譲渡契約書
│  注1    │
└─────────┘
```

> **注**　印紙税法別表第一課税物件表の第 15 号文書（債権譲渡に関する契約書）に該当し、印紙税が課税される（1 通につき 200 円）。

譲渡人〇〇〇〇（以下、「甲」という。）と譲受人〇〇〇〇（以下、「乙」という。）は、以下のとおり、債権譲渡契約を締結する。

（債権譲渡）
第1条　甲は、乙に対し、以下の債権（以下、「本件債権」という。）を、金〇〇円をもって譲渡し、乙はこれを譲り受けた
　　　　債権者　　甲
　　　　債務者　　〇〇〇〇（以下、「丙」という。）
　　　　債権額　　金〇〇〇〇円
　　　　発生原因　〇年〇月〇日付金銭消費貸借契約
　　　　弁済期　　〇年〇月〇日
2　乙は、甲に対し、前項の譲渡代金を、〇年〇月〇日限り、甲の指定する銀行口座に振り込んで支払う。なお、支払いに伴う手数料は乙の負担とする。
（譲渡の通知）
第2条　甲は、丙に対し、遅滞なく本件債権を乙に譲渡した旨を通知し、又は丙の承諾を得なければならない。
2　前項の通知又は承諾は、確定日付ある証書をもってしなければならない。
（保証）
第3条　甲は、乙に対し、本件債権が、第三者の担保に供されていないこと、及び瑕疵がないことを保証する。
（解除）
第4条　丙が本件債権を弁済期に弁済しなかったとき、又は、第2条の通知又は承諾をするまでに甲に対して生じた事由をもって乙に対抗したときは、乙は何ら催告することなく本契約の全部又は一部を解除することができる。
（損害賠償責任）
第5条　甲又は乙は、解除、解約又は本契約に違反することにより、相手方に損害を与えたときは、その損害を賠償しなければならない。
（反社会的勢力の排除）
第6条　甲及び乙は、自己又は自己の役員が、暴力団、暴力団関係企業、総会屋もしくはこれら

に準ずる者又はその構成員（以下これらを「反社会的勢力」という。）に該当しないこと、及び次の各号のいずれにも該当しないことを表明し、かつ将来にわたっても該当しないことを相互に確約する。
(1) 反社会的勢力に自己の名義を利用させること
(2) 反社会的勢力が経営に実質的に支配していると認められる関係を有すること
2　甲又は乙は、前項の一つにでも違反することが判明したときは、何らの催告を要せず、本契約を解除することができる。
3　本条の規定により本契約が解除された場合には、解除された者は、解除により生じる損害について、その相手方に対し一切の請求を行わない。
（協議解決）
第7条　本契約に定めのない事項又は本契約の解釈について疑義が生じたときは、甲乙誠意をもって協議のうえ解決する。
（合意管轄）
第8条　甲及び乙は、本契約に関し裁判上の紛争が生じたときは、訴額等に応じ、東京簡易裁判所又は東京地方裁判所を専属的合意管轄裁判所とすることに合意する。

　甲と乙は以上のとおり合意し、その成立の証として、本契約書2通を作成し、各自、署名又は記名捺印の上、各1通宛所持するものとする。

　令和○年○月○日

　　　　　　　　　　　　　　　　　　　　　　　甲
　　　　　　　　　　　　　　　　　　　　　　　　住所　××××
　　　　　　　　　　　　　　　　　　　　　　　　氏名　○○○○　㊞
　　　　　　　　　　　　　　　　　　　　　　　乙
　　　　　　　　　　　　　　　　　　　　　　　　住所　××××
　　　　　　　　　　　　　　　　　　　　　　　　氏名　○○○○　㊞

関連法令　改正民法364条・466条～469条

2　債権譲渡契約（抵当権付）

ア　解説

　抵当権付き債権を譲渡する場合の契約書である。債権譲渡に伴い、抵当権は譲受人に移転し、譲渡人は譲受人に対して抵当権移転の付記登記をする義務を負うことになる。

イ　実務上のポイント

　抵当権移転の付記登記を行った場合であっても、債権の譲渡については、確定日付のある通知又は承諾が第三者対抗要件であることには変わりがない。

【書式例】債権譲渡契約書（抵当権付）

収 入
印 紙
注1

債権譲渡契約書（抵当権付）

注1　印紙税法別表第一課税物件表の第15号文書（債権譲渡に関する契約書）に該当し、印紙税が課税される（1通につき200円）。

　譲渡人〇〇〇〇（以下、「甲」という。）と譲受人〇〇〇〇（以下、「乙」という。）は、以下のとおり、債権譲渡契約を締結する。

（債権譲渡）
第1条　甲は、乙に対し、以下の抵当権付債権（以下、「本件債権」という。）を、金〇〇円をもって譲渡し、乙はこれを譲り受けた注2。

　　　（譲渡債権）
　　　　　債権者　　甲
　　　　　債務者　　〇〇〇〇（以下、「丙」という）
　　　　　債権額　　金〇〇〇〇円
　　　　　発生原因　〇年〇月〇日付金銭消費貸借契約
　　　　　弁済期　　〇年〇月〇日
　　　（抵当権）
　　　　　物件の表示
　　　　　所在　　〇〇区〇〇町
　　　　　地番　　〇〇番〇〇
　　　　　地目　　宅地
　　　　　地積　　〇〇〇平方メートル
　　　丙が譲渡債権を担保するため、〇年〇月〇日〇〇地方法務局受付第〇〇号をもって、上記物件に対し設定登記を経た第〇順位の抵当権
2　乙は、甲に対し、前項の譲渡代金を、〇年〇月〇日限り、甲の指定する銀行口座に振り込んで支払う。なお、支払いに伴う手数料は乙の負担とする。

　　注2　債権譲渡により、譲受人に抵当権が移ることとなり、譲渡人は譲受人に対して抵当権移転の付記登記の義務を負うことになる。契約書に抵当権、抵当物件の表示を記載することで登記原因証書とすることが可能である。

（譲渡の通知）
第2条　甲は、丙に対し、遅滞なく本件債権を乙に譲渡した旨を通知し、又は丙の承諾を得なければならない。
2　前項の通知又は承諾は、確定日付ある証書をもってしなければならない。

(保証)
第3条 甲は、乙に対し、本件債権が、第三者の担保に供されていないこと、および瑕疵がないことを保証し、第1条記載の譲渡代金の限度において丙の資力を担保する。

(登記)
第4条 本件債権譲渡に伴う抵当権の移転に関する手続は甲乙協力して行うものとし、登記費用は甲の負担とする。

(反社会的勢力の排除)
第5条 甲及び乙は、自己又は自己の役員が、暴力団、暴力団関係企業、総会屋もしくはこれらに準ずる者又はその構成員(以下これらを「反社会的勢力」という。)に該当しないこと、及び次の各号のいずれにも該当しないことを表明し、かつ将来にわたっても該当しないことを相互に確約する。
(1) 反社会的勢力に自己の名義を利用させること
(2) 反社会的勢力が経営に実質的に支配していると認められる関係を有すること
2 甲又は乙は、前項の一つにでも違反することが判明したときは、何らの催告を要せず、本契約を解除することができる。
3 本条の規定により本契約が解除された場合には、解除された者は、解除により生じる損害について、その相手方に対し一切の請求を行わない。

(協議解決)
第6条 本契約に定めのない事項又は本契約の解釈について疑義が生じたときは、甲乙誠意をもって協議のうえ解決する。

(合意管轄)
第7条 甲及び乙は、本契約に関し裁判上の紛争が生じたときは、訴額等に応じ、東京簡易裁判所又は東京地方裁判所を専属的合意管轄裁判所とすることに合意する。

甲と乙は以上のとおり合意し、その成立の証として、本契約書2通を作成し、各自、署名又は記名捺印の上、各1通宛所持するものとする。

令和○年○月○日

甲
　住所　×　×　×　×
　氏名　○　○　○　○　㊞
乙
　住所　×　×　×　×
　氏名　○　○　○　○　㊞

関連法令：改正民法466条～469条

3 集合債権譲渡契約
ア 解説

集合債権の譲渡とは、現在の債権及び将来の債権を包括的に譲渡することをいう。今回の改正により、将来発生する債権についても債権譲渡の対象と将来債権の譲渡についても、通常の債権譲渡と同様の方法で対抗要件を具備することになることが明文化された（改正民467条1項）。

イ 実務上のポイント

集合債権の譲渡においては、第三債務者が誰か、債権の発生原因、金額等を特定しておく必要がある。

この点、譲渡の目的となる債権が発生原因や金額等によって特定される必要があり、将来において、一定の期間内に発生したり、弁済期が到来したりする複数の債権を譲渡対象とする場合は、期間の始期と終期を明確にするなどして、譲渡対象の債権が特定される必要がある（最判平成11年1月29日民集53巻1号151頁）。また、将来にわたって債権を譲渡するという予約をする場合の債権譲渡においては、予約が完了するときに譲渡の目的となる債権が譲渡人の持っている他の債権と区別できる程度に特定されている必要がある（最判平成12年4月21日民集54巻4号1562頁）。もっとも、将来の一定の期間内に発生する債権を対象とする債権譲渡契約においては、契約内容が譲渡人の事業活動等に対し、社会通念上許容される程度を超えた制限を加えていたり、他の債権者に不当な不利益を与えるようなものである場合、当該債権譲渡契約の効力が否定される場合もあるので、留意しなければならないといえる（最判平成11年1月29日民集53巻1号151頁）。

将来債権の譲渡において、登記により第三者対抗要件を具備する場合、財務状況が悪化したなどの理由で債権譲渡がなされていたりすると、債権譲渡の事実を知られたくないがために、債権譲渡時には登記した旨を債務者に通知しないことが多いようである。この際、債権譲渡時から対抗要件を具備する時までの期間が長くなると、債権譲渡後、対抗要件を具備する時より前に譲渡禁止特約がついた場合に、譲受人は譲渡禁止特約の対抗を受けることになるため、注意する必要がある。

【書式例】集合債権譲渡契約書

```
┌─────┐
│ 収 入 │
│ 印 紙 │              集合債権譲渡契約書
│ 注1  │
└─────┘
```

注　印紙税法別表第一課税物件表の第15号文書（債権譲渡に関する契約書）に該当し、印紙税が課税される（1通につき200円）。

譲渡人○○○○（以下、「甲」という。）と譲受人○○○○（以下、「乙」という。）は、以下の

とおり、集合債権譲渡契約を締結する。

（集合債権譲渡）
第１条　甲は、乙に対する○年○月○日付金銭消費貸借契約に基づく貸付金債務○○○○円を担保するため、第三債務者○○○○（以下、「丙」という。）に対し、乙が現に有し、かつ将来取得する売買代金債権（以下、「本件債権」という。）金○○円を限度として譲渡し、乙はこれを譲り受けた。

（譲渡の通知）
第２条　甲は、丙に対し、遅滞なく本件債権を乙に譲渡した旨を通知し、又は丙の承諾を得なければならない。

２　前項の通知又は承諾は、確定日付ある証書をもってしなければならない。

（保証）
第３条　甲は、乙に対し、本件債権が、第三者の担保に供されていないこと、及び瑕疵がないことを保証する。

（解除）
第４条　丙が本件債権を弁済期に弁済しなかったとき、又は、第２条の通知又は承諾をするまでに甲に対して生じた事由をもって乙に対抗したときは、乙は何ら催告することなく本契約の全部又は一部を解除することができる。

（損害賠償責任）
第５条　甲又は乙は、解除、解約又は本契約に違反することにより、相手方に損害を与えたときは、その損害を賠償しなければならない。

（反社会的勢力の排除）
第６条　甲及び乙は、自己又は自己の役員が、暴力団、暴力団関係企業、総会屋もしくはこれらに準ずる者又はその構成員（以下これらを「反社会的勢力」という。）に該当しないこと、及び次の各号のいずれにも該当しないことを表明し、かつ将来にわたっても該当しないことを相互に確約する。
　(1)　反社会的勢力に自己の名義を利用させること
　(2)　反社会的勢力が経営に実質的に支配していると認められる関係を有すること

２　甲又は乙は、前項の一つにでも違反することが判明したときは、何らの催告を要せず、本契約を解除することができる。

３　本条の規定により本契約が解除された場合には、解除された者は、解除により生じる損害について、その相手方に対し一切の請求を行わない。

（協議解決）
第７条　本契約に定めのない事項又は本契約の解釈について疑義が生じたときは、甲乙誠意をもって協議のうえ解決する。

（合意管轄）
第８条　甲及び乙は、本契約に関し裁判上の紛争が生じたときは、訴額等に応じ、東京簡易裁判所又は東京地方裁判所を専属的合意管轄裁判所とすることに合意する。

甲と乙は以上のとおり合意し、その成立の証として、本契約書2通を作成し、各自、署名又は記名捺印の上、各1通宛所持するものとする。

　令和○年○月○日

　　　　　　　　　　　　　　　　　　　　　　　甲
　　　　　　　　　　　　　　　　　　　　　　　　住所　××××
　　　　　　　　　　　　　　　　　　　　　　　　氏名　○○○○　㊞
　　　　　　　　　　　　　　　　　　　　　　　乙
　　　　　　　　　　　　　　　　　　　　　　　　住所　××××
　　　　　　　　　　　　　　　　　　　　　　　　氏名　○○○○　㊞

関連法令：改正民法466条～469条、動産債権譲渡

4　債権譲渡契約（動産・債権譲渡特例法）

ア　解説

　動産・債権譲渡特例法により、法人のする債権譲渡等につき、法務局にて債権譲渡登記をすることにより、第三者対抗要件を具備することができる。

イ　実務上のポイント

　動産・債権譲渡特例法は債権譲渡の対抗要件につき、民法の特例を定めたものであるが、このことにより、民法の適用が排除されるわけではない。

【書式例】債権譲渡契約書（動産・債権譲渡特例法）

```
┌─────┐
│収　入│
│印　紙│
│ 注1 │
└─────┘
```
　　　　　　　　　　　債権譲渡契約書（動産・債権譲渡特例法）

注1　印紙税法別表第一課税物件表の第15号文書（債権譲渡に関する契約書）に該当し、印紙税が課税される（1通につき200円）。

　譲渡人○○株式会社（以下、「甲」という。）と譲受人○○株式会社（以下、「乙」という。）は、以下のとおり、債権譲渡契約を締結する。

（債権譲渡）
第1条　甲は、乙に対し、以下の債権（以下、「本件債権」という。）を、金○○○○円をもって

譲渡し、乙はこれを譲り受けた。
1 債務者　　○○○○
　発生原因　　○○
　債権額　　　金○○○○円
2 債務者　　○○○○
　発生原因　　○○
　債権額　　　金○○○○円
3 債務者　　○○○○
　発生原因　　○○
　債権額　　　金○○○○円
以上、総額金○○○○円　 注2

2　乙は、甲に対し、前項の譲渡代金を、○年○月○日限り、甲の指定する銀行口座に振り込んで支払う。なお、支払いに伴う手数料は乙の負担とする。

注2　**債権譲渡登記には、債権の総額もしくは見積額を記載することになる**（動産債権譲渡7条2項3号）。

（動産・債権譲渡特例法に基づく登記）

第2条　甲及び乙は、本件債権譲渡の対抗要件具備につき、動産・債権譲渡特例法に基づく債権譲渡登記をすることとし、当該登記手続にあたっては、○○法務局に甲乙にて共同申請するものとする 注3 。なお、登記にかかる費用は甲の負担とする。

注3　**債権譲渡登記は譲渡人と譲受人との共同申請によらなければならない**（動産債権譲渡8条2項）。

（保証）

第3条　甲は、乙に対し、本件債権が第三者に譲渡されていないことを保証する。 注4

注4　譲渡人がすでに当該債権を譲渡していないことについて、**登記事項証明書の交付が可能である**（動産債権譲渡11条2項）。

（解除）

第4条　丙が本件債権を弁済期に弁済しなかったとき、又は、第2条の通知又は承諾をするまでに甲に対して生じた事由をもって乙に対抗したときは、乙は何ら催告することなく本契約の全部又は一部を解除することができる。

（損害賠償責任）

第5条　甲又は乙は、解除、解約又は本契約に違反することにより、相手方に損害を与えたときは、その損害を賠償しなければならない。

（反社会的勢力の排除）

第6条　甲及び乙は、自己又は自己の役員が、暴力団、暴力団関係企業、総会屋もしくはこれらに準ずる者又はその構成員（以下これらを「反社会的勢力」という。）に該当しないこと、及び次の各号のいずれにも該当しないことを表明し、かつ将来にわたっても該当しないことを相互に確約する。

(1)　反社会的勢力に自己の名義を利用させること
(2)　反社会的勢力が経営に実質的に支配していると認められる関係を有すること

2　甲又は乙は、前項の一つにでも違反することが判明したときは、何らの催告を要せず、本契約を解除することができる。

3 本条の規定により本契約が解除された場合には、解除された者は、解除により生じる損害について、その相手方に対し一切の請求を行わない。
（協議解決）
第7条 本契約に定めのない事項又は本契約の解釈について疑義が生じたときは、甲乙誠意をもって協議のうえ解決する。
（合意管轄）
第8条 甲及び乙は、本契約に関し裁判上の紛争が生じたときは、訴額等に応じ、東京簡易裁判所又は東京地方裁判所を専属的合意管轄裁判所とすることに合意する。

　甲と乙は以上のとおり合意し、その成立の証として、本契約書2通を作成し、各自、署名又は記名捺印の上、各1通宛所持するものとする。

　令和○年○月○日

　　　　　　　　　　　　　　　　　　　　甲
　　　　　　　　　　　　　　　　　　　　　住所　××××
　　　　　　　　　　　　　　　　　　　　　氏名　○○○○　㊞
　　　　　　　　　　　　　　　　　　　　乙
　　　　　　　　　　　　　　　　　　　　　住所　××××
　　　　　　　　　　　　　　　　　　　　　氏名　○○○○　㊞

関連法令　改正民法466条～469条、動産及び債権の譲渡の対抗要件に関する民法の特例等に関する法律

5　債権譲渡登記通知書

ア　解説

債権者が債権譲渡登記をした場合における債務者への通知書である。

イ　実務上のポイント

債権の譲渡人又は譲受人は、債務者に対し登記事項証明書を交付して債権譲渡の通知を行うことになる（動産債権譲渡2条2項）。

【書式例】債権譲渡登記通知書

注　印紙税法別表第一課税物件表の課税文書に該当せず、印紙税は課税されない。

債権譲渡登記通知書

〒○○○－○○○○

東京都○○区○○町○番○号
　○○株式会社
　　代表取締役　　　○○○○殿

〒○○○－○○○○
東京都○○区○○町○番○号
通知人　○○株式会社
　　　　代表取締役○○○○　　㊞
〒○○○－○○○○
東京都○○区○○町○番○号
譲受人　○○株式会社
　　　　代表取締役○○○○

拝啓
　令和○年○月○日付売買契約に基づき、弊社が貴社に対して有する金○○○○円の売買代金債権につき、この度、上記譲受人に債権譲渡し、令和○年○月○日付けで東京法務局に債権譲渡登記を行いましたので、登記事項証明書と共にご通知申し上げます。
敬具

令和○年○月○日

関連法令　改正民法466条〜469条、動産債権譲渡

6　債権譲受通知書

ア　解説

動産債権譲渡特例法により、債権譲渡登記をした場合における、譲受人から債務者に対する通知書である。

イ　実務上のポイント

債権の譲渡人又は譲受人は、債務者に対し登記事項証明書を交付して債権譲渡の通知を行うことになる（動産債権譲渡2条2項）。

【書式例】債権譲受通知書

注　印紙税法別表第一課税物件表の課税文書に該当せず、印紙税は課税されない。

債権譲受通知書

〒○○○－○○○○
東京都○○区○○町○番○号

○○株式会社
代表取締役　○○○○殿

　　　　　　　　　　　　　　　　　〒○○○-○○○○
　　　　　　　　　　　　　　　　　東京都○○区○○町○番○号
　　　　　　　　　　　　　　　　　通知人　○○株式会社
　　　　　　　　　　　　　　　　　　代表取締役○○○○　　㊞
　　　　　　　　　　　　　　　　　〒○○○-○○○○
　　　　　　　　　　　　　　　　　東京都○○区○○町○番○号
　　　　　　　　　　　　　　　　　譲渡人　○○株式会社
　　　　　　　　　　　　　　　　　　代表取締役○○○○

拝啓
　当社は、譲渡人が貴社に対して有する、令和○年○月○日付売買契約に基づく金○○○○円の売買代金債権を、この度、令和○年○月○日付けをもって、譲渡人から譲り受け、東京法務局に債権譲渡登記を行いましたので、登記事項証明書と共にご通知申し上げます。
　　　　　　　　　　　　　　　　　　　　　　　　　　　　　　　　　　　敬具

令和○年○月○日

関連法令　改正民法 466 条〜 469 条、動産及び債権の譲渡の対抗要件に関する民法の特例等に関する法律

7　債権譲渡担保契約

ア　解説
担保目的による債権譲渡契約書である。

イ　実務上のポイント
担保目的となる債務と、担保に供される債権を明記しておく必要がある。

【書式例】債権譲渡担保契約書

収　入
印　紙
注1

　　　　　　　　　　　　　債権譲渡担保契約書

注1　印紙税法別表第一課税物件表の第 15 号文書（債権譲渡に関する契約書）に該当し、印紙税が課税される（1通につき 200 円）。

譲渡人○○株式会社（以下、「甲」という。）と譲受人○○株式会社（以下、「乙」という。）は、

以下のとおり、債権譲渡担保契約を締結する。

（債権譲渡）
第1条 甲は、甲が乙に対して負う債務（以下、「本件債務」という。）を担保する目的で、乙に対し、以下の債権（以下、「本件債権」という。）を譲渡し、乙はこれを譲り受けた。
① 本件債務
　　甲乙間の令和○年○月○日付消費貸借契約に基づく、貸金返還債務○○○○円
② 本件債権
　　債権者　　甲
　　債務者　　○○○○（以下、「丙」という）
　　債権額　　金○○○○円
　　発生原因　令和○年○月○日付売買契約
　　弁済期　　令和○年○月○日

（動産・債権譲渡特例法に基づく登記）
第2条 甲及び乙は、本件債権譲渡の対抗要件具備につき、動産・債権譲渡特例法に基づく債権譲渡登記をすることとし、当該登記手続にあたっては、○○法務局に甲乙にて共同申請するものとする 注2 。なお、登記にかかる費用は甲の負担とする。
> 注2　債権譲渡登記は譲渡人と譲受人との共同申請によらなければならない（動産債権譲渡8条2項）。

（保証）
第3条 甲は、乙に対し、本件債権が第三者に譲渡されていないことを保証する。 注3
> 注3　譲渡人がすでに当該債権を譲渡していないことについて、**登記事項証明書の交付が可能である**（動産債権譲渡11条2項）。

（解除）
第4条 丙が本件債権を弁済期に弁済しなかったとき、又は、第2条の通知又は承諾をするまでに甲に対して生じた事由をもって乙に対抗したときは、乙は何ら催告することなく本契約の全部又は一部を解除することができる。

（損害賠償責任）
第5条 甲又は乙は、解除、解約又は本契約に違反することにより、相手方に損害を与えたときは、その損害を賠償しなければならない。

（反社会的勢力の排除）
第6条 甲及び乙は、自己又は自己の役員が、暴力団、暴力団関係企業、総会屋もしくはこれらに準ずる者又はその構成員（以下これらを「反社会的勢力」という。）に該当しないこと、及び次の各号のいずれにも該当しないことを表明し、かつ将来にわたっても該当しないことを相互に確約する。
(1)　反社会的勢力に自己の名義を利用させること
(2)　反社会的勢力が経営に実質的に支配していると認められる関係を有すること
2　甲又は乙は、前項の一つにでも違反することが判明したときは、何らの催告を要せず、本契約を解除することができる。
3　本条の規定により本契約が解除された場合には、解除された者は、解除により生じる損害に

ついて、その相手方に対し一切の請求を行わない。
（協議解決）
第7条 本契約に定めのない事項又は本契約の解釈について疑義が生じたときは、甲乙誠意をもって協議のうえ解決する。
（合意管轄）
第8条 甲及び乙は、本契約に関し裁判上の紛争が生じたときは、訴額等に応じ、東京簡易裁判所又は東京地方裁判所を専属的合意管轄裁判所とすることに合意する。

　甲と乙は以上のとおり合意し、その成立の証として、本契約書2通を作成し、各自、署名又は記名捺印の上、各1通宛所持するものとする。

令和〇年〇月〇日

甲
　住所　××××
　氏名　〇〇〇〇　㊞
乙
　住所　××××
　氏名　〇〇〇〇　㊞

関連法令　改正民法466条～469条

8　債権譲渡通知書

ア　解説

債権譲渡を行った場合の、譲渡人の債務者に対する通知である。

イ　実務上のポイント

債権譲渡における通知は確定日付による必要があるため（民467条2項）、配達証明付内容証明郵便にて送付するのが望ましい。

【書式例】債権譲渡通知書

注　印紙税法別表第一課税物件表の課税文書に該当せず、印紙税は課税されない。

債権譲渡通知書

〒〇〇〇-〇〇〇〇
東京都〇〇区〇〇町〇番〇号

○○株式会社
代表取締役　　○○○○殿

〒○○○－○○○○
東京都○○区○○町○番○号
通知人　○○株式会社
　　代表取締役○○○○　　㊞
〒○○○－○○○○
東京都○○区○○町○番○号
譲受人　○○株式会社
　　代表取締役○○○○

拝啓
　令和○年○月○日付売買契約に基づき、弊社が貴社に対して有する金○○○○円の売買代金債権につき、令和○年○月○日をもって、上記譲受人に債権譲渡いたしましたので、その旨ご通知申し上げます。

敬具

令和○年○月○日

関連法令　改正民法466条〜469条

9　債権譲渡承諾依頼書
ア　解説
債権譲渡があった場合において、債務者に債権譲渡の承諾を求める書面である。
イ　実務上のポイント
譲渡対象となる債権に譲渡制限特約が付されていた場合などに必要なものである

【書式例】債権譲渡承諾依頼書

注　印紙税法別表第一課税物件表の課税文書に該当せず、印紙税は課税されない。

債権譲渡承諾依頼書

〒○○○－○○○○
東京都○○区○○町○番○号
　○○株式会社
　代表取締役　　○○○○殿

〒○○○－○○○○
東京都○○区○○町○番○号

第6章 債権譲渡

```
                            通知人  ○○株式会社
                                  代表取締役○○○○ ㊞
                                  〒○○○-○○○○
                                  東京都○○区○○町○番○号
                            譲渡人  ○○株式会社
                                  代表取締役○○○○
```

拝啓
　譲渡人と通知人との○年○月○日付け債権譲渡契約に基づき、譲渡人が貴社に対して有する令和○年○月○日付売買契約に基づく金○○○○円の売買代金債権を譲渡人が通知人に譲渡することにつき、承諾を賜りますようご依頼申し上げます。

敬具

令和○年○月○日

関連法令　改正民法466条ないし469条

10　債権譲渡承諾書

ア　解説
債権譲渡があった場合に、債務者が当該債権譲渡を承諾する場合の書面である。

イ　実務上のポイント
債権譲渡において、債務者から承諾を行う場合、確定日付による必要があるため（民467条2項）、配達証明付内容証明郵便にて送付するのが望ましい。

【書式例】債権譲渡承諾書

注　印紙税法別表第一課税物件表の課税文書に該当せず、印紙税は課税されない。

債権譲渡承諾書

〒○○○-○○○○
東京都○○区○○町○番○号
　○○株式会社
　　代表取締役　　○○○○殿

```
                            〒○○○-○○○○
                            東京都○○区○○町○番○号
                            債務者  ○○株式会社
                                  代表取締役○○○○ ㊞
```

〒○○○-○○○○
東京都○○区○○町○番○号
譲受人　○○株式会社
　　　　代表取締役○○○○

拝啓
　貴社が当社にたいして有する、令和○年○月○日付売買契約に基づく金○○○○円の売買代金債権を、貴社が譲受人に令和○年○月○日付け債権譲渡契約をもって譲渡されたことにつき、当社は承諾いたしましたので、その旨ご通知申し上げます。注2

注2　民法改正により、異議をとどめない承諾の制度は廃止されることとなった。もっとも、債務者が譲渡人に対して主張できた事由を放棄することは禁止されていないため、この点は契約解釈の問題に委ねられることとなる。したがって、債務者において異議をとどめない承諾をする場合にはその旨を明記する必要がある。

敬具

令和○年○月○日

関連法令　改正民法466条〜469条

11　指図証券譲渡の裏書

ア　解説

現行民法においても、指図債権等の有価証券に関する規定は設けられているが、改正民法では、商法や手形法等の規定との整合性をはかるため、現行民法の規定を削除し、新たに有価証券に関する規定を整備することとした。これに伴い、「指図債権」は「指図証券」、「記名式所持人払債権」は「記名式所持人払証券」、「無記名債権」は「無記名証券」と改められた。

指図証券とは、権利者として指定された者、その者が指定する者に対して弁済すべき旨の記載がある証券をいう。船荷証券、貨物引渡証等が該当する。

イ　実務上のポイント

改正民法では、裏書と証券の交付が譲渡の効力要件になるとし、裏書については手形法中裏書の方式に関する規定を準用することとされた。

【書式例】指図証券譲渡の裏書

注　印紙税法別表第一課税物件表の課税文書に該当せず、印紙税は課税されない。

　この証書による表記債権は、以下の被裏書人又はその指図人にお支払いください。
　令和○年○月○日
　住　所

第6章 債権譲渡

　　氏　名

　　被裏書人：

関連法令　改正民法530条の2～530条の12

第7章　債務引受

第1　契約の概要

　債務引受とは、債務の同一性を保ったまま、契約によって債務を移転することをいう。債権譲渡は、債権者を変動させるものであるが、債務引受は債務者を変動させるものである。

　債務引受には、債権者、債務者、債務を引き受ける者（以下、「引受人」という。）が登場することになる。

　併存的債務引受とは、債務者と引受人が一緒に債務を負うことをいい、免責的債務引受とは、債務者の債務はなくなり引受人のみが債務を負うことをいう。いずれもこれまで明文の規定はなかったが、今回の民法改正により、明文の規定が設けられることになった（改正民470条〜472条の4）。

　履行引受は、債務者と引受人との間で、引受人が債務者の債権者に対する債務を履行すると約するものである。この場合、引受人は、債務者に対して、債権者への債務を履行する義務を負うが、債権者に対して直接債務を負うものではない。このため、債権者は債務者に対してしか、債務の履行を請求できない。引受人が債権者に弁済するのは、第三者の弁済（改正民474条）となる。

第2　民法改正のポイント

1　併存的債務引受

　債権者と引受人との契約、債務者と引受人との契約について、明文の規定が設けられた（改正民470条）。いずれの契約においても、併存的債務引受の契約は連帯債務となる（改正民470条1項）

ア　債権者と引受人との契約

　併存的債務引受は、債権者と引受人との契約によってすることができる（改正民470条2項）。

イ　債務者と債務引受人との契約

　併存的債務引受は、債務者と引受人との契約によってもすることができ、この場合において、債権者が引受人に対し承諾をしたときに効力が生ずる（改正民470条3項）。また、この場合の併存的債務引受は、第三者のためにする契約に関する規定に従う（改正民470条4項）。よって、債権者が引受人に対して受益の意思表示をした場合、債権者は引受人に対して直接債務の履行を請求することができることになる（改正民537条1項・3項）。

2　免責的債務引受

　債権者と引受人との契約、債務者と引受人との契約について、明文の規定が設けられた（改正民472条）。いずれの契約においても、債務者は事故の債務を免れることになる（改正民472条1項）。

ア　債権者と引受人との契約

判例上、債務者の意思に反する場合の免責的債務引受は認められていなかった（大判大正10年5月9日民録27輯899頁）。しかし、今回の民法改正では、債務者の承諾は不要とされている。債務の免除においても、債務者の承諾は不要であることとの整合性などを図ったものといえる。ただし、債務者が免責的債務引受があったことを知らないまま、債務の履行をするために費用をかけて準備してしまうなど、債務者に予期せぬ不利益が発生しないよう、債権者の債務者に対する通知が要件とされている（改正民472条2項）。

イ　債務者と引受人との契約

併存的債務引受と同じく、債務者と引受人との契約によっても、免責債務引受は可能とされているが、債務者の変更という債権者にとって重大な影響が生じるため、債権者の引受人に対する承諾が必要とされている（改正民472条3項）。

第3　書式例

1　併存的債務引受契約

ア　解説

併存的債務引受は、債権者と引受人との契約、又は債務者と引受人との契約及び債権者が引受人に対して承諾をしたときに効力が発生し、これにより、債務者と引受人は連帯債務者となる（改正民470条）。

イ　実務上のポイント

今回の民法改正により、債権者と引受人との契約、債務者と引受人との契約について明文が規定されることとなったが、併存的債務引受により生じるリスクを抑えるためには債権者、債務者、引受人との三者契約とすることが望ましく、また、免責的債務引受と明確に区別するため、併存的債務引受であることを明記しておく必要がある。

【書式例】併存的債務引受契約書

併存的債務引受契約書

注1　印紙税法別表第一課税物件表の第15号文書（債務引受けに関する契約書）に該当し、印紙税が課税される（1通につき200円）。

債権者○○○○（以下、「甲」という。）、債務者○○○○（以下、「乙」という。）、引受人○○○○（以下、「丙」という）は、以下のとおり、併存的債務引受契約を締結する。

（債務の引受）
第1条 丙は、乙が甲に対して負う下記債務につき、乙のために、併存的に債務を引き受け、乙と共に履行することを約し、甲はこれを承諾した。注2

甲乙間の令和○年○月○日付け金銭消費貸借契約に基づく金○○○○円（弁済期令和○年○月○日）

注2　併存的債務引受の対象となる債務を特定する必要がある。

（引受人の債務）
第2条 丙は、甲に対し、前条の債務を履行しなければならない。

（債権者による請求）
第3条 甲は、第1条の債権につき、乙及び丙に対し、同時に、または順次に、全部または一部の履行を請求することができる。注3

注3　併存的債務引受が連帯債務であることを確認的に記載したものである。

（反社会的勢力の排除）
第4条 甲及び乙は、自己又は自己の役員が、暴力団、暴力団関係企業、総会屋もしくはこれらに準ずる者又はその構成員（以下これらを「反社会的勢力」という。）に該当しないこと、及び次の各号のいずれにも該当しないことを表明し、かつ将来にわたっても該当しないことを相互に確約する。
(1)　反社会的勢力に自己の名義を利用させること。
(2)　反社会的勢力が経営に実質的に支配していると認められる関係を有すること。
2　甲又は乙は、前項の一つにでも違反することが判明したときは、何らの催告を要せず、本契約を解除することができる。
3　本条の規定により本契約が解除された場合には、解除された者は、解除により生じる損害について、その相手方に対し一切の請求を行わない。

（協議解決）
第5条 本契約に定めのない事項又は本契約の解釈について疑義が生じたときは、甲乙誠意をもって協議のうえ解決する。

（合意管轄）
第6条 甲及び乙は、本契約に関し裁判上の紛争が生じたときは、訴額等に応じ、東京簡易裁判所又は東京地方裁判所を専属的合意管轄裁判所とすることに合意する。

甲と乙は以上のとおり合意し、その成立の証として、本契約書2通を作成し、各自、署名又は記名捺印の上、各1通宛所持するものとする。

令和○年○月○日

甲
住所　××××
氏名　○○○○　㊞
乙

	住所 ××××
	氏名 ○○○○ ㊞

関連法令：改正民法470条・471条・537条

2 免責的債務引受契約

ア 解説

免責的債務引受は、債権者と引受人との契約及び債権者に債務者に対する通知、又は債務者と引受人との契約及び債権者が引受人に対して承諾をしたときに効力が発生し、これにより、債務者は債務を免れることになる（改正民472条）。

イ 実務上のポイント

今回の民法改正により、債権者と引受人との契約、債務者と引受人との契約について明文が規定されることとなったが、免責的債務引受により生じるリスクを抑えるためには債権者、債務者、引受人との三者契約とすることが望ましく、また、併存的債務引受と明確に区別するため、免責的債務引受であることを明記しておく必要がある。

【書式例】 免責的債務引受契約書

```
┌─────────┐
│ 収 入    │
│ 印 紙    │          免責的債務引受契約書
│         │
│ 注1     │
└─────────┘
```

注1　印紙税法別表第一課税物件表の第15号文書（債務引受けに関する契約書）に該当し、印紙税が課税される（1通につき200円）。

債権者○○○○（以下、「甲」という。）、債務者○○○○（以下、「乙」という。）、引受人○○○○（以下、「丙」という）は、以下のとおり、免責的債務引受契約を締結する。

（債務の引受）

第1条 丙は、乙が甲に対して負う下記債務につき、乙のために免責的に債務を引き受け、履行することを約し、甲はこれを承諾した。注2

　　甲乙間の令和○年○月○日付け金銭消費貸借契約に基づく金○○○○円（弁済期○年○月○日）

注2　免責的債務引受の対象となる債務を特定する必要がある。

（引受人の債務）

第2条 丙は、甲に対し、前条の債務を履行しなければならない。

（債務者の免責）

第3条 甲は、第1条の債権につき、乙に対し、その全てを免責する。注3

> 注3 免責的債務引受の効果を示したものである。

（反社会的勢力の排除）
第4条 甲及び乙は、自己又は自己の役員が、暴力団、暴力団関係企業、総会屋もしくはこれらに準ずる者又はその構成員（以下これらを「反社会的勢力」という。）に該当しないこと、及び次の各号のいずれにも該当しないことを表明し、かつ将来にわたっても該当しないことを相互に確約する。
(1) 反社会的勢力に自己の名義を利用させること。
(2) 反社会的勢力が経営に実質的に支配していると認められる関係を有すること。
2 甲又は乙は、前項の一つにでも違反することが判明したときは、何らの催告を要せず、本契約を解除することができる。
3 本条の規定により本契約が解除された場合には、解除された者は、解除により生じる損害について、その相手方に対し一切の請求を行わない。

（協議解決）
第5条 本契約に定めのない事項又は本契約の解釈について疑義が生じたときは、甲乙誠意をもって協議のうえ解決する。

（合意管轄）
第6条 甲及び乙は、本契約に関し裁判上の紛争が生じたときは、訴額等に応じ、東京簡易裁判所又は東京地方裁判所を専属的合意管轄裁判所とすることに合意する。

　甲と乙は以上のとおり合意し、その成立の証として、本契約書2通を作成し、各自、署名又は記名捺印の上、各1通宛所持するものとする。

　令和〇年〇月〇日

　　　　　　　　　　　　　　　　　　　　　　　甲
　　　　　　　　　　　　　　　　　　　　　　　　住所　×　×　×　×
　　　　　　　　　　　　　　　　　　　　　　　　氏名　〇　〇　〇　〇　㊞
　　　　　　　　　　　　　　　　　　　　　　　乙
　　　　　　　　　　　　　　　　　　　　　　　　住所　×　×　×　×
　　　　　　　　　　　　　　　　　　　　　　　　氏名　〇　〇　〇　〇　㊞

関連法令　改正民法472条〜472条の4

3　債務履行引受契約
ア　解説
法律上の明文はないが、実務上認められてきたものである。

イ　実務上のポイント

　履行の引受契約により、引受人は債務者に対して、債権者への債務の弁済をする義務を負うこととなり、債務者は引受人に債権者に弁済するよう請求することができるようになる。引受人が債権者に弁済するのは、債権者との関係では第三者弁済となる。したがって、債権者が引受人が債務者の委託を受けて弁済することを債権者が知っていなければ、債権者の意思に反して引受人が弁済をすることはできない（改正民474条3項）。また、債務の性質が第三者弁済を許さないときや債権者と債務者との間で、第三者弁済を禁止する意思表示がなされていたときも、引受人が弁済をすることはできない（改正民474条4項）。

【書式例】債務履行引受契約書

　　　　　　　　　　　　債務履行引受契約書

収入印紙 注1

注1　印紙税法別表第一課税物件表の第15号文書（債務引受けに関する契約書）に該当し、印紙税が課税される（1通につき200円）。

　債務者〇〇〇〇（以下、「甲」という。）と引受人〇〇〇〇（以下、「乙」という）は、乙が債権者〇〇〇〇（以下、「甲」という。）に対して負う債務に関し、以下のとおり、債務履行引受契約を締結する。

（債務の引受）
第1条　乙は、甲が丙に対して負う下記債務につき、債務の履行を引き受け、甲に代わって弁済することを約し、甲はこれを承諾した。注2
　　甲乙間の令和〇年〇月〇日付け金銭消費貸借契約に基づく金〇〇〇〇円（弁済期令和〇年〇月〇日）
　　注2　履行の引受の対象となる債務を特定する必要がある。

（引受人の債務）
第2条　乙は、丙に対し、前条の債務を履行しなければならない。

（債務の消滅）
第3条　乙が第1条の債務の弁済を終えたときは、乙が甲に対して負う、令和〇年〇月〇日付け売買契約に基づく売買代金支払債務を免れるものとする。注3
　　注3　履行の引受により、引受人が債務者に対する債務を免れることとなる場合の定めである。

（反社会的勢力の排除）
第4条　甲及び乙は、自己又は自己の役員が、暴力団、暴力団関係企業、総会屋もしくはこれらに準ずる者又はその構成員（以下これらを「反社会的勢力」という。）に該当しないこと、及

び次の各号のいずれにも該当しないことを表明し、かつ将来にわたっても該当しないことを相互に確約する。
(1) 反社会的勢力に自己の名義を利用させること。
(2) 反社会的勢力が経営に実質的に支配していると認められる関係を有すること。
2 甲又は乙は、前項の一つにでも違反することが判明したときは、何らの催告を要せず、本契約を解除することができる。
3 本条の規定により本契約が解除された場合には、解除された者は、解除により生じる損害について、その相手方に対し一切の請求を行わない。
（協議解決）
第5条 本契約に定めのない事項又は本契約の解釈について疑義が生じたときは、甲乙誠意をもって協議のうえ解決する。
（合意管轄）
第6条 甲及び乙は、本契約に関し裁判上の紛争が生じたときは、訴額等に応じ、東京簡易裁判所又は東京地方裁判所を専属的合意管轄裁判所とすることに合意する。

甲と乙は以上のとおり合意し、その成立の証として、本契約書2通を作成し、各自、署名又は記名捺印の上、各1通宛所持するものとする。

令和○年○月○日

　　　　　　　　　　　　　　　　　甲
　　　　　　　　　　　　　　　　　　住所　×　×　×　×
　　　　　　　　　　　　　　　　　　氏名　○　○　○　○　㊞
　　　　　　　　　　　　　　　　　乙
　　　　　　　　　　　　　　　　　　住所　×　×　×　×
　　　　　　　　　　　　　　　　　　氏名　○　○　○　○　㊞

関連法令　改正民法474条

第8章　債権の消滅

第1節　代物弁済

第1　契約の概要

　代物弁済とは、債権者に対し本来の給付に代えて他の給付をすることにより債権を消滅させる債権者と弁済者との契約である。例えば、100万円の借入金債務の支払の代わりに債務者が所有する自動車を引き渡した場合、債務の本紙に従った債務の履行ではないが、債権者の承諾があれば、100万円を弁済したのと同一の効力を有することになる。

　本来の給付に代わる他の給付に価格を問うものではないため、実際に給付された目的物の価値が少ない場合であっても債権全額が消滅することとなる。上記の例でいえば、自動車の価値が80万円である場合にも、100万円の債権が消滅することになる。これを避けるためには一部についての代物弁済であるとの合意をしておく必要がある。

　代物弁済は、本来の債権に代わる新たな債権を発生させるものではない。本来の債権に代わる新たな債権を発生させる場合は、更改（民513条）となる。

第2　民法改正のポイント

1　要物契約から諾成契約への変更

　従来、代物弁済は要物契約であると解されていたが、今回の民法改正により、諾成契約とされた。従前から代物弁済は要物契約であるとされながらも、代物弁済の予約や停止条件付代物弁済契約のような諾成的な合意も有効とされてきたことから、実務への対応がなされたものといえる。

2　弁済者

　改正前の民法では代物弁済ができる者は、「債務者」と規定されていたが、債務者以外の弁済をすることができる者でも代物弁済は可能とされていた。今回の民法改正により、代物弁済をなし得る者は債務者に限らず、「弁済をすることができる者」すなわち「弁済者」も含まれることが明記され、実務上の取扱いと整合することとなった。

第3　書式例

1　解説

　代物弁済は、①「弁済者」が、②債権者との間で、③債務者の負担した給付に代えて他の給付をすることにより、債務を消滅させる旨の契約をした場合において、④その弁済者が当該他の給付をしたときは、その給付は弁済と同一の効力を有するとされている（改正民482条）。

2　実務上のポイント

「1　契約の概要」記載のとおり、本来の債権額よりも代物として給付する目的物の価格が少ない場合において、何らの留保もつけないままで契約を締結し、目的物が給付されるとこれにより本来の債権が消滅してしまうため、留意が必要である。

【書式例】代物弁済契約書

収　入 印　紙 注1

代物弁済契約書

注1　印紙税法別表第一課税物件表の第1号の3文書（消費貸借に関する契約書）に該当し、契約金額（貸付金額）に応じた印紙税が課税される（消費貸借契約における「契約金額の返還方法」を定めるもの（課税事項）に該当する。なお、本来の給付に代えて、不動産により弁済することとした場合には、第1号の1文書（不動産の譲渡に関する契約書）にも該当することになり、全体が第1号文書となる）。

債権者〇〇〇〇（以下、「甲」という。）と債務者〇〇〇〇（以下、「乙」という。）とは、以下のとおり、代物弁済契約を締結する。

（本来の債務）
第1条　乙は、甲に対し、甲乙間の令和〇年〇月〇日付け金銭消費貸借契約に基づき、金〇〇〇〇円の貸金返還債務（弁済期令和〇年〇月〇日）を負担していることを認める。注2

注2　代物弁済の対象となる本来の債権の特定が必要である。

（代物弁済）
第2条　甲と乙は、乙が甲に対し、前条の債務の代物弁済として、令和〇年〇月〇日までに、乙所有の下記記載の自動車を譲渡して引き渡し、その登録名義の変更を完了させるものとすることにつき合意した。注3

記
登録番号　〇〇〇〇
種　　別　〇〇〇〇
車　　名　〇〇〇〇
形　　式　〇〇〇〇
車体番号　〇〇〇〇

注3　本来の給付と異なる給付を、本来の債権の弁済に代えてなされることの合意が必要であり、代物についての特定も必要となる。なお、債務全額の弁済としない場合には、「前条の債務金〇〇〇〇円のうち、〇〇〇〇円の支払のため、代物弁済として」などとし、一部の弁済に充てることを明記しておく必要がある。

（損害賠償責任）
第3条　甲又は乙は、解除、解約又は本契約に違反することにより、相手方に損害を与えたときは、

その損害を賠償しなければならない。
（協議解決）
第4条 本契約に定めのない事項又は本契約の解釈について疑義が生じたときは、甲乙誠意をもって協議のうえ解決する。
（合意管轄）
第5条 甲及び乙は、本契約に関し裁判上の紛争が生じたときは、訴額等に応じ、東京簡易裁判所又は東京地方裁判所を専属的合意管轄裁判所とすることに合意する。

甲と乙は以上のとおり合意し、その成立の証として、本契約書2通を作成し、各自、署名又は記名捺印の上、各1通宛所持するものとする。

令和〇年〇月〇日

甲
　住所　×　×　×　×
　氏名　〇　〇　〇　〇　㊞
乙
　住所　×　×　×　×
　氏名　〇　〇　〇　〇　㊞

関連法令：改正民法482条

第2節　相　殺

第1　契約の概要

　相殺とは、債務者が債権者に対して同種の債権を有する場合に、その債権及び債務が重なり合う範囲（対当額）で消滅させる意思表示をいい（民505条1項）、相殺の意思表示をする者が有する債権を自働債権、負担している債務を受働債権という。

　相殺は、弁済の手間を省略して簡便に決済をすることができ（簡易決済機能）、また、相殺の対象となる債権を有する者は、対当額において他の債権者に優先して債権を回収することが可能となるため、強力な担保として機能する（相殺の担保的機能）。

　相殺の要件（民505条）は、①相殺適状にあること、②相殺の意思表示、③相殺が禁止されていないことである。

　①相殺適状にあると認められるためには、相殺の意思表示がなされる時点で、㋐対立する債権債務が存在していること、㋑「同種の目的を有する」債務であること、㋒「双方の債務が弁済期にあること」、㋓「債務の性質がこれを許さない」ものでないこと（例えば、なす債務・不

作為債務等の場合には、債務の性質が相殺を許さない場合といえる。）が必要である。

②相殺の意思表示は、一方当事者からの意思表示のみによってすることができる単独行為であるが、その場合には相殺に条件や期限を付すことはできない（民506条）。また、両当事者の合意による相殺契約を締結することも可能である。

③相殺が禁止される場合については、個別に規定が設けられており、不法行為等により生じた債権を受働債権とする場合（民509条、改正民509条）、差押禁止債権を受働債権とする場合（民510条、改正なし）、差押えを受けた債権を受働債権とする場合（民511条、改正民511条）に相殺が禁止されている（改正の内容について、下記第2　民法改正のポイント2「相殺の禁止の範囲の見直し」参照）。

相殺の効果（民505条1項）は、両債務の重なり合う範囲（対当額）で、債権が消滅することである。また、相殺の意思表示には、遡及効があり、相殺の意思表示がされると相殺適状になった時に遡って効力が生じることとされている（民506条2項）。もっとも、相殺の効力を遡及させるだけであるから、相殺の意思表示前に生じた債権の消滅事由（弁済、更改、解除等）を覆す効果があるわけではない。

第2　民法改正のポイント

1　相殺制限特約

民法505条2項においては、相殺制限特約については、善意の第三者に対抗することができないとされている。これに対し、改正民法505条2項においては、相殺制限特約は、第三者が悪意又は重過失の場合にこれを対抗することができるとしている。これは、改正民法において、債権譲渡に関する規定が大きく変更され、譲渡禁止特約は悪意又は重過失の第三者に対抗できると定めたこととの整合性を図ったものである。

2　相殺の禁止の範囲の見直し

ア　不法行為等により生じた債権を受働債権とする場合

民法509条は、不法行為に基づく損害賠償債権を受働債権とする相殺を一律に禁止していた。これに対し、改正民法509条は禁止の範囲を緩和し、相殺が禁止されるのは、悪意による不法行為に基づく損害賠償債務（改正民509条1号）、人の生命又は身体の侵害による損害賠償債務（同条2号）に限定し、そのうえで、これらの債権を「他人から譲り受けた」場合には相殺は禁止されないとした（改正民509条ただし書）。なお、相続や合併のように包括承継によって債権が移転した場合は「他人から譲り受けた」に該当しない。

イ　差押えを受けた債権を受働債権とする場合

民法511条は、差押えを受けた債権の第三債務者は、その後に取得した債権による相殺をもって差押債権者に対抗することはできないとのみ定めており、従前、第三債務者が差押えの前に取得した債権での相殺を対抗することができるかについては争いがあった。その後、判例上、第三債務者が差押えの前に取得したものである限り、第三債務者は自動債権と受働債権の弁済期の先後を問わず、相殺を対抗することができるとの考え方（最判昭和45年6月24日民集24

巻6号587頁、いわゆる無制限説）が示され、実務上も確立していたため、改正民法ではこれを明文化し、差押え前に取得した債権による相殺をもって差押債権者に対抗することができるとした（改正民511条1項）。

また、差押えの時点で実際に自動債権が発生していなくても、契約等の債権の発生原因となる行為が差押え前に生じていれば、債権発生後に相殺をすることで自己の債務を消滅させることができるという期待は保護すべきであるという価値判断から、差押え後に債権を取得した場合であっても、かかる債権が差押え前の原因に基づいて生じたものであるときには、当該債権を自動債権とする相殺を差押債権者に対抗することができるとする規定が新設された（改正民511条2項本文）。もっとも、第三債務者が差押え後に他人の債権を取得した場合には、第三債務者は差押えの時点で相殺の期待を有していたとはいえないことから、この場合には相殺を対抗することはできないとされている（改正民511条2項ただし書）。

3 相殺の充当順位

民法では、相殺の充当順位について、弁済の充当の規定をそのまま準用していた。もっとも、相殺には遡及効があるため、判例上、当事者間に対立する複数の債権債務が存在する場合には、各債権が弁済期にあるかどうかではなく、相殺適状となった時期の順にしたがって、相殺によって消滅するとし、相殺適状となった時期を同じくする元本債権相互間や利息・費用債権相互間について、弁済の充当の規定を準用するという処理がされていた。また、相殺の充当順序に関する合意が有効であること自体には異論がなかったが、民法上これを明示する条文は存在しなかった。

そこで、改正民法においては、判例等を踏まえ、債権者が債務者に対して有する一個又は複数の債権と、債権者が債務者に対して負担する一個又は複数の債務とを相殺した場合について、①相殺の充当順序に関する合意をしたときは、合意に基づく順序に従って消滅し、②相殺の充当順序に関する合意をしなかったときは、各債権債務が相殺適状となった時期の順序に従って相殺によって消滅するとの規定を新設した（改正民512条1項）。そのうえで、相殺適状となった時期が同じである元本債権相互間と利息・費用債権の充当については、弁済の充当の規定が準用されることとなっている（改正民512条2項・3項）。

第3 書式例

1 相殺予約契約

ア 解説

広義の相殺予約には、将来一定の事由が生じたときに、①当事者が予約完結権を行使することにより、相殺の効力が発生するという合意（狭義の相殺予約）、②意思表示を待たずに当然に相殺の効力が発生する旨を定める合意（停止条件付相殺契約）、③自働債権の弁済期が到来し、受働債権については期限の利益を放棄し得るとする合意が含まれる。

イ 実務上のポイント

相殺適状になければ、相殺をすることはできない。自働債権の弁済期が到来していなければ

相殺適状にならないため、相手方との契約には、期限の利益喪失条項を入れて相殺適状を作れるようにしておくことが望ましい。

【書式例】相殺予約契約書

収入印紙 注1

相殺予約契約書

注1 印紙税法別表第一課税物件表の第1号の3文書（消費貸借に関する契約書）に該当し、契約金額（貸付金額）に応じた印紙税が課税される（相殺予約の約定が、貸付金の返還（支払）方法を定めるもの（課税事項）に該当する）。

　○○○○株式会社（以下、「甲」という。）及び有限会社○○○○（以下、「乙」という。）とは、次のとおり、相殺予約契約を締結する。

（債務の確認）
第1条　乙は、乙が甲に対し、令和○年○月○日付金銭消費貸借契約に基づき、金○○○○円（弁済期令和○年○月○日）の貸金返還債務を負担していることを認める。注2

注2 本契約書は、金銭消費貸借契約と相殺予約契約が異なる時点で締結された場合を想定しているで、相殺の対象となる債務を、債権者、債務者、契約締結日、契約の種類、弁済期等によって特定する必要がある。なお、相殺予約契約は、その対象となる債務を発生させる契約（金銭消費貸借等）と同時に締結される場合も多く、その場合には、当該契約書に相殺予約の条項を付加する。

（期限の利益喪失）
第2条　乙が下記各号のうちいずれか一つにでも該当するときは、甲からの通知催告がなくとも、前条の債務について期限の利益を喪失し、甲に対し、直ちに債務全額を弁済する。注3

記

(1)　支払の停止又は破産手続開始、民事再生手続開始、会社更生手続開始、会社整理手続もしくは特別清算開始の申し立てがあったとき。
(2)　第三者から仮差押え、強制執行、競売の申し立て又は国営徴収法による滞納処分を受けたとき。
(3)　営業の廃止もしくは変更、合併又は解散の決議がなされたとき。
(4)　前各号のほか債権保全を必要とする相当の事由が生じたとき。

注3 相殺適状を作りやすくするため、期限の利益喪失条項を入れるのが望ましい。

（相殺予約）
第3条　乙が第1条の債務について期限の利益を喪失した場合において、乙が甲に対し、反対債権を有するときには、双方の債権は対当額において当然に相殺により消滅する。注4

注4 停止条件付相殺契約の例。

（協議）
第4条 本契約に定めのない事項又は本契約の規定に関して生じた疑義について甲及び乙は協議のうえ解決する。
（合意管轄）
第5条 本契約に関する紛争は、○○地方裁判所を第一審の専属的合意管轄裁判所とする。

　甲と乙は以上のとおり合意し、その成立の証として、本契約書2通を作成し、各自、署名又は記名捺印の上、各1通宛所持するものとする。

　令和○年○月○日

　　　　　　　　　　　　　　　　　　　　　甲
　　　　　　　　　　　　　　　　　　　　　　住所　×　×　×　×
　　　　　　　　　　　　　　　　　　　　　　商号　○　○　○　○株式会社
　　　　　　　　　　　　　　　　　　　　　　代表者　○　○　○　○　㊞
　　　　　　　　　　　　　　　　　　　　　乙
　　　　　　　　　　　　　　　　　　　　　　住所　×　×　×　×
　　　　　　　　　　　　　　　　　　　　　　商号　有限会社○　○　○　○
　　　　　　　　　　　　　　　　　　　　　　代表者　○　○　○　○　㊞

関連法令：改正民法505条～512条

2　相殺契約

ア　解説

　相殺は、一方当事者の意思表示のみによってなすことができる単独行為であるが、両当事者の合意によって、相殺の方法や要件・効果について定めることができ、これを相殺契約という。また、相殺契約は、多数当事者間に債権が循環する場合において、多数当事者間で締結することも可能である。

イ　実務上のポイント

　相殺の合意であるので、法定相殺と異なり、相殺適状になっていない場合にも相殺をすることができる。

　自働債権及び受働債権が一個又は複数ある場合など、どの債権とどの債権を相殺するのか、相殺の充当順序を明らかにして相殺契約を締結するのが望ましい。

【書式例】相殺契約書

```
┌─────┐
│収　入│
│印　紙│
│ 注1 │
└─────┘
```

　　　　　　　　　　　　　　相殺契約書

注1　印紙税法別表第一課税物件表の第１号の３文書（消費貸借に関する契約書）に該当し、契約金額（貸付金額）に応じた印紙税が課税される（相殺の合意の約定が貸付金の返還（支払）方法を定めるもの（課税事項）に該当する）。

　〇〇〇〇（以下、「甲」という。）、〇〇〇〇（以下、「乙」という。）及び〇〇〇〇（以下、「丙」という。）とは、次のとおり、相殺契約を締結する。

（債権の確認）
第１条　甲、乙及び丙は、甲が乙に対し、乙が丙に対し、丙が甲に対し、下記債権を有することを相互に確認する。

　　　　　　　　　　　　　　　　記
　①甲が乙に対し有する債権（以下、「債権１」という。）
　甲が乙に対し、令和〇年〇月〇日、〇〇〇を売り渡したことに基づく売買代金債権金〇〇〇〇円
　②乙が丙に対し有する債権
　丙が乙から、令和〇年〇月〇日、金〇〇〇〇円を借り受けたことに基づく貸付金債権金〇〇〇〇円（以下、「債権２」という。）及び、令和〇年〇月〇日、金〇〇〇〇円を借り受けたことに基づく貸付金債権金〇〇〇〇円（以下、「債権３」という。）
　③丙が甲に対し有する債権（以下、「債権４」という。）
　丙が乙に対し、令和〇年〇月〇日、〇〇〇を売り渡したことに基づく売買代金債権金〇〇〇〇円

（相殺・相殺の充当順位）
第２条　甲、乙及び丙は、債権１乃至債権４を、それぞれ対当額で相殺することに合意する。　注2
2　乙の丙に対する債権は、弁済期の到来が早いものから順に対当額に満つるまで充当する。　注3

注2　多数当事者間に債権が循環する場合に、多数当事者間で相殺契約を締結することも可能である。
注3　相殺に供する債権が複数ある場合には、相殺の充当順位を合意しておくのが望ましい。また、相殺合意においては、弁済期が到来していない（相殺適状にない）債権を供して相殺をすることも可能である。

（協議）
第３条　本契約に定めのない事項又は本契約の規定に関して生じた疑義について甲乙及び丙は協議のうえ解決する。

(合意管轄)
第4条 本契約に関する紛争は、〇〇地方裁判所を第一審の専属的合意管轄裁判所とする。

　甲、乙と丙は以上のとおり合意し、その成立の証として、本契約書2通を作成し、各自、署名又は記名捺印の上、各1通宛所持するものとする。

　令和〇年〇月〇日

　　　　　　　　　　　　　　　　　　　　　甲
　　　　　　　　　　　　　　　　　　　　　　住所　××××
　　　　　　　　　　　　　　　　　　　　　　氏名　〇〇〇〇　㊞
　　　　　　　　　　　　　　　　　　　　　乙
　　　　　　　　　　　　　　　　　　　　　　住所　××××
　　　　　　　　　　　　　　　　　　　　　　氏名　〇〇〇〇　㊞
　　　　　　　　　　　　　　　　　　　　　丙
　　　　　　　　　　　　　　　　　　　　　　住所　××××
　　　　　　　　　　　　　　　　　　　　　　氏名　〇〇〇〇　㊞

関連法令：改正民法505条〜512条

3　相殺通知書
ア　解説
　相殺は、相殺を主張する一方当事者からの意思表示のみによってすることができる単独行為である。その場合、相殺に条件や期限を付すことはできない点に注意を要する（民506条）。
イ　実務上のポイント
　相殺の意思表示の方法については法定されていないが、一方当事者の意思表示のみで効果が生じるので、後の紛争を避けるためにも配達証明付内容証明郵便等で相殺通知を送付する方法で相殺の意思表示をなすのが望ましい。
　相殺通知の相手方は、受働債権を有し、かつ意思表示の受領能力があることが必要である。受働債権が譲渡又は質入れされている場合には、受働債権の譲受人又は質権者に対し、相殺通知を出すことが必要であり、相手方が破産手続又は会社更生手続の開始決定があった場合には、管財人に対して相殺通知を出すことが必要である。
　相殺の時期について、相手方が法的整理手続に入っている場合には、相殺を禁止する旨の規定又は相殺の時期を制限する規定が設けられている場合があるため、これらの規定に該当しないかも併せて確認しておく必要がある。

第8章 債権の消滅

【書式例】相殺通知書

> 注1　印紙税法別表第一課税物件表の課税文書に該当せず、印紙税は課税されない。
>
> 相殺通知書 注2
>
> 注2　相殺通知は、相手方に到達したときに効力が生じるので、自働債権及び受働債権の内容を明確に記載し、到達の日がわかるよう配達証明付き内容証明郵便にて送付するのが望ましい。
>
> 　○○○○株式会社（以下、「当社」という。）は、有限会社○○○○（以下、「貴社」という。）に対して有する下記1記載の債権のうち金○○○○円と、貴社に対して負担する下記2記載の債務を、本日、対当額にて相殺致します。
> 　なお、当社の貴社に対する相殺後の債権残額は、金○○○○円となりますので、直ちにこれをお支払いください。
> 記
> 　1　自働債権の表示
> 　　当社が貴社に対し、令和○年○月○日、○○○を売り渡したことに基づく売掛金債権金○○○○円
> 　2　受働債権の表示
> 　　貴社が当社に対し、令和○年○月○日、○○○を買い受けたことに基づく売買代金債務金○○○○円
>
> 以上
>
> 令和○年○月○日
> 　　所　在　　× × × ×
> 　　商　号　　○ ○ ○ ○　株式会社
> 　　代表者　　○ ○ ○ ○
>
> 　　　　　　　　　　　　　所　在　　× × × ×
> 　　　　　　　　　　　　　商　号　　有限会社　○ ○ ○ ○
> 　　　　　　　　　　　　　代表者　　○ ○ ○ ○　殿

関連法令　改正民法505条〜512条

第3節　更　改

第1　契約の概要

　更改とは、当事者が従前の契約から、債務の要素を変更することにより、新たな債務を成立

させ、従前の債務を消滅させる契約をいい（民513条、改正民513条）、成立した新たな債務と消滅した従前の債務との同一性がない点で、代物弁済契約（民482条）とは区別される。

更改契約により、債務の同一性が失われるため、原則として従前の債務に伴う保証、担保権、抗弁権も全て消滅する。

第2　民法改正のポイント

1　「債務の要素」の明確化

民法513条においては、更改とは、当事者が「債務の要素」を変更する契約をいうとされている。これに対し、改正民法513条においては、「債務の要素」という文言の意味内容を明らかにするため、①給付の内容について重要な点（改正民513条1号）、②債務者（同条2号）、③債権者（同条3号）の変更及び交替を内容とすることが明文で要求されることとなった。

2　契約の当事者

ア　債務者の交替による更改の場合

民法514条において、債務者の交替による更改は、債権者と更改後の債務者となる者との契約によってすることができるが、更改前の債務者の意思に反してすることができないとされている。これに対し、債務者の交替による更改の機能が免責的債務引受に類似することから、両者の要件の整合性を考慮し、改正民法514条では、更改前の債務者の意思に反するときであっても、債務者の交替による更改をすることができるとされている（改正民514条1項前段）。もっとも、更改前の債務者を保護するため、更改前の債務者との関係においては、債権者が債務者の交替による更改契約を締結したことを通知したときに、効力が生じるとされている（改正民514条1項後段）。また、更改によって成立した新たな債務と消滅した従前の債務との同一性はないため、更改後の債務者は、更改前の債務者に対して求償権を取得しないことも明記された（改正民514条2項）。

イ　債権者の交替による更改の場合

民法においては、債権者の交替による更改の場合は、誰が契約当事者となるかについて明文の規定はなかったが、新設された改正民法515条1項において、債権者の交替による更改は、旧債権者、新債権者及び債務者の3者の契約によって成立することが明文化された。

また、債権譲渡について異議をとどめない承諾の制度（民468条1項）が廃止されることに伴い、これを準用していた民法516条は削除されることとなった。

3　更改後の債務への担保の移転

民法518条によれば、更改の当事者の合意によって、債務の担保として設定された質権又は抵当権を更改後の債務の担保に移すことができるとされている。もっとも、担保の帰趨とは無関係な債務者の意思を考慮する必要性は乏しいことから、改正民法518条では、債権者の単独の意思によって質権等を更改後の債務の担保に移すことができるとされている。

なお、更改の当事者以外の第三者が担保を設定している場合には、その承諾が必要としている点については、改正されていない（民法518条ただし書、改正民518条1項ただし書）。

また、質権又は抵当権の移転は、あらかじめ又は同時に更改の相手方（債権者の交替による更改にあっては、債務者）に対してする意思表示によってしなければならないことが明記された（改正民518条2項）。

第3　書式例

1　更改契約（給付の内容について重要な変更をする更改）

ア　解説

改正民法513条1号においては、民法513条で用いられた「債務の要素」という文言に代えて、「給付の内容について重要な点」を変更するものと明示している。

民法513条2項においては、条件付債務を無条件債務としたとき、無条件債務に条件を付したとき、債務の条件を変更したときは、「債務の要素」を変更したものとみなすとの規定が設けられていたが、これらを一律に債務の要素の変更とみなすのは妥当ではないとの判断から、当該規定は改正民法において廃止されることとなった。

イ　実務上のポイント

給付の内容について重要な変更をする更改契約は、代物弁済（民482条）等とは異なり、従前の債務の消滅及び新たな債務の成立となるため、従前の債務を特定し、それを消滅させること、及びそれに代わる新たな債務を成立させることを明示して契約書を作成することが必要である。

また、更改の当事者以外の第三者が担保を設定している場合には、その承諾が必要となるため（民518条ただし書、改正民518条1項ただし書）、債権者、債務者に物上保証人を加えた3者間での契約書を取り交わすことが望ましい。

【書式例】更改契約書（給付の内容について重要な変更をする更改）

　　収入印紙　　　　更改契約書（給付の内容について重要な変更をする更改）
　　注1

注1　印紙税法別表第一課税物件表の第1号の3文書（消費貸借に関する契約書）に該当し、契約金額（更改後の元本金額）に応じた印紙税が課税される。

　債権者○○○○（以下、「甲」という。）、債務者○○○○（以下、「乙」という。）及び保証人○○○○（以下、「丙」という。）とは、以下のとおり、給付の内容について変更をする更改契約を締結する。

　（債務の確認）

第1条　甲、乙及び丙は、乙が甲に対し、令和〇年〇月〇日付金銭消費貸借契約（以下、「原契約」という。）に基づき、金〇〇〇〇円の貸金返還債務を負担していることを認める。注2

　注2　更改の対象となる契約を、債権者、更改前の債務者、契約締結日、契約の種類等によって、特定する必要がある。

（更改）
第2条　甲、乙及び丙は、前条の債務を消滅させ、新たに乙が甲に対して、下記約定で貸金返還債務を負担することを合意する（以下、「本更改契約」という。）。注3

記
　①元本　　　金〇〇〇〇円
　②利息　　　年〇〇％
　③弁済期　　令和〇年〇月〇日

　注3　従前の貸金返還債務を消滅させ、新たに金銭消費貸借契約を締結することも、給付内容について重要な点を変更する更改契約に該当するとされ、従前の債務が消費貸借によらないで発生している場合に当事者がその物を消費貸借の目的とすることを約した時に成立する準消費貸借（民588条）とは区別される。

（抵当権）
第3条　丙は、本更改契約を承諾し、原契約の債務の担保として、下記不動産に設定していた順位〇番の抵当権を、本更改契約の債務の担保とすることを認める。
2　丙は、甲の指示により甲のため直ちに必要な抵当権設定登記手続を完了する。登記費用は、丙の負担とする。

記
所在
地番
地目
地積

（協議）
第4条　本契約に定めのない事項又は本契約の規定に関して生じた疑義について、甲、乙及び丙は協議のうえ解決する。
（合意管轄）
第5条　本契約に関する紛争は、〇〇地方裁判所を第一審の専属的合意管轄裁判所とする。

甲、乙と丙は以上のとおり合意し、その成立の証として、本契約書2通を作成し、各自、署名又は記名捺印の上、各1通宛所持するものとする。

令和〇年〇月〇日

　　　　　　　　　　　　　　　　　　　　　　　　甲
　　　　　　　　　　　　　　　　　　　　　住所　×　×　×　×
　　　　　　　　　　　　　　　　　　　　　氏名　〇　〇　〇　〇　㊞

```
                                        乙
                                         住所 × × × ×
                                         氏名 ○ ○ ○ ○  ㊞
                                        丙
                                         住所 × × × ×
                                         氏名 ○ ○ ○ ○  ㊞
```

関連法令：改正民法513条・518条

2　更改契約（債務者の交替による更改）
ア　解説

債務者の交替による更改契約の契約当事者は、債権者と更改後の債務者となる者である。民法改正により、更改前の債務者の意思に反する時であっても、債務者の交替による更改契約の締結が可能になった（改正民514条1項前段）。

イ　実務上のポイント

債権者と更改後の債務者との間で締結された更改契約の効力の発生時期は、更改前の債務者との関係においては、債権者が債務者の交替による更改契約を締結したことを通知したときである（改正民514条1項後段）ので、更改契約の効力を発生させるためには、契約書の取り交わしとは、別に、更改前の債務者に対する通知を行うことが必要である。

【書式例】更改契約書（債務者の交替による更改）

```
┌─────────────────────────────────────────────┐
│ ┌───────┐                                     │
│ │ 収 入 │                                     │
│ │ 印 紙 │         更改契約書（債務者の交替による更改）   │
│ │ 注1   │                                     │
│ └───────┘                                     │
│                                               │
│ 注1  印紙税法別表第一課税物件表の第1号の3文書（消費貸借に関する契約書）に該当し、契約金額（更改後 │
│     の元本金額）に応じた印紙税が課税される。                              │
│                                               │
│   債権者○○○○（以下、「甲」という。）、新債務者○○○○（以下、「乙」という。）及び保証  │
│  人○○○○（以下、「丙」という。）とは、以下のとおり、債務者の交替による更改契約を締結する。  │
│                                               │
│ （更改）                                        │
│  第1条　甲及び乙は、旧債務者○○○○（以下、「丁」という。）が、甲丁間の令和○年○月○日   │
│      付金銭消費貸借契約（以下、「原契約」という。）に基づき、甲に対し負担している金○○○○ │
│      円の貸金返還債務 注2 につき、乙が丁に代わって負担することを合意した 注3 。          │
└─────────────────────────────────────────────┘
```

2 丁は、甲に対して負担していた前項の債務につき、乙が負担することにより、今後、前項記載の債務関係から脱退する。注4

> 注2　更改の対象となる契約を、債権者、更改前の債務者、契約締結日、契約の種類等によって、特定する必要がある。
> 注3　債務者の交替による更改は、債権者と新債務者との合意によって成立する。
> 注4　債務者の交替により、旧債務者は契約関係から抜けることとなる。

（債務の履行）
第2条　乙は、本更改契約により負担した債務につき、原契約の各約定に従い、これを履行することを約する。

（保証）
第3条　丙は、本更改契約を承諾し、原契約の定めるところに従い、乙と連来して保証する。

（協議）
第4条　本契約に定めのない事項又は本契約の規定に関して生じた疑義について甲乙及び丙は協議のうえ解決する。

（合意管轄）
第5条　本契約に関する紛争は、○○地方裁判所を第一審の専属的合意管轄裁判所とする。

　甲、乙と丙は以上のとおり合意し、その成立の証として、本契約書2通を作成し、各自、署名又は記名捺印の上、各1通宛所持するものとする。

　令和○年○月○日

　　　　　　　　　　　　　　　　甲
　　　　　　　　　　　　　　　　　住所　× × × ×
　　　　　　　　　　　　　　　　　氏名　○ ○ ○ ○　㊞
　　　　　　　　　　　　　　　　乙
　　　　　　　　　　　　　　　　　住所　× × × ×
　　　　　　　　　　　　　　　　　氏名　○ ○ ○ ○　㊞
　　　　　　　　　　　　　　　　丙
　　　　　　　　　　　　　　　　　住所　× × × ×
　　　　　　　　　　　　　　　　　氏名　○ ○ ○ ○　㊞

関連法令：改正民法513条・514条

3　更改契約（債権者の交替による更改）
ア　解説
債権者の交替による更改契約の契約当事者は、旧債権者、新債権者及び債務者の3者である。

イ　実務上のポイント

　債権者の交替による更改契約は、債権譲渡（民466条）等とは異なり、従前の債務の消滅及び新たな債務の成立となるため、従前の債務を特定し、それを消滅させること、及びそれに代わる新たな債務を成立させることを明示して契約書を作成することが必要である。

【書式例】　更改契約書（債権者の交替による更改）

収　入
印　紙
注1

　　　　　　　　　更改契約書（債権者の交替による更改）

注1　印紙税法別表第一課税物件表の第1号の3文書（消費貸借に関する契約書）に該当し、契約金額（更改後の元本金額）に応じた印紙税が課税される。

　旧債権者○○○○（以下、「甲」という。）、債務者○○○○（以下、「乙」という。）及び新債権者○○○○（以下、「丙」という。）とは、以下のとおり、債権者の交替による更改契約を締結する。

（債務の確認）
第1条　甲、乙及び丙は、乙が甲に対し、令和○年○月○日付金銭消費貸借契約（以下、「原契約」という。）に基づき、金○○○○円の貸金返還債務を負担していることを認める。注2
　　注2　更改の対象となる契約を、債権者、更改前の債務者、契約締結日、契約の種類等によって、特定する必要がある。

（更改）
第2条　甲、乙及び丙は、前条の債務を消滅させ、新たに乙が丙に対して、下記約定で貸金返還債務を負担することを合意する。注3
　　注3　当事者が従前の契約から、債務の要素を変更することにより、新たな債務を成立させること、従前の債務を消滅させることを明示して、更改契約を締結する必要がある。

　　　　　　　　　　　　　　記
　　　①元本　　　　金○○○○円
　　　②利息　　　　年○○％
　　　③弁済期　　　令和○年○月○日

（協議）
第3条　本契約に定めのない事項又は本契約の規定に関して生じた疑義について甲乙及び丙は協議のうえ解決する。

（合意管轄）
第4条　本契約に関する紛争は、○○地方裁判所を第一審の専属的合意管轄裁判所とする。

甲、乙と丙は以上のとおり合意し、その成立の証として、本契約書2通を作成し、各自、署名又は記名捺印の上、各1通宛所持するものとする。

　令和○年○月○日

甲
　住所　××××
　氏名　○○○○　㊞
乙
　住所　××××
　氏名　○○○○　㊞
丙
　住所　××××
　氏名　○○○○　㊞

関連法令：改正民法513条・515条

第4節　免　除

第1　契約の概要

　免除とは、債権者が債務者に対する意思表示によって債権を消滅させることをいう（民519条）。免除は、債権者と債務者との意思の合致は必要とされておらず、債権者の意思表示のみによってすることができる単独行為である。免除の意思表示には、条件・期限を付することも可能であり、債務の一部のみを免除することも可能である。

　免除の効果は、債権の消滅であり、債権に付従する担保物件や保証債務等も免除に伴い消滅する。免除によって、第三者の利益を害することはできない。

第2　民法改正のポイント

　特段の改正は行われていない。

第3　書式例──免除証書

ア　解説

　民法上は、免除は、債権者の意思表示のみによって行えるため、免除証書においても、債権者のみの署名・押印があれば足り、債務者の署名押印は要求されない。

イ　実務上のポイント

　第三者の利益を害することはできないため、免除されるべき債権が差し押さえられている場合又は質権の目的となっている場合等には、免除はできないと解されている。

【書式例】免除証書

> 注1　印紙税法別表第一課税物件表の課税文書には該当せず、印紙税は課税されない。
>
> 　　　　　　　　　　　　　　免除証書
>
> ○　○　○　○　殿
>
> 　　　　　　　　　　　　　　　　　　　　　　令和○○年○○月○○日
> 　　　　　　　　　　　　　　　　　　　　債権者　住所　×　×　×　×
> 　　　　　　　　　　　　　　　　　　　　　　　　○　○　○　○　㊞
>
> 　債権者○○は、債務者○○が令和○○年○○月○○日付金銭消費貸借契約に基づき債権者○○に対して負担する債務につき、本日、これを免除いたします。注2・3
>
> 　注2　免除する債務を、債権者、債務者、契約締結日、契約の種類等によって、特定する必要がある。
> 　注3　手形債務を免除する場合には、手形の破棄又は免除を受ける者への手形の交付が必要である。
>
> 　　　　　　　　　　　　　　　　　　　　　　　　　　　　　　　　以上

関連法令：民法519条

民法改正対応　契約書式の実務　上

令和元年11月25日　初版第1刷発行
令和2年7月10日　初版第2刷発行

監　　修　弁護士　犬塚　浩
編集代表　弁護士　永　滋康
編　　集　第二東京弁護士会五月会
発 行 者　株式会社　創耕舎

発行所　株式会社　創耕舎
136-0071　東京都江東区亀戸6-38-11
ノビールメンテウエダ A306

TEL・FAX　03-5875-0704
URL　http://soko-sha.com

<検印省略>

©2019 Printed in Japan

印刷・製本　モリモト印刷株式会社

・定価はカバーに表示してあります。
・落丁・乱丁はお取り替えいたします。

ISBN978-4-908621-09-3 <C3032>